춘추전국연대기 下

춘추전국 연대기 下

초판 1쇄 발행 2025년 11월 14일

지은이 김형호
펴낸이 장길수
펴낸곳 지식과감성#
출판등록 제2012-000081호

교정 정은솔
디자인 강샛별
편집 윤혜성
검수 이주연, 정윤솔
마케팅 김윤길

주소 서울시 금천구 벚꽃로298 대륭포스트타워6차 1212호
전화 070-4651-3730~4
팩스 070-4325-7006
이메일 ksbookup@naver.com
홈페이지 www.knsbookup.com

ISBN 979-11-392-2894-6(04910)
　　　979-11-392-2891-5(세트)
값 20,000원

• 이 책의 판권은 지은이에게 있습니다.
• 이 책 내용의 전부 또는 일부를 재사용하려면 반드시 지은이의 서면 동의를 받아야 합니다.
• 잘못된 책은 구입하신 곳에서 바꾸어 드립니다.

지식과감성#
홈페이지 바로가기

전국시대의 시작부터 진의 통일까지

춘추전국 연대기

김형호 지음

下

전국시대 지도

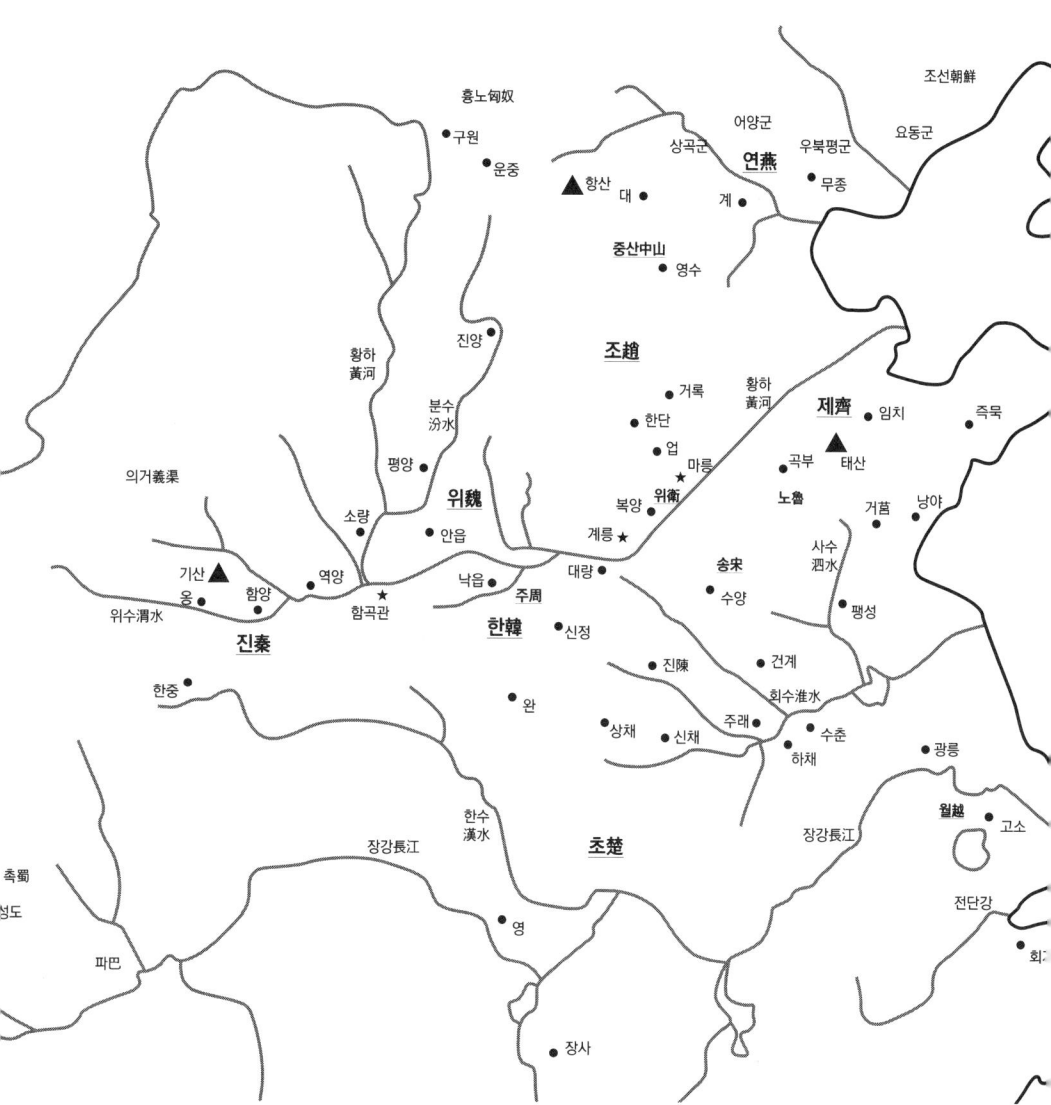

목차

제4절 오왕吳王 부차夫差의 패권과 교만   12

제4장 월왕越王 구천勾踐의 패권 장악   28
제1절 오吳에 대한 월왕越王 구천勾踐의 1차 공격   28
제2절 하극상의 추세   33
* 제齊, 진晉, 노魯의 하극상   34
제3절 오吳에 대한 월왕越王 구천勾踐의 2차 공격   47
제4절 월왕越王 구천勾踐의 패권   50

전국戰國시대의 시작

제1장 진晉의 3분(3진三晉의 성립)   60
제1절 지씨智氏의 몰락   60
제2절 3진三晉(한韓·위魏·조趙)의 성립   72
* 전국戰國시대의 시작(BC 453년)   72

제2장 위문후魏文侯의 패권 장악　　　　　　　　　　**83**

제1절 위문후魏文侯의 인재등용　　　　　　　　　　83

제2절 위문후魏文侯의 패권　　　　　　　　　　　　94

제3절 3진三晉(한韓·위魏·조趙)의 제후 공인　　　　106

제4절 전국戰國시대의 본격화　　　　　　　　　　 109

* 전국戰國시대의 본격화　　　　　　　　　　　　 109

* 제자백가諸子百家　　　　　　　　　　　　　　　111

제3장 초도왕楚悼王의 패권 장악　　　　　　　　 **118**

제1절 3진三晉 동맹의 붕괴와 전제田齊의 시작　　　118

제2절 초도왕楚悼王의 오기吳起 등용　　　　　　　121

제3절 초도왕楚悼王의 패권　　　　　　　　　　　128

전국戰國시대 중기

제1장 진秦의 중흥 시작   **132**
제1절 절대 강자 없이 계속되는 전란   132
제2절 진秦의 동쪽 진출 시작   141
제3절 진효공秦孝公의 위앙衛鞅(=상앙商鞅) 등용   144

제2장 제위왕齊威王의 패권 장악   **152**
제1절 손빈孫賓과 방연龐涓의 애증   152
제2절 제위왕齊威王의 인재 등용   164
제3절 제齊와 위魏의 계릉桂陵전투   170
제4절 제齊와 위魏의 마릉馬陵전투   178
제5절 제위왕齊威王의 패권   182

제3장 진秦의 팽창   **184**
제1절 진효공秦孝公의 황하黃河 진출   184
제2절 진혜문왕秦惠文王의 위魏 압박   191
제3절 합종合縱과 연횡連橫(=연형連衡)   194
* 소진蘇秦 및 원수洹水회맹의 실재에 대한 비판   206
제4절 장의張儀의 외교 활동   208

제4장 제齊, 진秦의 양강 체제   **220**

제1절 제선왕齊宣王의 연燕 공략   220

제2절 진혜문왕秦惠文王의 3진三晉 및 초楚 공략   235

제3절 진무왕秦武王 및 진소양왕秦昭襄王의 국력신장   246

제4절 조趙의 성장과 초楚의 몰락   258

제5절 진秦과 제齊의 패권 경쟁   261

제5장 제齊의 몰락과 진秦의 팽창   **270**

제1절 제민왕齊湣王의 위엄과 교만   270

제2절 진秦의 한韓·위魏 공략   289

제3절 송宋의 멸망과 제齊의 외교적 고립   293

제4절 연燕의 제齊 공격과 제齊의 몰락   297

전국戰國시대 후기

제1장 진소양왕秦昭襄王의 세력 확장   **310**

제1절 제齊의 기사회생   310

제2절 진秦의 압박을 극복하는 조趙   318

제3절 진秦의 초楚에 대한 압박   323

제4절 진秦의 한韓·위魏에 대한 압박   326

제5절 진소양왕秦昭襄王의 범저范睢 등용   333

제6절 진소양왕秦昭襄王의 원교근공遠交近攻   344

제2장 조趙의 몰락과 유일 강대국 진秦   **353**

제1절 진秦과 조趙의 대치   353

제2절 볼모 이인異人에 대한 여불위呂不韋의 투자   356

제3절 진秦과 조趙의 장평長平대전   361

제4절 조정趙政의 출생과 볼모 이인異人의 탈출   369

제5절 신릉군信陵君의 조趙 구원   379

제6절 주周의 멸망과 6국의 굴복   391

제7절 조趙와 연燕의 분쟁   398

제8절 여불위呂不韋의 권세   401

제9절 신릉군信陵君의 위魏 구원과 실각   407

진秦의 통일

제1장 진왕秦王 정政의 즉위와 각국의 분쟁   **418**

제1절 진왕秦王 정政의 즉위   418

제2절 각국의 분쟁   420

제3절 진秦의 동진과 마지막 합종合縱   429

제2장 진秦의 내부 불안 극복   **434**

제1절 장안군長安君의 반란   434

제2절 노애嫪毐의 반란   443

제3장 진왕秦王 정정의 3진三晉 공략   **450**

제1절 초楚의 국력 약화   450

제2절 진秦의 안정   452

제3절 조趙의 마지막 저항(이목李牧의 활약)   456

제4절 한韓의 멸망   464

제5절 조趙의 멸망   468

제4장 진秦의 통일   **475**

제1절 형가荊軻의 진왕秦王 정정 암살 실패   475

제2절 진秦의 열국列國 병합과 통일   486

제4절 오왕吳王 부차夫差의 패권과 교만

제齊와 오吳의 갈등(BC 486년)

제도공의 여동생은 주후邾侯 익益의 부인이 되었다. 주후 익은 천성이 오만무례했는데, 노와 사이가 좋지 않았다.

이때 노의 정경인 계손사는 이미 죽었고(BC 492년), 아들인 **계손비季孫肥(=계강자季康子)**가 정경으로 있었다. 계손비가 노애공에게 아뢴 후 주邾를 공격했다(BC 488년). 계손비는 주후 익을 생포하여 부하負瑕 땅에 억류했다.

제도공은 매제가 감금된 것에 대하여 분노했다. 제도공은 오에 사신을 보내 노를 협공할 것을 제의했다(BC 487년). 예전부터 산동 지역에 진출하길 원했던 오왕 부차는 승낙했다.

노애공은 제와 오가 연합하여 공격할 것이라는 소문을 듣고 불안하여 제도공에게 사죄하고 주후 익을 석방했다. 제와 노는 화평을 체결했다(BC 487년).

제도공은 대부 맹작孟綽을 오에 파견하여 출전할 필요가 없다고 통지했다(BC 486년). 오왕 부차는 계획이 어긋나자 분노했다. 오왕 부차는 노에 사신을 보내 함께 제를 공격할 것을 제의했다[1]. 노애공은 승낙했다.

---

1) 소설 《동주 열국지》에는 노가 오에 먼저 제의한 것으로 되어 있으나, 《사기》에는 오가 노에 먼저 제의한 것으로 나옴

오吳를 섬기는 진陳(BC 486년)

오의 계속된 위협에 고민하던 진陳민공은 결국 초 대신 오를 섬기기로 결심하고 우호를 맺었다(BC 486년). 초혜왕은 이에 대해 분노하여 여러 차례 진陳을 공격했으나, 큰 성과를 거두지는 못했다.

진항陳恒의 제도공齊悼公 시해[제간공齊簡公의 즉위](BC 485년)

오왕 부차는 직접 출전하여 노군과 함께 제를 공격하고, 제의 남비南鄙 땅을 포위했다(BC 485년). 제의 백성들은 공포에 휩싸였고, 제도공을 원망했다.

이때 제의 실권자 진걸은 이미 사망하고(BC 485년) 진걸의 아들인 **진항陳恒(=전상田常)**이 부친의 지위를 승계하여 권력을 잡고 있었다. 진항은 포식에게 제도공을 죽여 부친의 원수를 갚고 오왕 부차의 오해를 해결하라고 권유했다. 포식은 거절했다.

결국 진항은 술에 독을 타 제도공을 독살했다(BC 485년). 진항은 사신을 오군 진영에 보내 천명에 의해 오군이 출전했다고 강조하며, 제도공은 이미 사망했음을 알리고 복속을 약속했다. 오왕 부차는 만족하며 회군했고, 노군도 회군했다(BC 485년).

진항은 제도공의 아들인 공자 임을 옹립했다. 대신들의 추대로 공자 임이 즉위하니(BC 485년), 곧 **제간공齊簡公**[1]이다. 진항은 우상이 되었고, 감지는 좌상이 되었다.

---

1) 제간공 강임: 재위 BC 484 ~ BC 481

제간공은 진씨(=전씨) 일족을 경계했다. 공자의 제자들 중 권신들의 횡포에 가장 비판적이던 재여는 제간공이 공자 시절 노에서 망명생활을 할 때 친분이 있었기에 제간공의 즉위 후 제에 출사했고, 감지의 측근이 되어 진항에 대항하고자 했다.

군사 조련에 열중하는 월왕越王 구천勾踐

월왕 구천은 오왕 부차가 국정을 소홀히 하자 빨리 오를 공격하고 싶었다. 범려는 아직 군사 조련이 더 필요하다고 아뢰며, 검술에 능한 남림南林 땅의 처녀와 궁술에 능한 진음陳音을 천거했다.

남림 처녀는 1년 동안 정병 3,000명을 조련했는데, 이후 행방을 알 수 없었다. 오의 멸망을 위해 하늘이 내린 신녀라는 소문이 돌았다. 진음은 초 출신으로 3개월 동안 정병 3,000명에게 3연발 쇠뇌 쏘는 방법을 가르쳤다. 이후 진음은 갑자기 병이나 급사했다.

오자서는 오왕 부차를 찾아가 월왕 구천이 군사 조련에 열중하고 있음을 눈물로 호소하고, 월군은 강병이므로 실정을 파악할 것을 건의했다. 오왕 부차는 비로소 의심이 들어 세작을 월에 보냈다.

월의 군사 조련에 관한 세작의 보고를 받은 오왕 부차는 백비를 불러 상의했다. 백비는 군사 양성은 모든 국가에서 통상적으로 하는 것이므로 의심할 필요가 없다고 주장했다. 오왕 부차는 월에 대한 의심을 완전히 지우지는 못했다.

한편 월왕 구천은 용기 있는 사람을 매우 좋아했다. 그러자 월에서는 가볍게 목숨을 던지는 사람들이 잇달아 나오게 되었다.

문종文種의 계략에 의한 오吳의 흉년

 어느 해 봄, 월의 날씨가 좋지 않아 농사가 잘되지 않았다. 흉년이 예상되자 문종은 월왕 구천에게 오에 곡식을 대여해 줄 것을 요청하도록 건의했다. 월왕 구천은 승낙했다.
 문종은 먼저 백비를 방문하여 많은 뇌물을 주며 주선을 부탁했다. 문종은 오왕 부차를 알현하고, 내년 가을에 갚을 것을 약속하며 곡식 1만 석을 원조해 줄 것을 요청했다. 오자서는 월의 계책을 경계하며, 곡식 원조를 반대했다. 백비는 손해 없이 덕을 베푸는 것이라고 아뢰며, 오자서를 비난했다. 오왕 부차는 오자서의 주장을 무시하고 곡식 1만 석을 대여해 주었다(BC 485년).
 문종은 곡식 상등품을 표시 나지 않게 살짝 익힌 후 갚을 것을 건의했다. 월왕 구천은 문종의 계책대로 이듬해 가을에 곡식을 갚았다(BC 484년). 오왕 부차는 월왕 구천이 신용이 있고, 곡식이 모두 상등품이라며 만족해했다. 백비는 내년 농사에 씨앗으로 사용할 것을 건의했다.
 익은 곡식이어서 자랄 수 없었으므로 이듬해 농사는 당연히 흉작이었다. 오왕 부차는 단순히 토질의 차이로 인한 것으로만 생각했다.

공자孔子의 귀국(BC 484년)

 초에서도 뜻을 펴지 못한 공자는 초를 떠나 다시 위로 갔다(BC 485년). 위출공은 공자에게 국정을 담당해 줄 것을 제안했으나, 공자는 거절했다. 공자의 제자인 자로와 고시高柴(=자고子羔)는 위에 임관했다.
 당시 노의 정경인 계손비(=계강자)는 계손사(=계환자)의 아들이다.

계손사는 죽기 직전에 공자를 떠나보내게 한 것을 후회하며, 아들 계손비에게 공자를 다시 불러와서 노를 잘 다스리라고 당부했었다.

계손비는 공자를 직접 등용하는 것을 부담스럽게 여겼다. 대신 계손비는 공자의 제자인 염구(=자유)를 초빙하여 가신으로 삼았다. 공자는 제자들과 함께 노로 귀국했다(BC 484년). 천하를 주유한 지 14년 만의 귀국이었다. 자공, 유약(=자유), 복불제宓不齊는 노에 임관했다.

계손비는 공자에게 여러 정치적 문제들에 대하여 자문을 구했고, 그 내용은 《논어》 등에 실려 있다. 계손비는 노의 혼란과 쇠약을 백성들의 탓으로 생각했지만, 공자는 국가의 지도자가 먼저 도덕적으로 솔선수범을 보일 것을 강조했다. 그러나 공자의 주장은 채택되지 않았다.

공자는 이후 후학 양성과 집필에만 몰두했다. 공자는 《서경書經(=상서尙書)》, 《시경詩經》, 《역경易經》, 《예경禮經》 등 기존의 고전들을 자신의 사상적 관점에 따라 다시 편찬했다[1]. 공자는 꿈에서라도 만나보기를 희망했던 주공 단이 연구한 《역경》에는 함부로 손을 댈 수가 없었지만, 《시경》은 자신의 가치관에 부합하는 305편의 시만 남기고 나머지 작품들은 모두 없애버렸다.

진항陳恒(=전상田常)의 욕심과 자공子貢의 활약

진무우 이래로 진씨는 대를 이어 제의 민심을 얻었다. 그러자 진무우의 손자인 **진항(=전상)**은 제후 자리에 대한 욕심을 내게 되었고, 우선

---

1) 그 결과 위 책들은 본래의 내용과 달라져 유가적 관점에서 재탄생된 것으로도 볼 수 있음. 공자의 견해가 반영되어 원래의 내용이 많이 달라진 점은 많은 아쉬움을 남기고, 원래의 내용이 어떠했을지 궁금하기도 함

국서와 고무평을 제거하기로 결심한다.

진항은 오에 편승하여 제를 공격한 노에 대한 보복을 주장하며, 제간공을 충동했다. 진항은 국서를 대장으로 하고 고무평과 종누宗樓를 부장으로 하여 공손하公孫夏, 공손휘公孫揮, 여구명呂丘明 등이 출전하여 노를 공격할 것을 건의했다. 제간공은 승낙하고 병거 1,000승을 내어 주었다(BC 484년). 진항은 문수汶水까지 따라 나가 제군을 전송하고 격려했다.

당시 공자는 노에 체류하며 《시경》, 《서경》 등을 편찬하고 있었다. 제에 머물던 자장(=전손사)이 공자를 방문하여 노의 위기상황을 알려주었다. 공자는 노를 걱정하며, 제와 교섭을 위해 자공을 파견했다.

자공은 문수의 제군 군영을 방문했다. 자공은 진항에게 국외 문제를 해결하기 위해서는 약한 나라를 공격하고, 국내 문제를 해결하기 위해서는 강한 나라를 공격할 것을 권유했다. 진항은 이해를 못했다. 자공은 약한 노를 공격하여 승리할 경우 국서의 입지가 강화되고 진항의 입지는 약화되지만, 강한 오를 공격하여 고생할 경우 국서의 입지는 약화되고 진항의 입지는 강화될 것이라고 설명했다. 진항은 자공에게 감사를 표했다.

진항은 노 대신 오를 공격할 것을 지시하면 대신들이 의심할 것을 우려했다. 자공은 진항에게 문수에 군사를 계속 주둔시키면 자신이 오에 가서 노를 위해 군사 원조를 하도록 유도하겠다고 제안했다. 진항은 자공에게 깊은 감사를 표했다. 진항은 대장 국서에게 오가 노를 위해 원군을 보낼 것이라며 핑계를 대고, 문수에 계속 주둔할 것을 지시한 후 귀국했다.

자공은 오로 가서 오왕 부차를 알현하고, 노를 공격하기 위해 제군이 집결한 사실을 아뢰었다. 자공은 오왕 부차에게 노를 원조하여 제를 격파하면 오가 진晉을 대신하여 천하의 패권을 차지할 것이라고 건의했다. 오왕 부차는 제가 복속했지만 조공 사절을 보내지 않아 제를 공격할 작정이었으나, 월이 군사를 조련하고 있어 먼저 월을 격파한 후 제를 공격할 것이라고 대답했다.

자공은 약한 월을 공격하는 것은 이익이 적은 반면 강한 제를 방치하는 것은 큰 불행을 초래할 것이므로 지혜가 없는 것이고, 약한 월을 두려워하여 강한 제를 회피하는 것은 용기가 없는 것이라고 강조했다. 자공은 지혜와 용기 없이 패권을 잡는 것은 불가능하다고 아뢰며, 자신이 월을 설득하여 월이 원군으로 참가할 수 있도록 하겠다고 제안했다. 오왕 부차는 자공에게 감사를 표했다.

자공은 월로 가서 월왕 구천을 알현하고, 오왕 부차가 월을 의심하여 제보다 월을 먼저 공격할 작정이므로 좀 더 신중히 처신하라고 강조했다. 월왕 구천은 뜨끔했다. 자공은 보물과 예의로 오를 안심시킬 필요가 있다고 강조하며, 군사를 이끌고 친정하여 오의 제 공격에 원군으로 참가할 것을 건의했다. 자공은 오가 제에 패할 경우 국력이 약화될 것이고, 오가 이길 경우 교만에 빠질 것이라고 강조했다. 월왕 구천은 자공에게 감사를 표하며, 황금 100일 등 많은 물품을 선물했다. 자공은 선물을 사양하고, 월을 떠났다.

자공은 오로 돌아와 오왕 부차에게 월왕 구천이 오왕의 은혜에 대해 감사하고 있음을 아뢰며, 월왕 구천이 오왕의 의심에 송구해하며 사신을 보내 사죄할 것이라고 보고했다. 며칠 후 문종이 사신으로 도착하여 오왕 부차에게 공물로 병장기를 바치며, 월왕 구천이 정병 3,000명을 이끌고 참전하여 제 원정에 참가하길 청한다고 아뢰었다. 오왕 부차는 대만족하며, 자공을 불러 상의했다. 자공은 군사와 군주를 동시에 사용하는 것은 예의에 어긋나므로 군사만 승낙할 것을 건의했다. 오왕 부차는 자공의 말대로 처리했다.

자공은 오를 떠나 진晉으로 가서 진晉정공을 알현하고, 오와 제가 싸움을 벌인 후 오가 승리하고 이후 진晉을 침공할 것으로 예상하며 방비를 철저히 할 것을 건의했다. 진정공은 자공에게 감사를 표했다.

제齊를 공격할 준비를 하는 오왕吳王 부차夫差

월왕 구천은 대부 제계영에게 군사 3,000명을 내어주며 오를 원조할 것을 지시했다. 오왕 부차는 10만 대군을 동원하여 출전 준비를 하면서, 승전 이후 개선하여 피서를 즐기려고 구곡句曲 땅에 오궁梧宮을 건립했다.

오자서는 오왕 부차에게 제는 부스럼에 불과하지만 월은 중병이라고 아뢰며, 장거리 원정을 이용하여 월이 공격할 것을 우려했다. 오왕 부차는 재수 없는 소리를 한다며 분노했다.

오왕 부차는 계속되는 오자서의 간언에 싫증과 분노를 느껴 오자서를 처단할 결심을 했다. 백비는 오왕 부차에게 오자서를 제에 파견해 선전문을 전달하게 하면 제가 분노하여 오자서를 죽일 것이라고 계책을 아뢰었다. 오왕 부차는 제간공을 모욕하는 내용으로 선전문을 작성하여 오자서에게 교부하고 사신으로 제에 파견했다.

오자서는 오의 멸망을 예상하면서 아들 오봉伍封을 대동하고 제로 갔다. 오자서는 제간공에게 선전문을 전달했다. 제간공은 격노하여 오자서를 처형하려고 했다. 대부 포식이 제간공에게 제의 손을 빌려 오자를 죽이려는 계책이라고 아뢰며, 오왕이 직접 오자서를 죽여야 악명이 높아질 것이라고 건의했다. 제간공은 오자서를 대접하며, 봄에 교전할 것이라고 답을 했다.

포식이 공관으로 오자서를 방문했다. 오자서는 포식의 부친인 포목과 친분이 있었으므로 포식에게 오봉을 부탁했다. 오자서는 오봉에게 왕손봉王孫封이라는 가명을 사용하고, 포식을 의지하라고 지시했다. 포식은 탄식했다. 오자서는 오봉과 이별하고 귀국했다.

어느 날 오왕 부차는 낮잠을 자다 꿈을 꾸었다. 장명궁章明宮에 들어가 두 개의 가마솥에 음식을 넣고 끓여도 음식이 익지를 않았는데, 갑자기 검은 개 두 마리가 나타나 남쪽과 북쪽을 향해 짖었고, 궁전 담 위에 두 개의 삽이 꽂혀 있었으며, 전당 주변으로 물이 흘러가고 있었고, 후궁의 방 안에서 쇠망치 소리가 났으며, 정원에는 오동나무만 비스듬히 있는 내용이었다.

오왕 부차는 백비에게 해몽을 시켰다. 백비는 대승을 거두어 천하를 태평하게 할 것이라고 풀이하며 아첨을 떨었다. 오왕 부차는 마음이 불편하여 왕손 낙에게 해몽을 시켰다. 왕손 낙은 자신은 해몽할 능력이 없다고 아뢰며, 성 밖 양산陽山에 거주하는 박학다식한 공손성公孫聖을 추천했다. 오왕 부차는 왕손 낙에게 공손성을 소환할 것을 지시했고, 왕손 낙은 공손성의 거처로 찾아갔다.

왕손 낙으로부터 꿈 이야기를 들은 공손성은 슬프게 울었는데, 공손성의 아내는 남편이 출사하게 되어 기뻐서 우는 것으로 오해했다. 공손성은 아내와의 생사 이별을 애통해 하며 탄식했다.

공손성은 왕손 낙을 따라 오왕 부차를 알현했다. 공손성은 오왕 부차에게 장명은 패하여 어두운 세상으로 감을 의미하고, 가마니의 음식이

익지 않는 것은 전쟁에 패하여 따뜻한 밥을 먹지 못함을 의미하고, 검은 개는 음지로 감을 의미하고, 궁전 담의 삽은 월군이 오의 사직을 파헤침을 의미하고, 전당 주변의 물은 전당이 텅 비게 됨을 의미하고, 쇠망치 소리는 궁녀의 탄식을 의미하며, 오동나무는 죽어서 묻힘을 의미한다고 설명했다. 공손성은 오왕 부차에게 월에 의하여 오가 망하는 내용이라고 해몽을 하며, 제에 대한 원정을 중지하고 백비를 처벌한 후 월왕 구천에게 사죄할 것을 건의했다.

백비는 격분하여 오왕 부차에게 공손성을 처형할 것을 건의했다. 공손성은 아첨만 하고 충성을 하지 않는다며 백비를 책망하고, 나라가 망할 경우 처형될 것이라고 예언했다. 오왕 부차는 격분하여 역사 석번石番에게 공손성을 처단할 것을 지시했다. 공손성은 하늘을 우러러 원통함을 외치며, 그림자와 소리가 되어 자신의 말을 증명할 수 있도록 자신의 시신을 매장하지 말고 양산에 버릴 것을 유언으로 남겼다. 석번은 철추로 공손성을 때려죽였다. 오왕 부차는 공손성을 저주하고, 공손성의 시체를 양산에 버리게 했다.

오吳·월越·노魯의 제齊 공격[애릉艾陵전투](BC 484년)

오왕 부차는 10만 대군과 월의 원군 3,000명을 거느리고 오를 출발했다. 오왕 부차와 백비는 중군을 맡고, 서문소胥門巢는 상군을 맡고, 왕자 고조姑曹는 하군을 맡았다. 오왕 부차는 노애공에게 사신을 파견하여 제를 공동 공격할 것을 제의했다.

오자서는 귀국하던 도중 오왕 부차와 만났다. 오자서는 경과를 보고한 후 종군하지 않고 병을 핑계로 그냥 귀국했다.

진항의 동생인 진역陳逆이 문수의 제군 군영을 방문했다. 진역은 죽음을 각오하고 전진하며 후퇴하지 말라는 진항의 지시를 전달했다. 국서는 제군에 출동을 명하고 오군을 향해 나아갔다.

제군은 애릉艾陵 땅에 당도했고, 오의 상군이 접근했다. 제의 공손휘는 출전을 자청했고, 서문소와 팽팽한 접전을 펼쳤다. 제의 대장 국서가 중군을 이끌고 출전하여 오의 상군을 협공했다. 결국 서문소는 패하고 도주했다. 국서가 오는 중원과 달리 머리를 미는 풍속임을 강조하며, 병사들에게 밧줄을 이용해 오군의 목을 옭아매라고 외치며 사기를 올렸다.

오왕 부차는 패전에 격노하여 서문소를 처형하라고 지시했다. 서문소는 제군의 실정을 파악하지 못하여 우연히 진 것이라고 변명했고, 백비도 거들었다. 오왕 부차는 서문소를 용서했으나, 전여展如에게 상군을 맡겼다.

숙손주구가 노군을 이끌고 와서 오군과 합세했다. 오군은 애릉 땅에 영채를 세웠다. 제와 오는 전서를 교환하고, 다음 날 결전하기로 합의했다. 제군은 수적으로 우세했고, 오군은 막강한 정예부대여서 결과를 예측하기 어려웠다.

오왕 부차는 숙손주구에게 적의 1진을 공격하고, 전여에게 적의 2진을 공격하고, 왕자 고조에게 적의 3진을 공격하고, 서문소에게 월군 3,000명을 지휘하여 적을 유인하라고 지시했다. 오왕 부차와 백비는 대기하며 상황에 따라 대응하기로 하고, 월의 장수 제계영은 싸움을 참관할 것을 지시했다.

한편 진역은 제의 장수들에게 전사할 경우 염殮을 마친 것과 같은 의미가 되므로 입속에 구슬을 넣도록 지시했다. 공손하와 공손휘는 병사들에게 장송가를 합창하도록 지시했다. 대장 국서는 죽음을 각오할 것을 훈시했고, 모든 장병들이 죽음을 각오했다. 비장한 광경이었다.

다음 날 오의 장수 서문소는 제군에 싸움을 걸었다. 제군에서 공손휘가 출전했다. 서문소는 거짓으로 패하여 달아났고, 공손휘는 추격했다. 숙손주구가 가세하여 서문소를 도와 협공을 했다. 제군에서 공손하가 출전했고, 서문소는 다시 도주했다. 오군에서 전여가 가세하여 공손하와 교전을 펼쳤고, 서문소가 가세했다. 제군에서 고무평과 종누가 출전하자 오군에서는 왕자 고조가 출전했다. 그 결과 제군과 오군은 대규모로 교전을 펼치게 되었다.

국서가 제군에 전군 출전을 지시했다. 그 때문에 오군이 열세에 빠졌다. 오왕 부차의 지시를 받고 백비가 군사 1만 명을 거느리고 급히 출전했다. 국서는 군사들을 다시 재편하여 백비에 맞섰다.

이때 오왕 부차가 징을 울렸다. 오는 중원과 문화가 많이 달랐는데, 군사 신호도 달랐다. 당시 징 소리는 중원에서는 후퇴 신호로 사용되었지만, 오에서는 돌격 신호로 사용되었다. 중원에서는 돌격 신호로 북소리를 사용했다. 오왕 부차는 오군 3만 명을 세 갈래로 나눈 후 직접 돌격을 감행했다. 한편 제군은 징 소리를 듣고 오군이 퇴각하는 것으로 오해하고 안도하며 방심했다.

방심하고 있던 제군은 오군의 돌격에 당황하여 제대로 대응을 못 하고 셋으로 분리되었다. 반면 오군은 왕의 출전에 사기가 급상승했다. 오군은 분리된 제군을 포위하고 맹렬히 공격했다. 결국 제군은 대패했다. 공손하는 포로로 잡혔고, 공손휘와 종누는 전사했다. 대장 국서는 탄식하며 오군 속으로 돌진했고, 결국 전사했다. 여구명은 수풀 속에 숨어 있다 포로로 잡혔다. 고무평과 진역은 간신히 도주했다.

오군은 대승을 거두었고, 많은 포로들과 병거 800승 등의 전리품을 획득했다. 오왕 부차는 공손하와 여구명을 처형했다. 월의 장수 제계영은 오군의 용맹을 극찬한 후 귀국했다.

제간공은 진항과 감지와 상의한 후 오군 진영에 사신을 보내 많은 공물을 바치고 화평을 요청했다. 오왕 부차는 화평의 조건으로 제와 노의 우호를 요구했고, 제와 노는 우호를 맹세했다. 오왕 부차는 귀국했다.

오자서伍子胥의 사사賜死(BC 484년)

오왕 부차는 초가을에 구곡 땅의 오궁으로 돌아왔다. 오왕 부차는 오궁에서 서시와 잔치를 벌이며 즐겼다. 그날 밤 오궁 밖에서 아이들이 부르는 노랫소리가 들렸는데, 오동나무 잎은 가을빛이 짙은데 오왕의 근심은 끝이 없다는 내용이었다. 오왕 부차는 분노하여 노래 부르는 아이들을 잡아 처형할 것을 지시했다. 서시가 겨우 말려 그만두었다. 백비는 가을은 만물이 슬퍼하는 때임을 강조하며, 노래는 하늘의 이치에 순응하는 내용이므로 걱정할 필요가 없다고 아첨을 떨었다. 오왕 부차는 흡족해했다.

며칠 후 오왕 부차는 도성으로 귀환했다. 문무백관이 절하며 승전을 축하했으나, 오자서는 말이 없었다. 오왕 부차는 제에 대승을 거두었으나 오자서만 아무런 공로가 없다고 말하며 비꼬았다. 오자서는 발끈하여 하늘이 사람을 망치려 할 때 먼저 조그만 기쁨을 준 후 큰 근심을 주는 법이라고 대꾸하며, 장차 큰 근심이 닥쳐올 것을 염려했다. 오왕 부차는 또 시끄럽게 잔소리를 한다며 짜증을 냈다.

이때 갑자기 오왕 부차는 사람 넷이 모여 있다가 사방으로 도주하고,

북쪽을 향하고 있던 사람이 남쪽을 향하고 있던 사람을 죽이는 환영을 보았다. 오왕 부차는 놀라서 환영의 내용을 말했다. 오자서는 기운이 사방으로 흩어지고 아랫사람이 윗사람을 해치는 조짐이라고 풀이하며, 조심하고 반성할 것을 건의했다. 오왕 부차는 분노했다. 백비는 천하의 모든 제후들이 조례를 올리고, 주 왕실을 대신하여 천하의 주인이 될 징조라고 말하며 아첨을 떨었다. 오왕 부차는 백비를 칭찬하고 오자서를 비난했다.

며칠 후 월왕 구천이 찾아와 오왕 부차에게 조례하고 승전을 축하했다. 월왕 구천은 오의 대신들에게 많은 뇌물을 돌렸다. 오왕 부차는 문대에서 잔치를 열고, 백비를 상경으로 임명할 것과 월왕 구천에게 토지를 더 분봉할 것을 선포했다. 대신들은 오왕 부차를 칭송했다. 오자서는 간신들이 득세하고 충신은 간언을 올리지 못하고 있음을 탄식하며, 오의 망국을 예상하고 통곡했다. 오왕 부차는 대노하여 오자서의 입궁을 금지시켰다. 오자서는 선왕(합려)은 자신의 충성과 신의를 믿었다고 절규하며, 관용봉과 비간의 예를 언급하면서 오왕 부차와의 영원한 이별을 고하고 집으로 돌아가 버렸다. 백비는 오자서가 제에 아들을 맡긴 사실을 언급하며, 반역의 의도가 있다고 모함했다.

마침내 오왕 부차는 사람을 시켜 오자서에게 촉루검을 전달했다. 오자서는 선왕 합려의 선견지명을 칭송하며 탄식했다. 오자서는 월이 오를 침공하는 것을 볼 수 있도록 자신의 눈을 뽑아 동문에 걸어 둘 것을 유언으로 남기고, 촉루검으로 목을 찔러 자살했다.

오자서의 유언을 전해 들은 오왕 부차는 격노하여 오자서의 집으로 가서 칼을 들어 직접 오자서의 목을 끊었다. 오왕 부차는 오자서의 목을 성루에 효수하고 몸은 말가죽 포대에 넣어 전당강錢塘江에 버릴 것을 지시했다. 오왕 부차는 뼈와 살이 없어져 어떻게 볼 수 있을 것이냐고 말하며, 오자서를 저주했다. 며칠 후 오의 백성들은 오자서의 시체를 건져 비밀리에 장례를 지내주었다.

오왕 부차는 백비를 상국으로 임명했다. 월왕 구천은 오왕 부차가 하사한 땅을 사양하고 귀국했다.

패권을 위한 오왕吳王 부차夫差의 원정(BC 483년)

오왕 부차는 제를 복속시킨 이후 더욱 교만해져 사치를 부렸다. 오왕 부차는 한성邗城을 축성하고, 장강과 회수 사이의 물길에 여러 운하를 건립했다. 오왕 부차는 천하의 맹주가 되기를 원했다.

세자 우友는 부왕의 교만을 우려하여 풍자와 비유를 사용해 간언을 하기로 결심했다. 어느 날 세자 우는 새를 잡으러 갔다가 옷이 흙투성이가 되어 돌아왔다. 오왕 부차가 놀라서 물었다. 세자 우는 나무 위에서 매미가 울고 있었는데, 아무것도 모르는 매미를 사마귀가 노리고 있었고, 그런 사마귀를 참새가 노리고 있었고, 그런 참새를 자신이 노리고 있었는데, 그만 함정을 보지 못하고 빠져 옷이 흙투성이가 되었다고 아뢰었다[1]. 오왕 부차는 웃으며, 눈앞의 이익만 탐하다 후환을 생각하지 못한 세자 우의 부주의를 가볍게 책망했다.

세자 우는 부왕에게 노는 다른 나라를 침범하지 않았는데, 그런 노를 제가 노리고 있었고, 그런 제를 오가 노리고 있었음을 아뢰었다. 세자

---

1) 여기서 **당랑규선螳螂窺蟬**(사마귀가 매미를 잡으려고 엿본다는 뜻. 눈앞의 이익만 탐하다가 뒷날의 재앙을 생각하지 못하는 것을 비유함. **소탐대실小貪大失**과 비슷한 의미임), **황작재후黃雀在後**(참새가 뒤에 있다는 뜻)의 고사성어가 나옴

우는 월이 오를 치려고 하는데 오는 그런 사실을 모르고 있으니 자신보다 더 어리석다고 충언을 올렸다. 오왕 부차는 대노하여 오자서와 같은 말을 하고 있다고 질책했다. 세자 우는 두려움을 느끼고 물러갔다.

드디어 오왕 부차는 진晉과 천하의 패권을 다툴 목적으로 세자 우, 왕자 지地, 왕손 미용彌庸에게 남아서 국내를 지키도록 지시한 후 정예대군을 이끌고 친히 북쪽으로 나아갔다(BC 483년). 오왕 부차는 한구邗溝 땅으로 북상하여 탁고橐皋 땅에서 노애공과 회견하고, 발양發陽 땅으로 나아가 위출공과 회견했다.

이때 송·노·위는 운鄆 땅에서 회합을 했는데, 오왕 부차는 그 소식을 듣고 운회합에 참석했다. 회합에서 위출공은 제를 의식하여 오와 동맹의 맹약을 맺기를 거부했다. 오왕 부차는 분노하여 위출공을 감금했다. 이후 자공이 나서서 백비를 설득했고, 백비의 주선으로 위출공은 석방되었다.

오왕 부차는 진晉과 맹주의 지위를 다투기 위해 모든 제후들을 황지黃池 땅으로 초청하여 대회를 열 것을 선언했다.

제4장

월왕越王 구천勾踐의 패권 장악

제1절 오吳에 대한 월왕越王 구천勾踐의 1차 공격

월왕越王 구천勾踐의 오吳 공격 개시(BC 482년)

월왕 구천은 오왕 부차가 북쪽으로 대군을 이끌고 원정을 떠난 기회를 이용하여 드디어 오를 기습적으로 공격했다(BC 482년). 군사 4만 명과 수군 2천 명, 정예부대 6천 명이 동원되었다.

월군의 주무여가 전위대를 이끌고, 오군의 왕손 미용과 교전했다. 이때 오군의 왕자 지가 가세해 협공을 펼쳤고, 주무여는 중과부족으로 패하여 포로가 되었다.

다음 날 월왕 구천이 지휘하는 월군의 본진이 당도했다. 오의 세자 우는 출전하지 않고 성안에서 굳게 방어할 작정이었다. 왕손 미용이 월군은 오군에 대한 두려움을 가지고 있고 장거리 원정으로 피로한 상태라고 강조하며, 출전하여 격퇴할 것을 건의했다. 세자 우는 승낙했다.

왕손 미용이 1진으로 먼저 출전하고, 세자 우는 2진이 되어 뒤를 따랐다. 월왕 구천이 직접 출전해 양군은 혼전을 벌였다. 이때 월군의 범여와 설용이 날개 모양으로 진을 넓게 펼치고 좌우에서 돌진했다. 오군은 정예부대가 아니어서 정예병과 강병으로 구성된 월군의 공격을 감당하지 못했다. 결국 오군은 대패했다. 왕손 미용은 전사하고, 세자 우는 중상을 입고 포위되었다. 체포되기 직전에 세자 우는 칼로 목을 찔러 자살했다. 월군은 오의 도성으로 쳐들어갔다.

오의 왕자 지는 성문을 굳게 닫고 수비하며, 오왕 부차에게 급히 사자를 보냈다. 월왕 구천은 오의 도성 앞에 주둔했고, 태호에 월의 수군을 집결시켰다. 월왕 구천은 고소대에 불을 질렀고, 오의 도성을 포위했다.

오吳·진晉·노魯·위衛의 황지黃池회맹(BC 482년)

오왕 부차는 황지 땅에 주둔하며 노애공 및 위출공과 회견하고, 진晉정공을 초청했다. 진晉정공은 오군의 위세에 부담을 느껴 어쩔 수 없이 대군을 이끌고 황지 땅으로 갔다.

오왕 부차는 왕손 낙에게 회합의 맹주를 누가 맡을지 진晉의 중군원수 조앙과 의논하라고 지시했다. 왕손 낙과 조앙은 수일 동안 격론을 벌였으나 서로 주장을 굽히지 않았다.

이때 왕자 지가 보낸 사자가 당도하여 월의 침공 사실 등을 보고했다. 오왕 부차는 큰 충격을 받았다. 옆에 있던 백비가 소문이 퍼져 군이 동요할 것을 우려하여 왕자 지가 보낸 사자를 갑자기 칼로 죽여버렸다.

오왕 부차는 대회를 중단하고 회군할 것인지 아니면 대회를 계속하면서 진晉과 패권을 경쟁할 것인지 결정을 하지 못했다. 왕손 낙은 비상한 수단이 필요하다고 강조하며, 진쯥군을 습격하여 기세를 꺾어 버릴 것을 주장했다. 오왕 부차는 승낙했다.

그날 밤 오왕 부차가 이끄는 중군 12,000명은 흰색으로 치장하고, 백비가 이끄는 좌군 12,000명은 붉은색으로 치장하고, 왕손 낙이 이끄는 우군 12,000명은 검은색으로 치장하고 몰래 진쯥군을 향해 출전했다. 진쯥군 진영 1리까지 접근한 후 오군은 북과 징을 치고 함성을 지르며 천지를 진동시켰다. 멀리서 보면 중군은 하얀 띠꽃들이 흐드러지게 피어 있는 것처럼 보였고, 좌군은 불이 활활 타오르는 것처럼 보였고[1], 우군은 먹물처럼 새까맣게 보였다.

진쯥군은 당황했다. 진정공은 오군 진영에 대부 동갈董褐을 파견했다. 오왕 부차는 동갈을 접견하며, 오가 중원의 맹주가 되어 제후들을 통솔하라고 주 천자가 명령했다고 거짓말을 했다. 오왕 부차는 진정공이 주왕의 명령을 거역하고 시일을 지체하고 있으므로 어쩔 수 없이 군을 동원하여 결단할 예정이라고 강조했다.

진쯥군 진영으로 돌아온 동갈은 조앙에게 월이 오를 침공했다는 소문이 돌고 있다고 아뢰며, 오왕 부차의 표정이 참혹한 것이 오에 큰 우환이 발생한 것 같다고 보고했다. 동갈은 조앙에게 진쯥이 양보하지 않을 경우 오군이 공격할 것이라고 아뢰며, 왕호를 포기하는 것을 조건으로 하여 맹주를 양보할 것을 건의했다. 조앙은 진정공에게 보고했고, 진정공은 승낙했다. 동갈은 다시 오왕 부차를 찾아가 협상을 마무리했다.

결국 오왕 부차는 오공吳公의 자격으로 맹주가 되어 대회를 주관했다(BC 482년). 오, 진쯥, 노, 위의 순서로 맹세의식을 거행했다. 이로써

---

[1] 여기서 **여화여도**如火如荼(불꽃이 붉게 타오르는 것 같고 띠꽃이 하얗게 흐드러진 것 같다는 뜻. 군사들의 기세가 왕성하거나 사물의 형세가 흥성한 것을 비유함)의 고사성어가 나옴

오왕 부차는 춘추시대 네 번째 패자가 되었다. 오왕 부차 대신 오왕 합려를 네 번째 패자로 보는 견해가 다수설인데, 오왕 합려는 맹회를 개최한 사실이 없었고 다수의 중원 국가들이 진晉을 섬기고 있어서 패자로 보기는 어려울 것이다.

오吳의 항복을 받는 월왕越王 구천勾踐(BC 482년)

황지에서 회맹을 마친 이후 오왕 부차는 엄청난 속도로 회군을 시작했다. 월의 침공 소식에 오군의 사기는 급격히 저하되었고, 급히 회군하느라 매우 피곤했다. 결국 오군은 급히 회군했으나, 사기가 높고 체력이 회복된 월군에 대패했다.

오왕 부차는 백비를 책망하며, 모든 책임을 지고 월과 화평을 체결할 것을 지시하고 실패할 경우 처단하겠다고 위협했다. 백비는 월왕 구천을 알현하며, 복종을 약속하고 화평을 애걸했다. 범려는 월왕 구천에게 오를 완전히 멸망시키려면 시간이 더 필요하다고 아뢰며, 화평을 허락할 것을 건의했다. 월왕 구천은 오의 항복을 승낙하고, 회군했다.

송宋의 권신 환퇴桓魋의 난(BC 481년)

송의 사마 환퇴는 송경공의 총애(남색 대상)를 기반으로 송의 권력을 오랫동안 전단했다. 어느 순간 송경공은 이에 대해 부담을 느꼈고 환퇴를 제거할 결심을 한다. 환퇴는 이를 눈치 채고 송경공에 대한 공격을 준비했다.

송경공은 당시 사마이던 황야皇野에게 협력을 구했다. 황야는 송경공에게 환퇴의 형인 상소의 도움을 받기를 권유했다. 송경공은 안전을 보장하며 상소를 회유했다. 송경공은 황야와 상소를 시켜 환퇴를 공격했다(BC 481년). 환퇴는 조읍으로 달아났는데, 상소는 송경공을 배신하고 환퇴에게 합류했다. 대부들과 백성들이 환퇴를 따르지 않았고, 결국 환퇴와 상소는 노로 망명했다.

기린을 죽인 노애공魯哀公(BC 481년)

노애공이 거야鉅野 땅의 대야택에서 사냥을 했는데, 숙손씨의 가신인 서상鉏商이 처음 보는 이상한 짐승을 사냥했다. 서상은 공자를 찾아가 사냥한 짐승을 보여주며 정체를 물었다. 공자는 기린이라고 답한 뒤 길게 탄식했다. 공자는 죽은 기린을 장사지내고 난 후, 도가 무너진 세상에 나왔다 죽은 기린의 죽음을 슬퍼하는 노래를 지었다(BC 481년).
 이때부터 공자는 역사서 《춘추》를 쓰기 시작했다고 오랫동안 전해지고 있었다. 《춘추》는 노애공이 기린을 죽인 해에서 끝이 난다. 최근의 연구 결과에 의하면 《춘추》는 공자가 저술한 것이 아니라 노의 여러 사관들이 저술한 것으로 밝혀졌다.

제2절 하극상의 추세

진항陳恒의 제간공齊簡公 시해[제평공齊平公의 즉위](BC 481년)

제의 우상인 진항(=전상)은 오가 월에 항복했다는 소식을 듣고 쾌재를 부르며, 더욱 반역할 마음을 굳혔다. 진항은 진역과 진표陳豹를 시켜 제간공이 믿고 의지하던 좌상 감지를 백주대로에서 몽둥이로 때려서 죽였다(BC 481년). 공자의 제자인 재여도 이때 같이 죽임을 당했다.

생명의 위협을 느낀 제간공은 도주했으나, 진항은 추격하여 제간공을 죽이고 이어서 감씨 일족도 몰살했다. 진항은 제간공의 동생인 공자 오鰲를 옹립했다. 공자 오가 대신들의 추대로 즉위하니(BC 481년), 곧 **제평공齊平公**[1]이다.

공자는 노애공을 알현하고, 역신 진항을 응징할 것을 주장했다. 실권이 전혀 없던 노애공은 삼가와 협의하라고 답했다. 공자는 탄식했다.

제후국들의 응징을 우려한 진항은 제후국들의 환심을 사기 위해 여러 작업을 했다(BC 480년). 진항은 노와 위에 대하여는 예전에 빼앗았던 땅을 반환했고, 진晉에 대하여는 실권자인 4경과 친분을 두텁게 하고, 오와 월에 대하여는 사신을 보내 우호를 맺었다.

진항은 제의 민심을 수습하기 위해 예전에 진무우가 했던 방식을 차용하여 백성들에게 재물과 곡식을 나누어 주었고, 얼마 후 제의 민심은 안정되었다.

진항은 제 공실의 힘을 약화시키고, 제의 유력 가문들(포씨, 난씨, 고

---

1) 제평공 강오: 재위 BC 480 ~ BC 456

씨, 국씨)을 서서히 제거하면서 그 빈자리를 진씨 일족으로 채워나갔다. 진항은 미녀 100여 명을 선발해 자신의 저택에 거주시키고, 미녀들을 진씨 일족에게 개방하여 사내아이 70여 명을 얻었다. 이로써 진씨 일족의 수는 급증했고, 진씨들은 제의 관직을 서서히 독점하기 시작한다.

얼마 후 제의 영토 중에서 반 이상이 진씨의 영지가 되었고, <u>제는 서서히 강성姜姓이 아닌 진씨陳氏(=전씨田氏)의 나라로 바뀌고 있었다.</u>

제齊, 진晉, 노魯의 하극상

제환공 때 공자 완이 진陳에서 제로 망명한 처음에는 진陳을 씨로 사용하고 있었는데, 전田 땅을 분봉받으며 전田을 씨로 병행해서 사용했다. 공자 완의 7대손인 진항은 제의 전권을 장악한 이후 진陳과의 관련성 대신 제에서의 권력을 강조하기 위해 전씨를 강조했다. 이후 진항은 전상田常으로 불리게 되었다.

신하인 전씨가 제후를 죽여도 다른 나라에서는 방관했다. 이로써 관중이 구축한 춘추시대의 정치질서는 거의 붕괴되었고, **약육강식과 하극상이라는 새로운 질서**가 주도적인 가치관으로 자리를 잡아가게 되었다.

진晉의 4경은 제의 전씨가 아무리 전횡을 부려도 다른 나라들이 관여하지 않자 더욱 권력을 남용했고, 진晉의 국토를 네 가문에서 나누어 가졌다. 진晉정공 이후 진晉의 군주는 4경의 눈치를 보는 처지로 몰락했고, 영지는 4경보다 작아졌으며 이후 급속히 축소되었다.

노의 3가는 노의 국정을 전담하며 국토를 나누어 가졌고, 노애공 역시 실권을 가지지 못하고 3가의 눈치를 보는 처지로 전락했다.

지씨智氏 가문을 승계한 지요智瑤(=지백知伯)

지갑智甲(=순갑)은 후계 문제를 논의하기 위해 친족회의를 열었다. 지갑은 아들인 **지요智瑤**에게 가문을 넘겨줄 의사를 표시했다. 지갑의 또 다른 아들[1]인 지과知果는 지요가 ①미남이며 ②궁술이 뛰어나고 ③재주가 많으며 ④결단성이 있고 ⑤교묘한 지혜가 있는 등 다섯 가지 장점이 있으나, 욕심이 많고 어질지 못한 치명적인 약점이 있음을 들어 반대했다. 지과는 지소知宵를 추천했다.

그러나 지갑은 원래 생각한 대로 지요를 가문의 후계자로 지정했다. 지과는 큰 불행을 예상하고 탄식했다. 얼마 후 지과는 보씨輔氏로 씨를 바꾸고, 지씨 씨보에서 스스로 삭제하고 가문을 분리했다.

지갑이 사망하고 지요는 가문을 승계했고, <u>지양자智襄子</u>로 불리게 되었다. 이후 지요는 진출공 때 진晉의 중군원수가 되어 진晉의 국정을 장악하고, <u>지백知伯</u>으로 불리게 된다(후술). 지백의 권세는 막강해졌다. 지개知開, 지국知國, 치자絺疵, 예양 등이 지백을 보필했다.

공회孔悝의 떠밀린 반란[위장공衛莊公의 즉위](BC 480년)

위출공은 부친인 괴외의 입국을 철저히 경계했다. 대부 고시는 부자 간의 의리를 강조하며 화해할 것을 간언했으나, 위출공은 듣지 않았다. 괴외의 누나(=위출공의 고모)인 **공희孔姬**(=백희伯姬)는 대부 공어孔

---

1) 소설 《동주 열국지》에는 지과에 대하여 지갑의 아들로 기재되어 있으나, 아들이 아닌 친족 이라는 견해도 유력함

圉[1])와 혼인하여 **공회孔悝**를 낳았다. 공어가 죽자 공회는 부친의 지위를 승계했다. 남편이 죽은 후 공희는 가신인 혼양부渾良夫와 간음했다. 공회는 위출공의 신임을 받았고, 위의 국정을 담당했다.

공희는 동생인 괴외의 처지를 가엾게 여기고 조카인 위출공에 대하여 불만을 가졌다. 어느 날 공희는 혼양부에게 척 땅으로 가서 괴외를 문안할 것을 부탁했다. 혼양부는 괴외를 문안했다. 괴외는 혼양부에게 군위에 오르도록 도와줄 것을 요청하며, 성공할 경우 부귀를 함께하며 또한 사형에 해당하는 죄를 지어도 세 번까지 용서할 것이라고 약속했다. 혼양부는 돌아와 공희와 상의했는데, 공희는 동의했다.

공희는 괴외를 여자로 가장시키고 온거에 태워 위의 도성으로 잠입시켰다. 괴외는 공희의 집에 은거했다. 공희는 장사인 석걸石乞, 맹염盂黶과 혼양부에게 무장할 것을 지시했다. 아들인 공회가 궁중 연회를 마치고 돌아오자 공희는 아들 공회에게 괴외를 군위에 올릴 것을 권유했다. 공회는 위영공의 유언을 강조하며 거절했다. 잠시 후 석걸, 맹염, 혼양부는 공회를 잡고 누대 위에 있던 괴외 앞으로 강제로 데려갔다. 공희는 아들 공회에게 괴외를 섬길 것을 강요하고 감금했다.

결국 공회는 위협에 굴복하여 괴외에게 절을 올리고, 공희의 강요로 괴외와 군신의 맹약을 맺었다. 석걸과 맹염은 공회에게 가병들을 소집할 것을 강요했다. 공회는 굴복하여 가병들을 소집했다.

혼양부는 공회의 가병들을 이끌고 궁궐을 공격했다. 위출공은 공회가 반란을 일으켰다는 소식에 당황했고, 창고의 보물 대부분을 챙겨서 재빨리 노로 도주했다(BC 480년).

---

1) 《논어》〈공야장〉편에 나오는 공문자孔文子임

이때 공자의 제자인 자로는 공회의 가신으로 있었는데, 성 밖으로 일을 보러 갔다 돌아오던 길에 공회가 잡혀 있는 사실을 알게 되었다. 황급히 공회의 집으로 가던 자로는 성 밖으로 나오는 공자의 또 다른 제자인 고시와 마주쳤다. 고시는 변란에 관여하지 말 것을 충고했다. 자로는 공씨의 녹을 먹고 있음을 이유로 충고를 거부하고, 수문장 공손감公孫敢의 충고 역시 거부하고, 공회의 집으로 달려갔다.

자로는 인질이 된 공회를 구출하기 위해 누대에 불을 질렀다. 분노한 괴외는 자로를 처단할 것을 지시했고, 석걸과 맹염이 자로를 공격했다. 자로는 분전했으나, 중과부족으로 중상을 입었다. 자로는 죽기 직전에 예의를 지켜야 한다고 중얼거리며, 관을 단정히 손본 후 쓰고 죽었다.

괴외가 아들인 위출공을 몰아내고 스스로 즉위하니(BC 480년), 곧 **위장공衛莊公**[1]이다. 예전에 이미 시호가 장공인 군주가 있었으므로 괴외를 후後장공으로 칭하기도 한다. 위(후)장공은 둘째 아들인 질疾을 세자로 임명하고, 혼양부를 경으로 임명했다.

공자孔子의 사망(BC 479년경)

당시 공자는 위衛에 체류하고 있었다. 괴외의 정변 소식을 들은 공자는 제자인 고시는 살아서 돌아올 것이지만 자로는 죽을 것으로 예상했다. 고시는 공자를 찾아와 스승에게 예를 올렸다.

위장공은 자로의 시체를 젓갈로 만들어 항아리에 담아 공자에게 보냈다. 공자는 자로의 죽음에 통곡하며, 자로의 젓갈을 산에 묻고 장례

---

1) 위(후)장공 희괴외: 재위 BC 479 ~ BC 478

를 치렀다. 공자는 가장 친하게 지냈던 제자 자로의 죽음에 상심이 너무 커 병이 들었고, 얼마 후 세상을 떴다(BC 479년경).

노애공이 글을 지어 공자를 추모했는데, 이것이 추도문의 시작이라고 한다. 공자의 제자들은 공자를 사수泗水 부근 곡부 땅에다 장사 지냈다. 공자의 제자들은 3년상을 지낸 후 흩어졌는데, 자공은 이후 3년 더 공자의 무덤을 지켰다. 그 후 공자의 제자 수백 명이 공자의 무덤 부근으로 이사를 와서 살았는데, 사람들은 그곳을 공리孔里라고 불렀다.

위장공衛莊公의 공신 제거(BC 479년)

위장공은 공회를 위출공의 일당이라 여기고, 항상 의심하며 경계했다. 얼마 후 위장공은 공회를 추방했고, 공회는 송으로 망명했다.

위장공은 위출공이 대부분의 보물을 가지고 도주하여 국고가 부실한 것을 아쉬워했다. 위장공은 혼양부와 보물을 회수할 방법에 대하여 상의했다. 혼양부는 세자를 다시 결정한다고 핑계를 대고 위출공을 소환하면 보물을 회수할 수 있을 것이라고 비밀리에 건의했다.

혼양부의 건의는 세자 질에게 누설되었고, 세자 질은 격노했다. 세자 질은 장사들을 대동하고 심야에 위장공의 처소에 침입하여 칼로 위협하고, 위출공을 소환하지 않겠다는 맹세를 할 것을 강요했다. 위장공은 협박에 굴복하여 맹세를 했다. 세자 질은 이어서 혼양부를 처단하라고 위협했다. 위장공은 혼양부에게 죽을죄를 지어도 세 번까지는 용서할 것이라고 맹세한 사실이 있음을 알리며 거절했다. 세자 질은 죽을죄를 네 개 만들어 처형하라고 위협했고, 위장공은 승낙했다.

얼마 후 위장공은 호막虎幕을 신축했는데, 낙성연을 개최하면서 모든 대부들을 초청했다. 혼양부는 자주색 옷 위에 여우 가죽옷을 입고 참석하였고, 허리에 칼을 찬 상태로 음식을 먹었다. 세자 질은 역사들을 시켜 혼양부를 체포했다. 세자 질은 군주를 알현할 때는 예복을 입어야 하고 군주 앞에서는 칼을 풀어야 함을 강조하며, ①자주색 옷을 입은 죄 ②여우 가죽옷을 입은 죄 ③허리에 칼을 찬 상태로 음식을 먹은 죄를 지었으며 추가로 ④불효자인 위출공을 소환할 계획을 세운 죄를 지었다고 꾸짖었다. 세자 질은 그 자리에서 역사들을 시켜 혼양부를 칼로 쳐 죽였다.

며칠 후 위장공은 혼양부가 귀신이 되어 자신을 공격하는 꿈을 꾸었다. 위장공은 복卜대부 서미사胥彌赦를 불러 점을 치게 했다. 서미사는 아무 해가 없다고 허위로 보고했다. 그 후 서미사는 위장공과 국가의 위기를 예상하여 송으로 이주했다.

초楚 백공白公 승勝의 불만

초의 백공 승은 영윤 공자 신이 자신과 국정을 의논하지도 않고 국록도 늘려주지 않자 반감을 가졌다. 백공 승은 부친(세자 건)을 죽인 정에 대하여 원한을 가졌으나, 오자서가 정을 용서하고 정과 초의 사이가 원만하여 정에 대한 복수를 실현할 수 없었다.

오자서의 사망 소식을 들은 이후 백공 승은 드디어 정에 대하여 보복을 할 결심을 했다. 백공 승은 영윤 공자 신에게 부친의 원수인 정에 대한 공격을 요청하며, 참전할 뜻을 밝혔다. 공자 신은 아직 국내가 안정되지 않았으므로 시기를 기다리라고 답했다.

백공 승은 영지로 내려가 오에 대한 방비를 핑계 대며 군사들을 조련하면서 기회를 기다렸다. 충분히 군사들을 조련한 후 백공 승은 영윤 공자 신에게 정을 공격할 것을 다시 요청하며, 선봉을 자청했다. 영윤 공자 신은 승낙했다.

 그즈음 진晉의 중군원수 조앙이 정을 공격했다(BC 479년). 정은 초에 구원을 요청했다. 영윤 공자 신은 구원군을 이끌고 정으로 갔고, 진晉군은 철수했다. 공자 신은 정과 동맹을 체결한 후 귀국했다.

 백공 승은 영윤 공자 신에 대하여 격노하고 죽일 결심을 했다. 백공 승은 친척이며 당시 예양澧陽 땅 태수이던 백선白善을 초청했다. 백선은 백공 승이 초대하는 이유를 짐작했다. 백선은 국가와 친척의 이익이 상충하는 것을 이유로 초대를 거절하고, 벼슬을 사임한 후 시골로 내려갔다.

 백공 승은 가신 석걸石乞[1]과 상의했다. 석걸은 장사인 웅의료熊宜僚를 천거했다. 백공 승은 석걸과 함께 웅의료를 방문하여 영윤 공자 신을 죽이는 일을 도와줄 것을 부탁했다. 웅의료는 거절했다. 백공 승은 웅의료를 자신의 집으로 데려간 후 지극히 정성을 다해 귀빈으로 대우했다. 결국 웅의료는 백공 승의 정성에 감동하여 협력할 것을 승낙했다.

백공白公 승勝의 반란(BC 479년)

 초는 예전부터 오를 경계하여 국경 경비에 신경을 썼다. 어느 날 백공 승은 자신의 가병들을 이끌고 오의 변경을 노략질하고 돌아온 후,

---

1) 위 공희의 가신인 석걸과 동명이인임

오군을 크게 무찔렀다고 허풍을 떨었다. 백공 승은 영윤 공자 신에게 대승을 거두었다고 거짓말을 하고, 오군으로부터 뺏은 전리품을 왕에게 바치는 의식을 열어 초의 위엄을 과시하고 싶다고 제안했다. 공자 신은 승낙했다.

백공 승은 장사 1,000명을 대동하고 태묘로 들어가 거짓 전리품을 바치며, 초혜왕에게 승전 보고를 했다. 영윤 공자 신과 사마 공자 결은 초혜왕 옆에 시립했고, 초혜왕은 대전 전상에서 백공 승이 바치는 전리품 목록을 수령했다.

초혜왕은 계단 아래에 무장한 장사 두 명이 있는 것을 보고 누구인지 물었다. 백공 승은 초혜왕에게 석걸과 웅의료를 소개한 후, 층계 위로 올라올 것을 지시했다. 사마 공자 결이 전상으로 접근하지 말라고 호통을 쳤으나, 석걸과 웅의료는 무시하고 층계 위로 올라갔다. 사마 공자 결은 분기충천하여 좌우 시위들에게 석걸과 웅의료를 층계 밑으로 끌어 내리라고 지시했다. 석걸과 웅의료는 시위들을 죽이고 전상으로 달려갔다. 석걸은 영윤 공자 신을 공격했고, 웅의료는 사마 공자 결을 공격했다.

백공 승은 데려온 장사들을 불러 초혜왕을 인질로 잡았다. 석걸은 영윤 공자 신을 제압하고 결박했다. 공자 신은 은혜를 모르는 자라고 백공 승을 비난했다. 백공 승은 영윤 공자 신에게 원수인 정과 협력한 것을 꾸짖고, 개인적 은혜보다 부친의 원수를 갚는 일이 더 중요하다고 답했다. 백공 승은 영윤 공자 신을 참수했다. 한편 웅의료는 공자 결과 처절하게 싸우다 서로 치명상을 입었고, 결국 둘 다 층계 밑으로 떨어져 죽었다.

석걸은 백공 승에게 초혜왕을 처단할 것을 건의했다. 백공 승은 거절하고, 초혜왕을 별궁인 고부高府에 감금했다. 백공 승은 초평왕의 아들인 왕자 계啓에게 왕위에 오를 것을 요청했으나, 왕자 계는 끝까지 사양했다. 백공 승은 분노하여 왕자 계를 죽여버렸다.

백공 승은 군사들을 동원하여 태묘에 주둔했다. 관중의 후손인 대부 관수管修가 가병들을 동원하여 태묘의 백공 승을 공격했으나, 사흘 만에 크게 패하고 잡혀 죽었다.

어공御公 양陽은 관수와 백공 승이 싸우는 혼란한 상황을 이용하여 고부에 감금된 초혜왕을 탈출시키고, 초소왕의 부인이자 초혜왕의 모친인 소부인(=월희)의 궁에 숨겼다.

섭공 심제량은 변란 급보를 듣고 섭 땅의 군사들을 총동원하여 도성으로 진군했다. 도성 근처의 백성들은 섭군을 영접하며, 갑옷을 입지 않고 있던 심제량의 안전을 염려했다. 심제량은 민의에 따라 갑옷을 입었다. 또 다른 백성들이 심제량의 얼굴을 보지 못함을 아쉬워하며, 얼굴을 보여주어 백성들과 군사들의 사기를 올릴 것을 건의했다. 심제량은 민의에 따라 투구를 벗었다.

잠윤箴尹 고固는 백공 승의 호출을 받고 군사들을 거느리고 도성으로 들어가다 심제량의 군대를 만났고, 오히려 심제량에게 합세했다. 초의 백성들은 성문을 열고 심제량을 영접했다. 심제량은 민심을 등에 업고 많은 군사들을 동원하여 백공 승을 공격했다. 백공 승은 중과부족으로 대패했고, 석걸은 백공 승을 호위하여 용산龍山으로 도주했다.

심제량은 용산을 포위했다. 백공 승은 도주가 불가능함을 알고 목을 매어 자살했다. 석걸은 백공 승의 시체를 매장한 후 도주하다 체포되었다. 심제량이 백공 승의 행방을 추궁하자 석걸은 백공 승이 자살한 사실을 알렸다. 심제량이 펄펄 끓는 가마솥을 준비하고 백공 승의 시체를 묻은 곳을 추궁했다. 석걸은 크게 웃은 후, 주군의 시체를 지키기 위해 스스로 가마솥으로 뛰어들어 죽었다.

진陳의 멸망(BC 478년)

 진陳민공은 초의 변란을 이용하여 초를 공격했으나, 심제량에게 패하고 물러났다(BC 479년). 심제량은 다시 초혜왕을 복위시켰다. 초혜왕은 심제량에게 영윤과 사마를 겸직하도록 했다.
 초혜왕은 진陳에 대한 보복을 결심했다. 공자 신의 아들인 조朝는 진陳으로 쳐들어가 진의 도성을 함락하고 진陳민공을 처형했다(BC 478년). 이로써 진陳은 멸망했다. 초는 진陳 땅을 현으로 편입했다.

위衛의 혼란과 위출공衛出公의 복위(BC 477년)

 진晉은 위장공이 망명하던 시절부터 후원을 했으나, 위장공은 즉위 후 진晉에 조례하지 않았고 공물도 바치지 않았다. 위장공 재위 3년 어느 날, 진晉의 중군원수 조앙은 분노하여 위를 공격했다(BC 478년).
 진晉군이 공격해 오자 위의 백성들은 위장공에게 불만을 가졌고, 반란을 일으켜 위장공을 국외로 추방했다(BC 478년). 위장공은 세자 질과 함께 융戎으로 도주했다. 위장공과 세자 질은 융에서 거만하게 행동했고, 융주는 분노하여 위장공과 세자 질을 죽여버렸다. 위의 대신들은 위장공의 서동생인 공자 반사般師를 군위에 올렸다(BC 478년).
 위출공을 후원하던 제는 위가 진晉으로 기우는 것을 우려했다. 제의 우상 진항은 위를 공격하여 위후 반사를 추방하고, 위장공의 서동생인 공자 기起를 군위에 올렸다(BC 478년).

위의 대부 석포石圃는 위후 기가 제로 기우는 것에 불만을 가졌다. 석포는 위후 기를 추방하고, 위출공을 다시 귀국시켜 군위에 올렸다(BC 477년).

주원왕周元王의 즉위(BC 476년)

주경왕이 재위 43년에 사망하고 세자 인仁이 즉위하니(BC 476년), 곧 **주원왕周元王**[1]이다.

조씨趙氏 가문을 승계한 조무휼趙無恤(BC 476년)

조무의 손자인 조앙(=조간자)은 아들이 여럿 있었는데, 장자는 조백로 趙伯魯이고 막내는 책적翟 출신인 천첩 소생의 서출인 **조무휼趙無恤**[2]이다.

어느 날 유명한 관상가인 고포자경姑布子卿이 조앙의 초대를 받고 조앙의 집을 방문하여 조앙의 여러 아들들의 관상을 보았다. 고포자경은 조무휼의 관상을 극찬하고, 다른 아들들의 관상은 별로라고 말했다. 조앙은 조무휼이 천첩 소생임을 염려했다. 고포자경은 귀천은 하늘의 뜻에 따라 변한다고 강조하며, 천첩 소생인지 여부는 중요하지 않다고 아뢰었다.

---

1) 주원왕 희인: 재위 BC 475 ~ BC 469
2) 이름이 무휼無卹로 기재된 기록도 있음

그 후 한참 뒤 조앙은 아들들을 불러 "내가 가장 소중하게 여기는 부절을 상산常山에 숨겨놓았는데, 먼저 찾는 자에게 상을 주겠다."라고 말하며, 아들들의 능력을 시험했다. 모든 아들들이 상산에 올라가 부절을 찾았으나, 찾지 못했다. 조무휼도 허탕을 쳤으나, 깨달음을 얻었다. 조무휼은 조앙을 찾아가 상산의 정상에서 대代[1]가 보였음을 고하고, 대代를 차지하라는 뜻임을 깨달았다고 대답했다.

조무휼의 능력이 탁월함을 확인한 조앙은 장자 조백로를 폐하고 조무휼을 적자로 지정하며 가문의 후계자로 지명했다. 이는 서주의 종법제가 당시 거의 유명무실해지는 상황을 잘 반영하고 있다. <u>개인의 능력을 가장 중요한 항목으로 평가하는 전국시대의 가치관이 이때 벌써 태동하고 있었다</u>. 그만큼 진晉의 4경 사이에는 격렬한 경쟁과 대립이 진행 중이었다.

이후 조앙은 병이 들어 상태가 악화되자 조무휼을 불러 진晉에 혼란이 발생할 것으로 예상하며, 진양 땅을 의지할 것을 유언으로 남기고 사망했다(BC 476년). 조무휼이 가문을 승계했고, **조양자趙襄子**로 불리게 되었다.

대代를 멸망시키는 조무휼趙無恤(=조양자趙襄子)

조무휼은 가문을 승계한 직후 부친 조앙의 유지를 받들어 자신의 영지 북동쪽에 위치한 대代를 병합할 계획을 세웠다. 조무휼은 자신의 친누이를 대의 군주에게 시집보냈고, 대와 친교를 맺었다.

---

1) 진晉의 북동쪽 끝에 위치한 북적 계열의 국가

어느 날 조무휼은 대의 군주에게 하옥산夏屋山에서 회견할 것을 제안하며 초대했다. 조무휼은 미리 쇠를 재료로 사용해 긴 국자를 특별히 만들었고, 요리사 낙擧에게 계책을 지시했다. 조무휼은 회견을 마치고 잔치를 열었는데, 요리사 낙은 지시받은 대로 요리를 뜨는 척하다 특별 제조한 긴 쇠국자로 대의 군주를 내리쳐 죽였다.

조무휼은 즉시 대를 총공격하여 멸망시키고 그 땅을 병합했다. 조무휼의 누이는 비녀로 목을 찔러 자살했다.

진출공晉出公의 즉위(BC 475년)

조앙의 뒤를 이어 지요가 진晉의 중군원수가 되어 진晉의 국정을 장악하고, 지백知伯으로 불리게 되었다. 지백의 권세는 막강해졌다.

진晉정공이 재위 37년에 사망하고 세자 착鑿이 즉위하니(BC 475년), 곧 **진출공晉出公**[1]이다. 진출공은 권한이 거의 없었고, 진晉의 권력은 4경이 독점하면서 각자의 가문을 위해 힘쓰고 있었다.

---

1) 진晉출공 희착: 진출공 이후 진晉의 계보는 모호함. 재위 BC 474 ~ BC 457(다수설)/BC 452(소수설)

제3절 오吳에 대한 월왕越王 구천勾踐의 2차 공격

월왕越王 구천勾踐의 오吳 공격(BC 475년)

오왕 부차는 월에 항복한 이후에도 방탕한 생활을 계속하며 정치를 소홀히 했다. 매년 흉년이 들었고, 오의 민심은 흉흉해졌다.

월왕 구천은 계속 군비를 증강시키고 있었는데, 드디어 때가 무르익었다고 여기고 오에 대한 대대적인 공격을 개시했다(BC 475년). 월왕 구천은 출전하면서 큰 거북을 발견했는데, 마치 성난 표정으로 보였다. 월왕 구천은 행군을 멈추고, 거북의 표정이 출전한 군사들의 모습과 비슷하다면서 존경의 예를 표했다. 이를 본 월군은 거북보다 못할 수는 없다며 결의를 다졌고, 이로써 월군의 사기는 급상승했다.

월의 백성들은 교외까지 따라 나와 출전하는 군사들을 전송하며 눈물을 흘렸다. 월왕 구천은 부자父子 출전의 경우 아비를 돌려보내고, 형제 출전의 경우 형을 돌려보내고, 독자獨子 출전의 경우 돌려보내고, 병이 든 병사들도 약을 주고 돌려보냈다. 월의 백성들은 환호했고, 월군의 사기는 하늘을 찔렀다.

오왕 부차는 방어군을 이끌고 강 상류로 출전했다. 오군은 강 북쪽에, 월군은 강 남쪽에 진영을 세우고 대치했다. 월군은 월왕 구천이 중군과 정예부대 6,000명을, 범려가 우군을, 문종이 좌군을 맡았다.

당시는 전서를 교환하고 날을 잡아서 모두 모여 싸우는 것이 통상적인 방법이었다. 그러나 월왕 구천은 통상의 예를 벗어나 한밤중에 정예부대를 이끌고 오군 진영으로 몰래 접근했다. 월의 중군은 강 상류를 5리 거슬러 올라가서 몰래 오군 진영으로 접근했다. 월의 우군은 몰래 강을 건넌 후 10리를 전진했다. 오군은 방심하여 월군의 접근을 알지 못했다. 월의 좌군은 멀리서 북을 쳐서 오군의 주의를 분산시켰고, 군사들은 몰래 오군에 접근해 들어갔다.

북소리를 신호로 월의 좌·우군은 오군 진영에 협공을 개시하고, 월왕 구천은 정예부대를 이끌고 중앙 돌진을 시도했다. 오군은 당황했고, 서로 분리되어 포위 공격을 받았다. 결국 오군은 크게 패하고 도주했다. 월군은 맹렬히 추격했다. 오군은 도주하면서 세 차례 반격을 시도했으나 모두 패했다. 그 와중에 왕자 고조와 서문소는 전사했다.

오왕 부차는 도성으로 도주했다. 월군은 오의 도성을 포위했다. 월군은 오의 도성 부근에 월성越城을 쌓고 오군을 압박했다.

오吳의 멸망(BC 473년)

백비는 입장이 난처해져서 병을 핑계대고 나오지 않았다. 오왕 부차는 왕손 낙에게 화평을 교섭할 것을 지시했다. 왕손 낙은 상의를 벗고 기어 나가 월왕 구천 앞에 엎드렸다. 왕손 낙은 과거 월왕 구천이 겪었던 동일한 벌을 받기를 자청하고, 충성을 맹세하며 화평을 요청했다.

월왕 구천은 불쌍한 생각이 들어 승낙하려고 했는데, 범려가 복수를 위해 20년 동안 노심초사한 사실을 강조하면서 반대했다. 결국 월왕 구천은 화평 요청을 받아들이지 않았다.

이후 오왕 부차는 일곱 차례나 사신을 보내어 화평을 협상하려고 시도했다. 문종과 범려는 끝까지 이를 허락하지 않고, 오의 도성에 대한 총공격을 개시했다. 오군의 저항도 처절하여 승부가 쉽게 나지 않았다. 월군은 오의 도성 남문에 대한 공격을 했으나, 결국 성공하지 못했다.

얼마 후 많은 비가 내렸고, 태호의 물이 범람하여 오의 도성 동쪽으로 밀려왔다. 결국 성의 동쪽 성벽 일부가 무너졌다. 월군은 그 기회를 살려 성으로 들어갔고, 오군은 중과부족으로 패하고 도주했다. 백비는 즉시 항복했다. 오왕 부차는 아들 세 명과 왕손 낙 등을 대동하고 양산으로 도주했다. 오왕 부차는 공손성의 예언을 기억하며 탄식했다.

월군은 추격하여 양산을 포위했다. 오왕 부차는 범려와 문종에게 몰래 서신을 보냈다. 영리한 토끼를 잡고 나면 그 다음은 사냥개를 삶아 먹듯이[1] 부려 먹을 대로 부려 먹고 나서 쓸모가 없어지면 죽이는 것이 인간 세상임을 강조하고, 오가 망하면 그 다음은 문종과 범려가 망할 차례임을 경고하면서 스스로를 보호하기 위해서라도 오에 은혜를 베풀 것을 부탁하는 내용이었다.

문종은 ①충신 오자서를 죽인 죄 ②직언을 한 공손성을 죽인 죄 ③간신 백비의 말을 들은 죄 ④죄 없는 제를 공격한 죄 ⑤이웃 나라 월을 공격한 죄 ⑥부친의 원수를 갚지 아니한 죄 등 오왕 부차의 죄를 열거하면서 거절하는 답신을 보냈다. 오왕 부차는 깊이 탄식하며 회한의 눈물을 흘렸다.

왕손 낙은 사신을 자청하고 다시 월군 진영을 찾아갔다. 문종과 범려는 만나주지 않았다. 왕손 낙은 울면서 돌아갔고, 월왕 구천은 불쌍한 생각이 들어 오왕 부차에게 사자를 보내 용동甬東 땅 500가구를 분봉할 것이니 조용히 일생을 마칠 것을 지시했다. 오왕 부차는 서운한 감

---

[1] 여기서 **토사구팽兎死狗烹**(토끼를 잡고 나면 사냥할 때 사용한 사냥개도 잡아먹는다는 뜻. 필요할 때는 이용하다가 필요가 없어지면 야박하게 버리는 상황을 비유함)의 고사성어가 나옴. 흔히 《초한지》의 영웅인 한신이 처형당한 사례에서 유래한 것으로 알려져 있으나, 오왕 부차의 서신에서 유래한 것임

정을 드러내며, 차라리 죽는 것이 더 낫겠다고 월의 사자에게 말했다.

월왕 구천은 오왕 부차의 말에 발끈하여 범려와 문종에게 총공격을 개시하여 오왕 부차를 죽일 것을 지시했다. 범려와 문종은 신하의 신분으로 왕을 죽이는 것은 불가하다고 아뢰며, 월왕 구천에게 직접 처단할 것을 건의했다.

월왕 구천은 양산을 포위한 군사들에게 "누구나 한번은 죽게 마련인데, 굳이 월군의 칼을 받을 것인가?"라고 크게 외치게 했다. 오왕 부차는 오자서와 공손성을 대할 면목이 없으므로 죽은 후 비단으로 얼굴을 세 겹 싸줄 것을 유언으로 남기고, 칼로 목을 찔러 자살했다(BC 473년). 왕손 낙은 목을 매고 자살했다.

월왕 구천은 오왕 부차의 장례를 제후의 예로 치러주었고, 오왕 부차의 아들 셋을 용미산龍尾山으로 이주시켜 살게 했다. 월왕 구천은 고소성에 입성하여 모든 신하들의 하례를 받았다. 백비도 그 반열에 서서 공을 뽐내고 있었다. 월왕 구천은 백비를 책망하고, 오자서의 원수를 갚는다고 말하며 그 자리에서 처형했다. 월왕 구천은 백비의 집안을 몰살했다.

제4절 월왕越王 구천勾踐의 패권

월왕越王 구천勾踐의 패권(BC 473년)

월왕 구천은 서주舒州 땅에서 진晉·제·송·노의 군후와 회견을 하고 대회를 열었다. 월왕 구천은 주 왕실에 사신을 보내 공물을 바치고 조례했다. 주원왕은 면류관과 곤룡포 등을 하사하고, 월왕 구천의 패권을 인정했다(BC 473년). 이로써 월왕 구천은 춘추시대 다섯 번째 패자가 되었다.

각국 제후들은 월에 사신을 파견하고 패업을 경하했다. 초도 월의 공격을 우려하여 사신을 파견하고 친선을 맺었다. 월왕 구천은 초에 회수 일대의 땅을 분봉하고, 노에는 사수泗水 동쪽 100리의 땅을 분봉하고, 송에는 오가 빼앗은 땅을 돌려주었다. 이로써 각국은 월왕 구천의 패업을 칭송했다. 월왕 구천은 회계 땅에 큰 대를 건립했다.

월왕 구천은 오를 멸망시킨 후 너무 일찍 야망을 잃어버렸고, 자신의 현재 상황을 유지하려고만 했다. 주변국에 땅을 나누어 준 것(특히 초에 땅을 나누어 준 것)은 결과적으로 월의 국력 약화를 초래하게 되었고, 이후 월은 능력 있는 신하들을 스스로 제거하고 현실에 안주하다 서서히 초에 밀려 역사의 무대에서 사라지게 된다(후술).

범려范蠡의 사임(BC 473년)

월왕 구천은 오의 문대에서 오를 병합한 것을 기념하는 잔치를 열었다. 악공들은 오를 정복한 것을 기념하는 노래를 지어 탄주했고, 모든 신하들은 기쁨의 웃음을 피웠다. 그러나 월왕 구천은 기쁜 기색이 없었다.

범려는 월왕 구천이 신하들을 의심하고 시기하며, 공로를 독차지하고 싶어 하는 것을 느꼈다. 다음 날 범려는 월왕 구천에게 자신은 예전에 오에 항복했던 때 죽었어야 마땅하다고 아뢰며, 사의를 표했다. 월왕 구천은 눈물을 흘리며 만류했다. 그날 밤 범려는 작은 배를 타고 홀로 그냥 어디론가 떠나버렸다(BC 473년).

월왕 구천은 문종에게 범려를 찾을 것을 지시했다. 문종은 범려가 귀신도 측량할 수 없는 재주를 가지고 있어 수색해도 효과가 없을 것이라고 아뢰었다.

얼마 후 범려는 문종에게 사람을 보내 서신을 전달했다(BC 472년). 토사구팽의 일화를 언급하며, 구천의 관상은 욕심과 질투심이 강한 상이어서 함께 영화를 누릴 인물이 아님을 충고하고, 사임을 권유하는 내용이었다. 문종은 우울해졌으나 사임하지는 않았다.

월왕 구천은 서시를 대동하고 월로 귀국했다. 얼마 후 월부인은 심복 부하들을 시켜 서시를 납치한 후, 돌을 매달아 강물에 던져버렸다[1].

월왕 구천은 범려의 가족들에게 겨우 100리의 땅을 하사했다. 월왕 구천은 궁궐 대전에 범려의 동상을 건립하여 공적을 기렸다.

진晉 조씨趙氏 가문의 속국으로 전락하는 위衛

위출공을 옹립한 위의 대부 석포는 진晉에 복속하는 입장이었다. 진晉을 싫어하던 위출공은 이 때문에 석포와 사이가 나빠졌다. 결국 위출공은 자신을 옹립했던 석포를 추방하고(BC 470년), 제와 친밀하게 지냈다.

위의 대부들은 제보다 진晉을 더 좋아했다. 이 때문에 위의 대부들은 위출공에게 불만을 가졌고, 결국 위출공을 국외로 추방했다(BC 470년). 복위 7년 만에 추방된 위출공은 월로 망명했다. 대신들은 공자 겸

---

1) 서시의 최후에 대하여는 정확하게 알기가 어려움. 범려가 서시를 데리고 달아났다는 주장도 있는데, 근거는 없음. 여기서는 소설 《동주 열국지》에 따라 기술하기로 함

黚(또는 묵默)을 추대했다. 대신들의 추대를 받고 공자 겸이 즉위하니 (BC 470년), 곧 **위도공衛悼公**[1]이다.

계속된 내부 혼란으로 위의 국력은 완전히 쇠약해졌다. 결국 위도공은 진晉에 복속했는데, 지리적으로 위와 가까이 위치한 조씨 가문의 속국이 되었다.

도주공陶朱公 범려范蠡

범려는 오호五湖에서 머물다 장강 하류로 이동했다. 범려는 비밀리에 사람을 보내 처자를 데려갔다. 이후 범려는 해안을 따라 제로 이동했다.

범려는 자신을 오자서에 비유하며, 오자서의 시신이 말가죽 포대에 싸여 버려진 것을 기억하고 치이자피鴟夷子皮[2]로 이름을 고쳤다(BC 470년). 범려는 제에서 농사를 지어서 큰 부자가 되었다. 범려가 제에 살고 있다는 소문을 들은 제의 조정에서 사람을 보내 범려를 재상으로 등용하려고 있다. 범려는 이미 이룰 것은 다 이루었다며 거절했다.

더 이상 제에 머무르기가 어려울 것으로 판단한 범려는 송의 속국이던 도陶로 이주했다. 범려는 이름을 도주공陶朱公으로 다시 고쳤다. 범려는 도에서 대규모 목축 사업과 유통업을 통해 엄청난 부자가 되었다.

어느 날 범려의 둘째 아들이 초에 갔다가 그곳에서 사람을 죽이는 잘못을 저지르고 체포되었다. 당시 살인죄는 사형에 처해졌다. 범려는 둘째 아들을 사형에서 구하기 위해 나이 20세이던 막내아들에게 황금

---

1) 위도공 희겸: 재위 BC 469 ~ BC 465
2) 말가죽으로 만든 술 부대라는 의미임

1,000일을 실은 수레를 내어주며 계책을 알려주었다.

그때 범려의 장남이 자신을 초에 보내지 않는 것은 자신을 믿지 못하는 것이라고 서운해하며, 자신을 초에 보내지 않으면 자살하겠다고 나섰다. 어쩔 수 없이 범려는 장남을 초에 보내기로 결정했다. 범려는 장남에게 자신의 오랜 지인인 초의 장생莊生을 찾아갈 것을 지시하며, 모든 황금을 장생에게 주고 일을 맡기되 장생이 시키는 대로 하라고 당부했다.

범려의 장남은 초로 가서 장생을 찾아갔고, 황금과 범려의 서신을 주었다. 장생은 황금을 받은 후 범려의 장남에게 자신이 알아서 할 것이니 곧장 귀국하라고 말했다. 범려의 장남은 장생을 믿을 수 없어 귀국하지 않고, 자신의 돈을 초의 관리들에게 뇌물로 쓰며 노력하고 있었다.

장생은 초혜왕을 찾아가 별의 움직임이 좋지 않아 나라에 불길한 일이 발생할 것 같으니 백성들에게 덕을 베풀 것을 건의하며, 사면령을 내려줄 것을 청했다. 초혜왕은 승낙했다.

사면령의 소문을 들은 범려의 장남은 사면령이 내려지면 동생은 자동적으로 풀려날 것인데 장생에게 준 황금이 아깝다는 생각이 들었다. 범려의 장남은 장생을 찾아가 사면령 이야기를 했다. 장생은 범려의 장남이 귀국하지 않고 돌아와 사면령 이야기를 하는 것이 황금을 돌려달라고 요청하기 위해 온 것임을 알고 즉시 황금을 돌려주었다.

장생은 괘씸한 생각이 들었다. 장생은 초혜왕을 찾아가 범려의 둘째 아들 이야기를 하며, 백성들은 사면의 목적이 범려의 둘째 아들을 살리기 위한 것으로 오해하고 있다고 아뢰었다. 분노한 초혜왕은 범려의 둘째 아들을 사형한 뒤 사면을 시행했다.

범려의 장남은 동생의 시체와 황금을 싣고 귀국했다. 처음부터 범려는 장남이 고생하며 돈을 모았기에 돈의 귀함을 알아 큰돈을 쓰는 것을 아까워하는 것을 알았고, 막내는 태어날 때부터 집이 부자여서 돈의 귀함을 몰라 큰돈을 마음먹은 대로 쓸 것을 알았다. 그래서 초에 장남을 보내지 않고 막내를 보내려고 했던 것이다. 범려는 장남이 가면서 둘째 아들이 죽을 것을 짐작했기에 슬퍼하는 대신 장남을 위로했다.

범려는 수천 금을 모았지만 여러 번 가난한 사람들에게 재물을 나누어주었고, 훗날 사람들에게 **장사의 신**으로 추앙받고 있다.

주정정왕周貞定王의 즉위(BC 469년)

주원왕이 재위 8년 만에 사망하고 아들인 개介가 즉위하니(BC 469년), 곧 **주정정왕周貞定王**[1]이다.

문종文種의 죽음(BC 469년)

월왕 구천은 공신들에게 상으로 땅을 분봉하지 않고, 오히려 경계하며 멀리했다. 계예計倪와 예용曳庸은 사임했다. 문종은 처지를 생각하며 우울해했고, 병을 핑계 대며 입궁하지 않았다.

월왕 구천은 문종의 뛰어난 능력을 항상 경계했다. 월왕 구천은 문종이 반란을 일으킬 경우 막아 낼 자신이 없었다. 결국 월왕 구천은 문종을 죽이기로 결심한다.

어느 날 월왕 구천은 문종의 집을 방문했다. 월왕 구천은 문종에게

---

1) 주정정왕 희개: 주정왕周定王이라고도 불림. 재위 BC 468 ~ BC 441

뜻이 있는 사람들은 죽음을 두려워하지 않으며 다만 자신의 신념이 이루어지지 않음을 근심한다고 강조하고, 예전에 건의한 오를 격파하기 위한 일곱 가지 방법 중 아직 사용하지 아니한 계책들을 지하에서 오왕 부차에게 사용할 것을 권유한 후 자리에서 일어났다. 월왕 구천은 궁으로 돌아가며 촉루검을 문종의 집에 끌러 놓고 갔다.

문종은 남아 있는 칼을 보며 깊게 탄식하고, 범려의 말을 따르지 않은 것을 후회했다. 문종은 촉루검으로 목을 찔러 자살했다(BC 469년).

송(후)소공宋(後)昭公의 즉위(BC 469년)

송경공이 재위 48년에 죽었다. 송경공의 후사에 대하여는 기록이 불일치하고 있다.

《사기》는 예전에 송경공이 조카 규糾를 죽였었는데, 규의 아들인 특特이 이에 원한을 품었다가 송경공 사후에 세자를 죽이고 즉위했다(BC 451년)고 기록하고 있다.

《좌전》은 송경공은 아들이 없었고 친족인 득得과 계啓를 길렀는데, 송경공이 후사를 정하지 않은 채 죽자 대신들끼리 득과 계를 두고 가병들을 동원한 싸움을 벌인 끝에 승리한 대신들이 득을 군위에 올렸다(BC 469년)고 기록하고 있다.

이 책에서는 다수설인 《좌전》의 기록을 따르기로 한다. 싸움에서 승리한 대신들의 추대로 득이 즉위하니, 곧 **송소공宋昭公**[1]이다. 계는 초로 망명했다. 예전에 할머니뻘인 왕희(송양공의 부인)와 결탁한 공자 포(=

---

1) 송소공 자득: 재위 BC 468(다수설) ~ BC 404

송문공)에 의해 시해된 송소공과 시호가 같으므로 이와 구별하기 위해 후後소공으로 부르기도 한다.

노애공魯哀公의 객사[노도공魯悼公의 즉위](BC 468년)

노애공은 노의 권력을 독점하고 있는 삼가 때문에 많은 걱정을 했다. 결국 노애공은 월왕 구천에게 원조를 요청하기로 결심한다.

노애공은 조례를 핑계로 월을 방문했다(BC 468년). 노애공은 월왕 구천을 알현하며 삼가를 제거해 줄 것을 부탁했으나, 월왕 구천은 노 원정을 나간 틈을 노려 공신들이 반란을 일으킬까 염려하여 노애공의 요청을 거절했다.

노애공은 자신의 시도가 삼가에 알려지고 보복을 받을 것을 두려워하여 귀국하지 못했고, 걱정으로 인하여 병이 들었다. 결국 노애공은 재위 27년에 월에서 객사했다(BC 468년).

노애공의 뒤를 이어 아들 영寧이 즉위하니, 곧 **노도공魯悼公**[1]이다. 삼가가 노의 실권을 장악하여 노도공은 아무런 힘이 없었다.

월왕越王 녹영鹿郢의 즉위(BC 464년)

월왕 구천은 남쪽에 치우친 회계 대신 낭야琅邪로 도읍을 옮겼다(BC 468년). 이는 중원에 대한 지배력을 강화하기 위한 목적이었다. 그러나 월왕 구천은 오를 멸망시킨 이후 능력 있는 신하들을 멀리하고 현

---

1) 노도공 희영: 재위 BC 467 ~ BC 431(다수설)/BC 429(소수설)

실에 안주하는 생활을 계속했다.

　월왕 구천이 재위 33년에 사망하고(BC 464년), 세자 녹영鹿郢[1]이 즉위했다. 월이 당시 최강국이었음에도 불구하고 월왕 녹영에 대한 기록은 거의 남아 있지 않은 실정이다.

---

1) 월왕 녹영: 재위 BC 463 ~ BC 458

제6편 전국戰國시대의 시작

제1장

진晉의 3분(3진=晉의 성립)

제1절 지씨智氏의 몰락

지요智瑤(지백)와 조무휼趙無恤(조양자)의 불화(BC 464년)

　진晉의 중군원수 지백은 정이 오랫동안 조례를 하지 않는 것이 불만이었다. 지백은 조무휼에게 합동하여 정을 응징하자고 제안했고, 조무휼은 찬성했다.

　지씨와 조씨가 중심이 된 진晉군은 정을 공격하여 크게 승리했다(BC 464년). 귀국 후 지백은 승전을 기념하는 잔치를 열었는데, 조무휼에게 술을 강권했다. 술이 약한 조무휼은 지백의 권유를 거절했다. 지백은 발끈하여 조무휼을 욕하고 술잔을 던졌다. 조무휼은 얼굴에 술잔을 맞았고 피가 났다.

　조씨 가신들이 격분했다. 조무휼은 조씨가 지씨보다 힘이 약한 것을 인식하고, 조그만 수치에 불과하다며 부하들을 말렸다. 조무휼은 지백에게 원한을 품었다.

월왕越王 불수不壽의 즉위(BC 458년)

월왕 녹영이 재위 6년 만에 사망하고(BC 458년), 아들 **불수不壽**[1]가 즉위했다. 월왕 불수에 대한 기록도 거의 남아 있지 않아 정확한 내용을 알 수가 없는 실정이다.

진晉 4경卿의 진출공晉出公 축출[진애공晉哀公의 즉위](BC 457년)

진晉의 4경은 범씨와 중행씨의 봉읍들을 국가에 귀속시키지 않고 자기들이 모두 나누어 가지는 등 진晉의 군주를 무시하고 전횡을 계속했다. 재위 18년 어느 날, 4경의 권세와 횡포에 분노한 진晉출공은 제와 노에 몰래 밀사를 파견하여 4경을 제압하기 위한 군사 원조를 요청했다(BC 457년). 제와 노의 처지는 신하들이 군주를 억압하고 있어서 진晉과 비슷했다. 제의 전씨와 노의 3가는 진晉의 중군원수 지백에게 밀사를 보내 진출공의 시도를 알려주었다. 이런 사정도 파악하지 못하고 제와 노에 구원을 요청한 사실은 진晉출공의 무능을 보여주고 있다.

지요(=지백)는 격분하여 다른 가문의 수장인 **한호韓虎(=한강자韓康子), 위구魏駒(=위환자魏桓子), 조무휼(=조양자)**과 상의했다. 결국 4경 가문은 가병들을 총동원하여 진출공을 공격했다. 진출공은 견디지 못하고 제로 도주했다(BC 457년).

지백은 진출공의 증손자벌인 공손교公孫驕를 옹립했다. 대신들의 추

---

1) 월왕 불수: 재위 BC 457 ~ BC 448

대로 공손교가 즉위하니, 곧 **진애공晉哀公**[1]이다. 진晉의 국권은 완전히 4경으로 넘어갔고, 특히 지백의 세력이 가장 막강했다.

진출공 이후 진晉의 공실은 유명무실해졌고, 그 결과 공실의 계보는 불분명하여 아래와 같이 두 가지 견해의 대립이 있다.

①출공(BC 474 ~ BC 457)-애공(BC 456 ~ BC 438)-유공幽公(BC 437 ~ BC 420)-열공烈公(BC 419 ~ BC 393)-효공孝公(BC 392 ~ BC 378)-정공靜公(BC 377 ~ BC 376)

②출공(BC 474 ~ BC 452)-경공敬公(BC 451 ~ BC 434)-유공(BC 433 ~ BC 416)-열공(BC 415 ~ BC 389)-환공桓公(BC 388 ~ BC 369)

정확하게 파악하기가 어려운 실정인데, 이 책에서는 ①의 견해에 근거해 기술하기로 한다. 진晉출공 이후 진晉의 공실은 역사적 의미가 거의 없어져 논의의 실익은 없다.

제의 전씨와 진晉의 4경은 친밀한 관계여서 이후 진출공은 신변에 불안을 느끼고 초로 도망쳤는데(BC 452년), 4경에게 살해되었다는 주장도 있다.

제선공齊宣公의 즉위(BC 456년)

제평공이 재위 25년에 사망하고 아들인 적積이 즉위하니(BC 456년), 곧 **제선공齊宣公**[2]이다. 제의 실권은 전씨 가문이 독점했고, 제선공은 실권이 전혀 없었다.

---

1) 진晉애공 희교: 재위 BC 456 ~ BC 438
2) 제선공 강적: 재위 BC 455 ~ BC 405

지백智伯의 욕심

　지백은 막강한 세력을 믿고 진晉의 군위에 오를 욕심을 내고, 가신들을 모아 회의를 열었다. 가신 **치자絺疵**는 진晉을 차지하기 위해서는 한·위·조 3가의 세력을 약화시키는 것이 필요하다고 강조했다. 치자는 ①진晉의 패권을 위해 월과 일전이 필요함을 내세우고 ②군주의 명령을 사칭하여 ③한·위·조 3가에 월과의 전쟁을 위한 군자금으로 사방 100리의 땅을 나라에 바치라고 지시하면 ④세 가문이 복종하면 지씨의 이득이 되고, 불응하면 군사를 동원하여 공격하면 될 것이라고 계책을 아뢰었다. 지백은 만족했다. 치자는 지씨가 한씨·위씨와는 친밀한 관계지만 조씨와는 불화임을 지적하고, 한씨와 위씨에게 먼저 지시를 내릴 것을 건의했다.

　지백은 동생 지개智開를 한호에게 파견하여 군자금으로 사방 100리의 땅을 나라에 바치라고 지시했다. 한호는 즉답을 피하고 내일 알려주겠다고 답하며 지개를 돌려보냈다.

　한호는 가신들을 불러 회의를 열었는데, 대부분이 분노하여 지백을 공격하려고 했다. 가신 **단규段規**는 군주의 명령에 거역한다는 명분으로 적에게 공격의 빌미를 줄 수 있으므로 일단 수락하고, 조씨와 위씨가 지씨에게 반발하는 것을 기다리자고 건의했다. 다음 날 한호는 지백을 방문하여 땅을 바쳤다.

　지백은 만족하고 잔치를 열어 한호를 대접했다. 잔치에서 지백은 노의 변장자卞莊子라는 사람이 호랑이 세 마리를 죽이는 내용의 그림을 한호에게 보여주었는데, 그 그림에는 범 세 마리가 양 한 마리를 두고 다투고 변장자는 싸움에 지친 범 세 마리를 사냥한다는 내용의 시문이 적혀 있었다. 한호의 이름에 범 호虎 자가 들어있음을 빗대어 희롱한 것이다.

단규가 예법에 어긋나는 행동이라며 지백에게 항의했다. 지백은 단규의 이마를 때리고, 범 세 마리가 먹다 남긴 양이라고 단규를 모욕하며 즐거워했다. 단규는 수치심을 참으며, 한호에게 눈신호를 보냈다. 한호는 지백의 말에 동의한 후 귀가했다. 단규는 지백에게 깊은 원한을 품었다.

지백의 친척이자 심복인 지국智國은 지백에게 한씨가 원한을 품었으므로 경계를 강화할 것을 건의했다. 지백은 범 세 마리를 다 잡을 것이라고 호언장담하며, 신경 쓰지 않았다.

지백은 위구에게 지개를 보내 같은 요구를 했다. 위구는 거절하려 했으나, 가신 임장任章이 상대를 교만하게 만들고 치욕을 당한 자들은 단합할 것이므로 지백의 요구를 수락하라고 건의했다. 결국 위구는 지백에게 1만 호구의 땅을 바쳤다.

지智·한韓·위魏 세 가문의 조씨趙氏 공격(BC 455년)

지백은 형 지소知脊를 조무휼에게 보내 같은 요구를 하며, 채蔡와 고랑皐狼 땅을 바칠 것을 요구했다. 조무휼은 분노하며, 바로 거절했다.

지백은 분노하여 조씨를 공격하기로 결심했다. 지백은 한씨와 위씨에게 조씨를 합동으로 공격하고 조씨의 영지를 삼등분하여 나누어 가지자고 제안했다. 한호와 위구는 지백에 대한 두려움과 땅에 대한 욕심 때문에 승낙했다.

지씨·한씨·위씨는 연합하여 조씨에 대한 공격을 개시했다(BC 455

년). 가신 **장맹담**張孟談은 조무휼에게 중과부족이라고 아뢰며, 진양성은 동안우와 윤탁의 공적이 남아 있고 조앙의 유언도 있으므로 진양성으로 피신할 것을 건의했다. 조무휼은 장맹담과 고혁高赫 등의 가신을 대동하고 진양 땅으로 달아났다.

　진양의 백성들은 조씨를 영접하며 돈과 식량 등을 바쳤다. 조무휼은 성곽과 비축된 곡식에는 만족했으나, 무기가 부족하여 걱정했다. 장맹담은 동안우의 공관 축조 과정을 설명하며, 담은 화살대의 재료인 싸리나무고 기둥은 녹여 무기를 만들 수 있는 동철이라고 설명했다. 조무휼은 동안우의 준비와 윤탁의 선정에 찬탄했다.

　지씨·한씨·위씨의 군사들은 진양성을 포위했다. 장맹담은 한씨와 위씨의 지백에 대한 불만을 강조하고, 굳게 수비하며 성 밖의 변란을 기다릴 것을 건의했다. 조씨의 군사들과 진양의 백성들은 성을 굳게 방어했다. 지씨·한씨·위씨의 군사들은 1년 동안 성을 함락시키지 못했다.

한韓·위魏·조趙 세 가문의 동맹

　지백은 진양성을 함락하지 못하여 고민했다. 지백은 근처의 지형을 자세히 살폈다. 진양성 서쪽에 있는 용산龍山에서 발원한 진수晉水가 동으로 흘러 진양성을 휘감고 내려가 분수汾水와 합쳐졌다. 결국 지백은 수공水攻을 결심했다.

　지백은 한호와 위구에게 ①용산에 저수지를 만들고 물을 가두어 ②진수로 가는 물을 차단하고 ③저수지에 물을 저장했다가 둑을 무너뜨려 ④진양성으로 물을 흘려보내 공격하는 계획을 설명했다. 지백은 한호에게 동쪽 길을 담당하도록 하고, 위구에게 남쪽 길을 담당하도록 했다. 지백은 용산으로 영채를 이동하여 서쪽 길과 북쪽 길을 담당하면서 저수지를 만들기 시작했다.

얼마 후 지백은 진수 북쪽에 저수지를 건립했고, 물줄기를 차단하여 저수지로 유도했다. 또한 저수지에 둑을 쌓았다.

한 달 후에 봄비가 많이 내리기 시작했고, 저수지는 호수처럼 변했다. 지백은 저수지의 둑을 무너뜨렸고, 물은 무서운 기세로 진양성으로 흘러갔다. 진양성은 홍수가 났고, 물은 점점 더 불어났다. 조무휼은 수몰의 가능성까지 걱정했으나, 백성들과 군사들은 동요하지 않았다. 조무휼은 윤탁의 덕을 찬탄했다.

점점 불어나는 물 때문에 조무휼은 성벽이 붕괴될 것을 우려했다. 장맹담은 한씨와 위씨는 지백의 세력에 강제로 굴복한 것임을 강조하며, 지백을 같이 공격할 것을 설득하겠다고 자원했다.

장맹담은 동문 밖에 주둔한 한호를 비밀리에 방문했다. 장맹담은 한호에게 ①순망치한을 언급하며 조씨가 멸망하면 한씨와 위씨도 같은 운명이 될 것이라고 강조하고 ②탐욕스러운 지백은 땅을 나누어 가지겠다는 약속을 지키지 않을 것이라고 설득하며 ③지씨의 영지는 조씨의 두 배임을 지적하고 ④한씨·위씨·조씨가 연합하여 지씨를 제거한 후 땅을 나누어 가지며 친하게 지낼 것을 제안했다.

원래 지백의 욕심을 걱정하던 한호는 위씨와 상의한 후 결정하겠다고 답했다. 장맹담은 한호의 군영에 숨어 답을 기다렸다. 한호는 가신 단규를 불러 상의했다. 지백에게 원한을 가지고 있던 단규는 장맹담의 제안에 적극 찬성했다. 단규와 장맹담은 친교를 맺었다.

다음 날 단규는 위구를 방문하여 장맹담의 제안을 설명했다. 위구는 지백에 대한 반감을 표시했으나, 성공을 확신하지 못하여 결정을 내리지 못했다. 위구는 심사숙고 후에 답을 주기로 하고 단규를 돌려보냈다.

다음 날 지백은 용산에서 홍수를 감상하다 잔치를 열고, 한호와 위구를 초대했다. 지백은 승전을 눈앞에 두어 기쁨이 가득했다. 지백은 국가를 일으키고 망하게 하는 물의 양면성을 언급하면서 수공의 효과를 이야기하던 중 분수, 회수澮水, 진수, 강수絳水에 대하여 말했다. 한씨의 근거지인 평양平陽은 강수 근처에 있었고, 위씨의 근거지인 안읍安邑은 분수 근처에 있었다. 한호와 위구는 지백의 말에 불안을 느꼈고, 각자 군영으로 돌아갔다. 한호와 위구의 심각한 표정을 눈치챈 치자는 지백에게 한씨와 위씨의 배반에 대비할 것을 건의했으나, 지백은 크게 신경 쓰지 않았다.

며칠 후 한호와 위구는 초대에 대한 보답으로 지백을 방문했다. 지백이 한호와 위구에게 농담조로 한씨와 위씨가 배반하고 변란을 준비 중이라는 보고가 올라왔음을 알리고 사실 여부를 물었다. 한호는 조무휼의 이간책이라고 답하며, 모략을 퍼뜨려 공격을 늦출 속셈인 것이라고 둘러댔다. 위구는 짐짓 분노하며, 승전을 눈앞에 두고 땅을 삼분할 예정인데 배반은 이치에 맞지 않은 말이라고 해명했다. 지백은 만족하며 한호와 위구를 위로했고, 가신인 치자의 과도한 염려를 타이르겠다고 말했다. 지백, 한호, 위구는 서로 시기하지 않고 의심하지 않겠다는 맹세를 했다. 한호와 위구는 지백에게 감사를 표하고, 군영으로 돌아갔다.

잠시 후 치자는 지백을 찾아와 한호와 위구가 돌아갈 때 자신을 보면서 두려워하는 기색이었다고 아뢰며, 기밀을 누설한 이유를 물었다. 지백은 한호와 위구를 신뢰하고 있다고 답했다. 치자는 한호와 위구를 죽이든지 아니면 땅을 나누어주어 우리 편으로 만들든지 할 것을 건의했다. 지백은 신경 쓰지 않으며, 서로 신의를 맹세했다고 알렸다. 치자는 건의가 계속 무시되자 탄식했고, 병을 핑계 대며 치료를 위해 휴가를 받은 후 아예 진秦으로 달아나 버렸다.

그날 밤 한호와 위구는 상의하고 지백을 치기로 결정했다. 한호와 위구는 장맹담과 맹세하고, 저수지의 서쪽 둑을 무너뜨려 물길을 지백의 군영으로 돌리고, 물이 줄어들면 진양성에서도 출격하기로 계획을 세웠다. 장맹담은 진양성으로 복귀하여 조무휼에게 경과를 보고했다.

지씨智氏의 멸족(BC 453년)

며칠 후 한호와 위구는 한밤중에 용산으로 이동하여 저수지의 수비병들을 몰살하고, 저수지의 서쪽 둑을 무너뜨려 물길을 지백의 군영 쪽으로 돌렸다. 지백의 군영은 큰 홍수가 나 침수되며 파괴되었고, 많은 군사들이 익사했다. 지국과 예양은 뗏목을 구해 겨우 지백을 구출했다. 한씨와 위씨의 군사들은 작은 배를 이용해 공격을 개시했다. 한씨와 위씨의 군사들은 지씨의 군사들을 살육하며, 지백을 찾았다. 조무휼은 진양성을 나와 지백의 도주를 예상하고 용산에 매복했다.

지백은 하늘을 우러러 탄식했다. 예양은 남아서 수비하겠다고 자청하며, 지백에게 산을 따라 진秦으로 도피한 후 원군을 요청할 것을 건의했다. 지백은 급히 용산으로 이동했다. 용산에 매복하고 있던 조무휼은 지백을 사로잡았고, 직접 지백의 목을 벴다(BC 453년 3월)[1]. 지국은 강에 몸을 던져 자살했다.

---

1) 한비는 《한비자》〈십과〉편에서 욕심에 눈이 어두워 이익만을 찾게 되면 나라를 망치고 자신도 죽게 된다고 말하며, 지백을 예로 들고 있음

예양은 남은 군사들을 지휘하며 분전했으나 중과부족으로 패하고, 석실산石室山으로 도주했다. 남은 지씨의 군사들은 항복하거나 도주했다.

한호, 위구, 조무휼은 도읍인 강주로 돌아갔다. 한씨·위씨·조씨는 지씨의 일족을 도륙했는데, 씨를 바꾼 지과만 화를 피했다. 한씨·위씨·조씨는 지씨의 토지를 몰수한 후 나누어 가졌는데, 진晉애공에게는 한 치의 땅도 주지 않았다(BC 453년).

조무휼은 논공행상을 하면서 장맹담이 아닌 고혁을 1등으로 했다. 장맹담이 서운한 뜻을 비치자 조무휼은 고혁이 공손과 예의로 당황한 자신을 지도했음을 말하며, 예법은 만세의 모범이라고 강조했다. 장맹담은 수긍했다. 조무휼은 지백에 대한 깊은 원한 때문에 지백의 해골을 요강[1]으로 만들어 사용하며 모욕했다.

예양豫讓의 복수(BC 453년)

예양은 지씨의 멸족으로 슬픔과 분노를 느꼈다. 예양은 조무휼이 지백의 해골을 요강으로 만들어 모욕하는 것에 격노하여 복수를 결심하고, 도읍인 강주로 잠입했다.

예양은 조무휼의 집에 잠입하여 변소 밑에 숨어 조무휼을 기다렸다. 조무휼이 용변을 보러 변소로 갔는데, 가슴이 두근두근 하고 이상한 느낌이 들었다. 조무휼은 병사들에게 변소를 수색할 것을 지시했고, 예양은 사로잡혔다. 조무휼은 주인을 위해 원수를 갚으려는 예양의 의로움

---

1) 다수의 책에는 술잔으로 기록되어 있음. 여기서는 소설 《동주 열국지》의 내용대로 요강으로 기록함

을 감안하여, 주변의 만류를 무시하고 예양을 석방할 것을 지시했다. 풀어주기 전에 조무휼은 예양에게 은혜를 베풀었으니 원한을 풀 것인지 물었다. 예양은 개인적인 은혜와 가신으로서의 대의는 별개라고 답했다. 주위에서 분노하며 예양을 처단할 것을 건의했으나, 조무휼은 신信을 강조하며 석방했다. 조무휼은 신변의 안전을 염려하여 진양성으로 거소를 옮겼다.

풀려 난 예양은 원수를 갚을 생각에만 몰두했다. 예양의 아내는 예양에게 한씨나 위씨에게 임관할 것을 권유했다. 예양은 격분하여 집을 나갔다.

예양은 신분이 드러나는 것을 방지하기 위해 온몸에 옻칠을 하여 문둥이로 가장하고, 거지 생활을 했다. 예양의 아내는 남편을 찾아다니다 예양의 구걸 소리를 듣고 남편인 줄 알고 접근했다가 겉모습을 보고는 목소리는 같은데 사람은 다르다고 혼잣말을 하며 돌아섰다. 예양은 완전히 신분을 숨기기 위해 숯불을 삼켜 목소리까지 바꾸었다[1].

우연히 예양을 알아보게 된 예양의 친구가 탄식하며, 그렇게까지 행동하는 이유를 물었다. 예양은 선비는 자신을 알아주는 사람을 위해 죽고, 여자는 자신을 기쁘게 해주는 남자를 위해 화장을 한다고 답했다. 예양의 친구가 예양에게 조무휼에게 임관한 후 기회를 보아 암살하는 쉬운 방법을 건의했다. 예양은 신하된 사람들에게 두 마음을 품는 잘못을 가르칠 우려가 있다면서 사양했다.

예양은 진양성으로 이동했는데, 아무도 예양을 알아보지 못했다. 한편 조무휼은 지백이 만든 저수지 위에 사람들의 통행이 편해지도록 다

---

[1] 여기서 **칠신탄탄**漆身吞炭(몸에 옻칠을 하고 숯불을 삼킨다는 뜻. 복수를 위해 자신의 몸을 아끼지 않는 것을 비유함)의 고사성어가 나옴

리를 만들어 적교赤橋라고 이름 지었다. 적교의 준공식이 열리는 날 아침에 예양은 준공식에 참석할 예정인 조무휼을 노리고 다리 밑으로 가 비수를 품고 죽은 척 엎드려 있었다. 조무휼이 적교에 당도했는데, 갑자기 수레를 몰던 말이 멈추고 울었다. 장맹담은 훌륭한 말들은 위태로운 곳에 주인을 데려가지 않는다고 아뢰며, 다리 일대를 수색할 것을 건의했다. 조무휼은 수색을 지시했고, 예양은 사로잡혔다.

　조무휼은 예양을 질책하고 처형을 지시했다. 예양은 자신이 죽으면 지백의 원수를 갚아 줄 사람이 없게 되는 것을 원통해하며, 피눈물을 흘렸다. 조무휼은 예양에게 과거에 범씨의 가신일 때는 그렇게 하지 않았으면서 지씨의 원수를 갚기 위해 그렇게 애쓰는 이유가 무엇인지 물었다. 예양은 군주와 신하는 의義로써 합하는 것임을 강조하며, 범씨는 일반 사람으로 자신을 대우했으므로 일반 사람의 의로 보답한 것이고 지백은 국사國士로 자신을 대우했으므로 국사의 의로 보답하는 것이라고 대답했다.

　조무휼은 예양의 의리를 감안하여 형벌을 집행하는 대신 자신의 칼을 풀어 예양에게 내어주며 자결할 것을 지시했다. 예양은 조무휼에게 원수를 갚지 못하는 원통한 심경을 말하며, 원수를 갚듯이 조무휼의 옷을 칼로 칠 수 있도록 허락해 줄 것을 부탁했다. 조무휼은 예양의 의리를 감안하여 비단 도포를 벗어 주었다. 예양은 비단 도포를 세 번 칼로 친 후 칼로 배를 찔러 자살했다(BC 453년). 예양의 지극한 복수심 때문에 비단 도포에는 피가 번져 있었다는 일화가 전해지고 있다.

　예양의 처절한 죽음에 조무휼은 큰 슬픔을 느꼈고 충격을 받았다. 조무휼은 마음이 불편해졌고, 이 때문에 병이 났다.

제2절 3진三晉(한韓·위魏·조趙)의 성립

전국戰國시대의 시작(BC 453년)

한씨·위씨·조씨는 사실상 진晉을 3분했다. 한씨·위씨·조씨는 자신들의 영토에 관료제도를 도입하는 등 독자적인 국가의 통치제제를 만들었다(BC 453년). 이로써 **한韓·위魏·조趙는 사실상 독립적인 국가가 되었고**, 진晉은 한·위·조로 삼분되었다. 이 때문에 한·위·조를 통칭하여 '3진三晉'으로 부르고 있다. 하극상과 약육강식으로 대표되는 전국시대의 시작 시점을 이때로부터 보는 견해가 다수설이다. 이와 달리 한씨·위씨·조씨가 제후를 자칭한 BC 424년, 한씨·위씨·조씨가 주 왕실에 의해 정식으로 제후로 책봉된 BC 403년을 전국시대의 시작으로 보는 견해들도 있으나, 형식에만 치우쳐 시대적 변화를 반영하지 못하는 주장이라는 비판이 제기된다.

제의 실권자였던 진항(전상)의 아들로 가문을 물려받은 **전반田盤**은 계속하여 전씨 일족을 등용하고 권력을 독점했다. 전반은 3진晉의 정세에 더욱 용기를 얻어 제의 대부분을 전씨 일족에게 분배하여 다스렸다(BC 453년). 전반은 3진晉에 사신을 파견하고 우호를 맺었다.

다른 국가들도 제의 전씨와 진晉의 한씨·위씨·조씨와 왕래하며 친선을 맺었다. 제와 진晉의 군주는 허수아비로 전락했다.

전국시대 초기는 진晉과 제의 유력가문이 아직 정식으로 제후가 되지는 못했고 원래의 제후들은 실권이 전혀 없었던 혼란 시대였다.

이 시기는 기록이 누락되거나 일치하지 않는 경우가 많아 견해의 대립이 많다. 사마천이 《사기》를 저술할 때 분서갱유 등의 여파 때문인지 전국시대와 관련된 사료가 부족했던 것 같다. 그 결과 이 시대에 관한 《사기》의 기록 내용이 다른 사서와 일치하지 않는 경우가 많은데, 당시에도 이 부분이 논란이 되었다. 근래 《죽서기년》과 기타 여러 기록들이 무덤 등에서 발굴되면서 《사기》의 오류가 많이 밝혀지고 있다. 최근의 통설은 <u>전국시대와 관련된(특히 제, 위魏) 《사기》의 기록에 오류가 많다</u>고 보고 있다. 이 책에서는 《사기》 기록의 오류에 주의하면서 기술하기로 한다.

월왕越王 주구朱勾의 즉위(BC 448년)

월왕 불수가 재위 10년 만에 아들인 **주구朱勾**에게 암살되는 일이 발생했다(BC 448년). 주구는 옹翁이라고도 불리고 있다. 결국 주구[1]가 왕으로 즉위했는데, 아직까지 월은 강성함을 그럭저럭 유지하고 있었다.

월은 원래 수십 개의 부족으로 구성된 나라였는데, 월왕 구천의 사망 이후 왕권이 안정되지 못하고 혼란이 발생하면서 여러 부족에 대한 왕실의 통제력이 서서히 약화되었다. 이는 결국 국력의 약화로 이어진다.

초혜왕楚惠王의 동진[채蔡와 기杞의 멸망]

월이 왕권의 불안으로 혼란을 겪고 있을 때 초는 국력을 회복하고 회수 일대의 여러 약소국가들을 공격하면서 영토를 동쪽으로 넓혀 나

---

1) 월왕 주구: 재위 BC 447 ~ BC 411

갔다. 초혜왕은 채(=하채)를 완전히 멸망시키고, 그 영토를 병합했다(BC 447년). 초혜왕은 계속하여 기杞를 멸망시키고 그 영토를 병합했다(BC 445년).

이후 초혜왕은 월과 장강에서 교전했다(BC 444년). 초혜왕은 동진을 계속하여 사수泗水 유역까지 도달했고, 초는 다시 강대국이 되었다.

위사魏斯(=위문후魏文侯)의 가문 승계(BC 446년)

위구(=위환자)가 사망하자 **위사魏斯**[1]가 가문을 승계했다. 위구와 위사의 관계 및 승계시점과 관련하여 견해가 대립하고 있다. **위구와 위사의 관계**에 대하여 위사를 위구의 아들로 보는 견해(다수설)와 손자로 보는 견해(소수설)가 대립하고 있다. **승계시점**에 대하여는 BC 446년으로 보는 견해(다수설)와 BC 425년으로 보는 견해(소수설)로 나뉜다. 《사기》와 소설 《동주 열국지》는 위사를 위구의 손자로 보고 승계시점을 BC 425년으로 보고 있다. 전국시대에 관한 《사기》 기록의 부정확성을 감안하여 여기서는 다수설에 따라 기술하기로 한다.

다수설에 의하면 위구는 아들로 위사魏斯와 위성魏成 등을 얻었고, 위구가 죽자 위사가 가문을 승계했다(BC 446년). 훗날 위사는 스스로 제후를 칭했으며(BC 424년), 나중에 위魏가 정식으로 제후국이 된 이후 **위문후魏文侯**[2]의 시호를 받는다. 이 책에서는 설명의 편의상 위魏가 정식 제후국이 되기 이전부터 위사를 위문후로 기술하기로 한다.

---

1) 《사기》에는 위도魏都로 기재되어 있음
2) 위魏문후 위사: 재위 BC 445 ~ BC 396(다수설) 또는 BC 424 ~ BC 387(소수설)

주周 왕실의 분열[분국分國 서주西周](BC 440년)

당시 주는 **주고왕周考王**[1]이 다스리고 있었다. 주고왕은 동생 게揭를 주공周公으로 임명하고, 하남 땅의 왕성을 분봉했다. 주고왕은 게의 아들인 반班에게는 공鞏 땅을 별도로 분봉했다.

공 땅이 낙읍의 동쪽에 있었기 때문에 반은 스스로를 동주공東周公으로 칭했고, 하남 땅은 낙읍의 서쪽에 있었기 때문에 주공 게는 스스로를 **서주공西周公**으로 칭했다(BC 440년).

이때부터 서주공의 후손들은 주 왕실과 별도의 영지를 보유하며 자립하는 모습을 보였다. 하남 땅은 나라 안의 나라처럼 되었고, 이를 '분국分國 서주西周'라고 부른다. 이로써 주 왕실의 권위와 영토는 더욱 축소되었다.

묵자墨子의 활약

묵적墨翟은 송宋 출신인데, 정확한 생몰연대는 알려져 있지 않다. 대체로 공자와 맹자 사이의 시대에 활약한 것으로 보아 BC 465년경 출생하여 BC 385년경 사망한 것으로 추정되고 있다. 나무로 솔개를 만들어 날렸고, 나무로 수레를 만들어 활용했다는 일화로 볼 때 묵자는 기술자 계급으로 보인다. 묵墨을 성씨로 한 것으로 보아 형벌을 받은 죄수라고 보는 견해도 있고, 피부색이 검은 외국인이라는 견해도 있고, 고죽국 군주의 후예라는 견해도 있다. 남아 있는 기록이 별로 없어 정

---

1) 주고왕 희외姬嵬: 재위 BC 440 ~ BC 426. 정정왕貞定王-애왕哀王-사왕思王-고왕考王

확한 것은 알기가 어렵다.

묵적은 젊었을 때 공자의 학문적 영향이 많이 남아 있던 노魯에서 오랫동안 생활하며 유가의 학문을 공부했다. 묵적은 이후 유가를 비판하며 묵가墨家를 창시한다. 이로써 묵적은 **묵자墨子**로 불리게 되었다.

묵자는 유가의 차등적인 사랑을 비판하며 보편적인 사랑을 주장했고(겸애兼愛), 유가의 천명天命을 비판하며 운명은 개척이 가능하므로 이에 현혹되지 말 것을 주장했고(비명非命), 유가의 허례허식을 비판하며 절약과 검소를 강조했다(절용節用). 또한 묵자는 능력과 인품만을 기준으로 인재를 등용할 것을 주장했다(상현尙賢). 당시에는 부국강병을 위해서는 전쟁에서 승리하고 땅을 넓히는 것이 가장 확실하고 유리한 방법이라는 생각이 널리 퍼져있었는데, 묵자는 오왕 부차와 지백의 예를 들며 평화를 주장하고 전쟁에 반대했다(비공非攻).

묵자는 평생 독신으로 살면서 세상을 구제할 목적으로 천하를 주유했다. 묵자의 제자들은 대부분 평민으로 노동자 출신이었는데, 엄격한 조직을 구성하여 의리로 단결하면서 다른 주장들과 일체 타협하지 않고 겸애와 비공을 실천했다.

묵가의 겸애와 평등사상은 피지배계층의 지지를 받아 그 세력이 상당했으나, 당시의 살벌했던 현실정치에 그대로 적용하기에는 무리가 있었고 귀족 가문의 특권과는 양립이 불가능하여 지배계층으로부터는 외면당했다. 이후 유가와 논쟁을 계속 주고받으며 세력을 유지했으나, 유가가 득세하고 사상통제가 강요된 한漢 이후에는 소멸된다. 실제로 묵자의 저술은 오랫동안 잊혀졌다가 청淸 중기 이후(=2,000년 만에) 체계적으로 정리되게 된다.

초楚의 송宋 공격을 중단시킨 묵자墨子(BC 439년)

　초혜왕은 패권을 이루기 위해 송에 대한 공격을 결심했다. 초혜왕은 노魯 출신인 공수반公輸般(=노반魯班)에게 명하여 공성무기인 운제雲梯를 만들게 하고 송을 공격할 준비를 했다(BC 439년).
　묵자가 이 소식을 듣고 전쟁을 막기 위해 급히 초로 갔다. 묵자는 초혜왕을 찾아가 송에 대한 공격이 성공할 가능성이 없음을 지적하며, 공수반의 운제를 막을 방도가 있다고 강조했다. 초혜왕은 즉시 묵자와 공수반에게 모의 전투를 시켰다. 공수반이 네 가지 방법을 써서 묵자의 성 모형을 공격했지만, 그때마다 묵자는 네 가지 방법으로 대응하니 승부가 나지 않았다.
　그러자 공수반은 묵자를 이길 방법을 알고 있지만 말하지 않겠다고 말했다. 묵자는 초혜왕에게 공수반은 지금 묵자를 죽이면 송을 공격할 수 있게 된다는 취지로 말을 한 것이라고 설명했다. 이어서 묵자는 이미 수제자 **금활禽滑**을 포함한 300명을 송에 보내 초의 공격에 대비하도록 조치했음을 강조했다. 승산이 없다고 판단한 초혜왕은 송에 대한 공격을 단념했다.
　얼마 후 묵자가 송을 지나게 되었는데, 마침 비가 많이 내렸다. 묵자는 어느 마을 입구에 세워진 여문閭門 안으로 들어가 비를 피하려고 했는데, 문지기는 묵자를 안으로 들이지 않았다. 조용히 일을 처리하는 사람의 공로는 알아주지 않고 드러내놓고 싸우는 사람은 알아주는 세상의 인심을 알게 하는 일화다.
　어느 날 묵자는 현실정치에 뛰어들어 자신의 포부를 이루기 위해 초혜왕을 찾아가 저술한 책을 바쳤는데(BC 438년), 초혜왕은 실권이 없는 고문직을 제시하면서 500리 땅을 하사했다. 묵자는 자신의 정치적 포부를 펼칠 수 없음을 깨닫고 이를 거절한 후 초를 떠나 다시 천하를 주유했다.

진유공晉幽公의 즉위(BC 438년)

전혀 실권이 없던 진晉애공이 재위 14년에 사망하고 아들인 유柳가 즉위하니(BC 438년), 곧 **진유공晉幽公**[1]이다.

진유공 즉위 직후 한호, 위사, 조무휼은 서로 상의한 후 진晉 공실의 영토를 3분하여 각각 차지했다. 이때부터 진유공은 강주와 곡옥만 소유하는 처지가 되었다.

진유공의 세력은 미약하여 세 가문의 눈치를 보며 아침 문안을 드리는 신세가 되었다. 이로써 진晉의 군주와 신하는 관계가 완전히 바뀌게 되었다.

초간왕楚簡王의 즉위(BC 432년)

초의 중흥을 이룩한 초혜왕이 재위 57년에 사망하고 아들인 중中이 즉위하니(BC 432년), 곧 **초간왕楚簡王**[2]이다. 초간왕은 거莒를 멸망시키고 그 영토를 병합했다(BC 431년). 이로써 초는 회수 하류와 산동반도 남단까지 영역을 넓히며 위세를 떨쳤다. 송에서 사신을 보내 초에

---

1) 진晉유공 희유: 재위 BC 437 ~ BC 420. BC 433 ~ BC 416으로 보는 견해도 있음
2) 초간왕 웅중: 재위 BC 431 ~ BC 408

조공을 바쳤다(BC 425년).

진회공秦懷公의 즉위(BC 429년)

당시 진秦은 초와 교류할 뿐 중원 국가들과는 특별한 교류가 없었다. 진晉은 3분되어 진秦으로 진격할 여력이 없었다. 진秦의 오랜 숙원은 중원 진출이었다. 진晉이 분열되어 기회가 왔으나 진秦도 출중한 군주가 없이 군위의 교체만 수시로 이루어졌고(애공哀公-혜공惠公-도공悼公-여공공厲共公-조공躁公), 국내 사정이 안정되지 못하여 중원으로 나갈 여력이 없었다.

진조공이 재위 14년에 죽고 그 아우인 봉封이 즉위하니(BC 429년), 곧 **진회공秦懷公**[1]이다. 진회공은 적장자인 소자昭子를 세자로 책봉했는데, 즉위 이후에 도자悼子가 출생했다. 얼마 후 세자 소자는 병으로 일찍 죽는다.

주위열왕周威烈王의 즉위(BC 426년)

주고왕이 재위 15년에 사망하고 아들인 오午가 즉위하니(BC 426년), 곧 **주위열왕周威烈王**[2]이다.

---

1) 진秦회공 영봉: 재위 BC 428 ~ BC 425
2) 주위열왕 희오: 재위 BC 425 ~ BC 402

진영공秦靈公의 즉위(BC 425년)

진秦에서 서장庶長 조晁가 반란을 일으키고 궁실을 포위했다. 반란군에 포위되자 진秦회공은 자살했다(BC 425년). 서장 조의 반란은 진압되었고, 대신들은 진회공의 어린 아들(당시 만 3세)인 도자 대신 이미 죽은 세자 소자의 아들인 숙肅을 추대했다. 대신들의 추대로 진회공의 손자인 숙이 즉위하니(BC 425년), 곧 **진영공秦靈公**[1]이다. 진영공은 즉위한 이듬해 아들 **사습師隰(=연連)**을 얻었다.

조완趙浣(=조헌자趙獻子)의 가문 승계(BC 425년)

조무휼(=조양자)은 아들 다섯이 있었으나, 큰형 조백로의 아들인 조주趙周에게 가문을 물려줄 작정이었다. 그런데 조주는 일찍 죽었고, 조무휼은 조주의 아들인 **조완趙浣**을 가문의 후계자로 지명했다.

조무휼은 병이 들어 위중해지자 조완을 불러 조씨가 민심을 얻었으니 한씨, 위씨와 협력하여 진晉을 삼분하고 종묘와 사직을 세워 나라를 건립할 것을 유언으로 남겼다. 조무휼이 사망하고 조완이 가문을 승계하니(BC 425년), 곧 **조헌자趙獻子**다.

조무휼의 아들(동생이라는 견해도 있음)인 조가趙嘉는 조완의 가문 승계에 불만을 품었다. 얼마 후 조가는 조완을 축출하고 가문을 차지하니(BC 424년), 곧 조환자趙桓子다. 그런데 조가는 가문을 차지하고 얼마 후 사망하였고, 조완이 다시 가문의 주인이 되었다(BC 424년).

---

1) 진秦영공 영숙: 재위 BC 424 ~ BC 415

한계장韓啓章(=한무자韓武子)의 가문 승계(BC 425년)

한호(=한강자)가 사망하고 아들인 **한계장韓啓章**이 가문을 승계하니 (BC 425년), 곧 **한무자韓武子**다.

한韓·위魏·조趙 세 가문의 제후 자칭(BC 424년)

한韓·위魏·조趙는 진晉을 3분한 이후(BC 453년) 사실상 독립국가와 같았는데, 세 가문은 그래도 주변국의 시선을 의식하여 스스로를 제후라고 칭하지는 않았다. 이후 하극상과 약육강식의 국제 정세가 심화되면서 막강한 힘을 보유한 세 가문은 이제 더 이상 다른 나라의 눈치를 볼 필요가 없게 되었다. 드디어 **한계장**, **위사**, **조완**은 자신들을 제후라고 스스로 칭하기 시작했다(BC 424년). 다른 나라에서 이에 대하여 아무도 이의를 제기하지 못했다. 훗날 주 왕실에서는 한, 위, 조를 정식 제후로 공인한다(BC 403년).

진간공秦簡公의 즉위(BC 415년)

진秦영공이 재위 10년 만에 병으로 사망했는데(BC 415년), 그 아들인 사습師隰(=연連)은 너무 어렸다. 이에 대신들이 진영공의 숙부[1]인 도자悼子를 추대하니, 곧 **진간공秦簡公**[2]이다. 사습은 신변의 불안을 느끼

---

1) 도자는 진영공의 숙부이지만 진영공보다 오히려 나이가 어렸음(13세). 당시 사습은 10세였음
2) 진秦간공 영도자: 재위 BC 414 ~ BC 400

고 위魏로 망명했다.

월越의 국력 약화

월왕 주구는 주변의 약소국인 등滕(BC 414년), 담郯(BC 413년) 등을 병합했다. 그러나 월은 중원과 교류 없이 계속 정체되었다. 이후 월은 중원에 대한 야망을 완전히 포기하고 현실에 안주하는 정책을 유지하다 점점 더 힘이 약해지고, 왕위를 둘러싼 극심한 혼란으로 인하여 존재감이 없어지게 된다(후술).

제2장
위문후魏文侯의 패권 장악

제1절 위문후魏文侯의 인재등용

위문후魏文侯의 어진 성품과 신의

　위문후는 어진 성품으로 선비를 공경했다. 위문후의 동생인 **위성魏成**이 현자인 전자방田子方을 천거하자 위문후는 전자방과 친구로서 사귀었다. 또 위성이 서하 땅의 단간목段干木을 천거하자 위문후는 서하 땅을 방문했다. 단간목이 위문후를 피하자 위문후는 한 달 동안 서하 땅에 체류하며 매일 단간목의 집을 방문했는데, 근처에 당도하면 항상 수레에서 기립하여 예를 표했다. 결국 단간목도 위문후의 정성에 감동하여 위문후를 영접했다. 위문후는 단간목과 전자방을 신하가 아닌 상빈으로 대우했다. 위문후가 인재를 공경한다는 소문은 널리 퍼졌고, 결과적으로 각지에서 인재들이 위魏로 모여들게 되었다.

　공자의 제자였던 자하子夏가 서하西河 땅에서 제자들을 양성했는데, 이회李悝(=이극李克)와 서문표西門豹가 자하의 문하에 있었다. 위문후가 인재를 중시한다는 소문을 듣고 이회와 서문표도 위문후에 임관하였다.

또한 위문후는 신의와 약속 이행을 매우 중요하게 생각했다. 이와 관련하여 다음과 같은 일화가 전해오고 있다. 어느 날 위문후는 수렵 담당 관리에게 내일 사냥을 갈 것이라고 알리고 준비하도록 지시했다. 다음 날 비가 많이 내렸는데, 위문후는 잔치를 하다 약속 시간이 되자 사냥을 하러 가려고 했다. 비가 많이 내리므로 대신들이 만류했다. 위문후는 약속의 중요성을 강조하고, 비를 맞으며 교외로 사냥을 하러 갔다. 신하들과 백성들은 위문후의 신용에 감탄했다.

노魯에 임관하는 오기吳起

오기吳起는 위衛 출신인데, 젊을 때에는 칼싸움이나 하는 무뢰한이었다. 어느 날 오기는 모친의 꾸지람을 듣고는 자기 팔을 씹어 피를 입술에 바르고 재상이 되기 전까지는 어머니를 뵙지 않겠다고 맹세한 후, 만류하는 모친을 두고 집을 떠나 노魯로 갔다.

위 일화와는 달리 오기는 출세하기 위해 전 재산을 팔아 뇌물로 마련하고 돈을 뿌렸으나 등용되지 못했는데, 마을 사람들이 이를 비웃자 오기는 자신을 비웃은 마을 사람들 30여 명을 죽이고 노로 도망쳤다는 일화도 있다.

아무튼 오기는 노로 가서 공자의 제자였던 증삼曾參 밑에서 학문을 배웠다. 오기는 6년 동안 주야로 노력하여 눈부신 성취를 달성했다. 제의 대부 전거田居가 노에 왔다가 오기와 대화를 나눈 후, 오기의 식견에 만족하여 딸을 시집보내고 오기를 사위로 삼았다.

어느 날 증삼은 오기에게 6년 동안 한 번도 어머니를 찾아가 문안을 드리지 않는 것은 자식 된 도리가 아니라고 말하며, 이유를 물었다. 오기는 예전에 맹세한 사실을 말했다. 증삼은 모친에게 맹세를 하는 것은 도리가 아니라고 생각하며, 오기를 신뢰하지 않게 되었다.

몇 달 후 오기는 모친의 사망 소식을 들었다. 오기는 한 번 크게 통곡한 후 다시 공부하기 시작했다. 증삼은 근본이 없는 자라고 탄식하며, 오기와 사제師弟 관계를 끊고 추방했다.

오기는 증삼을 떠난 이후 유학 대신 병법을 선택하여 3년 동안 열심히 노력했고, 결국 병법의 대가가 되었다.

이후 오기는 노의 재상인 공의휴公儀休를 방문하여 병법에 대해 토론을 했다. 당시 노는 3환의 세력이 약화되고(정확한 이유는 기록이 없어 불명임) 공실의 세력이 많이 회복된 상태였다. 공의휴는 오기의 능력을 인정하며 노목공魯穆公[1]에게 천거했다. 노목공은 오기를 대부에 임명했다. 이때부터 오기는 향락과 사치를 즐겼다.

제齊의 실권자 전반田般의 야망(BC 412년)

당시 제의 실권자인 **전반田般**[2]은 군위에 오를 야망을 가졌다. 전반은 자신의 위명을 높이기 위해 초를 공격하여 거莒 땅을 빼앗았다(BC 412년).

한편 전반은 군위에 오르는 데 노魯가 방해가 될 것을 우려했다. 제 공실과 노 공실은 대대로 혼인관계를 맺었기 때문이다. 결국 전반은 먼저 노를 공격하기로 결심하고 손자인 **전화田和**에게 노에 대한 공격을

---

1) 노목공 희현姬顯: 재위기간에 대하여 견해의 대립 있음. BC 415 ~ BC 383(《사기》) 또는 BC 407 ~ BC 377
2) 진무우-진걸-진항(전상)-전반-전백田白(요절)-전화. 반대 견해 있음(후술)

지시했다. 전화는 단붕段朋, 장축張丑[1] 등을 대동하고 노의 남비 땅으로 쳐들어갔다(BC 412년).

아내를 죽여 장군이 되는 오기吳起(BC 412년)

노의 재상인 공의휴는 제군에 대한 방어를 위해 오기를 대장으로 천거했다. 노목공은 오기의 부인이 제의 전씨 가문 출신이므로 오기가 처가를 상대로 최선을 다하지 않을 것으로 생각하고 임명을 주저했다. 오기는 자신이 대장이 될 것으로 기대하고 기다렸으나, 소식이 없었다. 오기는 공의휴에게 이유를 물었고, 공의휴는 노목공의 우려를 전달했다.

오기는 집으로 돌아가 부인 전씨에게 아내는 남편의 부귀공명을 도와야 한다고 강조한 후, 갑자기 칼로 전씨의 목을 베었다. 그 뒤 오기는 노목공을 알현하고 부인 전씨의 수급을 바쳤다. 오기는 노목공에게 자신은 오직 국가를 위한 일념뿐이라고 강조하며, 처가로 인하여 의심을 받는 것은 억울하다고 아뢰었다. 노목공은 오기의 잔인함에 놀라며, 일단 오기를 돌려보냈다.

공의휴는 노목공에게 오기는 인정보다 공명을 더 중시한다고 강조하며, 등용하지 않을 경우 다른 나라로 가서 임관할 우려가 있다고 아뢰었다. 결국 노목공은 오기를 대장으로 임명하고, 군사 2만 명을 내어주며 제군을 방어할 것을 지시했다.

오기는 일반 병사들과 의식주를 함께하고, 행군 시 도보로 이동하고 짐을 나누어 지며, 종기가 생긴 병사의 상처에서 피고름을 입으로 빨아

---

1) 장추張啾라는 기록도 있음

서 뱉어주며 치료해 주는 등 솔선수범하면서 병사들과 함께 군영에서 생활했다. 병사들은 감격하여 사기가 급상승했고, 오기에게 충성을 바쳤다.

젊을 때와 학문을 연구할 때의 일화, 부인을 죽이는 일화, 병사들을 챙기는 일화, 위무후와 나눈 대화(후술) 등 오기에 관한 일화는 매우 대조적인 내용이 많다. 이와 관련하여 오기가 잔인하고 위선적이고 이중적인 성격이었다는 견해가 종래 통설(《사기》는 오기에 대하여 가장 부정적인 모습으로 묘사하고 있음)이었으나, 최근에는 오기의 잔인성에 대한 일화가 훗날 과장되고 조작되었다는 주장이 유력하게 제기되고 있다[1]. 즉 오기에게 큰 피해를 입었던 진秦이 훗날 전국시대를 통일하면서 오기에 대한 진秦의 반감이 기록에까지 영향을 끼치게 되었다는 취지다. 여기서는 일단 기존의 통설에 따라 기술하기로 한다.

제군齊軍을 격파하는 오기吳起(BC 412년)

전화는 오기가 대장으로 임명된 사실을 듣고, 오기를 호색한이며 싸움에 무지한 자라고 비웃었다. 제군과 노군이 대치하자 전화는 오기의 동정을 염탐시켰다. 오기가 일반 병사들과 함께 식사를 하고 있다는 보고가 올라왔다. 전화는 위엄이 없는 장수는 군사들을 지휘할 수 없다고 비웃으며 방심했다. 전화는 장축에게 거짓으로 노군 진영에 화평을 요청하면서 노군의 동정을 살피도록 지시했다.

오기는 정병들을 뒤에 감추고 노병들과 약졸들을 앞에 세우고 나서

---

[1] 예를 들어 전국시대에 기록된 《한비자》에는 오기가 아내 전씨와 이혼한 것으로 기록되어 있음

장축을 영접했다. 오기는 장축에게 공손한 태도를 보이며 극진히 대접했다. 장축이 오기에게 처를 죽인 소문에 대하여 물었다. 오기는 부인이 병으로 죽었다고 거짓으로 답했다. 장축은 오기에게 전씨 가문과의 옛정을 감안하여 제와 동맹을 맺고 우의를 나눌 것을 제의했다. 오기는 전씨 가문과 우호를 체결하는 것이 평생의 소원이라고 강조하며, 화평을 희망한다고 즉시 대답했다.

오기는 사흘 동안 장축을 대접하며 비굴한 태도를 보였다. 장축이 제군 군영으로 돌아갈 때 오기는 화평 성립을 희망한다고 거듭 부탁했다. 장축은 만족하고 방심하며 돌아갔다.

오기는 돌아가는 장축의 뒤를 전군을 총동원하여 몰래 따라갔다. 장축은 제군 진영으로 복귀하여 전화에게 오기의 태도와 노군의 상태에 대하여 보고했다. 장축의 보고를 받은 전화도 방심했다. 잠시 후 방심하여 전혀 준비가 되어있지 않던 제군을 노군이 기습했다. 전화는 당황했고, 제군은 혼란에 빠졌다. 결국 제군은 대패하고 도주했다(BC 412년). 노목공은 대승을 거두고 개선한 오기를 상경에 임명했다.

이회李悝의 개혁(BC 412년)과 위魏의 발전

이회李悝(=이극李克)는 처음에는 자하의 제자였고, 그로부터 유학 특히 예禮를 배웠다. 그러나 이회는 예禮를 사회적인 규범이라고 생각하였고, 이를 법法이라는 형식으로 발전시켰다. 즉 인간은 원래 이기적이고 변덕이 심하므로 덕德으로 통치하는 것은 비현실적이라고 강조하며, 법에 의한 강력한 통제와 권위에 의한 복종을 주장한 것이다. 이 때문에 이회는 법가法家의 창시자로 평가된다.

위문후는 이회를 등용하여(BC 412년) 많은 개혁 정치를 실시했다. 이회는 경제를 나라를 다스리는 근본이라고 생각하였고, 특히 농업생산력을 국가경제의 가장 중요한 요소라고 파악하였다(중농重農사상). 이회는 국가가 추수철에 곡식을 비싸게 매입했다가 춘궁기나 흉년 때 싸게 방출하는 제도인 '평적법平糴法'을 실시하여 곡물가격을 조정하고 빈민들을 구휼했다(BC 412년).

이후 이회는 진지력법盡地力法[1]을 실시하여 토지 생산력을 극대화하고 농업 생산력을 높였으며, 관작의 세습제를 폐지하고 개인의 능력에 따라 관료를 선발했다(BC 403년). 또한 이회는 성문법인 법경法經을 제정하여 법에 근거한 통치를 시도했으나(BC 403년), 제대로 실행되지는 못했다.

이회의 여러 개혁 정치로 인해 위魏의 국력은 급격히 강해졌고, 3진晉 중 가장 부유해졌다.

한편 이회 이후 법가는 다음과 같이 세 개의 학파로 나누어진다. 법가에서 법法은 널리 백성들에게 공표하여 백성들을 다스리는 것을 의미하고, 술術은 군주의 마음속에 숨겨두고 은밀하게 신하들을 다스리는 것을 의미한다.

- **세치**勢治: 신도愼到가 역설. 막강한 군주의 세력으로 신하와 백성을 복종시켜서 다스리는 것을 강조
- **술치**術治: 신불해申不害가 역설. 신하의 실적에 대한 심사기준을 명

---

1) 토지의 잠재생산력을 최대로 이끌어내도록 백성들이 노력하여야 한다는 의무. 이는 인간의 주관적 능동성을 통해 토지의 생산력을 최대로 높일 수 있다는 믿음을 기초로 한 것임

확히 하고, 그 심사결과에 따라 상벌을 확실하게 할 것을 강조. 관리의 선발·감독·통제 및 상벌의 집행 권한을 군주가 갖는 것을 강조
- **법치法治**: 상앙商鞅이 역설. 강력한 법의 시행과 그에 따른 상벌의 엄격한 집행으로 통치하는 것을 강조

훗날 한비韓非는 《한비자韓非子》에서 군주가 법法의 기반 위에서 술術을 활용함으로써 세勢를 확립해야 한다고 강조하며, 법가사상을 완성한다.

월왕越王 예翳의 즉위(BC 411년)

월왕 주구가 재위 37년에 사망하고(BC 411년) 아들인 **예翳**[1]가 즉위했다. 예는 불광不光, 수授로 불리기도 한다.

위문후魏文侯의 오기吳起 등용(BC 409년)

패배하고 귀국한 전화는 장축을 책망하며, 오기를 무서운 장수라고 탄식했다. 전화는 향락과 사치를 즐기는 오기를 매수하기로 결심한다. 전화는 장축에게 미녀 두 명과 황금 1,000일을 내어주며 계책을 알려주었다.
장축은 장사꾼으로 변장하고 오기를 찾아갔다. 장축은 오기에게 뇌물을 건넸고, 오기는 장축에게 노가 제를 먼저 공격하지 않겠다고 약속

---

1) 월왕 예: 재위 BC 410 ~ BC 375

했다. 장축은 노를 떠나면서 오기가 제의 뇌물을 받았고 제를 공격하지 않기로 맹세했다는 소문을 퍼뜨렸다.

노목공은 분노하여 오기에 대한 문죄를 지시했다. 뜨끔한 오기는 놀라서 위魏로 도주했다(BC 411년). 오기는 위의 대부 **책황翟璜**의 집에 기거했다.

책황은 위문후에게 오기를 천거했다. 위문후는 오기가 재물과 여색을 좋아하고 성격이 잔인하다며 등용을 주저했다. 책황은 오직 오기의 능력이 탁월하여 천거한 것이라고 강조하며, 성격과 행동을 고려하지는 않았다고 아뢰었다.

위문후는 오기를 불러서 여러 가지를 물었다. 오기는 노에서 간신들의 참소를 받아 죽음을 피해 위로 망명했다고 둘러대며, 임관 시 충성을 다할 것을 맹세했다. 결국 위문후는 오기를 등용했다(BC 409년).

오기는 위문후의 지시로 황하를 건너 진秦을 공격하여 '서하西河 땅에 있는 진秦의 다섯 성'을 빼앗는 등 공을 세웠다(BC 409년). 당시 진秦은 공실이 안정되지 못하여 국력이 많이 약화되어 있는 상태였다. 한韓과 조趙는 사신을 파견하여 위문후를 축하했다.

조적趙籍(=조열후趙烈侯)의 가문 승계(BC 409년)

조완이 사망하고 아들인 **조적趙籍**이 가문을 승계했다(BC 409년). 조적은 조趙가 정식으로 제후국이 된 이후 **조열후趙烈侯**[1]의 시호를 받는다.

---

1) 조열후 조적: 재위 BC 408 ~ BC 400

한건韓虔(=한경후韓景侯)의 가문 승계(BC 409년)

한계장이 사망하고 아들인 **한건韓虔**이 가문을 승계했다(BC 409년). 한건은 한韓이 정식으로 제후국이 된 이후 **한경후韓景侯**[1]의 시호를 받는다.

서하西河 태수 오기吳起의 노력(BC 408년)

위魏의 서쪽 국경인 서하西河 땅은 황하 서쪽이어서 흔히 하서河西라고 불리는데, 진秦과 접경하고 있었다. 위문후는 진秦에 대한 방어 요충지인 서하 땅을 걱정하여 군郡을 설치했는데, 서하 태수를 누구로 할지 고민이었다. 책황은 오기를 천거했고, 위문후는 오기를 서하 태수에 임명했다(BC 408년).

오기는 서하 땅에 부임하여 성을 매우 견고하게 개축하고 **오성吳城**으로 불렀다. 오기는 군사들을 조련하며, 예전에 노에서 했던 것과 같이 지극한 애정을 쏟았다. 이로써 서하를 지키는 위魏군의 사기는 크게 올랐고, 진秦에 대한 방어체계는 대폭 강화되었다. 위문후는 크게 만족했다. 이후 오성은 위魏의 서쪽 요충지로 진秦을 막는 보루 역할을 하게 된다.

서하에 있는 위군은 진秦의 입장에서는 목 안의 가시와 같았다. 이후 진秦은 서하에 터를 잡고 보루 역할을 하는 오성을 10여 년 동안 여러 차례 공격하나, 오기는 잘 방어하고 진군을 모두 물리친다. 오히려 오

---

1) 한경후 한건: 재위 BC 408 ~ BC 400

기는 진군을 계속 압박하며 서하 땅 전부를 차지하는 전과를 올리게 되고, 서하는 진秦을 압박하는 위魏의 전방기지 역할을 수행한다(후술).

오기는 서하 땅에 머무르는 동안의 경험을 바탕으로 훗날 48편의 병법서를 저술하는데, 후세 사람들은 이를 《오자병법吳子兵法》이라고 부른다. 세월이 흐르면서 《오자병법》은 대부분 소실되었고, 현재 6편만 남아 있다.

초성왕楚聲王의 즉위(BC 408년)

초간왕은 위魏가 국력을 크게 성장시키자 이를 경계하여 위의 상락 땅을 공격했는데(BC 408년), 큰 성과는 없었다.

초간왕이 재위 24년에 사망하고 아들인 당當이 즉위하니, 곧 **초성왕 楚聲王**[1]이다. 초성왕은 무능했고, 초의 정세는 매우 불안해졌다.

제齊의 노魯 공격(BC 408년)과 노魯의 몰락

오기가 위魏로 망명한 이후 노는 군사력이 약화되었고, 제는 노를 수시로 공격하며 괴롭혔다. 노목공은 공자들을 진秦과 초에 인질로 보내고 원조를 받아 제에 대항하려 했으나, 너무 멀리 떨어져 있어 큰 효과를 보지는 못했다.

제는 노를 공격하여 노의 성읍成邑을 함몰하고(BC 408년), 이후에도 지속적으로 공격하여 최읍도 함몰했다(BC 394년). 노는 한韓에서 군

---

1) 초성왕 웅당: 재위 BC 407 ~ BC 402

사 원조를 받는 등 제에 대항했으나, 크게 약화된 국력을 회복하지 못하고 완전히 약소국으로 전락한다.

위문후魏文侯의 인재등용

공자의 제자였던 자하가 서하西河 땅에서 제자들을 양성하고 있었다. 이회와 서문표는 자하의 제자 출신이었다. 서하 땅이 위의 영역으로 확보되자 위문후는 서하 땅을 방문하여 자하 밑에서 경서를 배웠다(BC 407년).

위성, 이회(=이극), 책황, 전문田文[1], 임좌任座(=공숙좌公叔座), 서문표, 오기 등 여러 인재들이 위문후를 보좌했다. 전자방, 단간목, 자하는 위문후의 스승 또는 친구로서 여러 조언을 하였다. 위문후가 인재를 중시하자 계속 각처에서 인재들이 위魏로 모여들었다. 위魏는 당시 열국 중에서 가장 인재가 풍부했다. 이 때문에 진秦은 중원으로 진출할 의도를 접었다.

제2절 위문후魏文侯의 패권

악양樂羊의 처

위魏의 곡구穀邱 땅 출신인 **악양樂羊**이 길을 걸어가다 황금을 주워 집

---

1) 제의 맹상군(전문)과 동명이인임

에 가져갔다. 악양의 처는 황금 때문에 고결한 인격을 더럽혔다고 남편을 비난했다. 악양은 황금을 들판에 갖다 버렸다.

악양은 학문을 위해 노와 위衛로 유학을 갔다. 1년 후 악양이 귀국하자 악양의 처는 학문을 마쳤는지 물었다. 악양은 아직 다 마치지 못했다고 답했다. 그러자 악양의 처는 짜고 있던 베틀의 실을 칼로 잘라버리며, 학문을 중도에서 포기하는 것은 끊어버린 베틀의 비단과 같다고 설득했다. 깨달음을 얻은 악양은 다시 외국으로 나가 7년 동안 열심히 학문을 배웠다.

악양은 큰 학문적 성취를 이루었으나, 작은 벼슬에는 관심이 없었다. 악양의 장자인 **악서樂舒**는 중산국中山國에서 벼슬을 하고 있었다.

중산은 조趙와 연 사이에 위치한 백적白狄 계통의 이민족 국가로 오랫동안 진晉에 조공을 바쳤으나, 진晉이 삼분된 이후 조공을 바치지 않았다. 중산은 3진晉 중에서 지리적으로 조와 가장 가까웠다. 당시 중산의 군주는 **희굴姬窟(=중산무공中山武公)**이었다. 희굴은 술을 매우 좋아하여 정치를 소홀히 했고, 그 결과 간신이 득세하여 중산의 국력은 약화되었다. 그럼에도 불구하고 희굴은 교만하여 스스로 왕을 칭했다 (BC 414년).

악서는 부친인 악양을 중산으로 초빙했다. 악양은 희굴을 무도하다고 여겨 중산으로 가지 않았다.

위魏의 중산中山 공격(BC 408년)

위문후는 예전부터 희굴의 칭왕을 무례하다고 생각하고 있었다. 중산의 국력 약화를 이용해 조열후가 중산을 점령할 움직임을 보였다. 조열후가 세자를 시켜 중산을 공격했으나(BC 408년) 큰 성과를 거두지는 못했다. 위문후는 조가 중산을 차지하고 강성해질 것을 우려하여 조보다 먼저 중산을 공격하여 점령하기로 결심했다. 위성魏成은 중산에 대한 공격이 어렵고 점령하더라도 거리가 너무 멀어 유지하기가 어렵다며 반대했다. 위문후는 위성의 간언을 무시하고 조열후에게 사신을 보내 길을 빌려줄 것을 부탁했다. 조열후는 위와 중산이 싸워 국력이 약해지길 기대하여 승낙했다.

책황은 중산 공격의 적임자로 악양을 천거했다. 대신들은 악양의 아들이 중산에서 벼슬을 하고 있음을 이유로 반대했다. 책황은 악양에 대하여 공명을 소중히 생각하는 선비라고 강조했다.

위문후는 악양을 불러 경과를 설명하며, 아들 악서 문제를 언급했다. 악양은 개인적인 사정보다 공적인 일이 더 중요하다고 강조하며, 실패할 경우 군법을 받겠다고 대답했다. 결국 위문후는 악양을 대장에 임명했는데, 대신들은 강한 질투심을 느꼈다.

악양은 군사 5만 명을 거느리고 중산에 대한 공격을 시작했다. 서문표가 선봉이 되었다. 희굴은 고수鼓須를 대장으로 하여 방어군을 보냈다. 고수는 추산楸山에 영채를 세웠고, 악양은 문산文山에 영채를 세웠다. 양군은 한 달 이상 대치하고, 승부를 내지 못했다.

악양은 별동대를 추산에 몰래 보내 가래나무에 불을 질러 적을 혼란하게 하고 그 틈을 이용해 공격하는 계책을 마련했다. 서문표는 8월 중추절 심야에 추산에 잠입하여 불을 질렀다. 중추절에 공격하리라고는 생각하지 못했던 중산 군사들은 대혼란에 빠졌고, 고수는 추산 뒤쪽으로 달아났다. 악양은 중산 군사들이 추산 뒤쪽으로 달아날 것을 예상하고 미리 자리를 잡고 있었다. 악양은 달아나는 중산군을 급습했고,

결국 중산군은 크게 패했다. 고수는 다시 백양관白羊關으로 달아났고, 위군은 추격하여 백양관을 점령했다. 악양은 더 진격하여 중산의 도성을 포위했다.

중산국 대부 공손초公孫焦는 악서를 시켜 악양을 물러나도록 설득하는 계책을 아뢰었다. 희굴은 악서를 불러 악양에 대한 설득을 강요했다. 악서는 성 위로 올라가 악양에게 회견을 요청했다. 악양은 부귀를 탐하여 머물 곳을 분별하지 못했다며 아들을 책망했다. 악양은 악서에게 중산의 죄를 토벌하러 왔음을 천명하고, 희굴에게 가서 항복할 것을 전하도록 했다. 악서는 항복 여부를 상의하려면 시간이 필요하다고 강조하며, 공격을 잠시 연기해 줄 것을 부탁했다. 악양은 한 달의 시간을 주었다.

공격이 중지되자 희굴은 악양이 아들을 사랑하여 공격을 주저하는 것으로 짐작하고, 대책을 세우지 않고 한 달을 보냈다. 악양은 희굴에게 사신을 파견해 항복을 독촉했다. 희굴은 다시 악서에게 설득을 강요했다. 악서는 성 위에서 악양에게 애걸했다. 악양은 다시 한 달의 시간을 주었다. 또 한 달이 지나갔다. 악양은 항복을 독촉했고, 희굴은 또다시 악서를 성 위로 보냈다. 악서는 또 애걸했고, 악양은 또다시 한 달의 시간을 주었다. 그렇게 또 한 달이 지나갔다.

서문표는 악양에게 벌써 석 달이 지났음을 아뢰고, 공격할 뜻이 있는지 물었다. 악양은 중산 백성들의 마음을 얻기 위해 공격을 연기한 것이라고 답하며, 자식에 대한 정 때문에 공격을 연기한 것이 아니라고 강조했다.

중산中山의 멸망(BC 406년)

 위의 대신들은 악양이 석 달 동안 공격을 연기하자 위문후에게 상소장을 올려 악양을 참소했다. 책황은 위문후에게 악양에게는 분명히 계책이 있을 것이니 의심하지 말라고 건의했다. 위문후는 수많은 상소장을 모두 상자에 넣었다. 위문후는 사신을 보내 악양을 위로했고, 악양은 위문후의 신뢰에 감격했다.
 이 와중에 희굴이 사망하고 **중산환공中山桓公**이 군위를 이었다(BC 408년). 드디어 악양은 총공격을 개시했으나, 성은 견고하고 방어 준비도 철저하여 수개월이 지나도 함락하지 못했다. 악양은 노심초사했다. 악양은 서문표와 함께 선두에 서서 병사들을 독려하며 죽을힘을 다해 성을 공격했다. 고수는 방어하던 중 화살을 맞고 죽었다. 중산군의 무기는 바닥이 났고, 성은 함락 직전이 되었다.
 공손초는 중산환공에게 악양은 악서를 사랑하므로 악서를 장대에 매달아 성 위에 건 후 악서에게 애걸하게 하면 공격을 중단할 것이라고 아뢰었다. 중산환공은 승낙했다.
 악서는 장대에 매달려 부친에게 애걸했다. 악양은 악서를 불초한 자식이라고 꾸짖고, 적을 물리치지도 못하고 화평을 권하지도 못한 채 목숨을 구걸하고 있다고 책망했다. 악양은 활을 들어 악서를 쏘려했다. 악서가 급하게 소리쳤고, 중산 군사들은 장대를 성안으로 들였다.
 악서는 중산환공에게 자신의 아버지는 국가만 생각하고 자식은 생각하지 않는다고 아뢰며, 위군魏軍을 물리치지 못한 책임을 지고 자살하겠다고 아뢰었다. 중산환공은 악서의 책임이 아니라며 만류했다. 공손초는 중산환공에게 악서를 처형할 것을 건의하며, 악서가 죽으면 계책이 가능하다고 아뢰었다. 결국 중산환공은 악서에게 자살을 지시했고, 악서는 칼로 목을 찔러 자살했다.

공손초는 악서의 시체로 국을 끓여 악양에게 보내면 악양은 슬픔에 빠져 전의를 상실할 것이고 위군의 사기도 떨어질 것이라고 강조하며, 위군의 사기가 떨어지면 승산이 있을 것이라고 아뢰었다. 중산환공은 허락했다.

중산의 사신이 악서의 살로 끓인 국과 악서의 수급을 가지고 악양을 방문했다. 사신은 악서의 머리와 국을 악양에게 바치며, 며느리와 손자를 생각해 후퇴할 것을 요청했다. 악양은 악서의 머리에 대고 무도한 군주를 선택한 죄를 꾸짖고, 아들의 살로 끓인 국을 다 먹어버렸다. 악양은 중산의 사신에게 위군 진영에도 가마솥이 있음을 중산환공에게 전달하라고 지시했다.

위군은 2년 동안 처절한 공격을 했고, 성은 함락 직전이었다. 결국 중산환공은 태행산으로 도주했다. 성은 함락되었고, 공손초는 항복했다. 악양은 공손초를 처형하고, 중산 백성들을 위로했다. 이로써 중산은 멸망했다(BC 406년). 악양은 서문표에게 군사 5,000명을 주며 중산성에 주둔할 것을 지시하고 귀국했다.

위문후는 귀국한 악양에게 아들의 죽음을 위로했다. 악양은 사적인 정을 돌볼 수 없었음을 강조하며, 의기양양했다. 위문후는 봉해진 큰 상자 두 개를 악양에게 하사하며, 집에 가서 열어 보도록 지시했다. 악양은 집으로 가서 큰 기대를 하고 상자를 열었는데, 자신을 참소하는 상소장이 가득 들어 있었다. 악양은 큰 충격을 받았다.

다음 날 악양은 위문후를 알현하고, 자신을 믿어 준 것에 대하여 감사를 올렸다. 위문후는 악양에게 영수靈壽 땅을 식읍으로 하사하며 영수군靈壽君으로 책봉하고, 악양의 병권을 회수했다.

'군君'은 원래 서주 왕실에서 아직 제후로 책봉되기 전의 왕자를 지칭하는 호칭이었다. 춘추시대를 지나고 전국시대로 넘어가면서 공신들에게 전형적인 봉읍 대신 식읍으로 영지를 지급하는 사례가 급증하게 된다. 정확한 시점은 특정할 수 없으나, 어느 시기부터 영지를 봉읍이 아닌 식읍으로 지급받은 공신 등을 제후(공·후·백·자·남)와 구별하여 군君으로 부르는 관행이 생기게 되었다.

책황은 위문후에게 악양의 병권을 회수한 이유를 물었으나 위문후는 대답하지 않았다. 책황은 이회에게 문의했다. 이회는 악양이 자기 자식을 사랑하지 않았으므로 다른 사람에게 무슨 짓을 할지 모른다고 설명하며, 관중이 역아를 의심했던 사례를 말했다.

중산中山 땅에 대한 지배력을 강화하는 위문후魏文侯

위문후는 중산 땅이 멀리 떨어져 있음을 염려하여 세자 격擊을 중산군中山君으로 책봉하고, 중산으로 보냈다.

세자 격이 중산으로 가던 도중 전자방의 수레와 마주쳤다. 세자 격은 수레에서 내려 길옆으로 비켜서며 경의를 표했다. 전자방은 눈길도 주지 않고 그냥 지나가 버렸다. 세자 격은 분노하여 소리를 쳐서 수레를 세우고, 부귀한 사람이 고귀한지 빈천한 사람이 고귀한지 물었다. 전자방은 초영왕과 지백을 예로 들며 부귀는 믿을 것이 못된다고 강조하고, 백이와 숙제를 예로 들며 가난한 선비는 욕심이 없고 유유자적하다고 말하며, 빈천함이 고귀하다고 답했다. 세자 격은 전자방에게 사죄했다.

어느 날 위문후는 연회를 열었는데, 신하들에게 자신이 어떤 군주인지 물었다. 신하들은 이구동성으로 만고의 어진 군주라고 대답했다. 그때 임좌가 중산을 정벌한 후 그 땅을 동생이 아닌 아들에게 분봉한 것으로 보아 어진 군주가 아니라고 말했다. 위문후가 대노하자 임좌는 연회 자리에서 빠져나갔다. 책황이 화가 나 있는 위문후에게 '군주가 어질면 신하가 강직하다(君仁卽臣直).'고 지적하며, 방금 전 임좌처럼 간언하는 신하가 있는 것으로 보아 폐하는 어진 군주임이 확실하다고 아뢰었다. 위문후는 자신의 잘못을 깨닫고 즉시 임좌를 다시 불러들여 사과하고, 상좌에 앉게 하였다.

위문후가 세자 격을 보내 중산을 철저히 점령하자 조열후는 당황했다. 위의 세력이 강하여 조열후는 어쩔 도리가 없었다.

업鄴 태수 서문표西文豹의 선정(BC 406년)

당시 업鄴 땅은 위魏의 영토였는데, 태수 자리가 비어있었다. 책황은 위문후에게 한·조와 경계를 접하고 있는 업 땅의 중요성을 강조하며, 강직하고 현명한 서문표를 태수로 천거했다. 위문후는 동의했다.

서문표는 업 땅에 부임했는데(BC 406년), 거리는 쓸쓸하고 주민들의 수는 적었다. 서문표는 마을 노인들에게 고충을 물었다. 노인들은 장하漳河의 신인 하백河伯에게 매년 처녀를 바쳐서 장가를 보내주지 않으면 홍수를 내어 보복을 한다고 아뢰며, 매년 하백을 장가보내는 것이 어렵다고 호소했다.

서문표는 노인들에게 질문하여 실상을 파악했는데, 무당과 삼로三老[1]

---
1) 지방의 교화를 담당하던 향관. 지방의 세력가들이 주로 맡음

가 결탁하여 주민들을 착취하고 있었다. 즉 ①삼로를 포함한 마을의 세력가들은 무당과 짜고 매년 하백의 결혼 비용으로 주민들로부터 수백만 금을 징수하고 ②무당은 하백에게 시집보낼 처녀를 선발하며 ③무당은 선발된 하백의 신부를 갈대배에 태워 장하로 흘려보내 익사하게 하는 방식으로 하백에게 시집보내는데 ④부모들은 딸이 신부로 낙점되어 익사하지 않도록 많은 재물을 무당에게 바치며 ⑤결국 가난한 주민들의 딸이 신부로 선발되고 ⑥주민들은 이를 견디지 못하여 마을을 떠나고 있었다.

서문표가 조사해 보니 업 땅은 지대가 높아 홍수의 염려는 없고 오히려 가뭄의 우려가 있었다. 몇 달 후 서문표는 처녀를 하백에게 바치는 행사에 참석했다. 노파 무당과 20여 명의 젊은 여자 무당들, 삼로, 이장 등 세력가들, 주민 수천 명이 강가에 모여 있었다. 서문표는 노파 무당을 치하하고, 하백의 신부로 선발된 처녀를 만났다. 서문표는 처녀가 미인이 아니라고 말하며, 하백의 신부는 엄청난 미인이어야 한다고 강조했다.

서문표는 하백에게 가서 미녀를 구할 시간을 좀 더 줄 것을 부탁하라고 노파 무당에게 말했다. 서문표는 노파 무당의 대답을 기다리지도 않고, 하백에게 갔다 오라며 부하들을 시켜 노파 무당을 장하로 던져 던졌다. 노파 무당은 허우적대다 결국 익사했다. 한참을 기다린 서문표는 노파 무당이 건망증이 있는 것 같다고 말하며 능청을 떨었다. 서문표는 하백에게 다녀오라고 말하며, 제자 무당 몇 명을 같은 방법으로 장하에 던졌다. 또 한참을 기다린 서문표는 능청을 떨며 여자보다는 남자가 처리하는 것이 좋을 것 같다고 말하고, 삼로를 같은 방법으로 장하에 던졌다. 또 한참을 기다린 서문표는 이번에는 이장 등 세력가들과 관속들을 하백에게 보낼 것을 지시했다.

이장 등 세력가들과 관속들은 모두 땅에 꿇어 엎드리고, 무당에게 속았다고 강조하며 애걸복걸했다. 서문표는 세력가들과 관속들을 엄하게 꾸짖고, 무당과 삼로 등의 재산을 모두 몰수하여 피해를 입은 주민들에게 나누어 줄 것을 지시했다. 이로써 업 땅의 민심은 안정되었고, 마을을 떠났던 주민들은 다시 돌아왔다.

서문표는 업 땅에 저수지 12개를 건립하여 장하의 범람을 방지했다. 처음에 주민들은 노역에 동원되는 것을 싫어하여 저수지 건립에 반대하였으나, 서문표는 지금은 주민들이 자신을 미워하겠지만 100년 후에는 후손들이 자신을 기억할 것이라며 밀어붙였다. 서문표는 농토를 개간하며 농사를 장려했고, 업 땅의 생산량은 크게 증가했다.

위문후魏文侯의 정치 쇄신

전국시대 당시 지방관들은 1년에 한 번씩 실적 보고서를 중앙에 올렸는데, 그 보고서에는 재정 실적과 기타 정치적 성과에 대한 보고도 포함되었다. 따라서 그 보고서는 지방관들이 군주와 중앙의 고위귀족에게 자신을 홍보하는 매우 중요한 의미가 있는 것이었다. 그런데 그 보고서가 군주에게 전해지는 과정에서 군주 주변의 측근들에게 내용이 누설되고 위·변조되는 경우가 자주 발생하였다. 그래서 많은 지방관들이 군주 주변의 측근들에게 뇌물을 바쳐 보고서의 내용을 조작하는 경우가 발생하였고, 비리의 온상이 되었다. 그 피해는 결국 지방의 주민들에게 전가되어 주민들의 생활을 궁핍하게 만들곤 하였다.

업의 태수였던 서문표는 각종 수리사업을 통해 업 지역의 경제를 부흥시키고 주민들의 생활수준을 개선했다. 따라서 서문표의 실적은 항상 최고 수준이었고, 그가 올리는 보고서의 내용은 조작이 없었으며 정확했다. 그러나 서문표는 청렴한 성품이어서 위문후의 측근들에게 뇌물을 주는 경우가 없었고, 그 결과 위문후에게 보고되는 서문표의 실적은 최저 등급이었다.

이러한 상황이 반복되자 위문후는 서문표를 파면하려고 했다. 상황을 알게 된 서문표가 도성으로 급히 올라와 위문후를 알현하면서 1년만 더 기회를 달라고 간곡히 부탁하였고, 위문후는 기회를 주었다.

서문표는 업 주민들을 가혹하게 다루어 많은 뇌물을 마련하였고, 이를 위문후의 측근들에게 제공하였다. 그 결과 1년 후 서문표의 실적은 월등하게 최고 등급으로 바뀌었다. 위문후는 1년 만에 완전히 바뀐 서문표의 성적표를 보고받은 후 만족하여 서문표를 불러 칭찬했다. 그러자 서문표는 사직할 뜻을 밝히며, 위문후에게 그 동안의 일들에 대하여 설명하였다.

위문후는 자신의 과오를 깨닫게 되었고, 측근들의 비리를 없애고 정치를 개혁하기 위해 노력했다. 그 결과 위魏의 정치는 깨끗해졌고, 위의 국력은 크게 향상될 수 있었다.

위문후魏文侯의 패권 장악

위魏의 재상 자리가 공석이 되었다. 위문후는 오기·악양·서문표를 천거한 책황의 공로를 인정하여 책황을 재상에 임명할 생각을 가졌으나, 위성도 훌륭하기에 결정을 내리지는 못하고 있었다. 위문후는 이회에게 책황과 위성의 재상 임명에 대한 의견을 물었는데, 이회는 특정인에 대하여 의견을 논하는 것은 바람직하지 않다고 거절했다. 이회는 그 대신 인품을 살펴보기 위해서는 ①평소에는 어떤 사람과 친하게 지내는지를 보고(居視其所**親**), ②부유할 때는 어떻게 베푸는지를 보고(富視其所**與**), ③높은 직책에 올랐을 때는 어떤 사람을 기용했는지를 보고(達視其所**擧**), ④어려움에 처했을 때는 하지 않는 바를 보고(窮視其所**不爲**), ⑤가난할 때는 취하지 않는 바를 보면 된다(貧視其所**不取**)[1]고 대답했다.

위문후는 큰 깨달음을 얻었고, 결국 위성을 재상으로 임명했다. 책황은 이회가 위성을 추천한 것으로 오해하였고, 이회를 찾아가 이에 대해 항의했다. 이회는 위성이 천거한 전자방, 단간목은 덕망이 높고 어진 선비들로 신하가 아닌 군주의 스승 또는 친구라고 설명했다. 책황은 두 번 절하고 사과하며, 이회의 제자가 되었다.

위문후는 3진晉(한韓·위魏·조趙)의 동맹을 유지하며, 항상 진秦을 견제하고 국경지대를 안정시켰다. 이로써 위문후의 명성은 당시 최고였고, 위魏는 전국시대 초기의 패권국가가 되었다. 이때의 패권은 춘추시대와 같이 회맹을 통해 이루어진 것은 아니므로 다른 국가들의 공인을 받는 개념은 아니고 '그 시대의 최강국'이라는 의미다.

---

1) 이를 '**오시법五視法**'이라고 부르기도 하는데, 인물 감정의 기본 원칙으로 널리 활용되고 있음

제3절 3진三晉(한韓·위魏·조趙)의 제후 공인

전화田和의 가문 승계(BC 405년)

제의 실권자인 전반이 사망하고, 손자인 **전화**田和가 가문을 승계했다(BC 405년). 전화는 재상이 되어 제의 국정을 전횡했고, 제후齊侯는 실권이 전혀 없었다.

진항(=전상) 이후 전씨 가문의 승계와 관련하여 기록이 불분명하여 견해의 대립이 있다. ①전상→전화(BC 441년)라는 견해 ②전상→전반→전백→전화라는 견해 ③전상→전반→전화라는 견해 등이 있는데, 여기서는 ③설에 따라 기술한다. ③설에 의하더라도 전화를 전반의 손자로 보는 것은 ②설과 같다.

전국시대의 제와 위魏에 관한 기록의 혼란은 사마천이 저술한 《사기》 때문이다. 이 부분과 관련된 《사기》 기록의 모순에 대하여 초기에는 비판이 많았는데, 시간이 지나면서 사마천의 권위로 인해 비판은 사라지게 되었다. 훗날 《죽서기년》 등 새로운 자료들이 발견되면서 《사기》의 오류는 명확해졌다. 소설 《동주 열국지》는 《사기》를 기초로 만들어져 전국시대와 관련하여 상당한 오류가 있으므로 주의를 요한다.

제강공齊康公의 즉위(BC 405년)

제는 패권에 대한 야심을 드러내며 수시로 노를 공격했다. 오기 때문에 잠시 주춤했으나 결국 제는 노의 성읍成邑을 함몰했다(BC 408년).

제가 힘을 키우자 3진晉이 이를 견제하는 차원에서 연합하여 제를 공격하고 제선공을 잡아갔다. 실권은 전씨에게 있었는데, 제선공만 억울하게 당한 것이다. 전화가 제선공의 아들인 대貸를 군위에 올리니(BC 405년), 곧 제의 마지막 강성姜姓 제후인 **제강공齊康公**[1]이다.

송도공宋悼公의 즉위(BC 404년)

송(후)소공이 재위 65년에 사망하고 아들인 구유購由가 즉위하니(BC 404년), 곧 **송도공宋悼公**[2]이다.

송도공 이후 송의 공실 계보(재위 기간)에 대하여는 견해가 나뉘고 있다. ①도공(BC 403 ~ BC 396)-휴공休公(BC 395 ~ BC 373)-환후桓侯(BC 372 ~ BC 370)-척성군剔成君(BC 369 ~ BC 329) ②도공(BC 403 ~ BC 385)-휴공(BC 385 ~ BC 363)-환후(BC 362 ~ BC3 56)-척성군(BC 355 ~ BC 329)의 견해가 있는데, 명확한 근거 자료가 없으므로 여기서는 일단 ②의 견해(《사기》와 《죽서기년》을 함께 고려하여 조정한 견해)에 따라 기술하기로 한다.

월왕越王 예翳의 증繒 병합(BC 404년)

제에 복속한 약소국 증繒이 제를 믿고 월을 경시했다. 당시 월은 제

---

1) 제강공 강대: 제의 마지막 강성姜姓 제후. 재위 BC 404 ~ BC 387. 사망연도는 BC 379년
2) 송도공 자구유: 재위 BC 403 ~ BC 385

와 갈등이 있었는데, 분노한 월왕 예는 증을 공격해 멸망시켰다(BC 404년).

한韓·위魏·조趙의 제후 책봉(BC 403년)

어느 날 큰 뇌성벽력이 쳤는데, 이로 인해 주 왕실이 보관 중이던 구정이 흔들렸다. **한건, 위사, 조적**은 이를 주 왕실의 운수가 종결된 징조로 해석했다. 그들은 주왕이 힘이 약해져 자신들의 요청을 거절하지 못할 것으로 생각하고, 주 왕실에 자신들을 정식으로 제후국으로 인정해 줄 것을 요청하기로 상의했다.

위사는 전문田文을, 조적은 공중련公仲連을, 한건은 한괴韓傀를 사신으로 주 왕실에 보내 막대한 뇌물을 바쳤다. 위사, 조적, 한건은 천자에 대한 존중과 주에 대한 충성을 맹세하며, 정식으로 제후로 승인해 줄 것을 요청했다.

주위열왕은 제후의 상징인 보면과 규벽 등을 하사하며 한건을 한후韓侯로, 위사를 위후魏侯로, 조적을 조후趙侯로 승인했다(BC 403년). 이로 인해 나중에 한건은 **한경후韓景侯**로 불리게 되고, 위사는 **위문후魏文侯**로 불리게 되고, 조적은 **조열후趙烈侯**로 불리게 된다.

한韓·위魏·조趙는 제후 책봉의 왕명을 선전하며, 종묘와 사직을 세우고 완전한 국가로 자립했다. 한은 평양平陽에, 위는 안읍安邑에, 조는 중모中牟에 도읍을 정했다. 열국들은 사신을 파견하여 축하했다. 당시 진秦은 초와 교류할 뿐 중원과는 교류가 없어서 사절을 보내지 않았다.

제4절 전국戰國시대의 본격화

한경후韓景侯의 한괴韓傀(=협누俠累) 추방

한괴는 한경후韓景侯의 이복동생이다. 한괴는 시기심이 많으며 도량이 좁았고, 한경후와 사이가 좋지 못했다.

어느 날 한괴는 한경후에게 자신을 재상으로 임명해 줄 것을 요청했는데, 한경후는 거절했다. 한괴는 이후 한경후를 비방하고, 한경후가 신임하는 대신들을 중상모략했다. 분노한 한경후는 한괴를 추방했다.

추방된 한괴는 이름을 협누俠累로 바꾸고 위衛의 복양濮陽으로 갔다. 추방되면서 경제적으로 어려워진 협누는 결국 시장 거리를 전전하며 밥을 빌어먹는 지경이 되었다.

이때 복양에 엄수嚴遂라는 부자가 있었는데, 어질고 덕이 높은 사람이었다. 그래서 사람들은 그를 존칭의 의미로 엄중자嚴仲子라고 불렀다.

어느 날 협누는 엄수의 집을 찾아가 걸식을 했는데, 엄수는 협누가 한경후의 이복동생인 것을 알게 되었고 그를 극진히 대우했다. 이때부터 협누는 엄수의 도움을 받으며 편안한 생활을 했고, 두 사람은 친하게 되었다.

전국戰國시대의 본격화

존왕양이, 계절존망으로 대표되던 춘추시대의 질서는 완전히 사라졌다. **약육강식弱肉强食**의 살벌한 현실은 일상이 되었고, 이익을 쫓아 이합집산이 반복되었으며, **하극상下剋上**은 보편적 현상이 되었다.

이 때문에 각국 군주들은 '유능한 통치 전문가'에 대한 필요성을 절감하게 되었다. 이로써 출세하는 데에는 가문보다 **개인의 능력**이 더 중요하게 되었다. 그 결과 출세를 위해 전국을 돌면서 자신의 능력을 유세하는 **유세객**이 급증했는데, 전국시대 때 유세객의 수는 대략 5만 명 이상으로 추정되고 있다. 유세객들은 최하층 지배계급인 사士 출신이 많았는데, 극히 일부이기는 하지만 춘추시대 때에는 불가능했던 최고 위직으로 등용되어 권력의 핵심세력으로 성공하기도 했다.

전국시대에는 철제 농기구가 더 확산되어 농업생산력이 비약적으로 증대하고, 장강 이남 지역이 더욱더 개발되면서 식량의 새로운 공급기지가 되었다. 그 결과 **잉여 농산물**이 발생했고, 인구가 급증했다. 이는 생산 활동에 종사하지 않는 전문가 계급을 가능하게 했고, 상공업을 자극했으며 기술의 비약적 발전을 가져왔다. 기술의 발전에 따라 도로망 등이 정비되면서 국가권력이 미칠 수 있는 범위는 넓어졌고, 이는 중앙권력이 직접 지방을 지배하는 **군현제의 확대**를 가져왔다.

전국시대에는 철제 무기가 대량 제조되어 전쟁에 하층 계급 출신인 **대규모 무장 병사들**의 투입이 가능해졌다. 그 결과 병거(전차) 중심의 전쟁은 보병 중심의 전쟁으로 완전히 변했고, 나중에는 이민족들이 주로 사용하던 기병도 본격적으로 도입된다. 기술의 발달로 인해 장거리 무기인 쇠뇌가 등장했으며, 보병에 밀려 퇴출 직전이던 기존의 전차는 속도에 중점을 둔 경전차로 바뀌면서 기습 작전 등 새로운 역할을 수행하게 된다.

전국시대의 전쟁에서는 춘추시대의 관용적 처분과 낭만적 분위기는 사라졌고, 전쟁에서 패할 경우 막대한 인적·물적 피해를 입게 되어 전쟁은 **국가의 사활을 건 총력전·전면전**의 모습이 되었다. 전쟁의 양상이 바뀌면서 춘추시대의 단기전은 장기전·지구전으로 변했고, 이는 국가 재정에 큰 부담이 되었다. 그 부담은 결국 피지배계급에 전가되어 하층 계급의 삶은 더욱더 고달프게 되었다.

아직 전 영토를 단위로 하는 통일 왕조가 등장하지 않아 단일한 국가권력에 의한 사상통일이 불가능한 시대여서 다양한 주장들이 자유롭게 통용되었고, 전문가 계급을 중심으로 학문은 비약적으로 발전했다. 그 결과 부국강병을 위한 최선의 방법을 논의하는 <u>제자백가諸子百家</u>는 사회의 혼란에도 불구하고 더 발전하게 되었다.

시간이 지나면서 **제齊, 초楚, 한韓, 위魏, 조趙, 진秦, 연燕** 등의 일곱 나라가 국력이 강해져 '**전국 7웅**'으로 불리게 되었다. 월은 현상 유지에 급급하다 국력이 크게 약화되었다. 춘추시대에 중원에서 많은 활약을 했던 송, 노, 위衛, 정 등은 전국 7웅에 국토를 잠식당하고 급격히 위축된다.

제자백가諸子百家

전국시대의 대혼란기는 각국의 군주들과 대부들이 '유능한 인재' 및 '혼란을 극복할 정책'을 간절히 원하게 만들었다. 그 결과 전국시대 초기에 **수많은 학자들(제자諸子)**이 나와서 **수많은 학파(백가百家)**를 형성하여 다양한 주장들을 펼치고 있었다. 실제로는 춘추시대 중기부터 여러 학파가 등장하기 시작했으나, 이들이 본격적으로 열띤 주장을 펴고 현실에 대해 이론을 적용하기 시작한 것은 전국시대부터였다.

당시는 천하가 분열되어 통일된 국가권력에 의한 사상 통제가 불가능한 시대여서 다양한 주장이 가능했고, 처절한 생존경쟁 속에서 부국강병을 원하던 제후들도 국가경영을 위한 획기적인 이론을 간절히 희망했다. 약육강식의 살벌한 시대여서 가문이나 배경이 아닌 '개인의 실력'이 출세의 가장 중요한 요소였다. 이는 춘추시대와 구별되는 전국시대의 가장 큰 특징 중 하나다.

출세를 원하는 수많은 사람들이 자신의 학문과 지식을 제후들에게 홍보하러 다녔고, 실제로 벼락출세하는 자들도 상당히 있었다. 제후들에게 선택받기 위해 더 많은 사람들이 더 새로운 내용의 주장을 했다. 자신의 학문과 지식을 제후들에게 홍보하러 다니던 사람들을 '유세객'이라고 불렀는데, 전국시대 때 유세객의 수는 5만 명 이상이었다고 한다.

위와 같은 여러 가지 요소들이 결합하여 **사상과 학문, 기술의 획기적인 발전**이 가능했다. 훗날 통일된 국가권력이 등장하여 통치에 유리한 학문과 사상만 허용하고 다른 주장을 통제하게 되면서부터 사상과 학문은 침체된다. 이때 통일된 국가권력에 의해 명시적으로 선택받은 것은 유가와 도가이고, 은밀하게 선택받은 것은 법가다. 나머지 사상들은 서서히 도태된다.

춘추시대와 전국시대 때에는 <u>유가儒家, 도가道家, 묵가墨家, 음양가陰陽家, 법가法家, 병가兵家, 종횡가縱橫家, 명가名家, 농가農家, 잡가雜家 등</u> 열거하기 어려울 정도로 많은 주장들이 난무하고 있었는데, 지금은 국가의 최고 통치자가 선택한 극소수의 학문만이 살아남아 전해지고 있다.

주안왕周安王의 즉위(BC 402년)

주위열왕이 재위 24년에 병으로 사망하고 태자인 교驕가 즉위하니 (BC 402년), 곧 **주안왕周安王**[1]이다.

초도왕楚悼王의 즉위(BC 402년)

당시 초는 초성왕의 무능으로 인해 정국이 불안해졌고 치안이 나빴다. 그 결과 초성왕이 도적들에게 피살당하는 어이없는 일이 발생한다. 초성왕이 재위 6년 만에 죽고 세자 의疑가 즉위하니(BC 402년), 곧 **초도왕楚悼王**[2]이다.

초가 혼란에 빠져 국력이 크게 약화되자 3진晉은 연합하여 초를 공격했고, 상구桑丘 땅까지 진격해 노략질을 한 후 돌아갔다(BC 400년).

진(후)혜공秦(後)惠公의 즉위(BC 400년)

예전부터 진秦은 중원으로 진출하고 싶었는데, 진晉이라는 거대한 장벽이 있어 불가능했다. 진晉이 한·위·조로 분열되자 진秦은 중원 진출의 희망을 가졌다. 진秦과 국경을 접하고 있던 나라는 위魏였는데, 위문후 때 위魏는 국력이 막강하여 진秦은 그 뜻을 실현하기 어려웠다.

진秦간공은 위魏를 공격하여 양호陽狐 땅까지 진격했으나(BC 401

---

1) 주안왕 희교: 재위 BC 401 ~ BC 376
2) 초도왕 웅의: 재위 BC 401 ~ BC 381

년) 별 성과는 없었다. 진간공이 재위 15년에 사망하고 아들 인仁이 군위를 승계하니(BC 400년), 곧 **진혜공秦惠公**[1]이다. 예전에 같은 시호의 군주가 있었으므로 구별하기 위해 후後혜공이라고 부르기도 한다.

어리다는 이유로 군위에 오르지 못하고 위魏에서 망명생활을 하고 있던 진秦영공의 아들인 사습은 장성한 이후에도 또다시 군위에 오르지 못하게 되자 불만을 가지게 된다.

조무후趙武侯의 즉위(BC 400년)

조열후 조적이 가문을 승계하고 9년 만에 죽었는데(BC 400년), 조열후의 아들인 장章은 나이가 어렸다. 나이 어린 군주가 즉위할 경우 발생할 수 있는 국가의 혼란을 우려한 대신들이 조열후의 동생(이름 불명)을 추대했다. 결국 대신들의 추대로 조열후의 동생이 즉위하니(BC 400년), 곧 **조무후趙武侯**[2]다.

조무후는 실재로 존재하지 않았다는 반대 견해도 있다. 이 견해에 의하면 조열후는 BC 387년에 사망했고, 군위는 그 아들인 장章에게 계승되었다고 한다.

한열후韓烈侯의 즉위(BC 400년)

한경후가 사망하고 세자 취取가 즉위하니(BC 400년), 곧 **한열후韓烈**

---

1) 진秦(후)혜공 영인: 재위 BC 399 ~ BC 387
2) 조무후(이름 불명): 재위 BC 399 ~ BC 387

侯[1]다. 정이 한의 국상을 틈타 공격하여 한의 양책陽翟 땅을 점령했다 (BC 400년). 이 일로 인해 한은 정을 매우 미워하게 되었다.

섭정聶政과 그 누나 앵罃의 의로운 행동(BC 397년)

한경후가 죽고 한열후가 즉위하자 협누는 기뻐하며 엄수에게 천금을 빌려 한으로 돌아갔다. 협누는 엄수와 작별하면서 등용되면 높은 벼슬자리로 보답하겠다고 약속했다. 협누는 조카인 한열후를 알현하고, 많은 뇌물을 바치며 사죄했다. 한열후는 기뻐하며 협누(=한괴)를 지난날의 자리에 복귀시켰다.

이후 협누는 엄수의 돈을 발판으로 한의 대신들을 포섭했고, 큰 세력을 확보했다. 결국 협누는 한의 재상이 되었다. 재상이 된 협누의 위세는 대단했다. 협누는 원래 시기심이 많아서 능력 있는 인재를 등용하여 국가를 강하게 하는 것에는 관심이 없었고, 결국 한은 국력이 약해졌다.

어느 날 엄수는 벼슬자리에 오르고 싶어서 협누를 찾아갔으나, 예상과 달리 엄수는 문전박대를 당했다. 협누는 엄수의 서신을 전달받았으나, 한 달 이상을 모른 척 했다.

어쩔 수 없이 엄수는 한열후 주변의 내시들에게 뇌물을 주고, 겨우 한열후를 알현하게 되었다. 엄수는 한열후에게 천금을 바치고 벼슬자리를 약속받았다. 협누는 자신의 과거 행적이 드러나는 것을 염려하여 한열후에게 엄수의 등용을 재고할 것을 요청했고, 결국 엄수는 벼슬자리를 얻지 못했다.

---

1) 한열후 한취: 재위 BC 399 ~ BC 387

엄수는 협누의 배신에 격분하여 용사를 구해 협누를 죽이기로 결심하고, 열국을 주유했다. 엄수는 제에서 천하장사인 **섭정聶政**을 발견했다. 섭정은 원래 위魏의 지軹 땅 출신인데, 정의감 때문에 죄를 지어 제로 도망쳐 노모와 누나 앵罃을 모시고 백정이 되어 가난하게 살고 있었다.

엄수는 섭정에게 정성을 다했고, 친분을 맺었다. 그 후 엄수는 섭정에게 노모를 봉양하라고 말하며 황금 100일을 제공했다. 섭정은 황금을 교부하는 이유를 물었고, 엄수는 협누를 처단하려는 자신의 속마음을 밝혔다. 섭정은 전제의 사례를 들며 노모가 있어 원수를 갚아 줄 처지가 못 된다고 사양했다. 엄수는 효도를 포기하라고 강요하는 것은 아니라고 강조하며, 높은 의기를 존경하므로 제공하는 것이라고 설득했다. 결국 섭정은 승낙했다.

섭정은 엄수로부터 받은 황금으로 노처녀인 누나 앵을 고향 마을에 성대히 시집보내고, 노모를 극진히 섬겼다. 1년 6개월이 흐른 뒤 섭정의 노모는 노환으로 사망했다. 엄수는 성대히 장례를 치러주었다.

섭정은 은혜를 갚기 위해 엄수에게 작별을 고한 후 한의 도성인 평양으로 갔다. 섭정은 협누의 동선을 세밀히 조사했다. 섭정은 관청의 경비병들이 느슨해지고 협누도 업무 때문에 지친 늦은 오후에 심부름꾼으로 가장하고 협누가 일하는 관청으로 들어갔다. 경비병들이 섭정을 제지했으나, 섭정은 공무를 처리한 후 휴식을 취하던 협누에게 바람처럼 달려갔다. 섭정은 순식간에 비수를 사용해 협누를 죽였다(BC 397년).

섭정은 도주가 불가능한 상황임을 알았다. 섭정은 신분 노출을 방지하기 위해 스스로 칼로 자신의 얼굴을 찔러 얼굴 가죽을 벗기고 두 눈을 뽑은 후 비수로 목을 찔러 죽었다. 섭정의 얼굴은 형체도 없이 고깃

덩어리로 변해 있었다.

한열후는 재상이 대낮에 관청에서 암살당하자 대노하여 섭정의 시체를 시정에 전시하고 방을 게시했는데, 시체의 이름을 고하여 협누의 원수를 갚게 되면 천금을 하사하겠다는 내용이었다.

그러나 아무도 시체의 정체를 알지 못했고, 그 소문은 널리 퍼졌다. 섭정의 누나 앵은 소문을 듣고 동생임을 바로 알았다. 앵은 평양으로 가서 섭정의 시체 앞에서 통곡했다. 앵은 한의 관리들에게 섭정의 이름을 알리며, 불의를 미워하는 용사라고 동생을 소개했다. 앵은 섭정이 협누의 불의를 미워하여 살해한 것이고, 누나에게 화가 미칠 것을 염려하여 자신의 얼굴을 알아보지 못하게 한 것이라고 설명했다. 앵은 의기가 높은 동생의 이름을 세상에 알리기 위해 온 것임을 강조하고, 배후를 밝히면 동생의 의기를 저버리게 된다며 정자 기둥에 머리를 찧고 자살했다.

보고를 받은 한열후는 탄식했다. 한열후는 섭정과 앵의 의기를 생각하여 시신을 수습하고 장례를 치러주었다. 한열후는 <u>한산견韓山堅</u>(=한엄韓嚴)을 재상으로 임명했다.

제3장

초도왕楚悼王의 패권 장악

제1절 3진三晉 동맹의 붕괴와 전제田齊의 시작

3진三晉 동맹의 붕괴(상호 협력과 대립)

위문후가 병이 깊어 위독해졌다. 위문후는 중산을 다스리던 세자 격擊을 소환했다. 조무후는 위의 세자 격이 중산을 출발한 후 중산을 공격했고, 오랫동안 노리던 중산을 드디어 점령했다(BC 396년). 이로 인해 위와 조는 관계가 급격히 악화되었고, 3진晉의 동맹은 무너지게 된다. 이때부터 3진晉은 일시적인 이익을 추구하여 이리저리 동맹을 바꾸는 등 전략의 부재를 보였고, 그 결과 3진晉 모두 세력이 약화된다. 작은 이익을 탐내 수시로 배신하여 어제의 동맹이 오늘의 적이 되기도 하고, 오늘의 적이 내일의 동맹이 되기도 했다. 3진晉은 서로 협력과 다툼을 무수히 반복하면서 모두 서서히 약해지게 된다. 3진晉 중 초반에는 위가 가장 강성했고, 조는 한을 끌어들여 공동으로 위에 대항하는 경우가 많았다.

위무후魏武侯의 즉위(BC 396년)와 위魏의 강세 유지

신생국 위魏를 중원의 최강국으로 만들었던 위문후가 노환으로 인해 소생할 가망이 없어지자 오기와 서문표를 불러 세자를 부탁하였다. 결국 위문후가 개원 29년(가문 승계 50년)에 사망하고 세자 격이 즉위하니(BC 396년), 곧 **위무후魏武侯**[1]다. 위무후의 즉위연도에 대하여는 BC 387년이라는 견해도 있다.

위무후는 즉위 직후 서하西河를 방문했고, 오기와 함께 배를 타며 서하 땅을 시찰했다. 위무후는 서하의 험준한 자연을 보고 감탄하며, 위가 강성해질 수 있는 여건이라고 말했다. 오기는 산천의 험준함이 아닌 군주의 덕이 중요한 여건이라고 강조하며, 덕을 쌓지 않으면 이 배에 있는 사람들이 언제 적이 될지 모를 것이라고 아뢰었다. 오기의 강한 어조에 위무후는 기분이 나빠졌으나 내색하지는 않았다.

당시 재상이던 이회가 죽자 위무후는 전문田文을 재상으로 임명했다(BC 395년). 이때 오기는 서하에서 돌아와 잠시 도성에 머무르고 있었다. 오기는 자신의 공로에 자부심을 가지고 있었는데, 전문이 재상으로 임명되자 서운하고 불쾌했다.

오기는 궁을 나서다 전문과 궁문 앞에서 우연히 만나게 되었다. 오기는 군대를 지휘하여 외국을 방비하고 국내를 통치하여 재정을 충실하게 하는 문제에 대하여 누구의 공이 더 큰지 전문에게 시비를 걸었다. 전문은 모든 면에서 오기가 더 뛰어나다고 인정하며, 위문후를 오랫동

---

1) 위魏무후 위격: 재위 BC 395 ~ BC 370(다수설) 또는 BC 386 ~ BC 371(소설《동주열국지》)

안 성심껏 섬기며 위문후의 지시를 잘 지켜서 자신을 임명한 것 같다고 공손히 대답했다. 전문은 오기에게 공로를 다툴 때가 아니라고 충고했다. 오기는 한참을 생각한 후 전문의 말에 동의하며, 언젠가는 자신이 재상이 될 것이라고 말했다.

위무후에게 오기와 전문의 대화 내용이 보고되었다. 위무후는 오기가 자신을 원망하고 있다고 생각하며, 오기를 경계했다.

오기는 다시 서하로 복귀했다. 진秦은 서하를 회복하기 위해 수시로 공격했으나(BC 393년, BC 390년), 오기는 탁월한 용병술로 진군을 계속 무찔렀고 진에 대한 방비를 철저히 했다. 오히려 <u>위魏는 오기의 활약으로 진秦의 영토를 조금씩 먹어 들어갔고, 진秦의 황하 진출은 오기로 인해 계속 좌절되었다.</u>

한편 초도왕은 예전에 3진晉이 공격한 것에 대한 보복으로 한을 공격하여 부서負黍 땅을 점령했다(BC 393년). 이에 대한 보복으로 3진晉은 한의 주도로 연합을 결성하여 초를 공격했고, 대량大梁[1]과 유관楡關에서 초군을 크게 무찔렀다(BC 391년).

전화田和의 즉위[전제田齊의 시작](BC 392년)

제의 재상인 전화田和는 제강공을 외딴섬으로 추방하고, 마을 하나만 봉지로 지급하여 다스리게 했다. 더 이상 다른 나라의 눈치를 볼 필요가 없게 된 전화는 결국 스스로 제후의 자리에 올랐고(BC 392년), 전씨 가문은 제의 국토를 다 차지했다.

---

1) 하남성 개봉開封시. 훗날 북송北宋의 도읍이 들어섬

전화는 제의 국명을 바꾸지 않고 그대로 사용했다. 이로써 강성의 제(=강제姜齊)는 멸망하고, **전씨의 제(=전제田齊)**가 성립했다.

월왕 예翳가 제의 혼란을 기대하며 중원에 대한 지배력을 확대할 목적으로 제를 공격했으나, 전화의 신중한 방어로 인해 성과 없이 철수했다.

제2절 초도왕楚悼王의 오기吳起 등용

위무후魏武侯의 명성[음진陰晉전투](BC 389년)

위문후로부터 강력한 국력을 물려받은 위무후는 한·조와 연합하여 초를 압박하는 것과 동시에 서하에서는 진秦과 계속 싸우면서 진의 영토를 조금씩 잠식했다. 위무후의 대외 팽창 정책에서 오기의 활약이 결정적이었다.

절치부심한 진秦후혜공이 거의 전全 병력을 동원하여 대대적으로 서하 땅을 공격했다. 이에 대응하여 위무후는 서하 땅을 방문하여 크게 잔치를 벌이고 병사들을 위로하여 사기를 높였다. 오기는 평소에 전공에 따라 상중하로 나누어 병사들과 그 가족들에 대한 처우를 달리하여 왔는데, 위무후가 개최한 잔치에서도 오기는 전공이 높은 자를 특별대우 하였다. 그 결과 병사들은 모두 전공을 세우고 싶어 안달이었다.

오기는 방어군 5만 명을 편성하여 출전했다. 선봉에는 그동안 전공을 세우지 못해 이번에 전공을 세우고 싶은 열망이 특히 강한 병사들을 배치했다. 위무후는 병거 500승과 삼천의 기병을 지원했다.

위魏군은 음진陰晉 땅에서 대규모의 진秦군과 만났는데, 오기는 선두에서 적을 향해 돌진했다. 결국 사기가 오른 위魏군은 진秦군을 크게 무찔렀다[**음진陰晉전투**](BC 389년). 당시 진秦군의 규모가 50만 명에 이른다는 주장도 있다. 50만 명은 과장된 숫자겠지만 아무튼 음진전투로 인해 위무후와 오기의 명성이 천하에 퍼지게 되었고, 진秦은 크게 위축되어 오랫동안 주춤하게 된다.

한편 제를 완전히 차지한 전화는 당시 최강국인 위魏와 우호관계를 맺었다. 전화는 위무후에게 자신을 제후로 승인하는 문제를 주 왕실에 주선해 줄 것을 부탁했다(BC 389년).

오기吳起에 대한 위무후魏武侯의 경계

오기는 음진전투 이후 위축된 진秦군을 계속 압박했고, 진秦의 땅을 계속 먹어들어 갔다(BC 387년). 오기는 진秦을 아예 멸망시키고 그 땅을 다 차지할 원대한 계획을 세웠다. 진秦은 건국 이후 최대의 위기를 맞게 되었다.

그즈음 오기에 비교적 호의적이던 재상 전문이 병사하였는데, **공숙좌公叔座**(=임좌任座)가 위魏의 재상이 되었다. 공숙좌는 평소 오기를 매우 싫어했다. 이를 눈치 챈 대부 왕착王錯이 공숙좌에게 계책을 알려주었고, 공숙좌는 만족했다.

얼마 후 공숙좌는 위무후를 알현하며 오기의 능력을 칭찬하면서 오기가 위魏를 떠나 다른 나라로 갈 것을 염려했다. 공숙좌는 위무후에게 오기를 사위로 삼을 것을 건의하며, 오기가 승낙하면 위에 완전히 정착할 것이고 거절하면 언젠가는 위를 떠날 것이라고 아뢰었다.

그날 공숙좌는 오기를 자신의 집으로 초대했다. 공숙좌의 부인은 위문후의 딸[1]이었는데, 공숙좌는 부인에게 오기가 오면 일부러 자신을 심하게 구박하고 멸시하고 함부로 대하라고 부탁했다. 오기가 공숙좌의 집으로 와서 식사를 하는 동안 공숙좌의 부인은 공숙좌를 심하게 멸시했다. 그 모습을 본 오기는 군주의 딸을 부인으로 둔 것이 불행하다고 느꼈다.

며칠 후 위무후는 오기를 불러 자신의 딸과 결혼할 것을 제안했다. 며칠 전 공숙좌가 부인에게 구박받던 모습을 떠올린 오기는 위무후의 제안을 정중히 거절했다. 위무후는 오기가 위에 대한 애정이 없다고 생각하여 오기를 더 멀리했고, 서하 태수에 다른 사람을 임명했다.

초楚의 영윤이 되는 오기吳起(BC 387년)

오기는 위무후가 자신을 경계하여 신변이 위험하게 될 것을 걱정했다. 결국 오기는 초로 망명한다(BC 387년). 그 결과 진秦은 큰 위기에서 벗어나게 된다.

당시 초는 초성왕의 실정 이후 국력이 약해지고 치안이 불안한 상태였다. 이를 이용해 3진과 제가 초를 압박하여 초도왕은 고민에 빠져 있었다. 평소 오기의 능력을 잘 알고 있던 초도왕은 오기를 영윤에 임명했다(BC 387년).

평생의 소원이 성취된 오기는 감개무량했다. 오기는 자신이 국가를

---

1) 일반적으로 공숙좌를 위魏 공실 출신으로 보는 견해가 많으나, 위문후의 딸을 부인으로 둔 것을 보면 이는 잘못된 주장으로 판단됨. 만약 공숙좌가 위 공실 출신이 맞다면, 위문후의 딸을 부인으로 두었다는 기록은 잘못된 것으로 보아야 할 것임

부강하게 만들 능력이 있다고 자신했다. 오기는 초도왕에게 병사를 양성하기 위해서는 재정의 충실이 필수적임을 강조하며, 이를 위해 불요불급한 관료들을 줄이고 귀족들의 국록을 몰수할 것을 주장했다. 오기는 여기서 절약된 재정으로 군인들의 처우를 개선하면 초군은 강병이 될 것이고, 초의 위세를 선양할 수 있을 것이라고 아뢰었다.

초도왕은 오기의 건의를 채택하고 개혁을 단행했다. 특권이 줄어들게 된 초의 왕족과 신하들은 극렬하게 반대했다. 오기는 반대를 무시하고 새로운 관제를 제정하여 선포했다. 불필요한 관리 수백 명이 면직되었고, 왕족의 경우 5대손까지만 녹봉을 줄여서 지급하되 나머지 왕족의 국록은 인정하지 않았다. 귀족들도 업적이 없으면 관직과 녹봉을 받지 못했다. 이와 동시에 오기는 황무지를 개간하여 농업 생산력을 높였다. 이러한 여러 조치들을 '**오기吳起의 변법變法**'이라고 부른다.

오기는 여러 개혁 조치들을 통해 국가의 재정을 풍족하게 한 후 이를 바탕으로 군인의 처우를 개선하고 정예 병사들을 양성했다. 초군의 사기는 급격히 올라갔고, 초군은 강병이 되었다. 오기는 단기간에 초의 부국강병을 달성했다. 그러나 특권이 줄어든 초의 귀족들은 오기를 증오했다.

한편 위문후의 또 다른 고명대신이었던 서문표의 말년에 대하여는 명확히 남아 있는 기록이 없어 정확히 알기가 어렵다. 그러나 《한비자》의 〈난언難言〉 편에는 불행을 당한 현인들의 사례를 열거하면서 "복자천과 서문표는 다투지 않았는데도 사람의 손에 죽고…"라는 내용이 실려 있다. 이를 보면 서문표의 최후가 좋지 않았음을 추론할 수 있을 것이다.

오기와 서문표의 실각은 결국 위무후의 정치력과 판단력이 위문후에 비하여 현저히 부족함을 드러내는 것이다. 위무후 때부터 서서히 위魏의 국력이 약해지기 시작하는 것은 결국 국가를 이끄는 군주의 역량 때문인 것이다.

조경후趙敬侯의 즉위(BC 387년)

조무후가 재위 13년에 죽자 대신들은 조무후의 아들인 조朝 대신 (원래 군위를 승계했어야 할) 조열후의 아들인 장章을 추대했다. 대신들의 추대로 장이 즉위하니(BC 387년), 곧 **조경후趙敬侯**[1]다.

조무후의 아들인 조가 이에 반발해 난을 일으켰으나(BC 386년), 패하고 위魏로 도주했다. 위무후가 이를 빌미로 공자 조朝에게 군사를 내어주며 조의 한단邯鄲 땅을 공격하게 했으나, 조군은 이를 물리쳤다. 이후 조경후는 공자 조朝의 잔여 세력을 우려하여 중모에서 한단으로 도읍을 옮겼다(BC 386년).

진출공秦出公의 즉위(BC 387년)

위魏에 밀리며 고전하던 진秦후혜공이 재위 13년에 사망하고 그 아들이 군위를 승계하니(BC 387년), 곧 **진출공秦出公**[2]이다. 진출공은 나이가 너무 어려 진출공의 모후가 정권을 장악했는데, 환관들의 말만 듣

---

1) 조경후 조장: 재위 BC 386 ~ BC 375
2) 진출공: 재위 BC 386 ~ BC 385

고 국정을 제대로 운영하지 못했다. 많은 대신들이 불만을 가졌다.

한문후韓文侯의 즉위(BC 387년)

한열후가 재위 13년에 사망하고 아들인 유猷가 즉위하니(BC 387년), 곧 **한문후韓文侯**[1]다. 한산견은 계속 재상으로서 국정을 다스렸다.

전화田和(=전태공田太公)에 대한 제후 책봉(BC 386년)

전화의 부탁을 받은 위무후는 주안왕에게 전화의 제후 승인 문제를 간청했다. 주안왕은 3진晉의 예를 따라 전화를 제후로 승인했다(BC 386년). 정식으로 제후가 된 전화는 **전태공田太公**[2]으로 불리고 있다.

한韓의 송宋 도성 함몰[송휴공宋休公의 즉위](BC 385년)

한문후 때 한은 상업이 발달하고 농업 생산성이 높아져 국력이 신장되었다. 강해진 국력을 기반으로 한은 대외 확장에 나섰다.

한은 송을 공격하여 도성인 수양성을 함몰하고(BC 385년), 송도공을 포로로 잡아갔다. 송의 대신들이 송도공의 아들인 전田을 군위에 올리니, 곧 **송휴공宋休公**[3]이다. 송은 도성이 함락되는 타격을 받고 국력이

---

1) 한문후 한유: 재위 BC 386 ~ BC 377
2) 제(=전)태공 전화: 재위 BC 386 ~ BC 384
3) 송휴공 자전: 재위 BC 385 ~ BC 363

급격히 약화된다.

또한 한은 정을 공격하여 양성陽城을 빼앗았다(BC 385년). 초와 위도 정의 혼란을 이용해 정을 공격하고 크게 노략질을 했다.

공자 사습師隰(=연連)의 정변[진헌공秦獻公의 즉위](BC 385년)

위魏에서 망명 중이던 공자 사습은 진秦의 국내가 어수선해지자 귀국할 결심을 한다. 위무후의 도움을 받아 귀국한 사습은 은밀히 대신들을 찾아가 적장자가 있음에도 불구하고 방계가 계속 군위를 승계하고 국정을 혼란하게 하는 것이 타당한 것인지 항의했다. 서장 균개菌改가 사습의 주장에 적극 찬성했고, 많은 대신들이 호응했다.

결국 공자 사습은 균개의 도움을 받아 적통을 주장하며 6촌 형제인 진출공과 그 모후를 살해하고 스스로 군위에 오르니(BC 385년), 곧 **진헌공秦獻公**[1]이다.

진헌공은 순장제도를 폐지하고(BC 385년), 대신들의 기득권을 무너뜨리기 위해 옹에서 역양櫟陽 땅으로 도읍을 옮기고(BC 383년), 일부[2] 지방에 현縣을 설치하여 임기제 관료를 파견하고(BC 379년), 상인의 이익에 세금을 거두어 국고를 보충하여(BC 378년) 진秦의 국력을 상당히 상승시켰다. 오랫동안 현명한 군주가 나타나지 않아 정체되었던 **진秦은 진헌공 이후 계속 현명한 군주가 즉위하며 중흥을 달성하게 된다.**

---

1) 진秦헌공 영사습(영연): 재위 BC 384 ~ BC 362
2) 위앙(상앙)의 변법 때 다수의 지방에 현제를 도입함(후술)

제3절 초도왕楚悼王의 패권

전후田侯 섬剡의 즉위(BC 384년)

전태공 전화는 제후로 공인받은 지 2년 만에 사망하고 아들 섬剡이 즉위하니(BC 384년), 곧 **전후田侯 섬**[1]이다. 전후 섬은 의욕만 앞서 외교에는 신경 쓰지 않고 무리하게 대외 팽창을 시도했으나, 별다른 성과를 거두지 못했다.

제가 위魏를 공격하여 제군과 위군은 늠구廩丘 땅에서 교전했는데, 조가 위를 위해 원군을 파견했다. 조군과 위군은 연합하여 제군을 크게 무찔렀다(BC 384년).

한편 제강공은 추방된 섬에서 사망하고(BC 379년), 아들이 없어 강제姜齊의 국통은 완전히 끊기게 된다.

초도왕楚悼王의 패권 장악(BC 381년)

당시 위魏는 오기의 망명 이후 그 위세가 약간 위축되어 정점에서 내려오고 있었고, 초는 오기가 영윤이 된 이후 막강한 정예군을 통솔하여 국력이 크게 상승했다.

이때 조가 강평성剛平城을 축성하고, 위衛를 공격하는 일이 발생했다. 위衛는 위魏에 원군을 요청했다. 위魏는 원군을 파견했고, 위魏군은 조군을 토대兎臺에서 크게 무찔렀다(BC 383년). 계속하여 위魏는 제를

---

1) 전후 섬: 재위 BC 383 ~ BC 375

끌어들였고, 제와 위魏는 연합하여 위衛를 도와 조를 공격했다. 위衛는 조의 강평성을 점령하고(BC 382년), 중모中牟 땅으로 진격했다. 위魏·제齊·위衛의 공격으로 조는 국가적 위기를 맞았다.

조는 위급한 상황에 처하자 초에 원군을 요청했다. 대외 진출을 노리고 있던 초도왕은 승낙했다. 초도왕은 원군을 파견했고, 초군은 주서州西 땅에서 위魏군을 격파했다. 초군은 양문梁門을 지나 황하까지 진격했다(BC 381년). 초군이 위魏군을 격파하는 틈을 노려 조는 위魏에 반격을 가해 위魏의 극포棘蒲와 황성黃城 땅을 빼앗았다(BC 381년).

또한 초도왕은 남쪽으로 백월百越을 공격하여 동정洞庭 땅과 창오蒼梧 땅 일대를 장악했다(BC 381년).

이로써 초는 당시 최강국이던 위魏를 꺾고 새로운 최강국으로 부상했고, 초도왕은 중원에 대하여 패권을 장악했다.

제7편 전국戰國시대 중기

제1장

진秦의 중흥 시작

제1절 절대 강자 없이 계속되는 전란

초숙왕楚肅王의 즉위[오기吳起의 피살](BC 381년)

초의 패권을 달성한 초도왕이 재위 21년에 병으로 사망했다(BC 381년). 초도왕이 사망하자 그동안 오기를 증오하던 귀족들의 불만이 폭발했다. 국록을 몰수당했던 귀족들은 초도왕의 장례를 마치기도 전에 흥분하여 오기를 죽이려고 난을 일으켰다.

오기는 도망쳐 궁중으로 들어갔다. 귀족들은 칼과 활로 무장하고 오기를 추격했다. 오기는 더 이상 도망칠 수 없음을 깨달았다. 오기는 침대에 안치된 초도왕의 시신을 안고 엎드렸다. 귀족들은 오기를 향해 무수한 화살을 날렸고, 오기의 몸은 고슴도치처럼 되었다. 전국시대 초기를 풍미했던 오기는 이렇게 죽었다.

일설에 의하면 오기는 76회의 전투에서 64회를 이기고 12회를 비겼고 한 번도 패한 적이 없었다고 한다. 오기는 용맹하고 통솔력 있는 장수이면서 뛰어난 병법가이고 개혁적인 행정가였으나, 인정이 없어

적을 너무 많이 만들었다. 결국 오기는 덕이 부족하여 자신을 망치게 된 결과가 되었다.

한편 귀족들이 날린 화살은 초도왕의 시신에도 무수히 꽂혔다. 오기는 죽기 직전에 화살을 날린 귀족들을 향해 왕의 시신을 범한 대역 죄인들이라고 절규했다. 귀족들은 사태의 심각성을 깨닫고 황급히 도주했다.

장례를 마치고 세자 장臧이 즉위하니(BC 381년), 곧 **초숙왕楚肅王**[1]이다. 초숙왕은 동생 양부良夫에게 부왕의 시신을 범한 자들을 모두 체포할 것을 지시했다. 이 때문에 70여 가문이 멸족되었다.

이와 관련하여 묵가의 최고지도자(=거자鉅子)인 맹승孟勝의 일화가 전해온다. 맹승은 묵자와 금활의 뒤를 이어 묵가의 3대 최고지도자가 되었는데, 초의 양성군陽城君과 신의가 매우 두터웠다. 맹승은 양성군의 부탁을 받고 제자들과 함께 양성군의 영지를 수비하고 있었는데, 양성군은 초숙왕의 즉위 과정에서 나라에 죄를 지어 멀리 달아났다(정확한 내용은 알 수 없으나 위 사안과 관련된 것으로 추측됨). 초의 조정에서는 군사를 보내 양성군의 영지를 몰수하려고 했다. 맹승은 제자들의 도피 주장에도 불구하고 묵가의 대의를 실천하기 위해 죽음으로 신의를 지킬 것을 선언하고, 성 위에서 자살했다. 제자 183명이 맹승을 따라 순사했다. 이는 묵가의 엄격하고 비타협적인 성향을 보여주는 대표적인 예로 전해온다.

초의 왕족들과 귀족들은 오기에 대한 반감이 매우 강했는데, 초숙왕

---

1) 초숙왕 웅장: 재위 BC 380 ~ BC 370

도 그 영향을 받았던 것으로 보인다. 그 때문인지 초숙왕은 즉위 이후 **오기의 변법을 폐기**했고, 초는 다시 오기의 등용 이전 상태로 돌아갔다. 그 결과 초의 국력은 다시 약해졌다. 이로써 초는 패권을 상실하였고, 중원은 다시 절대 강자가 없는 상황이 되었다. 개인에 대한 호불호와 정책의 효과를 구분하여 국가에 이익이 되는 방향으로 결정을 내렸어야 하는데, 초숙왕은 어리석게도 개인에 대한 감정을 앞세워 국가에 손해가 되는 방향으로 결정을 내린 것이다.

초숙왕 때 초는 서남쪽의 이민족인 촉蜀의 공격을 받아 자방玆方 땅을 잃었고(BC 377년), 위魏의 공격을 받아 유관楡關을 빼앗겼다(BC 375년).

중산中山의 복국(BC 380년)

전후 섬은 무리하게 대외 팽창 정책을 유지했다. 제는 가장 만만한 연을 공격하여 상구桑丘 땅을 점령했는데, 연은 조에 구원을 요청했다. 조의 노력으로 3진晉이 연합을 결성하여 연을 원조했고, 제는 중과부족으로 물러났다(BC 380년).

중산환공과 그 부하들은 위魏에 나라를 잃고 태행산으로 도주한 이후 상업을 통하여 막대한 부를 쌓았다. 중산환공은 나라를 다시 일으킬 기회를 노리고 있었다.

제가 연을 공격하여 3진晉이 연에 원군을 보내 서로 싸우고 있을 때, 중산환공은 제의 원조를 받아 옛 중산 땅에서 다시 나라를 일으키고 영수靈壽 땅에 도읍을 정했다(BC 380년).

제의 원조로 중산이 복국하자 조경후는 분노했다. 조의 주도로 3진晋은 연합하여 제를 공격하여 크게 물리치고, 영구靈丘 땅까지 진출하여 한바탕 약탈한 후 철수했다(BC 378년).

중산은 복국 이후 조·연과 대립하며 독자적으로 발전했으나, 유학을 받아들이는 등 북방민족 고유의 특색이 줄어들면서 국력이 서서히 약해진다. 중산은 조에 대비하여 장성을 쌓았는데(BC 369년), 훗날 만리장성의 일부가 된다.

월越의 약화

월왕 예翳의 제 공격 실패와 초의 국력 강화로 인해 월의 국력은 급격히 위축되었다. 그러자 오의 옛 귀족들의 반란 움직임마저 발생하기 시작한다. 국내가 불안해지자 월왕 예는 결국 도읍을 낭야에서 남쪽의 고소姑蘇로 옮긴다(BC 378년). 이로써 중원에 대한 월의 영향력은 완전히 사라지게 되고, 국력의 약화는 명확해졌다.

한애후韓哀侯의 즉위(BC 377년)

한의 중흥을 이룩했던 한문후가 재위 10년 만에 사망하고 아들 둔몽屯蒙이 즉위하니(BC 377년), 곧 **한애후韓哀侯**[1]다. 한애후 때에도 한산견이 재상이 되어 계속 실권을 행사했다.

---

1) 한애후 한둔몽: 재위 BC 376 ~ BC 374

월왕越王 착지錯枝의 즉위(BC 375년)

 월왕 예翳의 동생인 예豫가 왕위를 노리고 월의 왕자들을 살해하려는 계획을 세웠다. 공자 예豫는 월왕 예翳에게 세자 제구諸咎를 죽이라고 부추겼으나, 월왕 예는 수락하지 않았다.
 세자 제구는 신변의 위험을 느껴 공자 예豫를 제거하기 위해 왕궁을 포위하고 공격했는데, 그 와중에 월왕 예가 피살되는 일이 발생했다(재위 36년. BC 375년). 이에 분노한 월의 귀족들이 세자 제구를 죽이고, 제구의 아들인 **착지錯枝**[1]를 왕으로 옹립했다(BC 375년). 착지는 수搜로도 불리고 있다.

정鄭의 멸망(BC 375년)

 한과 정은 국경을 접하여 오랫동안 다투었는데, 정은 국력이 약해 서서히 한에 밀리게 되었다. 결국 한은 정을 대대적으로 공격하여 멸망시키고, 도읍을 정의 도읍이자 교통의 요지인 신정新鄭으로 옮겼다(BC 375년).
 조의 재상 공중치公仲侈가 사신으로 한을 방문하여 정을 멸망시킨 것을 축하했다. 공중치는 조와 한이 동맹을 맺고 위魏를 멸망시킨 뒤 영토를 반분할 것을 제안했다. 한과 조의 군후가 연이어 바뀌는 등(후술) 내부 상황이 안정되지 못하여 공중치의 계획은 실현되지 못했으나, 조와 한은 친하게 되었다.

---

1) 월왕 착지: 재위 BC 374 ~ BC 373

공자 오午의 정변[전환공田桓公의 즉위](BC 375년)

전후 섬은 계속된 패배로 인하여 대신들과 백성들의 지지를 잃어 갔다. 그러자 전후 섬의 동생인 공자 오午가 군위에 욕심을 내게 되었다. 전후 섬의 재위 9년 어느 날, 공자 오午가 전후 섬과 그 아들인 유자孺子 희喜를 죽였다. 이후 공자 오가 스스로 군위에 오르니(BC 375년), 곧 **전환공田桓公**[1]이다. 정식 시호가 효무환공孝武桓公이어서 제환공齊桓公으로 불리기도 하나, 이 책에서는 춘추오패의 제환공과 구별하기 위해 전환공으로 부르기로 한다.

이때 제는 국경을 접한 연과 충돌이 잦았다. 제군은 임고林孤 땅에서 연군에 패했는데, 그 틈을 노려 위魏와 노가 제의 국경을 침범했다(BC 373년). 제군이 연이어 패하자 위衛마저 제를 공격하여 설릉薛陵을 점령했다(BC 372년). 제의 약세가 계속 이어지고 있었다.

조성후趙成侯의 즉위(BC 375년)

조경후가 재위 12년에 사망하고 아들인 종種이 즉위하니(BC 375년), 곧 **조성후趙成侯**[2]다.

조는 위衛군이 제 원정을 나간 틈을 노려 위衛를 공격하여 크게 승리를 거두고 73개 마을을 점령했으나, 위衛의 원조 요청을 받고 출전한 위魏가 조군을 공격하여 무찌르자 철수했다(BC 372년).

---

1) 전환공 전오: 재위 BC 374 ~ BC 357
2) 조성후 조종: 재위 BC 374 ~ BC 350

한산견韓山堅의 한애후韓哀侯 시해[한의후韓懿侯의 즉위](BC 374년)

재상 한산견이 실권을 행사하자 한애후는 이에 대하여 불만을 가졌고, 한산견과 불화했다. 한애후의 재위 3년 어느 날, 결국 한산견은 한애후를 시해했다(BC 374년). 이에 대신들은 한산견을 처단하고, 한애후의 아들인 약산若山을 추대했다. 대신들의 추대로 약산이 즉위하니(BC 374년), 곧 **한의후韓懿侯**[1]다. 이와 달리 한애후가 살해된 시점을 BC 371년으로 보고 그 뒤에 즉위한 제후를 한장후韓蔣侯로 보는 견해도 있다. 한은 계속된 정치 혼란으로 인하여 **3진晉 중 국력이 가장 약화**된다.

월왕越王 무여無余의 즉위(BC 373년)

월의 국내 정치 혼란은 안정될 기미가 없었다. 월왕 착지는 재위 2년 만에 대부 시구寺區에 의해 축출되었다. 대부 시구가 착지의 친척인 **무여無余**[2]를 옹립했다(BC 373년). 월왕 무여는 실권이 없었고, 대부 시구가 전권을 행사했다. 왕위를 둘러싼 극심한 혼란으로 인하여 월의 국력은 급격히 약해져 갔다.

---

1) 한의후 한약산: 재위 BC 374 ~ BC 363
2) 월왕 무여: 재위 BC 372 ~ BC 361

초선왕楚宣王의 즉위(BC 370년)

초숙왕이 재위 11년에 사망했는데, 아들이 없었다. 대신들의 추대로 초숙왕의 동생인 양부가 즉위하니(BC 370년), 곧 **초선왕楚宣王**[1]이다. 초선왕은 정치를 잘하여 초숙왕 때 위축된 초의 국력을 많이 회복한다.

초선왕은 파巴를 공격하여 한중漢中 땅과 검중黔中 땅을 점령했다(BC 363년). 서남쪽의 이민족 국가인 파는 이로써 국력이 크게 약화되었다.

위혜왕魏惠王의 즉위(BC 369년)

위무후가 재위 25년에 사망했는데(BC 370년), 후계자를 지명해놓지 않은 상태였다. 위무후의 두 아들인 공중완公仲緩과 공자 앵罃이 군위를 두고 다툼을 벌였다. 한의후와 조성후는 공중완을 원조했다. 한군과 조군, 공중완의 군대는 탁택濁澤 땅에서 공자 앵의 군대를 크게 물리치고 안읍을 포위했다. 그러던 중 한군과 조군 사이에 공자 앵의 처리 문제를 둘러싸고 의견 불일치로 인하여 불화가 생겼다. 조는 공자 앵을 죽이고 공중완을 즉위시킨 후 보상으로 땅을 받아가자는 견해였고, 한은 위를 분할하여 공자 앵과 공중완을 모두 즉위시키자는 견해였다. 의견 대립으로 인해 화가 난 한군이 철수해 버렸고, 어쩔 수 없이 조군도 그냥 철수했다. 이후 공자 앵은 공중완의 군대를 힘겹게 물리쳤다.

결국 공자 앵이 군위에 올랐는데(BC 369년), 나중에 스스로 왕을 칭

---

1) 초선왕 웅양부: 재위 BC 369 ~ BC 340

하여(BC 344년) **위혜왕魏惠王**[1]으로 불리게 된다. 정식 시호는 문혜왕 文惠王이지만[2] 약칭인 혜왕으로 통용되고 있다. 이 책에서는 설명의 편의를 위하여 위후 앵 대신 위혜왕으로 표기하기로 한다.

즉위 이듬해 위혜왕은 재상 공숙좌를 시켜 조와 한을 공격하고 대승을 거두어 즉위 과정에서의 원한을 갚았다(BC 368년). 위혜왕은 공숙좌에게 밭 140만 무를 상으로 주었다.

분국分國 서주西周의 재분열(BC 367년)

주고왕이 동생 게를 낙읍의 서쪽인 하남 땅에 분봉한 이후 하남 땅은 나라 안의 나라처럼 되었고(BC 440년), 이를 '분국分國 서주'라고 부른다.

주안왕의 아들인 **주열왕周烈王**[3]이 사망하고(BC 369년) 주열왕의 동생인 편扁이 즉위하니, 곧 **주현왕周顯王**[4]이다.

분국 서주의 위공威公이 사망하자 공자 조朝와 근根 사이에 가문 계승을 두고 다툼이 발생했다(BC 367년). 결국 공자 근은 조와 한의 도움을 받고 하남 땅의 동부에서 자립했다. 이로써 분국 서주는 다시 동서로 재분열되었다. 쇠약해져 존재감이 없었던 주 왕실은 더 약해졌고, 제후들은 주 왕실을 거의 신경 쓰지 않았게 되었다.

---

1) 위혜왕(=양혜왕) 위앵: 재위 BC 369 ~ BC 319(BC 370 ~ BC 335로 보는 견해도 있음)
2) 《장자莊子》는 위혜왕을 문혜군文惠君으로 기록하고 있고, 《맹자孟子》는 양혜왕梁惠王으로 기록하고 있음
3) 주열왕 희희姬喜: 재위 BC 375 ~ BC 369
4) 주현왕 희편: 재위 BC 368 ~ BC 321

제2절 진秦의 동쪽 진출 시작

진헌공秦獻公의 위魏 공격[석문石門전투](BC 364년)

어느 날 진秦에 사흘 동안 황토비가 내렸다(BC 368년). 주 왕실의 태사인 담儋은 서쪽은 오행 중 금金을 나타내는데 황금빛 비가 내린 것은 진秦에 큰 운이 왔음을 의미하는 것이라며 탄식했다.

진秦헌공은 강해진 국력을 바탕으로 서서히 중원 진출을 시도하게 된다. 마침 진秦과 접경하고 있는 위魏는 위혜왕 즉위 과정의 내분 이후 국력이 서서히 약해지고 있었다. 이때부터 진秦은 3진晉과 분쟁을 자주 벌이게 된다.

진秦헌공은 위魏에 대한 공세를 펼쳐 하서河西의 석문石門 땅에서 위魏군을 크게 격파해 6만 명을 참수했다[**석문石門전투**](BC 364년). 조가 원군을 보내 위魏는 겨우 진秦군을 막아냈다. 석문전투는 중원을 향한 진秦의 동진정책 중 처음으로 거둔 큰 성공이었다. 주현왕은 진秦헌공에게 사신을 파견하여 성과를 축하했다.

이듬해 진秦헌공은 위魏의 하서 소량小梁 땅을 공격했고(BC 363년), 또다시 위군을 크게 무찔렀다. 위의 재상 공숙좌가 진군에 포로로 잡혔다가 풀려났다. 조는 다시 원군을 보내 위魏를 도왔다.

위혜왕魏惠王의 패권에 대한 야망

위혜왕은 위무후가 물려준 강한 국력을 기반으로 우선 3진晉을 다시 통일한 후 진秦을 누르고 패권을 달성할 결심을 했다. 그러나 위혜왕의 계획은 진秦의 중원 진출 시도와 조趙와의 반복된 갈등 등으로 인하여 뜻대로 되지는 않았다.

우선 위혜왕은 한의후와 택양宅陽에서 회담하고 친선을 맺었다(BC 366년). 위는 송을 공격해 의대儀臺 땅을 점령했다(BC 365년).

위는 석문에서 진秦에 크게 패하여 6만 명의 군사가 참수되는 위기를 맞았으나, 조의 원군으로 위기를 넘겼다(BC 364년). 진秦이 위의 소량 땅을 공격했지만, 조의 도움으로 겨우 방어했다(BC 363년).

위는 조·한 연합군과 회북澮北에서 싸워 크게 무찌르고, 조의 피뢰皮牢·열인列人·비肥 땅을 점령했다(BC 362년).

송환후宋桓侯의 즉위(BC 363년)

송휴공이 재위 23년에 사망하고 아들인 벽병辟兵이 즉위하니(BC 363년), 곧 송환공宋桓公이다. 예전에 송환공이 이미 있었으므로 이와 구별하기 위해 송후환공宋後桓公 또는 **송환후宋桓侯**[1]라고 불리고 있다. '사기'에는 시호가 벽공辟公으로 기재되어 있으나, 잘못된 것으로 판명되었다. 이 책에서는 편의상 송환후로 기재하기로 한다.

한소후韓昭侯의 즉위(BC 363년)

한의후가 재위 12년에 사망하고 아들인 무武가 즉위하니(BC 363년), 곧 **한소후韓昭侯**[2]다. 한소후의 즉위시점에 대하여 BC 359년이라

---

1) 송환후 자벽병: 재위 BC 362 ~ BC 356
2) 한소후 한무: 재위 BC 362 ~ BC 333

는 견해도 있다.

당시 한은 계속된 정치 혼란으로 인하여 국력이 매우 약해진 상태였다. 한소후는 위魏에 계속 밀리자 조성후와 한의 상당上黨[1] 땅에서 회합하고 화평을 체결했다(BC 362년). 국력이 약해진 상태였던 한은 서산西山에서 진秦에 패하였고(BC 362년), 송에 황지黃池 땅을 빼앗겼고(BC 361년), 위魏에 주朱 땅을 빼앗겼다(BC 361년).

연문공燕文公의 즉위(BC 362년)

연은 주변 이민족들과 싸우느라 국력 낭비가 매우 심했고, 오랫동안 중원과 직접적인 교류가 없었다. 지리적으로 인접한 제, 조 등의 나라들과 간헐적으로 교전과 협력이 있었을 뿐이었다. 그 결과 연의 공실 계보는 상당 기간 불명한 상태로 남아 있다.

연문공燕文公[2]이 즉위(BC 362년)한 이후부터 연의 공실 계보가 다시 명확히 기록되었다. 예전에 연에 이미 문공의 시호를 받은 제후가 있어 연후문공으로 부르기도 한다.

---

1) 상당 땅은 한과 조가 나누어 점령하고 있었으며, 양국의 분쟁 지역임
2) 연문공(이름 불명): 재위 BC 361 ~ BC 333

제3절 진효공秦孝公의 위앙衛鞅(=상앙商鞅) 등용

진효공秦孝公의 즉위(BC 362년)

진秦헌공이 예전에 위魏와의 전투 중 가벼운 부상을 당했었는데, 그것이 합병증으로 악화되어 재위 23년에 사망했다(BC 362년). 진헌공의 뒤를 이어 둘째 아들인 거량渠梁이 즉위하니, 곧 **진효공秦孝公**[1]이다.

형을 제치고 진헌공의 낙점을 받을 정도로 진효공은 자질이 우수했다. 20대 초반의 야심 많은 진효공은 중원 국가들이 진秦을 오랑캐라고 무시하는 것에 대해 분노했다. 진효공은 인재를 등용하고 부국강병을 달성하여 중원을 정복할 결심을 했다. 진효공은 초현령招賢令을 선포하고(BC 361년), 막대한 돈을 풀어 인재를 모집하기 시작한다.

월왕越王 무여無余의 피살[월왕越王 무전無顓의 즉위](BC 361년)

실권이 전혀 없이 대부 시구에게 예속되어 있던 월왕 무여가 재위 12년에 대부 시구의 아우에게 살해당했다(BC 361년). 대신들의 추대로 무여의 아들인 **무전無顓**[2]이 왕으로 즉위했다. 월왕 무전도 실권이 없었고, 월의 약세는 더 심해졌다.

결국 월왕 무전은 도읍을 다시 남쪽의 회계로 옮겼는데(정확한 시기는 불명), 이는 월의 위축을 상징적으로 보여주는 것이다.

---

1) 진효공 영거량: 재위 BC 361 ~ BC 338
2) 월왕 무전: 재위 BC 360 ~ BC 343

위앙衛鞅을 등용하지 않는 위혜왕魏惠王

위혜왕은 진秦과 조의 압박에 부담을 느끼고, 한소후와 무사巫沙 땅에서 회합을 가졌다(BC 361년). 3진晉 사이에서 위와 조가 서로 다투면서 한을 자기편으로 끌어들이기 위해 계속 시도하는 사이에 진秦이 그 틈을 노려 동쪽으로 진출하는 국면이 계속되었다.

한편 당시 위衛에 공손앙公孫鞅이라는 사람이 있었다. 공손앙은 위후衛侯의 서자 출신이어서 **위앙衛鞅**[1]으로 불렸다. 위앙은 법가사상가로 재주와 능력이 탁월했다. 위앙은 위衛의 쇠락에 실망하고, 벼슬길을 구하러 위魏의 재상 전문을 찾아갔다. 위앙이 위魏에 도착했을 때 전문은 이미 사망한 뒤였다.

위앙은 위의 재상인 공숙좌의 문하에 의탁했다. 공숙좌는 위앙의 능력을 인정하여 위앙을 천거했고, 위앙은 재상의 비서 역할인 중서자中庶子에 임명되었다. 공숙좌는 국정을 결정할 때 위앙과 상의했다. 공숙좌는 때를 보아 위앙을 고위직에 천거할 생각이었다.

그런데 공숙좌가 중병이 들어 위독해졌다. 위혜왕은 공숙좌를 문병하러 갔다. 공숙좌는 자신의 후임으로 위앙을 천거했으나, 위혜왕은 아무 말이 없었다. 그러자 공숙좌는 위앙을 등용하지 않을 것이라면 차라리 죽여서 후환을 제거하라고 건의했고, 위혜왕은 승낙했다.

위혜왕은 환궁하면서 공숙좌가 중병이 들어 헛소리를 한다며 탄식했다. 위혜왕은 위앙을 등용할 생각이 전혀 없었고, 위魏에 후환이 될 것이라고 생각하지도 않았다.

---

1) 위앙(=상앙, 공손앙): BC 390 ~ BC 338

공숙좌는 위앙에게 자신이 위혜왕에게 한 말을 이야기하며, 신하된 도리로 건의한 것이지만 개인적 친분을 고려하여 알려주는 것이니 멀리 달아나 목숨을 부지하라고 권유했다. 위앙은 태연히 위혜왕은 아무 조치도 취하지 않을 것이라고 대답했다.

대부 공자 앙印은 위앙과 절친한 사이였다. 공자 앙도 거듭 위앙을 천거했으나, 위혜왕은 위앙을 등용하지 않았다.

위앙衛鞅을 등용하는 진효공秦孝公(BC 359년)

위앙은 진秦효공이 널리 인재를 물색한다는 소문을 듣고 진秦으로 갔다. 위앙은 먼저 진효공의 총애를 받고 있는 대부 경감景監을 찾아가 대화를 나누었다. 경감은 위앙의 능력을 파악하고, 진효공에게 위앙을 천거했다.

진효공은 위앙을 불렀다. 위앙은 성군聖君의 도인 **제도帝道**에 대해 설명했다. 진효공은 지겨워했다. 다음 날 진효공은 경감을 불러 쓸데없는 말만 늘어놓는 자를 천거했다며 질책했다.

위앙은 경감에게 다시 천거를 부탁했다. 5일 후 경감은 다시 위앙이 진효공을 알현할 수 있게 주선했다. 위앙은 왕과 천명에 관련된 **왕도王道**에 대해 설명했다. 진효공은 시대가 달라졌다고 말하며 만족스러워하지 않았다.

경감은 위앙에게 제도와 왕도는 지금 시대에는 이익이 되지 않는다고 지적하며, 즉시 나라에 이익이 될 일을 설명하는 것이 중요하다고 강조했다. 위앙은 진효공의 뜻을 알지 못하여 한번 떠본 것이라고 설명하며, 비로소 진효공이 바라는 바를 알게 되었다고 답했다. 위앙은 경감에게 다시 더 주선해 줄 것을 부탁했다.

경감은 진효공을 알현하며 위앙의 일을 사과했는데, 더 이상 위앙을 천거하지 못했다. 위앙은 진에 등용될 가능성이 없다고 보고 다른 나라로 이동하려고 했다. 경감은 위앙을 만류하며, 5일 후 주선을 약속했다.

5일 후 경감은 진효공을 방문했다. 마침 진효공은 날아가는 기러기를 보며, 의욕은 있으나 날개가 없다고 탄식했다. 진효공은 제환공과 관중의 일화를 언급하며, 인재 물색의 효과가 없음을 안타까워했다. 경감은 조심스럽게 위앙이 제도, 왕도, 패도의 이치를 잘 알고 있다고 강조하며, 위앙이 패도의 술법에 대해 설명하기를 희망하고 있다고 아뢰었다. 진효공은 알현을 허락했다.

위앙은 진효공을 알현하고, 패업을 성취하는 방법인 **패도**覇道에 대해 설명했다. 패업을 위해서는 경제의 부강이 필수적이므로 이를 위해 산업을 장려해야 함을 강조하고, 패업을 위해 개혁을 하는 과정에서 신하들과 백성들이 개혁에 대한 불편 때문에 반발하게 되는데 반드시 이를 극복해야 함을 지적하고, 부국강병을 위해서는 신상필벌이 반드시 필요함을 설명했다.

진효공은 감탄했다. 위앙은 적임자를 선발하여 절대적으로 신임하고 전권을 부여해야 패업을 달성할 수 있을 것이라고 강조했다. 위앙은 진효공의 의지가 확고한지 파악하기 위해 설명을 중단하고, 3일 동안 깊이 생각한 이후에 결정할 것을 권유한 뒤 궁에서 물러나왔다. 진효공은 위앙의 식견에 대만족하여 다음 날 바로 사람을 보내 위앙을 불렀다. 위앙은 약속 이행의 중요성을 보여주기 위해 3일 후로 약속했다고 답하며 거절했다.

진효공은 약속한 날 수레를 보내 위앙을 궁으로 모셔왔고, 3일 동안 위앙과 국정에 대한 이야기를 나누었다. 진효공은 위앙을 좌서장에 임명하고(BC 359년), 신하들에게 위앙의 명령에 절대적으로 복종할 것을 지시했다.

제위왕齊威王의 즉위(BC 357년)

전환공이 재위 18년에 사망하고 아들인 인제因齊가 즉위했다(BC 357년). 제후 인제는 제의 국력에 자부심을 느껴 중원 국가로서는 최초로 스스로 왕을 칭했고(BC 357년), 훗날 **제위왕齊威王**[1]으로 불리게 된다.

제위왕은 즉위한 이후 국정에는 관심이 없고 주색잡기에만 열중했다. 제의 국력은 약해졌고, 주변 국가들의 사소한 침입과 약탈이 수시로 발생했다.

위앙衛鞅의 변법變法(BC 356년 ~ BC 350년)

위앙은 진秦의 모든 법령을 개정하고 진秦효공의 인준을 받았다. 위앙은 법령을 선포하기 전에 백성들의 국가에 대한 신뢰를 높일 방법을 고심했고, 계책을 마련했다.

위앙은 도성 남문에 3장 길이의 나무막대를 세워놓고, 나무막대를 북문으로 옮겨 세우면 상금으로 10금을 준다는 방을 게시했다. 백성들

---

1) 제위왕 전인제: 재위 BC 356 ~ BC 320(《죽서기년》). BC 378 ~ BC 343(《사기》). 전국시대에 관한 《사기》의 여러 오류들을 감안하여 여기서는 《죽서기년》에 의하여 기술하기로 함

은 의구심을 가져 아무도 나서지 않았다. 위앙은 상금을 50금으로 올렸다. 백성들은 더욱 의심만 가졌다. 백성들 중 한 명이 속는 셈 치고 나무막대를 옮겼다. 위앙은 그 백성을 칭찬하며 상금을 주었고, 자신은 백성들에게 신용을 지킨다고 선포했다. 백성들은 이때부터 법을 믿기 시작했다[1].

위앙은 1차로 새로운 법을 선포했는데(BC 356년), 주요 내용은 다음과 같다. 위앙의 1차 변법 선포를 BC 359년으로 보는 견해도 있다.

- 호적제를 정비함
- 열 가구를 묶어 서로 감시하고 고발하게 하는 십오제什伍制와 연좌제를 실시함
- 귀족의 특권을 폐지하고, 전쟁의 공로에 따라 상벌을 정하는 군공수작제軍功授爵制를 도입함
- 농사와 길쌈을 장려하고, 상업을 억제함

변법이 정착되었다고 판단한 위앙은 2차로 새로운 법을 선포하는데(BC 350년), 주요 내용은 다음과 같다.

- 핵가족화를 촉진하기 위해 분가分家 정책을 실시함[2]
- 정전제井田制를 폐지하는 대신 개인의 토지 소유와 매매를 인정하

---

1) 여기서 **이목지신移木之信**(나무 옮기기의 믿음이라는 뜻. 위정자가 백성을 속이지 않고 약속을 반드시 지키는 것을 비유함)의 고사성어가 나옴
2) 분가 정책의 실시 여부에 대하여는 의심하는 견해도 많음

여 조세 수입을 증가시킴
- 국가수전제國家授田制(국가 소유 토지를 개인이 일정 기간 사용할 수 있는 사용권을 부여하는 제도)를 도입하여 조세 수입을 증가시킴
- 토지세·요역·인두세를 중심으로 조세부과 체계를 개편함
- 지방에 대한 직접 지배를 강화하기 위해 지방을 31개 현縣으로 나누고 관료를 파견함
- 귀족들의 기득권을 줄이기 위해 역양에서 함양咸陽으로 도읍을 옮김

　백성들은 새 법에 대하여 찬반 의견이 분분했다. 위앙은 법에 대한 일체의 평가를 엄히 금지시키고, 법에 대하여 반대하는 자뿐만 아니라 찬성하는 자도 처벌했다. 대부 감용甘龍과 두지杜摯는 변법을 비판하다가 서민으로 강등되었다.
　위앙이 함양 천도를 대대적으로 추진할 때 세자 사駟가 불평했다. 위앙은 분노하여 진효공의 허락을 받고 세자를 처벌할 것을 결정했다. 위앙은 세자 대신 세자의 사부에게 연좌제를 적용하여 태부 공자 건虔의 코를 베어버리고, 태사 공손가公孫賈의 얼굴에 묵형을 집행했다. 이후부터 법령에 대한 비판자들이 사라졌다.
　위앙의 변법 이후 진秦의 국고 수입은 급증하여 매년 100만 금에 달했고, 치안이 확립되었으며, 진秦군은 강병이 되었고 전투에서 후퇴하지 않았다. 법령을 조금이라도 위반한 자는 위수渭水로 압송되어 감옥에 갇혔는데, 그 수가 너무 많아서 감옥에 수용할 수 없을 지경이 되자 매일 죄수를 700명 이상 참수했다. 이로 인해 위수는 피로 물들 지경이 되었고, 백성들은 공포에 떨며 지냈다.
　진秦의 관료들은 청렴해졌고, 사회는 공평해졌다. 그 결과 진秦의 백

성들은 길에 물건이 떨어져 있어도 아무도 주어가지 않게 되었다[1]. 진秦은 확립된 사회 기강을 통해 강한 군대를 양성했고, 진秦의 국력은 급격히 증대되었다. 당시 진秦의 인구는 중원 국가들에 비해 상당히 적었고, 군사들의 수도 적었다. 그럼에도 불구하고 진秦군이 강병이 되어 중원을 압박하게 된 것은 군공수작제를 통한 강력한 동기부여가 결정적인 역할을 하게 된 때문이다. 이때부터 진秦군은 양보다 질로 승부하는 정예병으로 바뀌게 되었다. 위앙은 재상 급인 대량조大良造로 벼슬이 높아졌다.

---

1) 여기서 **도불습유道不拾遺**(길에 떨어진 것을 줍지 않는다는 뜻. ①법이 엄격하게 시행되어 길바닥에 떨어진 물건을 줍는 자가 없을 만큼 질서가 잘 유지되는 것을 의미하거나 ②형벌이 엄해서 백성들이 법을 어기지 않는 것을 의미함)의 고사성어가 나옴

제2장

제위왕齊威王의 패권 장악

제1절 손빈孫賓과 방연龐涓의 애증

귀곡鬼谷선생의 네 제자

수학, 병학, 유세법, 출세학에 통달한 왕허王栩라는 학자가 있었다. 왕허는 주周의 양성陽城 땅에 있는 귀곡鬼谷에 은거하고 있었고, 사람들은 그를 귀곡선생 또는 귀곡자鬼谷子로 불렀다. 많은 사람들이 귀곡선생을 찾아가 학술을 배웠다. 귀곡선생은 많은 제자들을 수용했으나, 소질과 성격에 맞는 한 가지 학술만 가르쳤다.

한편 묵자墨子도 세상을 구제할 목적으로 천하를 주유하고 있었는데, 귀곡선생과도 깊이 교류하고 있었다.

귀곡선생의 많은 제자들 중 특히 유명한 사람은 제 출신의 **손빈孫賓**[1], 위魏 출신의 **방연龐涓**, 위魏 출신의 **장의張儀**, 낙읍 출신의 **소진蘇秦**이다.

위앙이 진秦에서 맹활약하여 진의 국력이 급성장하자 위혜왕은 후회

---

1) 손빈孫賓은 손빈孫臏으로도 표기함(후술)

와 탄식을 했다. 결국 위혜왕도 많은 돈을 풀어 천하의 호걸들을 모집하기 시작한다.

방연은 3년 간 병법 공부를 하고 스스로 통달했다고 여겼다. 방연은 위혜왕이 인재를 물색하고 있다는 소문을 듣고 임관을 시도할 생각을 가졌으나, 귀곡선생에게 말을 못하고 주저했다. 귀곡선생은 방연의 속마음을 알고 하산을 권유했다. 귀곡선생은 방연에게 꽃을 꺾어 가져오게 하여 점을 쳤다. 귀곡선생은 방연에게 위魏에서 출세하여 12년의 대운이 있고, 양(羊)을 만나면 영화를 누리지만 말(馬)을 만나면 탈이 날 것이라고 알려주었다.

방연은 의형제인 손빈과 이별을 나누며, 자신이 출세할 경우 천거하겠다고 약속했다. 손빈과 방연은 함께 천하에 공적을 세울 것을 맹세했다. 의형인 손빈은 의제인 방연과의 이별을 아쉬워하며, 눈물로 전송했다. 귀곡선생은 손빈의 인성과 능력을 높이 평가하여 방연의 하산 이후 비밀리에 자신이 주석을 단 손무의 '병법 13편'을 빌려주었다. 귀곡선생은 방연이 '병법 13편'을 가질 인물이 아니라고 판단했던 것이다. 손무의 후손인 손빈은 3일 만에 '병법 13편'을 전부 외우고 반납했다. 귀곡선생은 손빈에게 모든 일을 성심껏 처리할 것을 당부했다.

위 내용은 전해오던 여러 일화들을 묶어 정리한 소설 《동주 열국지》의 내용이다. 그런데 귀곡선생이 실존한 인물인지 여부에 대하여는 논의가 많다. 또한 손빈, 방연, 장의, 소진이 귀곡선생의 제자인지 여부도 불분명하다. 최근의 연구 결과에 의하면 손빈과 방연은 동시대에 활동했으나, 장의와 소진은 활동시기가 전혀 달랐다. 따라서 4인이 같은 시기에 귀곡선생의 제자가 될 수는 없다.

4인이 산속에 은거한 어떤 스승을 찾아가 학문을 배운 사실은 실제로 있었던 것으로 보인다. 당시 혼란을 피해 귀신이 나올 것 같은 깊은 산속에 은거하며 학문을 연구하는 지식인을 흔히 귀곡자 또는 귀곡선생으로 칭했는데, '보통명사 귀곡선생'이 '고유명사 귀곡선생'으로 오인되면서 4인이 동일인에게 동문수학한 것으로 오해되어 여러 일화가 만들어진 것으로 보인다. 이는 보통명사 편작과 고유명사 편작이 혼동되면서 여러 일화가 섞인 현상과 비슷한 것이다.

또한 소설 《동주 열국지》의 손빈과 묵자 관련 부분도 픽션이다. 묵자는 BC 460년경 ~ BC 390년경(정확한 생몰연대는 불명임)의 인물로 손빈과 시대가 맞지 아니하다. 손빈이 활약하던 때는 묵적이 이미 사망한 뒤다. 옛날 사람들은 도를 통달한 사람의 경우 100년 훨씬 넘어서도 산다고 생각했으므로 이런 일화가 만들어진 것으로 보인다.

옛날 사람들이 믿었던 일화가 잘 반영되어 있으므로 여기서는 일단 소설 《동주 열국지》의 내용을 그대로 기술하기로 한다. 단 위와 같은 사실을 감안하여야 할 것이다.

위魏의 대장이 되는 방연龐涓

방연은 위魏의 재상인 왕착王錯을 방문하여 병법에 대하여 토론한 후 천거를 부탁했다. 왕착은 위혜왕에게 방연을 천거했다. 위혜왕은 방연을 불렀다.

방연이 위혜왕을 알현할 때 위혜왕은 염소고기를 먹고 있었다. 방연은 스승의 꽃점을 생각하고 기뻐하며, 병법에 대하여 논하고 자신의 능력을 과장하며 큰소리쳤다. 위혜왕은 방연을 대장에 임명하고 병권을 맡겼다.

방연은 아들 방영龐英, 조카 방총龐蔥과 방모龐茅를 장수로 등용했다. 방연은 군사들을 조련한 후 위衛, 송 등 약소국들을 상대로 싸워 승전을 거두었다.

위혜왕魏惠王의 세력 확대

위魏는 한을 공격하여 택양宅陽을 포위했다. 한소후는 화평을 요청했고, 위혜왕과 한소후는 무사 땅에서 회견하고 동맹을 맺었다(BC 357년). 위군은 택양에서 물러났다.

위魏가 조와 한에 계속 승리하고 영토를 확장하자 송환후, 노공후魯恭侯, 위성후衛成侯, 한소후는 위혜왕에게 조례를 했다(BC 356년). 위혜왕은 군후들을 모아놓고 주연을 베풀었는데, 노공후가 나라를 망치는 요소에 대해 이야기하자 위혜왕은 노공후를 칭찬하면서 그가 말한 것을 경계로 삼았다.

위魏의 세력 확대에 대항하기 위해 조성후와 제위왕은 송환후를 끌어들여 평륙平陸 땅에서 회담하고, 상호 협력하기로 협의했다(BC 356년). 3국(조, 제, 송) 군후와 연문공은 아阿 땅에서 다시 회담하고, 위魏에 대항하기로 했다(BC 356년).

이에 맞서 위혜왕은 진효공과 두평杜平 땅에서 회합을 가졌다(BC 355년). 이 회합 이후 그동안 서쪽 오랑캐라고 멸시받던 진秦은 중원의 제후들과 동렬에 서게 되었다.

송척성군宋剔成君의 즉위(BC 356년)

《사기》에 의하면 송환후는 아들로 **척성剔成**(=자한子罕[1])과 **언偃**을 얻었다. 특히 언은 모친이 서언왕徐偃王이 환생하는 꿈을 태몽으로 꾸어 이름이 언으로 지어졌다고 한다. 이와 달리《죽서기년》에 의하면 척성과 언 형제는 송환후의 아들이 아니고 송대공宋戴公(재위 BC 799년 ~ BC 766년)의 후손으로 대씨戴氏라고 한다.

어느 날 자한은 송환후에게 상을 주는 것은 백성들이 좋아하는 일이므로 군주가 직접하고, 벌을 주는 것은 백성들이 싫어하는 일이므로 자신이 맡겠다고 건의했다. 송환후는 허락했다.

시간이 지나면서 송의 대신들과 백성들은 자한을 두려워하며 복종했으나, 송환후를 어렵게 여기지 않게 되었다. 송의 대신들과 백성들은 송환후보다 자한을 더 두려워했고, 결국 자한은 송의 실권을 장악하게 되었다. 얼마 후 자한은 송환후를 내쫓고 스스로 군위에 오르니(BC 356년)[2], 곧 **송척성군宋剔成君**[3]이다. 척성이 즉위하는 과정을 감안하면, 척성의 혈통 부분은《죽서기년》의 기록이 맞는 것으로 보인다.

---

1) 자한지보의 자한과 동명이인임
2) 한비는《한비자》〈이병〉편에서 군주는 상과 벌을 사용하여 신하들을 통솔해야 함을 강조하고, 만약 군주가 상벌의 수단을 신하들이 사용하도록 방치하면 군주는 그 신하의 통제를 받게 된다고 설명하며, 자한을 예로 들고 있음
3) 송척성군: 재위 BC 355 ~ BC 329

한소후韓昭侯의 중흥(BC 355년)

　한은 3진晉 중 가장 약세였다. 한소후는 법가 사상가인 **신불해**申不害를 재상으로 임명하면서(BC 355년) 법가사상에 근거한 통치를 철저히 실시하여 한의 국력을 크게 강화시켰다. 신불해는 관료를 통제하는 방법인 술術을 강조했다. 또한 신불해는 법에 의한 다스림과 능력주의를 주장하면서, 주위의 청탁을 거절하라고 강조했다. 한소후는 이를 충실히 실천했다. 어느 날 신불해가 한소후에게 친척의 벼슬을 부탁한 일이 있었는데, 한소후는 신불해의 가르침을 언급했다. 뜨끔한 신불해는 한소후에게 자신의 죄를 처벌해 줄 것을 청했다.

　한소후는 신하들의 진실성과 충성심을 끊임없이 시험했고, 신하들은 감히 딴 짓을 할 엄두를 내지 못했다. 예를 들어 한소후는 손톱을 깎다가 일부러 손톱 부스러기를 감추고 시종들에게 찾도록 지시했는데, 자기 손톱을 몰래 깎아서 바치며 찾았다고 거짓말을 하는 시종을 가려내 그 진실성을 시험했다[1]. 또한 한소후는 부하들의 순찰 보고를 받은 이후 다른 부하들에게 동일한 순찰 지시를 내려 보고의 정확성을 교차하여 살폈다.

　한소후는 명名(군주의 명령)과 형形(신하의 실적)의 대조를 강조하는 법가사상에 충실하여 신하들이 직분에서 벗어난 행동을 하는 것을 엄격히 금지시켰다. 어느 날 한소후가 술에 취해 잠이 들었는데, 관冠을 담당하는 시종이 한소후가 감기에 걸리는 것을 염려하여 옷을 덮어 주

---

1) 한비는 《한비자》〈내저설상〉 편에서 군주가 사용하는 일곱 가지 기술의 하나로 모르는 척 시험할 것(협지挾智)을 제시하며, 한소후를 예로 들고 있음

었다. 잠에서 깨어난 한소후는 의복을 담당하는 시종을 근무를 태만히 하였다는 이유로 처벌했고, 옷을 덮어준 관 담당 시종을 직분을 벗어난 행위를 하였다는 이유로 처벌했다.

한소후는 큰 계획을 생각하는 경우에는 잠꼬대를 하여 혹시라도 계획이 누설될까 염려하여 혼자서 잠을 잘 정도로 철저히 모든 점을 대비했다.

한은 분국 서주의 동부를 공격하여 점령했고(BC 353년), 이로써 주는 그 영토가 동과 서로 분리되어 조각나게 되었다.

손빈孫臏에 대한 방연龐涓의 시기

어느 날 묵적(묵자)이 귀곡선생을 방문했다. 묵적은 손빈과도 대화를 나누었는데, 손빈의 뛰어난 재주를 알게 되었다. 묵적은 손빈에게 학업을 마쳤으니 세상에 나가 공명을 이룰 것을 권유했다. 손빈은 의형제인 방연이 위혜왕에게 천거하기로 약속한 사실을 말하며, 방연의 소식을 기다리고 있다고 답했다.

묵적은 위魏로 가서 방연을 만나 살폈다. 방연은 자신의 능력을 과시하며, 손빈을 천거할 생각이 전혀 없었다.

계속해서 묵적은 위혜왕을 방문했다. 위혜왕은 묵적을 영접하며 등용을 제의했다. 묵적은 사양하며, 손빈이 손무의 비전을 통달한 사실을 알려주었다. 묵적은 손빈의 재주가 방연보다 훨씬 뛰어남을 강조하고 세상에 그를 이길 사람이 없으니 등용할 것을 권유했다.

위혜왕은 방연을 불러 손빈을 천거하지 않은 이유를 물었다. 방연은 손빈이 제 출신이어서 위魏에 충성을 다하지 않을 것으로 생각했다고 변명했다. 위혜왕은 출신은 중요하지 않으며, 선비는 자신을 알아주는 사람을 위해 목숨을 바친다고 단호하게 말했다. 위혜왕은 방연에게 손빈을 등용할 것을 지시했다. 어쩔 수 없이 방연은 손빈에게 보내는 서신을 작성하여 위혜왕에게 제출했다.

방연은 손빈이 등용될 경우 병권에 대한 독점을 상실하고 왕의 총애가 손빈에게 넘어갈 것을 걱정했다. 방연은 손빈이 도착한 이후 등용을 방해하기로 결심한다.

위혜왕은 황금 등 예물과 방연의 서신을 사신에게 주며 귀곡으로 보냈다. 방연의 서신은 자신이 위왕에게 천거한 것을 강조하고 위에 와서 함께 공로를 세울 것을 권유하는 내용이었지만, 스승에 대한 고마움을 표시하는 내용은 없었다. 결국 손빈은 하산하고 위魏로 가 임관할 결심을 했다.

귀곡선생은 방연의 질투심과 오만한 천성에 대하여 염려하며, 손빈에게 꽃을 꺾어오게 하여 점을 쳤다. 귀곡선생은 손빈에게 천하에 위엄을 떨치고 고국에서 공명을 이룰 것이라고 알려주며, 이름을 빈賓에서 빈臏으로 바꾸도록 했다. 귀곡선생은 손빈에게 비단주머니 하나를 주며, 위급한 경우에만 열어볼 것을 당부했다. 손빈은 위의 사신을 따라 하산했다.

손빈은 위魏에 도착하여 방연과 함께 위혜왕을 알현했다. 위혜왕은 손빈을 정중하게 영접했다. 다음 날 위혜왕은 방연에게 손빈을 방연의 다음 지위에 임명할 의사를 표했다. 방연은 손빈이 자신의 의형임을 강조하며, 동생이 더 높은 자리에 있을 수는 없다고 아뢰었다. 방연은 당분간 손빈을 객경으로 임명했다가 공적을 세운 이후 대장에 임명할 것을 건의했다. 결국 위혜왕은 손빈을 객경에 임명했다. 객경은 융숭한 대접을 받지만 실권이 없는 자리인데, 병권을 나누어 주기 싫었던 방연의 수작이었다.

어느 날 방연은 손빈과 병법에 대하여 논의했다. 방연은 손빈의 월등한 실력에 시기심을 느끼며, 자신의 지위가 불안해질 것을 걱정했다. 방연은 손빈이 손무의 '병법 13편'의 내용을 외우고 있는 것을 알게 되었고, 손빈에게 손무의 '병법 13편'을 빌려줄 것을 요청했다. 손빈은 귀곡선생에게 이미 반납했으며 내용만 기억하고 있다고 답했다.

며칠 후 위혜왕은 손빈의 재주를 보기 위해 군사들을 사열하고 포진할 것을 지시했다. 방연과 손빈은 각자 포진했다. 손빈은 위혜왕에게 방연의 진을 설명했다. 방연은 손빈의 진을 파악하지 못했다. 방연은 직접 손빈에게 가서 진에 대하여 물었다. 손빈은 전도팔문진顚倒八門陣이며, 공격을 받으면 장사진長蛇陣으로 변하여 반격한다고 설명했다. 방연은 위혜왕에게 가서 아는 척 설명했다. 방연은 손빈의 월등한 재주를 염려하고, 결국 자신의 지위를 유지하기 위해 제거할 결심을 한다. 방연은 계책을 궁리했다.

소진蘇秦과 장의張儀의 귀향

소진과 장의도 손빈이 하산한 이후 상의하고 하산하기로 결정한다. 귀곡선생은 탄식하며, 서로 협력하여 공명을 달성할 것을 당부했다. 귀곡선생은 이미 여러 번 가르쳤던 〈태공음부太公陰符〉 편을 주며, 반복해서 연구하여 통달하라고 지시했다.

소진과 장의도 하산하여 장의는 위魏로 귀국했고, 소진은 낙읍으로 돌아갔다. 이후 귀곡선생은 귀곡을 떠나 바다에 배를 띄우고 유람했는데, 아무도 그 행방을 알지 못했다.

월형을 당하는 손빈孫臏

　방연은 손빈에게 제에 있는 친척들을 데려와 부귀를 함께 누리라고 권유했다. 손빈은 눈물을 흘리며, 어릴 때 부모님이 돌아가셔서 숙부인 손교孫喬가 자신을 양육한 사실, 숙부가 전화의 모반 때 추방을 당한 사실, 사촌 형인 손평孫平·손탁孫卓과 함께 숙부를 따라 주周로 이주한 사실, 흉년 때 머슴으로 남의 집에 맡겨진 사실, 이후 소식이 끊긴 사실 등을 말해주었다.

　방연은 고향에 부모님의 산소가 있지 않느냐고 떠보았다. 손빈은 부모와 고향에 대한 그리움을 말하며, 위魏의 신하여서 어쩔 수 없다고 답했다.

　6개월이 흐른 뒤 방연은 심복 부하를 손평과 손탁의 심부름꾼인 것처럼 가장하여 손빈에게 거짓으로 작성한 서신을 전달했다. 숙부는 사망했고, 객지에서 많은 고생을 했지만 다행히 제위왕의 사면을 받아 고향으로 돌아왔으며, 고국으로 귀국해 벼슬을 하여 가문을 다시 일으키자는 내용이었다.

　손빈은 통곡하고 답장을 써 심부름꾼에게 주었다. 위魏에서 벼슬을 하고 있으므로 갑자기 떠날 수는 없고, 공을 세운 이후 방문하겠다는 내용이었다. 방연은 손빈의 답장을 회수한 후 글씨체를 연습했다. 방연은 글씨체를 모방하여 손빈의 답장 내용을 ①고국에 대한 그리움을 잊을 수 없으며 ②최대한 빨리 돌아가 제위왕이 등용할 경우 충성을 다하겠다는 내용으로 고쳤다.

방연은 위혜왕을 비밀리에 알현하고 우연히 제의 사자를 체포했는데 손빈의 서신이 나왔다고 아뢰며, 손빈이 제의 사자와 내통하고 있다고 보고했다. 방연은 가짜 서신을 바쳤다. 당시 위는 제·조와 적대 관계에 있었는데, 오히려 위혜왕은 최고 벼슬로 손빈을 등용하지 않은 자신의 실책 때문이라고 자책했다. 방연은 손빈이 제에 임관할 경우 위의 걱정거리가 될 것이라고 강조하며, 처형할 것을 건의했다. 위혜왕은 자신이 손빈을 초청해 놓고 죄목도 명확하지 않은 상태에서 처형하면 세상의 비난을 받을 것이라고 우려하면서 처형을 주저했다. 방연은 우선 자신이 손빈에게 위에 머물 것을 설득하겠다고 건의했다. 위혜왕은 허락했다.

방연은 손빈에게 위혜왕에게 한두 달 휴가를 요청하여 고향에 가서 부모님의 산소에 성묘할 것을 권유했다. 손빈은 위혜왕이 자신을 의심할 것을 염려했다. 방연은 재차 권유하며, 자신이 옆에서 돕겠다고 약속했다. 손빈은 결국 휴가를 요청하는 상소문을 작성했다.

그날 밤 방연은 위혜왕을 알현하며, 손빈이 위에 머물 의사가 없고 왕을 원망하고 있다는 거짓말을 했다. 방연은 손빈이 휴가를 요청하고 제로 완전히 귀국할 것이라고 보고하며, 휴가를 요청하는 상소문이 제출되면 제와 내통한 죄로 처벌할 것을 건의했다.

다음 날 성묘를 위해 두 달 간의 휴가를 요청하는 손빈의 상소문이 제출되었다. 위혜왕은 분노했고, 손빈이 제와 내통하고 위를 배반했으므로 삭탈관직하고 손빈을 군사부에 보내 죄를 다스리라고 지시하는 답을 상소문 끝에 적어 내려 보냈다.

손빈은 체포되어 군사부로 보내졌다. 방연은 놀라는 척 연기하며 손빈을 위로하고, 위혜왕을 알현하여 해명하겠다며 궁으로 들어갔다. 방연은 손무가 쓴 '병법 13편'의 내용을 알아내기 위해 손빈을 살려두기로 결심했다. 방연은 위혜왕을 알현하며, 손빈의 죄는 월형刖刑[1]과 묵형墨刑[2]으로 처벌하는 것이 적당하다고 건의했다. 위혜왕은 허락했다.

방연은 돌아와 위혜왕의 격노가 대단했는데 거듭 간청하여 겨우 사형 대신 월형과 묵형으로 감형되었다고 거짓말을 하며 슬퍼했다. 손빈은 탄식하며, 방연에게 감사의 뜻을 표했다.

손빈은 월형과 묵형을 당했고, 방연은 손빈을 치료했다. 손빈은 무릎으로만 기어다니다가 결국 다리 힘이 모두 빠져 마음대로 몸도 움직이지 못하는 폐인이 되었다. 방연은 손빈을 자신의 집으로 데려가 극진히 대접하며 위로했다. 손빈은 방연의 배려에 감격했고, 신세를 지는 것을 미안해했다.

방연은 손빈에게 귀곡선생이 주해한 손무의 '병법 13편'의 내용을 기술해 줄 것을 부탁했다. 손빈은 승낙했다. 방연은 목간 등의 재료를 제공했으며, 손빈을 감시하기 위해 시중 성아誠兒를 붙여주었다. 손빈은 기술을 시작했다.

---

1) 죄인의 발꿈치를 베는 형벌. 이와 달리 손빈이 빈형臏刑(양쪽 다리의 정강이뼈를 잘라내는 형벌)을 받았다고 기록된 경우도 있음
2) 죄인의 이마 등에 먹물로 죄명을 새기는 형벌

제2절 제위왕齊威王의 인재 등용

제위왕齊威王을 각성시키는 추기騶忌(BC 355년)

어느 날 **추기騶忌**라는 선비가 찾아와 거문고를 잘 연주한다고 자신을 소개하며, 제위왕을 알현하기를 요청했다. 음주가무를 좋아하던 제위왕은 추기를 불러 연주를 지시했다. 추기는 연주 대신에 거문고의 이치를 설명했다. 즉 거문고의 위가 둥글고 밑이 모난 것은 하늘과 땅을 상징하고, 거문고의 큰 줄은 군주를 작은 줄은 신하를 상징하며, 거문고는 처음에 5행을 상징하여 다섯 개의 줄이었다가 군주와 신하의 은혜가 합쳐진 의미로 두 개의 줄이 추가되었고, 거문고의 탁음濁音은 너그럽되 느리지 않는 군주의 도리를 청음淸音은 청렴하되 어지럽지 않는 신하의 도리를 상징한다는 것이다. 추기는 거문고가 군주와 신하의 도리를 함축하고 있어 국가 경영의 이치와 동일함을 강조했다.

제위왕은 추기의 설명에 감탄하며, 연주를 지시했다. 추기는 거문고를 만지기만 하고 연주하지 않는 것은 군위에 있으면서도 국가를 다스리지 않는 것과 같다고 아뢰며, 거문고를 연주하지 않으면 왕을 기쁘게 할 수 없고 국가를 다스리지 않으면 백성을 기쁘게 할 수 없다고 강조했다.

제위왕은 큰 깨달음을 얻었다. 다음 날 제위왕은 추기를 불러 국정에 대하여 논의했다. 추기는 음주를 끊고, 여색을 피하고, 일처리를 명실상부하게 하고, 간신을 멀리하고, 백성들을 잘 지도하면 패업을 성취할 것이라고 아뢰었다. 제위왕은 감탄하며, 추기를 재상에 임명했다(BC

355년)[1]. 제위왕은 추기의 추천을 받고 종수種首를 사구에, **전기田忌**를 사마에 각 임명했다.

당시 학문으로 명성이 높았던 순우곤淳于髡은 추기의 벼락출세에 분노하여 제자들을 대동하고 추기를 방문했다. 순우곤은 비유의 방식을 사용하여 다섯 가지 질문을 했고, 추기는 순우곤의 뜻을 이해하고 즉석에서 모두 정확한 답을 했다. 순우곤은 감탄하며 존경의 뜻을 표했다. 이후 순우곤은 추기에게 적극적인 협력을 제공한다.

추기가 재상이 되면서 제의 국력이 상승하자 제위왕은 만족했고, 추기에게 하비下邳 땅을 분봉하며 성후成侯로 책봉했다(BC 354년).

추기는 군주에 대한 간언과 비판이 자유롭게 행해져야 정치가 혁신될 수 있다고 생각했고, 이를 실천했다. 이와 관련하여 다음과 같은 일화가 전해온다.

추기는 키가 크고 얼굴이 잘 생겼기 때문에 스스로 자신의 외모에 자부심을 느끼고 있었다. 당시 제에는 서공徐公이라는 사람이 살았는데, 미남으로 주변 나라에까지 소문이 자자했다. 추기는 서공이 자신보다 더 미남자임을 알고 있었지만, 부인과 첩에게 서공과 자신 중 누가 더 잘생겼는지 물어보았다. 모두 추기가 더 잘생겼다고 답했다. 추기는 자신을 찾아오는 손님들에게도 같은 질문을 했는데, 모두 추기가 더 잘생겼다고 답했다.

추기는 곰곰이 생각했다. 부인은 부부의 정 때문에 그렇게 대답한 것

---

1) 제위왕이 즉위 3년 만에 각성하여 정치를 잘하게 되는 것이 초장왕의 경우와 비슷함. 이 때문에 불비불명不飛不鳴의 고사가 초장왕이 아닌 제위왕과 관련된 것이라는 일부 견해도 나오고 있음

이고, 첩은 두려움 때문에 그렇게 대답한 것이고, 손님들은 이익을 위해 그렇게 대답한 것이라고 결론을 내렸다. 추기는 제위왕을 알현하고 이 사실을 아뢰며, 신하들과 백성들이 자신의 생각을 왕에게 자유롭게 이야기할 수 있는 여건을 만들 필요가 있다고 강조했다.

제위왕은 추기의 의견에 찬성하며, 누구라도 면전에서 자신의 잘못을 지적해 주면 큰 상을 내리겠다고 선포했다. 그 후 제위왕에게 충언을 하기 위해 궁을 찾는 사람들이 넘쳐났고, 시간이 지나자 더 이상 제위왕의 잘못을 얘기할 것이 없게 되었다. 이렇게 제의 국력은 신장되었다.

위魏를 탈출하는 손빈孫臏

손빈을 감시하던 성아는 손빈의 인품을 존경하게 되었고, 손빈이 당한 불행에 분노하게 되었다. 방연은 수시로 성아를 불러 '병법 13편'의 기술이 늦다며 책망하고, 기술을 독촉하라고 지시했다. 성아의 친구가 방연의 측근으로 있었는데, 성아는 친구로부터 '병법 13편'의 기술이 끝나면 방연이 손빈을 죽일 계획이라는 사실을 들었다.

성아는 분노했고, 손빈에게 사실을 모두 고백했다. 손빈은 충격과 분노에 빠졌고, 위기를 벗어날 방법을 고민했다. 그때 귀곡선생이 준 비단 주머니가 생각났고, 손빈은 비단 주머니를 열었다. 사풍마詐瘋魔라는 글자가 적혀 있는 천이 들어있었다. 미친 사람처럼 행동하여 상대를 속이라는 뜻이었다.

다음 날 손빈은 밥을 먹다 갑자기 토하고 쓰러진 이후 깨어나 눈을 뒤집고 소리치며 미친 사람처럼 행동하기 시작했다. 손빈은 '병법 13편'을 기술하고 있던 목간도 불태워버리고, 웃다가 갑자기 고함치며 발광했다. 성아는 놀라서 보고했고, 방연은 손빈의 연극을 의심했다. 손빈은 방연의 의심을 예상하여 돼지우리의 똥구덩이 속에서 생활하며, 개밥을 빼앗아 먹는 등 철저히 미친 척 행동했다.

손빈을 의심하여 감시하던 방연도 결국 손빈이 정말로 미친 것으로 믿게 되었다. 이때부터 감시는 완화되었으나, 손빈의 행적에 대한 보고는 계속하게 했다. 손빈은 돼지우리에서 계속 생활하며, 가끔씩 바깥에 나가 시정에서 멍하니 있다가 그냥 길에서 자기도 했다. 손빈은 계속 미친 척하며 지냈다.

한편 묵적은 천하를 주유하다 제의 사마 전기의 집에서 유숙하고 있었다. 이때 위魏에서 거주하던 제자 금활禽滑이 스승 묵적을 방문했다. 묵적은 금활로부터 손빈의 소식을 듣게 되었고, 깊게 탄식했다.

묵적은 전기에게 손빈을 천거하며, 현재의 처지를 설명했다. 전기는 제위왕에게 보고했고, 제위왕은 손빈을 데려오고 싶어 했다. 전기는 제위왕에게 방연이 손빈을 질투하고 있으므로 손빈을 데려오기 위해서는 무력이 아닌 계책이 필요하다고 건의하며, 계책을 아뢰었다. 제위왕은 객경인 순우곤을 불러 계책을 전달하며, 위혜왕에게 차를 선물하는 사신으로 위를 방문해 손빈을 귀국시키라고 지시했다. 순우곤은 금활을 수행원에 포함시키고 위를 향해 떠났다.

순우곤은 위혜왕을 알현하고 차와 국서를 전달했다. 그동안 금활은 시정 우물가 옆에 멍하니 앉아 있는 손빈을 확인했다. 그날 밤 금활은 시정 우물가에 앉아 있는 손빈에게 몰래 접근하여 경위를 설명했는데, 손빈은 회한의 눈물을 흘렸다. 금활은 손빈에게 귀국 작전이 이미 마련되어 있음을 알리고, 우물가에 계속 머물 것을 당부했다.

다음 날 순우곤은 위혜왕에게 하직 인사를 했다. 방연은 내일 전송연을 마련하겠다고 알리며, 순우곤 일행을 잔치에 초대했다. 그날 밤 금활은 손빈에게 몰래 접근하여 손빈을 온거에 태우고 제로 출발했다. 순우곤의 부하인 왕의王義가 손빈으로 분장하고 대신 우물가에 앉아서 머물렀다. 매일 손빈의 행적을 보고하던 방연의 부하는 눈치채지 못하고 방연에게 손빈이 우물가 옆에 멍하니 앉아있다고 보고했다.

다음 날 방연은 순우곤을 위한 전송연을 열었다. 잔치를 마치고 순우곤 일행은 제를 향해 출발했다. 그날 밤 왕의도 몰래 자리를 떴고 제를 향해 출발했다.

그다음 날 아침 방연의 부하는 손빈이 없음을 알고 보고했다. 방연은 손빈을 수색했으나 발견하지 못했다. 방연은 위혜왕에게 손빈이 우물에 빠져 죽었다고 허위로 보고했다. 방연은 손빈이 미쳤다고 믿었으므로 크게 신경 쓰지 않았고, 제로 갔으리라고는 꿈에도 생각지 못했다.

제齊에 등용되는 손빈孫臏

순우곤 일행은 손빈을 데리고 제에 무사히 귀국했다. 제위왕은 손빈을 정중히 영접하고, 병법에 관한 많은 대화를 나누었다. 제위왕은 손빈에게 벼슬을 수여하려고 했다. 그러나 손빈은 아직 공적을 이루지도 못했고 비밀을 유지하는 것이 더 이익이 될 것이라고 아뢰며, 벼슬을 사양했다.

손빈은 전기의 집에 머물렀다. 전기는 상객의 예로 손빈을 극진히 대우했다. 손빈이 묵적과 금활에게 감사 인사를 드리려 했으나, 묵적과 금활은 이미 제를 떠나 천하를 주유하고 있었다. 손빈은 탄식했다[1].

한편 제위왕은 병거를 몰아 목표 지점에 가서 활을 쏘아 먼저 과녁을 맞히는 시합을 즐겨 했다. 특히 제위왕은 그와 관련하여 내기 시합을 좋아했는데, 전기는 항상 제위왕에게 패했다. 어느 날 손빈은 제위왕과 전기의 시합을 직접 보았는데, 전기가 또 졌다. 시합을 지켜본 손빈은 병거를 모는 말의 기량이 부족해서 지는 것이라고 결론 내렸다. 손빈은 전기에게 승리의 계책이 있다고 아뢰며, 다시 제위왕에게 거금을 걸고 내기를 요청할 것을 권유했다. 전기는 제위왕에게 내기를 요청했고, 제위왕은 승낙했다.

시합 날 손빈은 전기에게 같은 등급의 말끼리 겨루면 왕의 말을 이길 수 없음을 강조했다. 손빈은 첫 번째 시합 때에는 하등의 말을 내어 상등인 왕의 말과 시합을 시키고, 두 번째 시합 때에는 상등의 말을 내어 중등인 왕의 말과 시합을 시키고, 세 번째 시합 때에는 중등의 말을 내어 하등인 왕의 말과 시합을 시키면 2승 1패가 가능할 것이라고 계책을 건의했다.

전기는 손빈의 계책대로 하여 승리했다. 전기는 제위왕에게 손빈의 계책을 보고했다. 제위왕은 찬탄하며, 더욱 손빈을 존경하게 되었다.

---

1) 방연이 손빈을 함정에 빠뜨리는 구체적인 방법, 손빈이 위를 탈출하는 구체적인 방법 등은 정확한 내용을 알 수 없음. 내용이 다른 여러 일화가 있고, 현재도 많은 작가들이 그 경위를 창작하여 소설을 출간하고 있음. 여기서는 소설 《동주 열국지》의 내용에 따라 기술하였음

제3절 제齊와 위魏의 계릉桂陵전투

위魏의 조趙 공격과 제齊의 조趙 구원[계릉桂陵전투](BC 353년)

조趙가 당시 위魏의 속국이던 위衛를 공격했다. 위衛는 위魏에 구원을 요청했다. 위혜왕은 방연에게 병거 500승을 내어주며 위衛에 대한 구원을 지시했다. 방연은 위魏군을 이끌고 출전하여 조군을 격파하고, 여세를 몰아 조의 도읍인 한단을 포위했다(BC 354년).

한편 진秦효공은 위魏군의 주력부대가 원정을 나간 틈을 노려 하서의 위魏군 요충지인 원리元理 땅을 공격하여 함몰시켰다(BC 354년).

한단이 포위되자 조성후는 제위왕에게 사신을 보내 구원을 요청했다. 제위왕은 회의를 열었다. 재상 추기는 제의 실익이 없음을 들어 구원에 반대했다. 단간붕段干朋은 위의 강성을 우려하며 구원을 주장했다. 결국 제위왕은 손빈을 대장에 임명하고 조를 구원할 것을 지시했다. 손빈은 자신은 아직 명성이 없다고 사양하며, 전기를 천거했다. 제위왕은 전기를 대장에, 손빈을 군사에 임명했다. 제위왕의 아들인 **전영 田嬰**이 전기의 거우車右가 되어 출전하게 되었다.

손빈은 전기에게 외부에 자신의 이름을 비밀로 해 줄 것을 부탁했다. 손빈은 한단으로 출발하는 것은 이미 늦었다고 지적하며, 경거輕車(경전차)를 이용하여 위의 양릉襄陵 땅을 목표로 신속히 진군하면 방연은 수비를 위해 급히 회군할 것이라고 아뢰었다.[1]

---

1) 여기서 **위위구조圍魏救趙**(위魏를 포위하여 조趙를 구한다는 뜻. 적에게 포위된 아군을 구할 때 직접적인 방법 대신 적의 약점을 찔러 아군 스스로 위기에서 벗어나게 하는 것을 비유함) 의 고사성어가 나옴

한단에 대한 포위 공격을 지속하고 있던 방연은 한단을 거의 함몰하기 직전이었는데, 제군이 양릉을 향해 엄청난 속도로 진군하고 있다는 보고를 받았다. 양릉이 함몰되면 도읍이 위태로워지므로 방연은 군대를 나누었다. 절반은 한단 포위를 유지하도록 지시하고, 방연은 나머지 군사들을 이끌고 급히 양릉으로 회군했다. 강행군을 한 위魏군은 계릉桂陵 인근에서 제군을 따라잡았으나, 많이 지쳐 있었다.

손빈은 아장 원달袁達에게 군사 3,000명을 내어주며 위군 선발대를 공격할 것을 지시했다. 원달은 위군 선발대인 방총과 교전하다 거짓으로 패하고 도주하며 유인작전을 폈으나, 방총은 추격하지 않았다.

방연은 위군을 이끌고 계릉으로 진군했다. 제군은 전도팔문진으로 포진했다. 방연은 혹시 손빈이 제로 간 것인지 의심이 들었다. 제군 대장 전기는 방연에게 제군의 포진을 격파할 수 있는지 물으며 도발했다. 방연은 귀곡선생에게 배운 진법이라고 큰소리쳤으나, 내심 당황했다. 방연은 방영, 방총, 방모를 불러 제군은 공격을 받을 경우 장사진으로 변할 것이라고 말하며, 자신이 공격한 후 장사진으로 변하면 3대로 나누어 머리, 중앙, 꼬리를 돌파하라고 지시했다.

방연은 선봉 5,000명을 이끌고 공격을 개시했다. 손빈은 장사형 대신 원형으로 진을 변화시켜 방연을 포위했다. 방연은 포위 공격을 받고 큰 위기에 빠졌다. 방연은 비로소 손빈이 출전한 사실을 알게 되었다. 방영과 방총이 분전하여 겨우 전멸 직전의 방연을 구출했다.

위군이 방연을 구출하기 위해 혼란한 틈을 이용해 손빈은 전영에게 위군 본진에 대한 총공격을 지시했다. 결국 위군은 2만 명 이상이 죽거나 다치는 참패를 당했고(BC 353년), 방모도 전사했다. 춘추시대 말부터 보병에 밀렸던 병거는 경전차로 변신하면서 이때부터 다시 민첩

한 기동력을 바탕으로 전쟁에서 큰 역할을 수행하게 된다.

방연은 양릉으로 달아났다. 제군은 송·위衛군과 연합하여 양릉을 포위했다(BC 353년). 위魏의 패배를 틈타 초선왕은 대부 경사景舍를 시켜 위를 공격하여 수예 땅을 점령했고(BC 353년), 진秦은 위의 도읍인 안읍을 공격해 항복을 받았다(BC 352년)[1]. 위魏는 한에 원군을 요청했다. 위군과 한군은 연합하여 양릉에서 제·송·위衛 연합군을 무찔렀다. 제의 부탁을 받은 초선왕이 대부 경사를 시켜 중재에 나섰고, 결국 제와 위魏는 강화를 맺었다(BC 352년). 위혜왕은 양릉에서의 승리를 참작하여 방연을 용서했다.

진秦은 위魏가 제와 조 등과 계속된 싸움을 하느라 지친 틈을 이용해 위魏의 고양固陽 땅을 함몰했다(BC 351년). 위魏는 계속된 진秦의 공격에 대비하기 위해 한단의 포위를 풀고 조와 맹약을 체결했다(BC 351년). 위와 조가 화해하자 진효공은 위혜왕과 회견했고, 진과 위도 화해했다(BC 350년).

호가호위狐假虎威

당시 초선왕은 위를 공격하여 수예 땅을 차지하고, 제와 위의 강화를 이끌어내는 등 그 위엄이 중원에 높았다. 중원에서는 초를 두려워했고, 당시 초의 영윤인 소해휼昭奚恤(=소어昭魚)의 위세가 대단했다.

초선왕은 영윤 소해휼의 명성이 중원에 높아지자 기분이 언짢았다.

---

[1] 진秦이 황하까지 재진출한 것은 BC 340년인데(후술), 진군이 하서를 지나 황하를 건너 위魏의 도읍을 점령했다는 것은 믿기 어려운 내용임. 일단《사기》에 기록된 내용을 그대로 인용하기는 하지만 신빙성은 없음

이를 알게 된 신하 강을江乙(=강일江一)이 초선왕에게 아래의 일화를 들려주었다.

어느 날 여우가 호랑이를 만나 잡아먹힐 위기에 처했는데, 여우는 순간 꾀를 내어 자신이 이곳의 왕이기 때문에 자신을 잡아먹을 수 없다고 말했다. 호랑이가 여우의 말을 의심하자 여우는 호랑이에게 증명을 하겠다며, 자기를 따라오면 다른 동물들이 자신을 두려워하는 모습을 볼 수 있을 것이라고 말했다. 호랑이가 여우를 따라갔는데, 실제로 동물들이 겁에 질려 달아나는 것이었다. 결국 호랑이도 여우를 겁내게 되었고 도망갔다.

강을은 초선왕에게 사실 동물들이 여우가 무서운 것이 아니라 뒤의 호랑이를 보고 도망친 것과 같이 사람들도 영윤이 아니라 그 뒤에 있는 초선왕이 무서워서 겁을 먹는 것이라고 설명했다[1]. 초선왕은 기분이 풀렸다.

다시 나태해지는 제위왕齊威王

계릉에서 위魏를 격파하고 위엄을 떨치자 제위왕은 다시 자만에 빠지고 나태해졌다. 제위왕은 향락에 빠져 정치를 소홀히 했다. 그 기회를 노려 노, 3진晉, 위衛가 제의 외곽을 공격했다(BC 351년, BC 350년).

제위왕은 전기와 손빈을 신임했다. 추기는 재상 자리에 불안감을 느꼈다. 그러자 방연은 추기의 불안감을 이용하는 계책을 마련했다. 방연

---

[1] 여기서 **호가호위**狐假虎威(여우가 호랑이의 위세를 빌린다는 뜻. 남의 세력을 빌려 허세를 부리거나 권한 이상의 권력을 휘두르는 것을 의미함)의 고사성어가 나옴

은 추기에게 밀사를 파견해 뇌물을 제공하며, 제와 위의 화평을 희망했다. 방연은 밀사를 통해 재상의 지위를 안정시키려면 전기와 손빈을 추방할 것을 권유했다.

추기는 계책을 마련하여 문객인 공손열公孫閱에게 지시했다. 공손열은 전기의 가솔인 것처럼 가장하여 점쟁이 집을 방문했다. 공손열은 점쟁이에게 전기가 거사를 추진하면 왕위에 오를 수 있을지 점을 쳐 줄 것을 부탁했다. 점쟁이는 놀라서 점을 치는 것을 거부했다. 공손열은 점쟁이에게 누설하지 말 것을 부탁한 뒤 돌아갔다.

잠시 후 추기의 부하들이 들이닥쳐 점쟁이를 체포하고 재상부로 끌고 갔다. 추기는 전기의 역적모의에 대하여 점쟁이를 추궁했다. 점쟁이는 전기의 부하가 방문한 사실이 있었지만 자신은 점을 치는 것을 거절했다고 답했다.

추기는 제위왕을 알현하며, 전기가 역적모의를 한다고 보고했다. 추기는 점쟁이를 불러들여 증언을 하게 했다. 제위왕은 전기를 의심하게 되었다. 제위왕은 심복부하에게 전기를 감시하고 보고하도록 지시했다.

전기는 제위왕이 자신을 의심하는 것을 염려하여 병을 핑계 대고 사임한 후 칩거했다. 손빈도 사임하고 낙향했다. 방연은 만족했다.

조숙후趙肅侯의 즉위(BC 350년)

조성후가 재위 25년에 사망하고 세자 어語가 즉위하니(BC 350년), 곧 **조숙후趙肅侯**[1]다.

---

1) 조숙후 조어: 재위 BC 349 ~ BC 326

제위왕齊威王의 각성과 선정(BC 348년)

조가 다시 제를 공격하여 견성을 점령했다(BC 348년). 제위왕은 여전히 향락에 빠져 있었는데, 간신 주파호周破胡가 제위왕의 신임을 받고 국정을 전단했다. 당시 제위왕은 우희虞姬라는 미인을 총애하고 있었다. 우희는 나라의 장래를 걱정하며, 제위왕에게 주파호를 멀리하고 어진 인재를 등용할 것을 건의했다.

그런데 그 간언이 주파호의 귀에 들어가게 되었다. 주파호는 우희를 제거하기로 결심하고, 우희가 다른 남자와 간음을 저질렀다고 무고했다. 제위왕은 분노하여 우희를 9층 누각의 다락에 가두고, 형리에게 심문을 지시했다. 주파호는 미리 형리를 매수하였기 때문에 형리는 우희를 유죄로 하여 심문서를 작성하고 이를 보고하였다.

제위왕은 보고서를 읽은 후 갑자기 이상한 생각이 들어 우희를 불러 직접 조사를 했다. 우희는 눈물로 결백을 호소한 후, 자신에게 죄가 있다면 '참외밭에서는 신을 고쳐 신지 않고(과전불납리瓜田不納履) 자두나무 아래에서는 갓을 고쳐 쓰지 않는다(이하부정관李下不正冠).[1]'라고 한 것처럼 남에게 의심받을 행동을 해서는 안 되는데 그러지 못했다는 것이라고 강조하며, 자신을 처형하더라도 제발 국정을 주파호에게 맡기지 말고 직접 처리할 것을 간절히 부탁하였다.

우희의 호소를 들은 제위왕은 꿈에서 깨어나는 것 같은 기분을 느꼈고, 다시 정신을 차리게 되었다. 제위왕은 주파호를 처형한 후 전기와

---

[1] 여기서 **과전이하瓜田李下**(참외밭에서는 신을 고쳐 신지 말고, 자두나무 아래에서는 갓을 고쳐 쓰지 말라는 뜻. 불필요한 행동을 하여 다른 사람에게 오해받지 말라는 의미임)의 고사성어가 나옴

손빈을 다시 불러들였다.

어느 날 추기는 대부들에게 각 지역의 태수들에 대하여 물었다. 대부들은 이구동성으로 아읍阿邑 태수를 칭찬한 반면 즉묵읍卽墨邑 태수를 비난했다. 추기는 제위왕에게 이를 보고했다. 제위왕이 대부들을 불러 물었는데, 대부들은 같은 대답을 했다.

제위왕은 비밀리에 심복을 파견하여 아읍과 즉묵읍을 시찰하게 한 후 아읍과 즉묵읍의 태수를 소환했다. 그런데 제위왕은 평이 매우 나빴던 즉묵읍의 태수에게 1만 호의 땅을 하사하며, 선정을 베풀었지만 중앙의 고관들에게 뇌물을 제공하지 않아 중상모략을 받고 있다고 위로했다. 반면 제위왕은 평이 매우 좋았던 아읍의 태수를 처형하라고 지시하며, 아읍을 피폐하게 만들어 놓고 고관들에게 뇌물을 제공하여 거짓 명성을 얻었다고 꾸짖었다. 제위왕은 아읍 태수와 그를 칭찬했던 대신 10여 명을 가마솥에 삶아 죽였다.

제위왕은 지방 태수들을 조사하여 태만한 자들을 교체하고, 실력에 따라 인재들을 뽑았다. 제위왕은 남성南城 태수에 단자檀子를, 고당高唐 태수에 전힐田肹[1]을, 서주徐州 태수에 검부黔夫를 임명했다. 이로써 제는 다시 중흥하게 되었다(BC 348년).

어느 날 추기는 제위왕을 알현하며 주왕에게 조례할 것을 건의했다. 제위왕은 자기도 똑같이 왕이라고 생각하여 조례하는 것을 주저했다. 추기는 왕은 제후의 으뜸이지만 천자를 무시하라는 뜻은 아니라고 강조하며, 겸양의 덕을 알리기 위해 주왕을 알현할 것을 설득했다.

결국 제위왕은 주현왕周顯王에게 조례를 했다(BC 348년). 쇠약해질

---

1) 《사기》에는 반자盼子로 기록되어 있음. 글자가 비슷하여 발생한 불일치임

대로 쇠약해져 존재감이 없었던 주 왕실은 제위왕이 조례하자 큰 경사로 생각했고, 각종 보물들을 하사했다. 사람들은 제위왕을 현명한 군주로 칭송했다.

각국의 협력과 갈등

3진晉은 진晉정공을 폐위시켜 추방하고(BC 349년), 그 땅마저 나누어 가졌다. 이로써 진晉은 완전히 멸망하게 되었다. 이와 달리 BC 376년에 진晉을 최종적으로 분할했다는 기록도 있다.

위혜왕과 조숙후는 음진陰晉 땅에서 회합을 가졌다(BC 348년). 한소후는 진秦을 방문했다(BC 348년).

위후 앵은 위의 국력에 자만하여 스스로 왕을 칭하고(BC 344년), 12개 소국 제후들을 모아 주현왕을 조례했다. 위후 앵은 나중에 위혜왕으로 불리게 된다.

제위왕은 진秦을 방문해 진秦효공과 회합을 가졌다(BC 344년). 조는 제를 공격해 고당 땅을 빼앗았다(BC 344년).

진효공은 초를 공격하여 상商 땅과 어於 땅을 점령하고, 무관武關 외부의 600리 땅을 점령한 후 성을 쌓았다. 이로써 진은 진령산맥 동남쪽(=한수 중상류)으로 진출하는 통로를 확보하게 되었다(BC 344년). 진秦의 동남쪽 방면 진출이 본격적으로 시작된 것이다. 진秦의 국력이 급속히 커지자 주현왕은 사신을 파견하여 진효공을 방백方伯으로 봉했다(BC 343년).

조가 위魏의 수원首垣 땅을 공격했다(BC 343년).

월왕越王 무강無彊의 즉위(BC 343년)

월왕 무전이 재위 18년에 사망하고(BC 343년), 동생인 **무강無彊**[1]이 즉위했다. 왕권은 여전히 미약했고 국내는 안정되지 못하여 월의 국력은 점점 약해졌다. 월은 제와 초의 압박으로 점점 위축되었다.

제4절 제齊와 위魏의 마릉馬陵전투

위魏의 한韓 공격(BC 342년)

방연은 조가 한을 끌어들여 위를 공동으로 공격하려고 시도한다는 정보를 입수했다. 방연은 위혜왕에게 조와 한이 연합하기 전에 먼저 한을 공격할 것을 건의했고, 위혜왕은 한을 선제공격하기로 결심했다. 위혜왕은 세자 신申을 상장군으로, 방연을 대장으로 삼아 한에 대한 공격을 지시했다(BC 342년).

위魏군이 한을 향해 행군하여 외황外黃 땅을 지나갈 때 선비인 서생徐生이 세자 신을 방문했다. 서생은 승리해도 세자에게는 이익이 없고 만약 패배하면 세자의 지위가 불안해질 위험이 있다고 지적하며, 전쟁을 피하는 것이 유리할 것이라고 충고했다. 세자 신은 깨달은 바가 있어 서생에게 감사를 표하고, 회군을 결심했다. 그러나 방연과 다른 장수들은 회군에 반대했다. 어쩔 수 없이 세자 신은 계속 행군했다.

---

1) 월왕 무강: 재위 BC 342 ~ BC 306. 월의 마지막 왕

위군은 혁赫 땅에서 한군에 승리를 거두고 계속 나아갔다. 한소후는 제에 구원을 요청했다.

제위왕은 회의를 열었다. 재상 추기는 둘이 싸워 하나가 망하면 제에 이익이 될 것이라고 말하며, 구원에 반대했다. 전기와 전영은 위가 승리할 경우 제에 영향이 미칠 것이라고 말하며, 즉시 구원할 것을 주장했다. 손빈은 구원을 하지 않을 경우에는 위가 강성해질 것이고 즉시 구원할 경우에는 한 대신 제의 군사력이 큰 피해를 입을 것이라고 지적하며, 구원을 선언하여 한과 위가 총력전을 벌이게 유도하고 기다렸다가 위군이 싸움에 지치면 공격할 것을 건의했다. 제위왕은 손빈의 계책에 찬탄했다.

제위왕은 한의 사신에게 구원을 승낙하는 뜻을 밝혔다. 한소후는 안도하고 만족하며, 위군과의 대결을 계속 유지했다.

제齊의 위魏 공격[마릉馬陵전투](BC 341년)

한군은 위군과 여섯 번 싸워 계속 패했다. 한소후는 다시 사신을 제에 보내 구원을 요청했다.

제위왕은 전기를 대장으로 전영을 부장으로 손빈을 군사로 삼아 병거 500승을 내어주며, 한을 구원할 것을 지시했다. 손빈은 전기에게 한 대신 위의 도읍을 공격할 것을 건의했다. 전기는 위군을 이끌고 위의 도읍을 향해 출전했다.

방연은 한의 도읍에 육박하여 승리를 눈앞에 두고 있었다. 이때 제군이 도읍을 향해 행군하고 있다는 급보가 전해졌다. 방연은 어쩔 수 없이 급하게 회군했는데, 연전연패한 한군은 위군을 추격할 엄두를 내지 못했다.

　손빈은 위군이 용맹함을 믿고 제군을 깔보고 있다고 지적하며, 약한 척하여 위군을 유인할 것을 건의했다. 손빈은 제군이 행군하면서 밥을 짓는 부뚜막 수를 계속 줄여 탈영병이 증가하는 모습을 만들면 방연은 교만하여 무리하게 추격할 것이고 위군은 지치게 될 것이라고 계책을 아뢰었다. 전기는 손빈의 계책대로 행군하면서 매일 부뚜막 수를 줄여 나갔다.

　방연은 계속해서 자신의 공적을 방해하는 제에 대하여 극도로 분노했다. 방연은 위군을 이끌고 급하게 회군하여 위의 경계 내로 진입했고, 제군이 지나간 길을 급하게 추격했다. 방연은 제군이 지나간 영채 자리를 조사했는데 부뚜막이 10만 개였다. 방연은 제군의 규모에 놀랐다. 위군은 추격을 계속했고, 다음 날 제군이 지나간 영채 자리를 조사하니 부뚜막이 5만 개였다. 그다음 날에는 부뚜막이 3만 개였다.

　방연은 제군이 겁을 먹고 탈영병이 증가하고 있는 것으로 생각하며 만족했다. 방연은 세자 신에게 제군의 탈영병이 증가하고 있음을 보고하며, 급히 추격하여 제군을 일거에 격파할 것을 건의했다. 세자 신은 제의 속임수를 우려하며 신중히 처리할 것을 당부했다.

　방연은 자신 있게 큰소리치며, 정예병 2만 명을 선발했다. 방연은 정예부대를 2대로 나누고, 세자 신과 방연이 각 1만 명을 지휘하여 제군을 두 배의 속도로 추격하기로 했다. 나머지는 방총에게 지휘를 맡기고 보통 속도로 행군할 것을 지시했다. 방연이 전대를 이끌고 먼저 출발했고, 세자 신이 후대를 이끌고 나중에 출발했다.

　손빈은 위군이 강행군하여 추격한다는 보고를 받았다. 손빈은 위군이 저녁 무렵에 마릉馬陵 땅에 당도할 것으로 예측하고, 마릉에 매복할 것을 결심했다. 손빈은 마릉 험준한 곳에 나무를 베어 길을 막되, 한 그루만 남겨두고 먹물로 글자를 썼다. '방연은 이 나무 아래에서 죽는다. 군사 손빈'이라는 내용이었다. 계속하여 손빈은 원달袁達과 독고진獨孤陳에게 각 궁노수 5,000명을 거느리고 좌우에 매복했다가 나무 밑에서 불빛이 나면 일제히 사격할 것을 지시했다. 손빈은 전영에게 군사 1만 명을 내어주며 마릉 3마장 밖에 매복했다가 전대가 통과한 이후 후대를 공격할 것을 지시했다. 전기와 손빈은 멀리서 주둔하며 상황에 맞게 후원하기로 했다.

방연은 큰 공을 세우고 싶어 안달하며 행군의 속도를 높였다. 방연은 10월 하순 어두운 밤에 마릉에 당도했는데, 베어진 나무가 길을 막고 있었다. 방연은 제군이 위군의 추격을 두려워하여 나무를 베어 길을 막은 것으로 생각하고, 병사들에게 나무를 치우게 했다. 나무에 글자가 쓰여 있다는 보고를 받은 방연은 글자를 읽기 위해 횃불을 갖다 댔다.

방연이 글자를 읽고 뒤늦게 손빈의 계략에 빠진 것을 알았을 때, 제군이 일제히 화살을 날렸다. 방연은 무수한 화살을 맞고 죽으면서 예전에 손빈을 죽이지 않았던 것을 후회했다[1]. 방연의 아들인 방영도 화살을 맞고 죽었다. 위군의 전대는 거의 전멸했다. 말을 만나면(마릉) 탈이 날 것이라는 귀곡선생의 예언이 들어맞았다.

후대를 이끌던 세자 신은 전대의 대패 소식에 당황했다. 그때 전영이 이끄는 제군이 위군 후대의 뒤를 급습했다. 위군의 후대는 대패했고, 세자 신은 포로로 잡혔다.

전기와 손빈은 도주하는 나머지 위군을 대파했다. 손빈은 방연의 목

---

1) 방연의 최후에 대하여는 여러 주장들이 있는데, 전쟁에 패하고 절망하여 자살했다는 견해가 유력함. 여기서는 일단 소설 《동주 열국지》의 내용대로 기술하였음

을 효수했다. 세자 신은 치욕을 당할 것을 염려하여 칼로 목을 찔러 자살했다. 손빈은 세자 신을 죽일 생각이 없었기에 거듭 탄식했다.

제군은 사록산沙鹿山에서 방총이 지휘하던 위군의 후속부대와 만났다. 손빈은 또다시 방연의 목을 효수했다. 위군은 놀라 싸울 생각을 못했고, 방총은 항복했다. 손빈은 방총을 용서하며, 세자 신과 방연의 시체를 돌려주었다. 전기는 제에 조공하고 충성을 맹세할 것을 위혜왕에게 전달하라고 방총에게 지시했다. 방총은 회군했다(BC 341년 10월).

마릉전투 이후 위魏의 국력은 급속히 약화되었고, 제의 패권이 시작되었다. 위의 급격한 쇠퇴는 중원 진출을 노리던 진秦에 엄청난 기회가 된다. 이는 훗날 제에 매우 불리하게 작용하는데, 두 번이나 원군을 반대했던 재상 추기의 주장이 결과적으로는 옳았던 것이다. 역사학자들은 이때부터 전국시대 중기가 시작된 것으로 보고 있다.

제5절 제위왕齊威王의 패권

제위왕齊威王의 패권

전기와 손빈은 귀국했고, 제위왕은 노고를 치하했다. 재상 추기는 아무런 공적을 세우지 못한 것을 부끄러워하며, 칭병하고 사임했다. 제위왕은 전기를 재상으로 임명하고, 전영을 대장으로 임명했다. 제위왕은 손빈에게 큰 마을을 하사했으나, 손빈은 사양했다.

조숙후와 한소후는 사신을 보내 축하하며 조공을 바쳤다. 위혜왕은 끝내 사과를 하지 않았다. 제위왕은 분노하여 한·조와 연합하여 위를 공격할 결심을 했다. 소문을 들은 위혜왕은 당황하며 제에 사신을 파견하여 화평을 요청하고 조공을 바쳤다.

제위왕은 한·위·조의 군후를 박망성博望城으로 불러 회합을 가졌고, 충성 맹세를 받았다. 제위왕은 스스로를 '패왕霸王'으로 칭했다.

손빈은 귀국 후 손무의 '병법 13편'을 기록하여 완성했다. 손빈은 이를 제위왕에게 바치며, 은퇴할 뜻을 밝혔다. 제위왕은 거듭 만류했으나, 손빈은 은거할 산 하나만 하사해 줄 것을 간청했다. 결국 제위왕은 손빈의 사임을 허락하고, 석려산石閭山을 하사했다.

얼마 후 손빈은 종적을 감추었고, 아무도 그 행방을 알지 못했다. 손빈은 손무의 '병법 13편'과는 별도로 89편에 달하는 병법을 지은 것으로 알려져 있는데, 이를 《손빈병법》이라고 부른다. 《손빈병법》은 대부분 소실되었고, 30편만 전해지고 있다.

초위왕楚威王의 즉위(BC 340년)

초선왕이 재위 30년에 사망하고 아들인 상商이 즉위하니(BC 340년), 곧 **초위왕楚威王**[1]이다. 초위왕은 소양昭陽을 영윤에 임명했다.

---

1) 초위왕 웅상: 재위 BC 339 ~ BC 329

제3장

진秦의 팽창

제1절 진효공秦孝公의 황하黃河 진출

위앙衛鞅(=상앙商鞅)의 서하西河 점령(BC 340년)

 위앙은 진효공에게 진秦과 위魏는 국경을 접하고 있어 공존이 불가능하다고 강조하며, 위군이 대패하고 방연이 전사한 지금이 공격할 기회라고 건의했다. 진효공은 허락하고, 군사 5만 명을 내어주었다. 진군은 위앙을 대장으로 하고 공자 소관少官을 부장으로 하여 위에 대한 공격을 개시했다(BC 340년).
 당시 위의 서하 태수인 주창朱倉은 도성에 급보를 전했다. 위의 조정에서 회의가 열렸다. 공자 앙卬은 자신이 위앙과 친한 사이임을 강조하며, 화평 교섭을 자청했다. 공자 앙은 화평 교섭이 실패할 경우 한과 조에 구원을 요청하면 된다고 주장했다. 위혜왕은 공자 앙에게 군사 5만 명을 내어주었다.
 공자 앙은 오성吳城에 주둔하고 서하를 원조하면서 위앙에게 화평을 제안할 계획이었다. 위앙은 공자 앙이 출전했다는 보고를 받고 계책을 마련했다. 위앙은 공자 앙에게 서신을 전달했는데, 우정을 강조하면서 화평을 희망하므로 옥천산玉川山에서 회견하여 회포를 풀고 논의를 하자는 내용이었다. 공자 앙은 크게 기뻐하며 바로 답신을 보내 동의했다.

위앙은 다시 사자를 보내 사향과 연근 등의 특산물을 선물로 교부하며, 5일 후에 회견할 것을 통지했다. 위앙은 전영前營에 주둔 중이던 군사들은 이미 본국으로 귀국했고 회견 이후 나머지 모든 군사들을 귀국시키겠다고 알렸다. 공자 앙은 매우 기뻐했다.

위앙은 공자 소관을 불러 전영의 군사들을 철수시키되, 식량을 구하기 위해 사냥한다고 핑계를 대며 근처의 산에 가서 매복했다가 비밀리에 회견 날까지 회견장으로 이동하여 포성을 신호로 급습할 것을 지시했다.

회견 날 위앙은 수행원 300명만 대동하여 회견장으로 이동한다고 통지했고, 공자 앙도 비슷한 수의 수행원만 데리고 안심하며 회견장으로 이동했다. 회견은 매우 우호적인 분위기에서 진행되었다. 위앙은 천하장사인 **오획烏獲**과 **임비任鄙**에게 공자 앙에게 술을 따라 올릴 것을 지시했다.

잠시 후 위앙이 신호를 보내자 오획과 임비는 재빨리 공자 앙을 체포했다. 공자 소관은 진秦군을 이끌고 회견장을 포위하여 공자 앙의 수행원들을 모두 체포했다. 위앙은 공자 앙을 감금하고 수행원들을 협박했다.

진秦군은 공자 앙이 회군하는 것처럼 꾸며 공자 앙의 수행원들을 앞세우고 오성으로 들어갔다. 오획과 임비는 오성에 들어가자마자 기습 공격을 개시하여 성문을 확보했다. 위앙은 대군을 이끌고 오성으로 진입했고, 곧 오성을 점령했다. 명장 오기가 축성하여 진에 대한 방어기지 역할을 수행하던 오성은 이렇게 허무하게 함몰되었다. 오성이 함락되자 서하 태수 주창은 급히 도주했다.

위앙은 진秦군을 이끌고 위의 도성인 안읍에 접근했다. 위혜왕은 대부 용가龍賈를 파견하여 화평을 요청했다. 위앙은 서하 땅 700리를 요구했고, 위혜왕은 수락했다. 그리하여 위앙은 서하에 있던 위의 영토 중 과반이 훨씬 넘는 넓은 지역을 접수했다. 공자 앙은 석방되어 귀국했다.

위문후 때 오기에게 밀려 황하 서쪽 지역을 상실한 이후 오랫동안 노리다 드디어 진秦은 **황하까지 다시 진출**하게 되었다. 진효공은 황하가 북쪽에서 남쪽으로 흐르다 동쪽으로 방향을 트는 지점 근처의 전략적 요충지(=효산과 황하 사이의 좁은 통로)에 **함곡관**函谷關을 쌓았는데, 정확한 시기는 알 수 없으나 이때쯤 쌓은 것으로 추정된다. 함곡관은 이후 진秦의 최후 방어선 역할을 여러 차례 수행한다.

진효공은 위앙의 공적을 높이 평가하여 상商과 어於 등 15개 마을을 식읍으로 분봉하고, 위앙을 상군商君으로 책봉했다(BC 340년). 이때부터 위앙은 **상앙**商鞅으로 불리게 되었다.

서하 상실로 인하여 도성인 안읍이 진秦과 너무 가까워지자 위혜왕은 **대량**大梁으로 도읍을 옮겼고(BC 340년)[1], 대량 부근에 대규모 관개 사업을 실시했다(BC 339년). 위혜왕은 대량으로 천도한 후 한동안 나라 이름을 **양**梁으로 고쳤다. 이 때문에 위혜왕을 '양혜왕'이라고 부르기도 한다. 또한 위혜왕은 사망한 세자 신申을 대신하여 공자 사嗣(일명 혁赫)를 세자로 책봉하였다(BC 340년).

---

1) 따라서 진秦효공이 BC 352년에 위의 도읍인 안읍을 함락했다는 기록은 신빙성이 떨어짐. 위혜왕의 대량 천도 시기에 대하여 BC 361년이라는 주장도 있음

맹자孟子의 좌절(BC 338년)

맹가孟軻는 노魯의 추鄒 땅 출신이다(BC 372년경). 맹가는 세 살 때 아버지를 여의고 편모 밑에서 힘들게 생활했다. 맹가는 **맹모삼천**孟母三遷[1], **맹모단기**孟母斷機[2]로 상징되는 모친의 지극한 교육열과 본인의 노력을 통해 학문적 성취를 이루었다. 맹가는 공자의 손자인 자사의 제자인데, 성현의 도를 학습하여 세상을 제도하고 백성들을 편하게 할 결심을 했다. 맹가는 인의仁義를 강조하고, 유가의 적통을 계승하여 만장萬章과 공손추公孫丑, 공도자公都子 등 수많은 제자들을 양성했다. 이 때문에 맹가는 **맹자**孟子[3]로 불리고 있다. 당시 맹자의 명성은 천하에 널리 알려져 있었는데, 공자가 살아 있을 때 얻었던 명성보다 더 명성이 높았다.

위혜왕은 3진晉을 통일할 의욕은 있었으나, 실력 특히 국가경영 전략이 부족했다. 위혜왕은 계속해서 실패를 반복하여 조급했다. 위혜왕은 자신의 실패를 일거에 만회하기 위하여 널리 천하의 인재를 모집했다.

맹자는 자신의 정치철학을 현실에 펼치고 싶었다. 맹자는 위혜왕에게 임관할 결심을 하고 수백 명의 제자들을 거느리고 위를 방문했다. 위혜왕은 맹자의 명성을 흠모하였기에 교외까지 나와 맹자를 영접했다. 위혜왕은 맹자를 귀빈으로 대접하며, 국가를 이롭게 하는 방법 등

---

1) 맹가(=맹자)의 모친이 아들을 제대로 교육시키기 위해 집을 세 번이나 옮긴 사실(묘지 근처→시장 근처→서당 근처)에서 유래한 고사성어임
2) 맹가(=맹자)가 공부하러 외국으로 나갔다가 도중에 그만두고 집으로 돌아왔을 때 맹가의 모친이 마침 짜고 있던 베틀의 실을 칼로 끊으며, 학문을 중도에 그만두는 것도 이와 같다고 훈계한 사실에서 유래한 고사성어임
3) 맹자: BC 372년경 ~ BC 289년경

여러 주제에 대하여 물었다.

맹자는 위혜왕에게 ①싸움터에서 양쪽 군사가 맞붙어 싸움을 하려고 하는데 ②어떤 병사가 대단히 겁을 먹고 갑옷을 벗어 던지며 도망을 쳤다가 100걸음쯤 가서 멈춰 섰고 ③또 다른 병사는 도망을 치다가 한 50걸음쯤 되는 데서 멈춰 서고서는 ④100걸음 도망친 병사를 보고 비겁한 놈이라고 욕을 한다면 정당한 것인지 물었다. 위혜왕은 50걸음 도망친 병사를 비웃으며, 50보나 100보나 도망친 것은 마찬가지라고 답했다[1].

그러자 맹자는 위혜왕에게 이웃 나라보다는 자기 나라를 더 이롭게 하겠다는 위혜왕의 소망도 이와 비슷한 것이라고 비유하며, 이익을 추구하는 것은 중요하지 않다고 지적했다. 맹자는 인의仁義정치를 강조하며, 국가를 지키는 가장 좋은 방법은 올바른 도道를 통하여 국가를 다스리는 것이라고 설명했다. 또한 맹자는 어진 정치를 베푼다면 국가의 모든 남자들이 비록 몽둥이밖에 든 것이 없다 할지라도 갑옷과 칼로 무장한 적군을 물리칠 것이라고 아뢰며, 어진 사람에게는 대적할 자가 없다[2]고 강조했다.

위혜왕은 맹자의 견해가 무력이 최우선인 현실의 상황에 맞지 않다고 여겨 실망했다. 결국 위혜왕은 맹자를 등용하지 않았다(BC 338년).

---

1) 여기서 **오십보백보五十步百步**(백 보를 도망간 사람이나 오십 보를 도망간 사람이나 도망간 사실에는 차이가 없다는 뜻. 지엽적인 부분에서 약간의 차이는 있으나 본질적으로는 같은 것을 비유함)의 고사성어가 나옴
2) 여기서 **인자무적仁者無敵**(어진 사람에게는 적이 없다는 뜻. 진실로 어진 정치를 베풀면 적대하는 세력이 없게 되고, 비록 전쟁이 나더라도 민심이 유지되어 무력으로도 어찌할 수 없게 된다는 의미임. 인仁보다 강한 무기는 없다는 것을 비유함)의 고사성어가 나옴. 원래는 이전부터 있던 말인데, 맹자의 인용으로 널리 알려지게 된 것임

맹자는 제로 이동했다. 맹자는 제에서 여러 나라 출신의 학자들과 교류하면서 학문에 더욱 매진했다(BC 337년). 맹자는 제위왕을 알현하며 인의정치를 강조했으나, 제위왕을 설득시킬 수 없었다.

이후 맹자는 열국을 주유하면서 자신의 이상을 실현할 국가를 찾아다니기 시작한다. 맹자는 송의 군주가 어질다는 소문을 듣고 송으로 가서 임관하려 했으나, 송 군주 주위의 소인배들에게 실망했다.

송으로 향할 때 맹자는 약소국 등滕[1]의 세자와 의기투합했었는데, 나중에 세자가 즉위하여 등문공滕文公이 되었다. 등문공은 어진 정치를 실현하려 맹자를 초청했고, 맹자는 등에 임관한다. 맹자는 등에서 토지개혁을 실시하는 등 많은 노력을 했으나, 등이 워낙 약소국이어서 한계를 극복하지 못하고 실패했다.

장자莊子의 활동

노자와 함께 도가의 대표적 사상가인 **장자莊子**의 생애에 대하여 남아있는 기록은 거의 없다. 장자의 이름은 **장주莊周**고, 자字는 자휴子休다. 송 출신으로 하급 관리였다고 하지만, 형편이 매우 어려웠다고 전해지고 있다. 맹자와 동시대에 활동한 것으로 알려져 있으나, 생몰연대는 불확실하다.

노자가 무위자연을 주장하면서 정치와 사회문제에도 관심을 가졌던 것과는 달리 장자는 철저히 개인의 속세를 떠난 절대 자유와 절대 평

---

1) 무왕이 상을 멸망시킨 후 이복동생인 착숙수錯叔繡를 등 땅에 봉하여 개국함. 산동반도와 회수 사이에 위치한 약소국임. 월에 멸망했다가(BC 414년) 다시 나라가 재건되었음. 송에 최종적으로 멸망함(BC 296년경)

등을 주장했다. 장자는 소요逍遙[1]라는 개념을 통해 정신의 궁극적인 절대 자유를 비유적으로 보여주며, 인간의 삶 위에 존재하는 어떠한 가치나 규범도 인정하지 않았다.

장자는 한 곳에 매여 살기 때문에 '우물 안의 개구리'에게는 바다를 이야기할 수 없고, 한 철에 매여 살기 때문에 '메뚜기'에게는 얼음을 이야기할 수 없다고 비유하며, 당시의 제자백가(특히 유가와 묵가)를 비판했다.

장자와 후학들의 공동 저술인 《장자莊子》는 우화 형식으로 구성되어 철학과 문학이 융합되어 있는 것이 특징이다. 나비 꿈, 혼돈칠규混沌七竅, 포정해우庖丁解牛, 쓸모없는 나무와 울지 못하는 거위, 득어망전得魚忘筌 등 수많은 비유와 우화를 통해 장자는 자신의 주장을 펼치고 있다.

당시 초는 다른 지역보다 유난히 도가가 우세했고, 초위왕은 장자를 초빙해 국정을 맡기고 싶어 했다. 어느 날 장자가 복수濮水 가에서 낚시를 하고 있을 때, 초위왕이 보낸 사신이 많은 예물을 들고 장자를 찾아와 초위왕의 뜻을 전달했다. 장자는 그 사신에게 초의 묘당에 죽은 지 3,000년 된 신령한 거북을 보관하고 있다고 들었다며, 거북의 입장이라면 죽어서 뼈만 남기어 존귀하게 되는 것보다 살아서 진흙 속에서 꼬리를 끌고 다니고 싶을 것이라고 답했다.[2]

---

1) 아무 거리낌 없이 자유롭게 거닌다는 뜻. 특정한 목적지 없이 거니는 것 자체가 목적임
2) 여기서 **예미도중曳尾塗中**(진흙 속에서 꼬리를 끌고 다닌다는 뜻. 귀한 자리에 올라 속박받는 것보다 필부로서 자유롭게 편히 살기를 원하는 것을 비유함)의 고사성어가 나옴

제2절 진혜문왕秦惠文王의 위魏 압박

진혜문왕秦惠文王의 즉위(BC 338년)

상군으로 책봉된 후 상앙은 부중에서 축하연을 열었다. 상앙은 천하제일의 군대를 양성한 것을 자랑하며, 스스로 대장부라고 뽐냈다. 참석한 가신들과 빈객들이 모두 축하했다.

상객上客 조량趙良이 상앙과 백리해를 비교하며, 상앙이 재상으로 있는 동안 세자와 대신들 및 일반 백성들의 원한과 저주가 사무쳤음을 강조했다. 조량은 진효공이 사망할 경우 상앙의 처지가 아침이슬과 같이 위태로워질 것[1]이라고 강조하며, 사임하고 낙향한 후 은거할 것을 권유했다. 상앙은 불쾌하게 생각했다.

몇 달 후 진효공이 사망하고(재위 24년) 세자 사駟가 즉위했는데(BC 338년), 진후 사는 나중에 스스로 왕을 칭했고(BC 324년) **진혜문왕秦惠文王**[2] 또는 **진효혜왕秦孝惠王**으로 불리게 된다. 이 책에서는 설명의 편의상 칭왕 전이지만 진혜문왕으로 기술하기로 한다.

거열형을 당하는 상앙商鞅(BC 338년)

공자 건과 공손가는 진혜문왕에게 대신의 권세가 막강하면 국가가 위태로워진다고 아뢰며, 상앙의 권세를 주의할 것을 건의했다. 세자 때

---

1) 여기서 **위약조로危若朝露**(위태롭기가 아침이슬과 같다는 뜻. 해가 뜨면 금방 사라지는 아침이슬처럼 매우 위태로운 상황을 비유함)의 고사성어가 나옴
2) 진秦혜문왕(진효혜왕) 영사: 재위 BC 337 ~ BC 311

부터 상앙에 대해 원한이 깊었던 진혜문왕은 상앙에게 측근 내시를 보내 재상직을 사임하고 상 땅에 은거할 것을 지시했다. 상앙은 재상에서 사임하고 상 땅으로 이주했는데, 그 행차가 제후에 비견될 정도로 화려했다. 문무백관들이 상앙을 전송하느라 조정이 텅 빌 지경이 되었다.

공자 건과 공손가는 감용, 두지와 상의한 후 진혜문왕에게 상앙은 반성하지 않고 제후처럼 행차했으며 장차 반란을 계획하고 있다고 무고했다. 감용과 두지도 같은 무고를 했다. 진혜문왕은 분노하여 공손가에게 군사 3,000명을 내어주며, 상앙을 추격하여 처단할 것을 지시했다.

공손가는 상앙을 추격했다. 평소 상앙의 가혹한 통치를 증오하던 진의 백성들까지 합세했다. 상앙은 추격군을 피해 일반 병졸로 변장하고 도주했다. 상앙은 도주하면서 밤에 여관에 들러 숙박을 하려다 증명서가 없다는 이유로 숙박을 거절당하기도 했다. 상앙은 자신이 제정한 가혹한 법 때문에 자신이 피해를 입는 지경이 되자 탄식했다.

상앙은 가까스로 위魏로 도주했다. 상앙을 증오하던 위혜왕은 상앙을 체포할 것을 지시했다. 상앙은 미리 눈치를 채고 자신의 식읍인 상 땅으로 도주했다. 상앙은 군사를 준비해 대항하려 했으나, 공손가는 아직 준비를 마치지 못한 상앙을 급습하여 체포했다.

상앙은 함양으로 압송되었고, 거열형을 당했다(BC 338년). 처형을 구경하던 백성들이 원한을 풀기 위해 상앙의 찢어진 시체를 다투어 씹어 먹었고, 상앙의 시체는 순식간에 사라졌다[1]. 상앙의 일족은 멸문을 당했다.

---

1) 상앙의 최후에 대하여는 의견이 갈리고 있음. 《사기》는 상앙이 체포된 후 도주의 염려 때문에 바로 살해되었고, 그 시체를 함양으로 가져와 거열형에 처한 것으로 기록하고 있음. 여기서는 소설 《동주 열국지》에 따라 기술하였음

사마천은 《사기》에서 상앙에 대하여 타고난 성품이 메마른 사람이라고 부정적인 평가를 했는데, 실제로 상앙은 주변 사람들을 포용하지 못하고 자신의 목표만 추구하여 많은 적들을 만들었다. 상앙의 말로는 처참했으나, 상앙으로 인하여 진秦은 강국으로 성장하였고 천하통일의 기반을 마련할 수 있었다.

진혜문왕秦惠文王의 야망

진秦혜문왕은 상앙을 처단했으나, 부국강병에 매우 효과적이라고 판단하여 **상앙의 정책을 그대로 유지**했다. 이는 오기 사후 초숙왕이 오기의 정책을 승계하지 않아 초의 국력이 다시 약해진 것과 비교되는 것으로, 진혜문왕의 명석함을 보여준다. 진혜문왕은 강력해진 국력을 바탕으로 계속해서 중원 진출을 시도한다.

진은 위魏를 공격하여 안문岸門에서 크게 무찌르고(BC 338년), 위의 장수 위착魏錯을 포로로 잡았다. 초, 한, 조, 촉蜀은 진秦의 위세에 눌려 사신을 파견하고 조공의 예를 올렸다(BC 337년). 주현왕도 즉위를 축하하는 사절을 보냈다(BC 337년).

진은 한을 공격하여 낙양(낙읍)으로 통하는 중원의 교통 요충지인 의양宜陽을 점령했다(BC 335년)[1]. 그러나 진은 의양을 오래 점령하지는 못하고 한에 다시 빼앗겼다(시기는 불명함).

진혜문왕은 위魏 출신의 **공손연公孫衍**을 재상인 대량조大良造에 임명

---

1) 이 기록은 진위가 의심스러움. 진혜문왕의 아들인 진무왕 때 진은 낙양으로 진출하는 교두보를 마련하기 위해 갖은 고생을 하여 의양을 점령하는데(후술), 이 사실과 혼동된 것으로 보임

했다(BC 335년). 공손연은 진혜문왕에게 파·촉을 병합하고, 왕 칭호를 사용하고, 각국에 토지를 예물로 상납하라고 요구할 것을 건의했다. 진혜문왕은 그렇게 하기로 결심했다.

한편 진혜문왕은 부인에게서 적자인 **탕**蕩을 얻었고, 초 출신의 후궁인 **미씨**羋氏로부터 **직**稷·회悝·시市를 얻었고, 기타 여러 후궁들로부터 장壯 등 많은 아들들을 얻었다. 진혜문왕은 탕을 세자로 삼았다. 한편 회와 시는 진혜문왕의 아들이 아니고 미씨가 시집오기 전에 다른 남자와 낳은 자식이라는 주장도 있는데, 진위여부는 불명이다.

제3절 합종合縱과 연횡連橫(=연형連衡)

각국의 외교 활동(인질외교)

전국시대가 점점 심화되면서 각국의 외교활동도 더욱 활발해졌다. 당시 각국은 협력과 대립을 반복하면서도 원만한 관계 설정을 위해 서로 인질을 보내 자국의 성의를 강조하곤 하였다. 이때 강대국에서 보내는 인질은 중요도가 떨어지는 인물인 반면 약소국에서 보내는 인질은 세자 등 중요도가 높은 인물인 경우가 대부분이었다.

위혜왕의 거듭된 실책으로 인하여 위魏는 국력이 매우 약해졌고, 조趙에 세자 사를 인질로 보내는 지경이 되었다(BC 336년). 이때 방총龐蔥이 세자 사를 수행하여 같이 가게 되었다. 방총은 세자와 자신이 없는 기회를 노려 많은 중상모략이 있을 것을 매우 염려하였다.

결국 방총은 출발하기 전에 위혜왕을 알현하며, 만약 어떤 사람이 도성에 호랑이가 나타났다고 말한다면 믿을 것인지 물었다. 위혜왕은 도성에 호랑이가 나타날 리가 없으므로 믿지 않을 것이라고 답변했다. 방총은 다른 사람도 같은 말을 하면 어떨지 물었고, 위혜왕은 그래도 믿지 않을 것이라고 답변했다. 방총은 또 다른 사람도 같은 말을 하면 어떨지 물었는데, 위혜왕은 세 사람이 같은 말을 하면 믿을 것이라고 답변했다.

방총은 도성에 호랑이가 나타날 수 없는 것은 매우 당연한 것임에도 불구하고 여러 사람들이 같은 말을 하면 의혹이 생기고 믿게 되는 것이라고 지적하며, 이는 결국 없는 호랑이도 만들어 내는 것이라고 강조했다[1]. 방총은 위혜왕에게 세자와 자신이 조에 가 있는 동안 비방하는 여러 말들이 나올 것이라고 예측하며, 조의 도읍인 한단은 멀리 떨어져 있어 비방에 대하여 해명할 수도 없으므로 잘 판단하여 줄 것을 간곡히 부탁했다. 위혜왕은 방총에게 의심하지 않을 것이라고 답변했다.

방총이 세자와 함께 떠난 지 얼마 되지도 않아 방총을 헐뜯는 참소가 위혜왕에게 보고되기 시작했다. 위혜왕도 처음에는 무시했으나, 같은 소리가 여러 번 계속되자 자신도 모르게 방총에 대한 의심이 생기기 시작하여 점점 더 강해졌다. 결국 몇 년 후 세자는 귀국하게 되지만, 방총은 끝내 귀국하지 못하는 신세가 된다.

---

[1] 여기서 **삼인성호三人成虎**(사람 셋이면 호랑이도 만들어 낸다는 뜻. 거짓말도 여러 사람이 하면 참말로 들리게 됨을 비유함)의 고사성어가 나옴

소진蘇秦의 좌절

 소진은 고향인 낙읍에 귀국한 직후에 전 재산을 처분하여 비용을 마련하고 열국을 주유할 계획을 세웠다. 소진의 모친, 과부인 형수, 소진의 부인은 함께 결사적으로 반대했다. 소진의 동생인 **소대蘇代**와 **소여蘇厲**도 형에게 주周에서 출세할 것을 권유했다.
 소진은 주현왕을 알현하고, 부국강병에 대하여 일장연설을 했다. 주현왕은 큰 관심을 보이지 않았고, 관사에서 대기하라고 답했다. 소진은 1년 이상 기다렸으나 아무런 답이 없었다.
 결국 소진은 다시 집으로 돌아와 가족들의 반대에도 불구하고 집안의 재산을 처분하여 황금 100일을 마련했다. 소진은 그 돈으로 흑초구黑貂裘(담비 가죽옷)를 사서 입고 좋은 수레와 마부를 구해 열국 유람에 나섰다.
 소진은 열국의 지형을 조사하며 유람하다 진秦효공에게 임관하기로 결심하고 진으로 갔다. 소진이 진에 당도했을 때 이미 진효공은 사망한 뒤였다. 소진은 진혜문왕을 알현하고 부국강병책에 대하여 일장연설을 했다. 진혜문왕은 상앙에 대한 반감 때문에 유세객을 선호하지 않았으므로 소진을 등용하지 않았다.
 소진은 진에 머무르며 삼황오제의 통치 요점을 간추려 저서를 완성했다. 소진은 등용되기를 기대하며 저서를 진혜문왕에게 바쳤다. 진혜문왕은 열독했으나, 소진을 등용하지는 않았다. 소진은 공손연을 찾아가 천거를 부탁했으나, 공손연은 소진의 재주를 시기하여 천거하지 않았다.

시간만 흘렀고 결국 소진은 노자가 다 떨어졌다. 소진은 수레와 마부도 처분하고 초라하게 고향으로 돌아갔다. 집안사람들은 소진을 비난하고 빈정대며 무시했다. 소진은 탄식하며 눈칫밥을 먹었다. 소진은 왜 성공하지 못했는지 곰곰이 생각했다. 소진은 스승인 귀곡선생의 당부를 기억하고 다시 〈태공음부〉 편을 꺼내 연구하기 시작했다. 소진은 잠이 오면 송곳으로 허벅지를 찔러가며, 밤낮으로 연구했다[1]. 1년이 지난 후 소진은 스스로 〈태공음부〉 편의 오묘한 진리를 깨달았다고 느꼈다.

소진은 동생들을 설득하여 돈을 빌렸고, 임관을 위해 다시 출발했다. 소진은 진秦으로 가서 임관하려다 도중에 생각을 바꿨다. 강대국인 진에 가서 임관을 설득하는 것보다 약한 나라에 가서 설득하는 것이 가능성이 높다고 판단한 것이다. 소진은 '진을 고립시키는 전략'을 펴기로 결정하고, 강대국 진秦에 대항하여 여러 나라들이 공수攻守동맹을 맺는 전략인 **합종合縱정책**을 고안했다. 소진은 조를 향해 방향을 바꿨다.

당시 조숙후는 동생인 공자 성成을 봉양군奉陽君으로 책봉하여 재상으로 임명하고 나라를 다스리고 있었다. 소진은 봉양군을 알현하고 설득했으나, 봉양군은 냉담한 태도로 소진의 제안을 거절했다. 소진은 어쩔 수 없이 연으로 향했다.

소진은 연문공을 알현하기 위해 여러 방면으로 교섭했으나 실패했다. 소진은 여러 달을 허송세월로 보냈고, 노자는 바닥이 났다. 소진은

---

1) 여기서 **자고현량刺股懸梁**(허벅지를 송곳으로 찌르고 머리카락을 대들보에 묶는다는 뜻. 각고의 노력으로 학문에 정진함을 비유함)의 고사성어가 나옴. 현량懸梁은 한漢의 유학자인 손경孫敬이 공부할 때 노끈으로 머리카락을 묶어 대들보에 매달았다가 졸음으로 고개를 떨어뜨리면 머리카락이 당기는 통증으로 정신이 들어 다시 공부를 계속한 고사에서 유래함. 현량자고, **현두자고懸頭刺股**라고도 함

묶고 있던 여관에서 거의 굶어 죽기 직전인 상황이 되었다. 여관 주인이 소진을 불쌍히 여겨 돈 100전을 빌려주었고, 소진은 겨우 아사를 모면했다.

장의張儀의 좌절

장의는 고국인 위魏로 귀국한 이후 위에 임관하기 위해 노력했으나, 가난하여 목적을 이루지 못했다. 당시 위혜왕은 연전연패를 거듭하고 있었다. 장의는 실망하여 초로 이주했다.

장의는 초의 영윤인 소양의 식객이 되었다. 당시 초위왕은 소양을 총애하여 '화씨의 옥'을 하사했다. 화씨의 옥은 값을 매길 수 없는 천하의 보물이었다. 소양은 화씨의 옥을 소중히 여겨 항상 휴대했다.

어느 날 소양은 빈객 100여 명과 함께 적산赤山에 놀러 갔고, 연못 옆 누각에서 잔치를 열었다. 잔치로 인해 취기가 오른 빈객들은 소양에게 화씨의 옥을 구경시켜 줄 것을 부탁했다. 역시 취기가 오른 소양은 화씨의 옥을 상자에서 꺼내 구경시켜 주었다. 모두 감탄했다. 이때 연못에서 큰 물고기들이 뛰어 올랐고, 모두들 물고기 구경을 하느라 정신이 없었다. 동시에 갑자기 소나기가 내려 주위가 어수선해졌다. 그 틈에 화씨의 옥이 분실되었다.

소양은 가난한 장의를 의심했다. 소양은 장의에게 자백을 강요하며, 곤장 수백 대를 때렸다. 장의는 끝까지 부인하다 기절했다. 집으로 실려 온 장의는 의식을 회복한 뒤 부인에게 자신의 혀가 있는지부터 물어보았다. 부인이 어이없어하자 장의는 혀가 있고 말할 수만 있으면 걱정할 것 없다고 자신 있게 말했다[1]. 몇 달 후 몸이 완쾌되자 장의는 다시 고국인 위로 돌아갔다.

제齊와 위魏의 회서주상왕會徐州相王(BC 334년)

당시 정세는 제와 진이 동서에서 양대 강국으로 양립하며 서로 세력을 확대하려고 다투는 형국이었다. 한·위·조는 국력이 급격히 약해졌고, 남쪽에서는 초가 실력을 쌓아가며 기회를 노리고 있었다. 연은 아직 중원을 노릴 힘이 없었다.

위와 한은 제에 조공을 바쳤다(BC 336년). 위혜왕과 한소후가 견甄 땅에서 제위왕과 회견하고, 제위왕에게 조현朝見의 예를 올렸다(BC 335년).

위혜왕은 송 출신으로 궤변과 변설로 유명한 명가名家 사상가인 **혜시惠施**의 계책을 사용하여 서주徐州 땅에서 제위왕과 회견을 하며, 제위왕을 왕으로 존대했다. 이에 대응하여 제위왕은 위혜왕의 칭왕을 승인했다(BC 334년). 위혜왕은 혜시의 공을 칭찬하며, 재상으로 임명했다. 역사학자들은 이 사건을 회서주상왕會徐州相王이라 부르고 있다.

초위왕楚威王의 장강長江 하류 진출(BC 333년)

제의 사마 전영이 초와 친선을 맺는 척하면서 월을 부추겨 초를 공

---

[1] 여기서 **오설상재吾舌尙在**(내 혀가 아직 남아 있다는 뜻. 모든 부분이 망가져도 진짜로 필요하고 중요한 부분이 멀쩡하다면 큰 문제가 되지 않는다는 의미임)의 고사성어가 나옴

격하게 하는 일이 발생했다. 초위왕은 분노하여 제를 공격했다. 초군은 서주徐州 땅에서 제군을 대파했다(BC 333년).

초위왕은 월에 대해서도 보복 공격을 해서 크게 승리했다. 초군은 오 땅을 함몰하고 장강 하류까지 영역을 확대했다(BC 333년). 초위왕은 장강 하류 남쪽에 성을 쌓아 이 지역에 대한 지배권을 강화했다[1]. 이로써 초의 영역은 크게 확대되었고, 초의 위세도 높아졌다.

장강 하류를 상실한 월은 완전히 약소국으로 전락하게 되었고, 여러 부족들의 분열과 귀족들의 불화로 인하여 존재감이 미미해졌다.

조趙의 재상이 되는 소진蘇秦[합종合縱의 시작](BC 333년)

소진은 연문공을 만날 방도가 없자 최후의 방법으로 사냥을 나가는 연문공의 행차에 뛰어들었고, 연문공을 알현하는 데 성공했다. 연문공은 소진이 진혜문왕에게 바친 저서를 언급하며 기뻐했다. 연문공은 사냥을 포기하고 소진을 데리고 궁으로 돌아가 회견했다(BC 334년).

소진은 연문공에게 연이 중원에 비해 국력이 미약한 사실, 조가 중원의 공격으로부터 연의 방패 역할을 하고 있는 사실, 멀리 있는 진이 아닌 가까이 있는 조와 친하게 지내야 하는 이유 등을 설명했다. 소진은 연문공에게 강대국 진에 대항하여 여러 나라들이 공수동맹을 맺는 합종정책을 강조했다.

연문공은 소진의 주장에 찬성하면서도 다른 제후들이 참가할지 여부를 걱정했다. 소진은 조숙후를 설득하겠다고 자청했다. 연문공은 기뻐

---

1) 이때 쌓은 성이 훗날 중국 남조의 많은 국가들이 도읍으로 삼게 되는 건업建業임

하며 소진에게 인적·물적 지원을 제공했다. 연문공은 소진을 특사로 조에 파견했다.

소진은 조숙후에게 진이 조를 공격하지 않는 이유는 한과 위의 기습을 염려하기 때문이라고 아뢰며, 한과 위는 평야지대에 위치하여 방어에 불리한데 만약 진이 한과 위를 정복하면 조도 위험해진다고 설명했다. 소진은 6국이 연합하면 진보다 훨씬 군사력이 강해진다고 강조하며, 진에 대비하여 6국이 동맹을 맺어야 한다고 건의했다.

조숙후는 소진의 견해에 찬성했다. 조숙후는 소진을 재상에 임명하며(BC 333년), 합종을 완성할 것을 당부했다. 출세한 소진은 사람을 보내 연의 여관 주인에게 황금 100금을 전달하며 보답했다.

연역왕燕易王의 즉위(BC 333년)

연문공이 재위 29년에 사망하고 아들인 퇴脛가 즉위했는데(BC 333년), 나중에 스스로 왕의 칭호를 사용하니 **연역왕燕易王**[1]으로 불리게 된다.

제위왕은 국상을 기회로 연을 공격하여 성 10개를 빼앗았다.

한선혜왕韓宣惠王의 즉위(BC 333년)

한소후가 재위 30년에 사망하고 아들인 강康이 즉위했는데(BC 333

---

1) 연역왕 희퇴: 재위 BC 332 ~ BC 321

년), 나중에 각국이 왕의 호칭을 사용함에 따라 **한선혜왕韓宣惠王**[1]으로 불리게 된다.

한선혜왕은 낙양 서북쪽인 황하, 낙수, 이수가 교차하는 지역에 삼천군三川郡을 설치했다.

소진蘇秦의 노력(BC 333년 ~ BC 328년)

소진은 합종동맹을 추진하기 위해 조의 재상 자격으로 열국을 돌아다니기 시작한다(BC 333년).

소진은 먼저 한으로 가서[2] 한선혜왕을 알현하며, 한의 땅은 한정되어 있는데 진의 욕심은 끝이 없다고 지적했다. 소진은 차라리 닭의 주둥이가 될지언정 소의 꼬리가 되어서는 안 된다(영위계구寧爲鷄口 물위우후勿爲牛後)[3]고 강조하며, 6국이 동맹을 맺어 진에 대항할 것을 설득했다. 한선혜왕은 소진의 주장에 찬성했다.

이어서 소진은 위로 가서 위혜왕을 알현하며, 위는 지형이 평평하여 사방에서 제후들이 쳐들어오면 방어가 힘들다고 강조했다. 소진은 제와 연합하지 않으면 제가 동쪽을 공격할 것이고, 초와 연합하지 않으면 초가 남쪽을 공격할 것이고, 조와 연합하지 않으면 조가 북쪽을 공격할 것이고, 한과 연합하지 않으면 한이 서쪽을 공격하여 결국 나라가 넷으

---

1) 한선혜왕 한강: 재위 BC 332 ~ BC 312
2) 한보다 위를 먼저 갔다는 주장이 있음. 조에서 볼 때 위가 더 가까우므로 타당해 보이지만, 여기서는 소설《동주 열국지》의 내용을 반영하여 기술하기로 함
3) 여기서 **계구우후鷄口牛後**(닭의 머리가 될지언정 소의 꼬리가 되지 말라는 뜻. 큰 조직의 말석을 차지하는 것보다는 작은 조직의 우두머리가 되는 것이 더 낫다는 의미임)의 고사성어가 나옴

로 나뉘고 다섯으로 분열될 것이라고 설득했다[1]. 결국 위혜왕도 소진의 주장에 찬성했다.

그 다음으로 소진은 제로 가서 제위왕을 알현하며, 제는 토지가 넓고 사람도 많아 강국임을 지적했다. 소진은 제의 사람들이 옷소매를 들어 올리면 장막을 친 것처럼 보이고 땀을 흘리면 비가 되어 내리는 것처럼 보일 정도라고 과장하며, 제의 실력이 이와 같은데 진에 굴복할 수는 없다고 강조했다. 서서히 진에 밀리기 시작하여 고민하고 있던 제위왕도 소진의 주장에 찬성했다.

소진은 마지막으로 초로 가서 초위왕을 설득했다. 초위왕도 소진의 주장에 찬성했다.

6국에 대한 설득을 마친 소진은 조로 복귀하면서 고향인 낙읍을 방문했다. 소진의 주장에 찬성한 각국 군후들은 이미 소진에게 많은 인적·물적 지원을 하여 소진의 행렬은 왕을 능가할 정도로 화려했다. 소진이 고향에 당도하자 집안사람들은 소진을 극진히 환대했다. 소진은 세상의 인심이 형편에 따라 바뀌고, 사람을 대하는 태도가 그 사람의 세력에 따라 변하는 현실을 탄식했다.

소진은 고향에 천금을 지원한 후 조로 복귀했다(BC 328년). 조숙후는 6국을 설득한 소진의 공적을 평가하여 소진을 무안군武安君으로 책봉했다.

한편 소진의 동생인 소대와 소여는 형의 출세와 부귀를 부러워하며 이때부터 유세술을 열심히 공부하기 시작한다. 《사기》에는 소진의 활동시대가 실제보다 한 세대 앞서 기술되어 있는 것을 고려하면(후술)

---

1) 여기서 **사분오열四分五裂**(넷으로 나뉘고 다섯으로 찢어진다는 뜻. 세력이 각각 찢어져 힘을 발휘하지 못하는 것을 비유함)의 고사성어가 나옴

소대와 소여의 실제 활동시기도 한 세대 이후로 조정하여 해석하여야 할 것이다.

열국 간의 분쟁

소진이 합종을 시도하며 열국을 돌아다니고 있을 때에도 각국은 여전히 사소한 이유로 계속 전쟁을 했다. 장기적인 목표도 없이 작은 이익에 집착하여 소모적인 분쟁을 반복하고 있었다.

조는 동네북 신세가 된 위魏를 공격하여 황黃 땅을 점령하고(BC 333년), 북방 이민족에 대비하여 장성을 쌓았다.

위魏는 진의 위협에 굴복하여 음진陰晉 땅을 바쳤는데(BC 332년), 진은 음진 땅의 이름을 영진寧秦으로 바꿨다.

제와 위魏는 연합하여 조를 공격했는데, 조는 황하의 제방을 무너뜨리는 수공법을 사용하여 제군과 위군을 크게 무찔렀다(BC 332년).

진의 의거義渠 땅에서 내란이 발생했는데, 조전操前이 난을 평정했다(BC 331년).

진의 재상인 공손연이 위魏를 공격하여 조음雕陰 땅에서 위군을 크게 무찔렀다(BC 330년). 이때 진군은 위의 대장 용가龍賈를 사로잡았고, 위군 4만 5천 명을 처형했다. 위혜왕은 하서 10성을 바치고 진과 강화를 맺었다. 이제 하서에는 위魏의 땅이 거의 남아 있지 않게 되었다.

위衛는 위출공이 추방된 이후(BC 470년) 국력이 급격히 약해져 조와 위魏의 속국이 되기를 반복하고 있었는데, 진혜문왕은 위衛를 속국으로 삼고 위衛의 군주를 군君으로 강등시켜 버렸다(BC 330년).

진은 황하를 건너 위魏를 공격하여 분양汾陽, 피씨皮氏, 초焦 땅을 점령했다(BC 329년). 이로써 진은 드디어 황하를 건너 하동河東으로 진출하게 되었다.

초회왕楚懷王의 즉위(BC 329년)

초위왕이 재위 11년에 사망하고 세자 괴槐가 즉위하니(BC 329년), 곧 **초회왕楚懷王**[1]이다. 초회왕은 아버지와 달리 우유부단하고 능력이 많이 부족했으며, 주색에만 관심이 있었다. 경쟁국인 진과 제에 현명한 군주들이 계속 등장하고 있을 때 무능한 군주가 즉위하자 강국이던 초는 급격히 몰락하게 된다(후술).

위는 초의 국상을 이용해 초를 공격하여 형산陘山을 점령했다(BC 329년).

송강왕宋康王의 즉위(BC 329년)

송의 공자 언偃은 기골이 장대하고 힘이 장사였다. 언은 형[2]인 송척성군을 몰아내고 스스로 군위에 올랐다(BC 329년). 송후 언은 나중에 스스로 왕을 칭하여 **송강왕宋康王**[3]으로 불리게 된다.

---

1) 초회왕 웅괴: 재위 BC 328 ~ BC 299
2) 송강왕을 송척성군의 동생이 아니라 아들로 보는 견해도 유력함
3) 송강왕 자언: 송의 마지막 군주. 재위 BC 328 ~ BC 286

6국의 합종合縱동맹[원수洹水회맹](BC 328년)

조숙후는 5국(제, 초, 위, 한, 연) 군후를 원수洹水 땅으로 초청하여 대회를 열었다(BC 328년). 소진은 각국의 대부들과 자리 배치 순서와 작위 등에 대하여 의논을 했다. 결국 단순히 나라의 영토 넓이 순서(초〉제〉위〉조〉연〉한)로 자리를 배치하되 주최 측인 조가 주인 자리를 차지하기로 하고, 6국 모두 왕으로 호칭을 통일하기로 합의했다.

소진은 절차를 주재했고, 6국 군주들은 삽혈하며 동맹의식을 거행했다. 6국은 맹서를 작성하고, 진에 대항하기로 합의했다.

조숙후는 소진의 공적을 포상할 것을 제안했다. 6국 군주들은 소진에게 각 황금 100일씩을 하사하고, 소진을 종약縱約(합종조약)의 장長으로 추대했다. 또한 6국 군주들은 소진을 6국 공통의 재상으로 임명했는데, 이는 명예직으로 실제 재상이 된 것은 아니다.

소진蘇秦 및 원수洹水회맹의 실재에 대한 비판

이 책에서 언급하는 소진의 활약상은 《사기》와 소설 《동주 열국지》의 기록에 근거하여 기술한 것인데, 최근 이에 대하여 많은 비판이 제기되고 있는 상황이다. ①《사기》에 기록된 소진의 유세 내용에 시대적 오류가 많으며[1] ②《사기》에 기록된 소진의 활동시기인 BC 330년대는 진이 다른 6국을 압도할 정도의 국력을 가진 것은 아니어서 합종이 필

---

1) 예를 들어, 소진이 위혜왕을 알현하여 설득한 내용을 보면 (a)위의 지형을 평평하다고 하고 (b)한이 위의 서쪽을 공격할 가능성을 언급하고 있는데, 당시의 상황과 전혀 맞지 아니한 내용임. 이는 훗날 위가 서쪽 산악지대를 진에 상실하고 동쪽으로 위축되었을 때의 상황임

요한 시기가 아니었다는 것이 비판의 주요 내용이다.

1973년 장사長沙 부근인 마왕퇴馬王堆 지역의 묘에서 출토된 《전국종횡가서戰國縱橫家書》의 기록에 의하면 소진은 연소왕(재위 BC 313년~BC 279년)에게 중용된 것으로 나오는데, 이에 따르면 소진은 연횡連橫정책으로 유명한 장의와 동시대의 인물이 아니고 한 세대 후의 인물로 BC 310년 이후에 활동한 것이 된다. 이에 의하면 《사기》에 기록된 소진의 유세 내용은 한 세대가 흘러 진이 초강대국으로 된 이후의 상황을 반영한 것으로 해석해야 할 것이다(실제로 30년 후의 국제 정세를 감안하여 소진의 유세 내용을 해석하면 잘 들어맞음).

소진을 장의보다 한 세대 이후의 인물로 본다면 **원수회맹은 실재하지 않았고**, 최초의 진정한 합종은 공손연의 노력에 의하여 BC 318년에 형성된 것으로 볼 수 있다(후술). 각국 군주들은 회견을 통해 서로의 왕 호칭을 상호 인정하는 일을 수차례 반복하는데(후술), 만약 원수회맹에서 왕 호칭을 포괄적으로 인정했다면 이런 일들이 필요 없었을 것이다. 결국 원수회맹은 존재하지 않았던 것으로 보는 것이 합리적인 해석일 것이다.

한편 맹자는 《맹자》〈이루하〉 편에서 장의와 공손연을 대장부가 아니라고 비판하였는데, 소진에 대하여는 언급이 없다. 만약 소진이 장의와 동시대의 인물로 합종정책의 대표자라면 맹자는 공손연이 아니라 소진에 대하여 언급했을 것이다. 맹자가 소진을 언급하지 않은 것은 소진이 맹자 이후의 세대이기 때문일 것이다.

반면 장의와 관련된 내용은 '소진과 연결된 부분을 제외하고는' 대부분 사실에 부합한다. 장의는 소진보다 한 세대 앞선 인물로 시대를 풍미했다. 제자백가의 하나인 합종연횡가의 많은 사람들이 장의의 연횡

정책을 깨뜨리려고 노력했으나 모두 실패했고, 장의는 최후의 승자가 된다(후술).

결국 분서갱유 등으로 인한 사료의 부족 때문에 소진과 관련하여 사마천이 잘못 기록한 것으로 판단된다. 《사기》의 오류로 인하여 전국시대와 관련된 내용에 많은 혼선이 발생하고 있으므로 주의해서 해석해야 한다. 추후 연구를 기다리며 이 책에서는 일단은 《사기》와 소설 《동주 열국지》에 기초하여 기술하기로 한다.

제4절 장의張儀의 외교 활동

장의張儀를 진秦에 출사시키는 소진蘇秦

조숙후는 항상 진秦으로부터 공격을 받을 것을 우려했다. 소진은 진이 조를 공격하면 조숙후가 다른 국가와 연합하여 진에 대항하는 대신 진에 강화를 요청하여 합종 계획이 실패할 것을 걱정했다. 소진은 조숙후에게 진秦군이 계속된 싸움으로 지쳐있어 당장 공격하지는 않을 것이라고 태연한 척 아뢰었다. 조숙후는 소진에게 진의 공격에 대비할 것을 지시했다.

소진은 고민하다 친구인 장의를 이용하여 진의 공격을 저지하기로 계책을 마련했다. 소진은 심복인 가사인賈舍人을 불러 계책을 지시했다.

가사인은 장사꾼으로 변장하고 위魏로 가서 장의에게 접근했다. 가사인은 장의와 친분을 맺은 후, 조에 가서 소진의 도움을 받아 임관할 것을 권유했다. 가사인은 장사를 마치고 귀국한다고 둘러대고 장의를 수레에 태워 조로 데려갔다.

　가사인은 장의를 여관에 데려주고, 집안일을 처리하러 간다고 말하며 수일 후 방문하겠다고 약속했다. 장의는 재상부를 방문하여 문지기에게 명자(=명함)를 소진에게 전달해 줄 것을 부탁했다. 문지기는 미리 소진의 지시를 받았기에 장의의 부탁을 거절했다. 장의는 5일 동안 계속 부탁했고, 문지기는 겨우 승낙했다. 잠시 후 문지기는 지금은 바빠서 만날 수 없으니 기다리면 사람을 보내겠다는 소진의 말을 전했다.

　장의는 여관에서 일주일을 기다렸으나, 소진은 아무 기별이 없었다. 장의는 분노했고, 가사인의 행방을 찾았다. 며칠 후 장의는 가사인의 행방도 찾지 못하여 귀국하려고 했는데, 소진이 사람을 보내 접견을 허락했다.

　장의는 아침 일찍 재상부로 찾아갔다. 소진은 장의를 정문이 아닌 쪽문으로 출입시키고, 영접하지도 않았다. 장의는 반나절을 기다려 겨우 소진을 접견했는데, 소진은 친구인 장의를 무시하며 예를 갖추지도 않았다. 마침 점심 식사 시간이 되었다. 소진은 당상에 그냥 앉아 진수성찬을 먹으며, 소진에게는 당하의 툇마루에 초라한 식사를 제공했다. 장의는 참았던 분노가 폭발하여 소진을 꾸짖었다. 소진은 장의에게 재주가 없고 무능한 사람을 천거할 수는 없다고 말하며, 혼자서는 성공할 자신이 없어서 찾아온 것으로 쓸모없는 자라고 무시하며 경멸했다. 소진은 옛정을 생각해 노자로 황금 1홀笏을 하사한다고 냉담하게 말하며, 장의에게 돌아가라고 지시했다.

　장의는 격분하여 노자를 던져버리고, 여관으로 돌아갔다. 여관 주인은 신분의 차이를 강조하며 소진을 두둔했고, 장의에게 밀린 비용을 독촉했다. 돈이 없던 장의가 당황하고 있을 때 가사인이 여관을 방문했다. 가사인은 바쁜 일이 있어 찾아오지 못했다고 사과했다. 장의로부터 자초지종을 들은 가사인은 장의를 조에 데리고 온 책임을 인정하며, 여관 비용을 결제하고 위로 돌아갈 여비를 마련해 주었다. 장의는 면목 없어 하며, 진秦으로 갈 의사를 밝혔지만 여비를 걱정했다. 가사인은 마침 진을 방문할 예정이었다며 동행할 것을 제안했다. 장의는 감사를 표하며, 가사인과 의형제를 맺었다.

가사인은 장의를 진으로 데려갔고, 의복과 노비 등 많은 지원을 제공했다. 가사인은 장의를 천거하기 위해 많은 뇌물을 사용했고, 진의 대신들은 진혜문왕에게 장의를 천거했다.

진혜문왕은 장의를 접견한 후 객경에 임명했다(BC 328년). 이후 장의는 진혜문왕의 신임을 받게 되었다.

가사인은 비로소 장의에게 자신의 신분을 밝히며, 소진이 친구인 장의가 작은 지위에 안주할 것을 염려하여 일부러 격분시켜 뜻을 크게 가지게 한 것이라고 설명했다. 가사인은 장의가 진에 임관할 수 있도록 모든 지원을 제공하라고 소진이 지시한 사실을 밝혔다. 장의는 자신보다 소진의 능력이 월등하다며 탄식했다.

가사인은 장의에게 소진이 6국을 합종시켜 진에 대항할 계획임을 알리며, 진이 조를 공격할 경우 소진의 계획이 수포로 돌아가니 진이 조를 공격하는 것을 막아 줄 것을 부탁했다. 장의는 소진의 은혜에 감사를 표하며, 부탁을 승낙했다. 가사인은 귀국하여 소진에게 보고했다.

합종合縱의 균열과 연횡連橫의 시작

진혜문왕은 6국 동맹에 충격을 받았다. 재상 공손연은 진혜문왕에게 동맹을 주도한 조趙를 공격할 것을 건의하며, 만약 원군을 파견하는 나라가 있으면 그 나라를 공격할 것을 주장했다. 공손연은 원군을 공격하면 다른 나라들은 두려움을 느껴 동맹에서 분리될 것이라고 강조했다.

장의는 평소 천하의 정세를 논할 때 합종정책은 허상에 불과함을 강조했다. 장의는 6국이 국가의 안전을 보장받기 위해서 최강국인 진과 개별적으로 각각 동맹을 맺는 전략을 주장했는데, 이를 **연횡連橫정책**이라고 한다. 장의는 합종을 깨뜨리기 위해서는 각국을 서로 분열시켜야 한다고 생각하고 있었다.

소진의 은혜에 보답하기 위해 장의는 조를 공격하면 나머지 5국이 조에 원군을 파견할 우려가 있다고 강조하며, 조에 대한 공격에 반대했다. 장의는 위와 화친을 맺고 연과 통혼하면 각국이 서로 의심하여 자연스럽게 동맹이 와해될 것이라고 주장했다. 이는 소진에 대한 은혜도 갚고 자신의 평소 주장을 실천하는 일거양득의 계책이었다.

진혜문왕은 장의의 주장을 채택했다. 진혜문왕은 위에 사신을 보내 양릉襄陵 등 7개 성을 반환할 것을 약속하며, 우호를 요청했다. 위혜왕은 작은 이익에 솔깃하여 진과 우호를 체결하고, 딸을 진의 세자에게 시집보냈다. 진혜문왕은 계속해서 연역왕과 우호를 맺고 딸을 연의 세자에게 시집보냈다.

조숙후는 소진을 불러 책망하며, 위와 연을 신뢰할 수 있는지 물었다. 소진은 연과 위를 방문하여 경위를 파악하고 양국의 사과를 받겠다고 자청했다. 소진은 연으로 갔다.

진秦의 재상이 되는 장의張儀(BC 328년)

　장의는 소진이 조를 떠났다는 소식을 듣고 합종조약의 붕괴를 예상했다. 장의는 진혜문왕에게 위에 7개 성을 반환할 필요가 없다고 건의했고, 진혜문왕은 약속을 파기했다.
　위혜왕은 분노하여 진에 사신을 보내 항의했다. 진혜문왕은 사과하지 않고 오히려 공자 화華를 대장으로 하고 장의를 부장으로 하여 위를 공격했다(BC 328년). 진군은 단숨에 위의 포양蒲陽 땅을 함몰했다.
　장의는 위에 포양 땅을 돌려주고 공자 요繇를 볼모로 보내 우호를 체결할 것을 건의했다. 진혜문왕과 신하들이 모두 장의의 황당한 주장에 반대했다. 장의는 위가 더 큰 땅을 바치며 진을 섬기게 될 것이라고 설득했고, 결국 진혜문왕은 승낙했다.
　장의는 사신이 되어 위혜왕을 알현하며, 포양 땅을 반환하고 공자 요를 볼모를 제공하면서 화의를 요청했다. 장의는 위혜왕에게 ①화의에 대한 답례로 땅을 바쳐 사은하고 ②진과 연합하여 다른 나라를 공격하면 몇 십 배의 땅을 획득할 수 있을 것이라고 유혹했다. 위혜왕은 솔깃하여 하서 땅에 위치한 마지막 군사 요충지인 소량小梁[1]을 포함한 상군上郡 소속 15개 마을을 진에 바치고(BC 328년), 공자 요를 진으로 돌려보냈다. 이제 하서는 전부 진의 소유가 되었다. 그렇지만 위혜왕은 진을 섬기겠다는 말은 끝내 하지 않았다.
　진혜문왕은 장의의 공로를 치하하며 장의를 재상에 임명했다(BC 328년). 진혜문왕은 소량을 하양夏陽으로 개명했다. 진혜문왕은 위혜

---

1) 소량은 BC 330년에 위가 진에 이미 상실했다는 반대 견해도 있음

왕에게 보답으로 초焦와 곡옥 등을 돌려주었다(BC 327년). 공손연은 장의에게 밀리자 분노하여 위魏로 이주했다.

연燕을 위해 활약하는 소진蘇秦

소진이 연에 도착하자 연역왕은 소진을 재상으로 예우하고, 제가 연의 국상을 이용하여 성을 빼앗은 것을 하소연했다. 소진은 연이 진과 혼사를 맺은 것을 언급하지도 못하고, 제의 공격 문제를 해결하기 위해 제로 이동했다.

소진은 제위왕을 만나 진과 연이 통혼한 사실을 언급하고, 진과 연이 연합하면 제가 위기에 빠질 우려가 있음을 강조했다. 소진은 일을 잘 처리하는 사람은 화를 바꾸어 복이 되게 한다고 강조하며[1], 연에 성을 반납하고 연과 우호를 맺으면 연과 통혼한 진과도 우호를 맺게 되는 결과가 되므로 천하 제패가 가능할 것이니 화가 바뀌어 복이 되는 것이라고 설득했다. 대신들이 반대했으나, 제위왕은 연에 성을 돌려주었다. 이때부터 제의 대신들은 소진을 싫어하게 되었다.

소진은 다시 연으로 갔다. 소진은 연역왕의 환대를 기대했으나, 예상과 달리 연역왕은 차갑게 대했다. 소진은 자신의 벼락출세를 시기하는 자들의 비방이 많음을 짐작했다. 소진은 연역왕에게 군주가 스스로 만족해서 앞으로 나아가는 길을 모색하지 않고 있으면 그 나라는 발전할

---

1) 여기서 **전화위복**轉禍爲福(화가 바뀌어 오히려 복이 된다는 뜻. 어떤 불행한 일이라도 강인한 의지를 가지고 끊임없이 노력하면 불행을 행복으로 바꿀 수 있다는 의미임)의 고사성어가 나옴

수 없다고 지적하며, 백이·증삼·미생尾生[1]과 같이 도덕성만 따지는 고지식한 사람들은 군주를 보필할 수 없다고 강조했다. 소진은 나라의 위엄을 과시하고 큰 공을 세우기 위해 신하에게 필요한 것은 청렴·효성과 같은 도덕성이 아니라 능력임을 강조했다. 연역왕은 소진의 말을 듣고 만족했다. 연역왕은 소진의 공로를 치하하며, 연에 머물 것을 권유했다.

한편 연역왕의 모후인 문부인文夫人은 소진을 사모했고, 소진을 내궁으로 불러 유혹했다. 결국 문부인과 소진은 관계를 가졌다. 연역왕은 그 사실을 알았지만, 내색하지 않았다.

소진은 불안했다. 소진은 연에서 자신의 지위를 확보하기 위해 연의 재상인 **자지子之**에게 자기 딸을 출가시키고, 동생인 소대와 소여를 연으로 불러 자지와 의형제를 맺도록 했다. 문부인은 계속 소진을 불러들였고, 소진의 불안감은 커져만 갔다.

소진은 불안감 때문에 연을 벗어나기로 결심하고 계책을 마련했다. 소진은 연역왕에게 연과 제는 공존할 수 없다고 강조하며, 자신이 제에 임관하여 반간계反間計를 사용해 제의 발전을 방해하겠다고 자청했다. 연역왕은 허락했다.

소진은 일부러 죄를 짓고 제로 도주했다. 제위왕은 소진을 객경에 임명했다. 이후 소진은 제위왕을 사치와 향락에 빠지게 했다. 소진이 제위왕의 총애를 받게 되자 이를 질투하여 소진에게 반감을 가지는 자들

---

[1] 노魯 출신의 청년으로 융통성이라고는 전혀 없는 고지식한 사람이었음. 어느 날 애인과 다리 아래에서 만나기로 약속했는데, 때마침 홍수가 나 물이 계속 불어났지만 다리 아래에서 꿈쩍도 않고 애인을 기다리다 결국 다리를 부둥켜안고 익사하였음. 여기서 **미생지신尾生之信**(미생의 신의라는 뜻. 고지식하여 융통성이라고는 전혀 없는 것을 비유함)의 고사성어가 나옴

이 많아졌다. 연역왕은 제가 내부로부터 무너지길 기다렸다.

조무령왕趙武靈王의 즉위(BC 326년)

조숙후가 재위 24년에 사망하고 아들인 옹雍이 나이 14세에 즉위하니(BC 326년), 곧 **조무령왕趙武靈王**[1]이다. 조무령왕은 기골이 장대하고 기상이 웅대했다. 조무령왕이 나이가 어려 조숙후의 어진 신하였던 비의肥義로부터 자문을 받았다.

각국의 분쟁과 협력

진秦후 사駟가 국력에 자부심을 느껴 스스로 왕을 칭했다(BC 325년). 진후 사는 나중에 진혜문왕 또는 진효혜왕으로 불리게 된다.

위혜왕과 한선혜왕은 무사巫沙 땅에서 회견하고 상호 왕위를 인정했다(BC 325년). 초회왕은 소주小邾를 공격하여 병합했다(BC 325년). 제는 조를 공격하여 평읍平邑에서 승리하고, 조의 장수 한거韓擧를 사로잡았다(BC 325년).

진秦의 재상인 장의는 진군을 이끌고 위의 섬陝 땅을 공격해 점령한 뒤 요새를 건설했다(BC 324년).

공손연은 당시 유행하던 종횡가의 대표적인 인물인데, 장의에게 반감을 느껴 진秦에 대항하는 합종을 적극 주장했다. 위로 이주한 공손연은 위·한·조·연·중산이 왕을 칭하고 서로의 왕호를 인정하도록 주선했

---

1) 조무령왕 조옹: 재위 BC 325 ~ BC 299

다(BC 323년). 이때 위·한·조·연·중산은 진에 대항하기로 합의했다(동쪽의 강국인 제와 남쪽의 강국인 초는 빠져 있음).

소진에 관한 기록에 대하여 의문을 제기하는 견해는 공손연을 최초로 합종을 성공시킨 인물로 주장하며, 이때를 최초의 합종으로 보기도 한다. 한편 최초의 합종을 후술하는 5국의 진秦 공격(BC 318년)으로 보는 견해도 있다. 요약하면 **합종의 최초 시작**에 관하여 ①원수회맹(BC 328년) ②공손연의 주선(BC 323년) ③5국의 진 공격(BC 318년)으로 보는 주장이 있는 것이다.

조무령왕과 한선혜왕이 구서區鼠 땅에서 회맹을 가졌다(BC 322년). 이듬해 조무령왕은 한韓 왕실의 여인과 혼인하고 한과 우호를 맺는다(BC 321년).

초楚의 위魏 공격과 장의張儀의 견제(BC 322년)

당시 장의의 1차 목표는 진과 접경하고 있는 위魏를 약화시키고 그 땅을 점령하는 것이었다. 공손연의 활약으로 위의 명성이 올라가자 장의는 다른 나라의 손을 빌려 위를 견제할 계책을 마련한다.

장의는 설상齧桑 땅에서 제와 초의 재상들과 회합을 했는데(BC 323년), 장의는 초를 설득하여 위를 공격하도록 했다. 초의 영윤 소양은 위를 공격하여 대승을 거두고 성 여덟 개를 빼앗았다(BC 322년).

소양은 여세를 몰아 제를 향해 진격했다. 당시 진의 사신인 **진진陳軫**이 제에 머무르고 있었는데, 제위왕은 진진에게 강화를 부탁했다. 진진이 소양을 찾아갔다. 진진은 소양에게 다음의 이야기를 들려주었다.

초의 제관이 제사를 마친 뒤 고생한 일꾼들에게 술 한 잔을 내렸는데, 모두가 나누어 마시기에는 턱없이 부족했다. 그래서 일꾼들은 땅에다가 뱀을 가장 먼저 그리는 사람이 술을 마시기로 상의했다. 가장 먼저 뱀을 그린 한 사람이 술잔을 가져갔는데, 그 사람은 뱀의 다리까지 그릴 수 있다고 자랑하며 뱀의 다리를 추가로 그리고 있었다. 이때 다른 사람이 뱀을 그린 다음 그 술잔을 낚아채면서 뱀에게는 다리가 없다고 말하고는 술을 마셔버렸다[1].

진진은 소양에게 이미 충분한 공을 세웠음을 강조하며, 제를 공격하는 것은 뱀의 다리를 그리는 것과 같고 자칫 실패하면 공을 잃어버리는 결과가 될 것이라고 설득했다. 결국 소양은 제를 공격하지 않고 초로 회군했다.

장의는 초의 영윤 소양이 공을 세우고 초의 위세가 올라가자 소양을 실각시킬 결심을 했다. 장의는 초회왕에게 서신을 보내 소양으로부터 누명을 썼던 일을 언급하며, 자신은 화씨의 옥을 훔친 사실이 없음을 강조했다.

진의 위세와 장의의 분노를 두려워한 초회왕은 영윤 소양을 불러 질책했다. 소양은 위를 공격한 큰 공을 세웠음에도 불구하고 오히려 질책을 받자 화병이 들었고, 곧 사망했다.

진秦을 위해 위魏의 재상이 되는 장의張儀(BC 322년)

장의는 진과 가장 가까운 위치에 있는 위가 합종을 버리고 진을 섬

---

[1] 여기서 **화사첨족畵蛇添足**(뱀을 그린 뒤 다리를 더 그린다는 뜻. 하지 않아도 되는 쓸데없는 일을 덧붙여 하다가 오히려 일을 망치게 되는 것을 의미함)의 고사성어가 나옴. 화사첨족은 줄여서 **사족蛇足**으로 칭해짐

기게 되면 다른 나라들도 위를 따라서 진을 섬길 것으로 생각하고, 먼저 위를 집중적으로 노리기로 결심했다. 장의는 진혜문왕에게 ①진의 재상을 사임하고 ②위에 귀화하여 ③위가 진을 섬기도록 작업하고 이로써 합종을 무너뜨리겠다고 건의했다. 진혜문왕은 허락했다.

장의는 계책대로 진의 재상을 사직한 뒤 위로 귀화했고, 위혜왕은 혜시를 해임하고 장의를 재상에 임명했다(BC 322년). 장의는 위혜왕에게 위는 사방이 적이고 땅은 평지여서 방어에 불리하다고 강조하며, 강국 진을 섬길 것을 설득했다. 위혜왕은 진에 여러 번 속았으므로 주저했다. 장의는 심복 부하를 몰래 진에 보내 진혜문왕에게 위를 공격할 것을 건의했다.

진군은 위를 공격하여 곡옥과 평주平周를 함몰했다(BC 322년). 위혜왕은 진에 극도로 분노했다. 위혜왕은 초회왕을 종약의 장으로 추대했다.

한편 혜시는 초로 이주했다가 다시 고향인 송으로 갔다. 이 과정에서 혜시는 장자와 벗이 되었고, 철학 토론을 했다. 이 때문에 《장자》에는 혜시와 관련된 내용이 많이 나온다.

맹자孟子의 귀국(BC 322년)

맹자는 약 15년간 천하를 돌아다니며 자신의 학문을 받아줄 나라를 찾아다녔으나, 성과를 거두지 못했다. 맹자의 주장은 이상주의적인 면이 너무 강하여 무력 위주의 살벌한 시대에 살면서 생존을 최우선으로 여기는 제후들에게는 받아들이기 어려운 면이 있었던 것이다.

결국 맹자는 고국으로 돌아와 제자 공손축, 만장 등과 함께 학문 연구에 전념했다. 제자들은 맹자의 말을 모아 나중에 《맹자》를 편찬하는데, 《맹자》는 (함축적인 《논어》와 달리) 주장과 논리가 정연하고 문장이 화려하여 지금까지도 한문 문장의 표준으로 평가받고 있다.

당시 유가는 법가 등 다른 학파들에 밀려 상당히 위축된 상태였는데, 맹자는 다른 학파들의 주장에 대한 논리적 비판을 통해 고전하던 유가를 부활시키고 지켜냈다.

제4장

제齊, 진秦의 양강 체제

제1절 제선왕齊宣王의 연燕 공략

주신정왕周愼靚王의 즉위(BC 321년)

주현왕이 재위 48년에 사망하고 아들인 정定이 즉위하니(BC 321년), 곧 **주신정왕周愼靚王**[1]이다.

연왕燕王 쾌噲의 즉위(BC 321년)

연역왕이 재위 12년에 사망하고 아들인 쾌噲가 즉위했다(BC 321년). 연왕 쾌[2]는 주색에 탐닉하여 정치를 소홀히 했다.

연의 재상인 자지子之는 거구에 힘이 장사였는데, 연역왕 때부터 실권을 장악하고 있었다. 자지는 연왕 쾌가 정치를 소홀히 하자 왕위를 노리게 되었다. 자지는 소대, 소여, 대부 녹모수鹿毛壽를 일당으로 하고

---

1) 주신정왕 희정: 재위 BC 320 ~ BC 315
2) 연왕 희쾌: 재위 BC 320 ~ BC 315

세력을 계속 확대했다[1].

진군秦軍을 격파하는 광장匡章(BC 320년)

제위왕은 아들인 전영田嬰에게 설薛 땅을 분봉했다(BC 322년). 이후 전영은 설공薛公으로 불리게 된다.

진秦이 위와 한으로부터 길을 빌려 제를 공격했다(BC 320년). 제위왕은 **광장匡章**을 보내 진군을 방어하게 했다. 광장은 군사들을 진군으로 위장시켜 진군 진영에 잠입시킨 뒤 진군의 깃발을 들게 하여 진군을 교란시켰다. 광장의 계략을 알지 못했던 제의 대신들은 광장이 배신한 것으로 여겨 처벌을 주장했으나, 제위왕은 광장을 신뢰했다. 결국 광장은 교란상태로 혼란에 빠진 진군을 크게 무찔렀다.

예전에 광장의 부친은 죄를 지은 부인을 죽여 마구간에 묻었는데, 이 일 때문에 광장은 부친과 크게 다투었다. 이후 광장은 자신을 죄인이라고 생각하여 처자식을 모두 물리치고 평생을 외롭게 생활했다. 광장의 부친은 죽으면서도 부인의 시신에 대하여는 언급이 없었고, 광장은 부친의 말씀이 없었는데 자식 마음대로 모친의 시신을 옮기는 것은 부친을 속이는 것이라고 여겨 결국 모친의 시신을 옮기지 못했다.

제위왕은 죽은 부친도 속이지 못하는 광장이 살아 있는 군주를 속이는 일을 하지 않을 것이라고 믿었기에 대신들의 모함이 있었어도 끝까지 광장을 믿었던 것이다.

---

1) 소진, 소대, 소여는 연역왕 때가 아닌 연소왕(연역왕의 손자) 때의 인물임. 따라서 소대와 소여는 연왕 쾌와 아무 관련이 없음. 그러나 여기서는 일단 소설《동주 열국지》에 따라 기술하기로 함

제선왕齊宣王의 즉위(BC 320년)

진군을 물리치고 얼마 후 제위왕이 재위 37년에 사망하고 세자 벽강辟彊이 즉위하니(BC 320년), 곧 **제선왕齊宣王**[1]이다. 제선왕은 제의 강한 국력을 믿고 사치와 교만에 빠졌다. 제선왕은 사치스러운 설궁雪宮을 건립하고, 임치성 교외에 40리나 되는 수렵장을 만들었다.

제선왕은 강실講室을 개원하고 전국의 유세객 수천 명을 수용하여 국가재정을 낭비하게 만들었다. 제선왕은 추연騶衍, 전변田駢, 접여接輿, 환연環淵 등 76명을 상대부로 임명하고, 그들과 궤변을 나누고 황당무계한 토론을 하며 현실적인 문제를 외면했다. 내시 왕환王驩은 제선왕의 총애를 받고 이를 더욱 부추겼다. 이로 인해 제의 국력은 약해졌으나, 제의 도읍인 임치는 학문과 문화의 중심지가 되어 제자백가를 대표하는 도시가 되었다.

재상 전기가 여러 차례 간언을 했으나, 제선왕은 듣지 않았다. 결국 전기는 화병이 들어 죽었다.

제선왕齊宣王을 각성시키는 추녀 종리춘鍾離春

종리춘鍾離春은 무염無鹽 땅 출신인데, 재주와 덕행을 겸비했다. 종리춘은 눈 주위에 큰 붉은 반점이 있었고 추녀 중의 추녀여서[2] 나이 40

---

1) 제선왕 전벽강: 재위 BC 319 ~ BC 301. 이와 달리 BC 342 ~ BC 324로 보는 일부 견해도 있음
2) 동진東晉 원제元帝 때 주개周凱가 주변의 칭찬을 듣자 "어찌 무염에게 화장을 한다고 하여 갑자기 서시가 되겠는가?"라고 말하며 겸손을 나타냄. 여기서 **각화무염**刻畫無鹽(무염 땅의 종리춘이 화장을 한다는 뜻. ①차이가 많이 나 서로 비교할 수 없는 것 ②아무리 꾸며도 별로 꾸민 효과를 보지 못하는 것을 의미함)의 고사성어가 나오게 됨

세가 되도록 결혼하지 못했다.

어느 날 제선왕이 설궁에서 잔치를 열고 있을 때 종리춘이 설궁을 찾아가 제선왕의 후궁이 되겠다고 말하며, 접견을 신청했다. 설궁의 문지기들이 종리춘의 외모를 보고 어이가 없어서 말렸으나, 종리춘은 계속 고집을 부렸다. 보고를 받은 제선왕은 호기심이 생겨 접견을 허락했다.

종리춘이 들어오자 잔치 참석자들이 모두 얼굴이 두꺼운 여자라며 종리춘을 비웃고[1] 웃음을 터뜨렸다. 제선왕은 종리춘의 못생긴 외모를 지적하며, 다른 재주가 있는지 물었다. 종리춘은 은어隱語[2]를 잘한다고 답했고, 제선왕은 해볼 것을 지시했다.

종리춘은 눈을 치뜨고, 이를 내보이며 웃고, 두 손은 들었다가 무릎을 탁탁 치며 '위태롭고 위태롭구나!'라고 외쳤다. 제선왕을 비롯한 모든 참석자들은 그 뜻을 알 수 없었다.

종리춘은 눈을 치뜬 것은 왕이 봉화를 본 것이고, 이를 내보이며 웃은 것은 왕이 충신의 간언을 기뻐한 것이며, 두 손을 든 것은 왕이 간신을 내쫓은 것이며, 무릎을 탁탁 치는 것은 왕이 잔치를 하고 있는 고대광실을 무너뜨리는 것이라고 설명했다. 제선왕은 분노하여 종리춘을 처형할 것을 지시했다.

종리춘은 끌려가기 전에 제선왕의 네 가지 잘못을 지적했다. ①진은 위앙을 등용한 이후 국력이 강대해져 제와 패권을 다투고 있는데, 왕은 국방을 소홀히 하고 있으며 ②군주와 시비를 따지는 신하가 있으면 그 나라는 망하지 않는데, 왕은 정치에 관심이 없고 충신의 말을 듣지 않

---

1) 여기서 **강안여자**强顔女子(얼굴이 두꺼운 여자라는 뜻. 뻔뻔하고 부끄러움을 모르는 것을 비유함)의 고사성어가 나옴. **후안무치**厚顔無恥와 같은 의미임
2) 행동을 보고 그 뜻을 맞추는 놀이

고 있으며 ③왕환은 간신이고 추연은 실속이 없는데, 왕은 왕환과 추연을 총애하고 있으며 ④군주가 사치를 하고 화려한 궁실을 지으면 백성들은 고통을 받고 재정은 탕진되는데, 왕은 사치를 일삼고 있다는 내용이었다. 종리춘은 제는 지금 매우 위태로운 상황임을 강조하고, 제선왕이 눈앞의 편안함만 알고 훗날의 우환을 내다보지 못하고 있음을 지적했다.

제선왕은 크게 깨닫고 찬탄하며 잔치를 끝냈다. 이후 제선왕은 천하의 인재들을 초청하고, 간신들을 추방하며 유세객들을 해산했다. 제선왕은 동생인 전영田嬰을 재상에 임명하고, 맹자를 상빈으로 초빙했다. 제선왕은 종리춘을 부인으로 삼으려 했으나, 종리춘은 사양했다[1]. 제선왕은 종리춘에게 무염 땅을 하사했는데, 이때부터 사람들은 종리춘을 무염군無鹽君으로 불렀다.

어느 날 맹자는 제선왕을 알현했는데, 제선왕은 천하통일을 이루어 모든 군주들과 백성들의 복종을 받길 원했다. 맹자는 무력으로 통일을 이루려고 하는 것은 나무에 올라가 물고기를 구하는 것보다 더 잘못된 방법이라고 아뢰며[2], 패도覇道는 나라와 백성을 망하게 하는 재난을 가져올 것이라고 경고했다.

또한 맹자는 백성들의 경우 경제적 안정이 없으면 항상 바른 마음을

---

1) 종리춘이 정비正妃가 되었지만, 제선왕은 애첩 하영춘을 총애했다는 일화도 있음. 후궁과 달리 왕비를 정하는 것은 정치적 고려가 많이 좌우되는 중대 사안인데, 귀족 가문이 아니고 늙고 못생긴 종리춘이 즉흥적으로 왕비로 책봉되었다는 일화는 합리적인 주장으로 보기는 어려울 것임

2) 여기서 **연목구어緣木求魚**(나무에 올라가 물고기를 구한다는 뜻. 목적과 수단이 일치하지 않아 일의 성공이 불가능한 것을 의미함 또는 잘못된 계책으로 일을 도모하는 것을 비유함)의 고사성어가 나옴

가질 수 없게 되고[1] 그 결과 방탕과 편벽과 부정이 횡횡하게 된다고 강조하며, 백성들이 배부르게 먹고 따뜻하게 지내면 왕도王道가 실현될 것이라고 강조했다.

맹자는 여러 차례 제선왕에게 인의정치를 설파했으나, 전국시대의 냉혹한 현실에 놓여 있던 제선왕은 맹자의 주장을 채택하지 않았다.

위양왕魏襄王의 즉위(BC 319년)

위혜왕이 재위 51년에 사망하고 세자 사嗣가 즉위하니(BC 319년), 곧 **위양왕魏襄王**[2]이다. 위양왕은 장의를 싫어했고, 공손연을 재상에 임명했다(BC 319년). 혜시도 다시 등용되었다. 공손연과 혜시는 외교활동에 주력하며 합종책을 주장하고 진에 대항했다.

한편 위혜왕이 사망하고 위양왕이 즉위한 시점을 BC 335년으로 보는 견해(《사기》)도 있는데, 그 견해에 의하면 위의 몰락 과정의 많은 부분이 위혜왕이 아닌 위양왕 때 발생한 것으로 된다. 그 견해는 위양왕(BC 334 ~ BC 319), 위애왕(BC 318 ~ BC 296)의 순으로 왕위가 승계되었다고 주장하고 있다. 최근의 통설은 사료부족으로 인한 사마천의 오류로 보고 있다.

장의는 위양왕에게 합종을 버리고 진을 섬길 것을 건의했다. 위양왕은 장의의 말을 채택하지 않았다. 장의는 몰래 심복부하를 진에 보

---

1) 여기서 **무항산무항심無恒産無恒心**(생활이 안정되지 않으면 바른 마음을 유지할 수 없다는 뜻. 백성들에게 안정된 생활을 제공하는 것이 정치의 핵심이며, 백성들의 실생활을 돌보는 것이 군주의 의무라는 의미임)의 고사성어가 나옴. 줄여서 **항산항심恒産恒心**으로 쓰기도 함
2) 위양왕 위사: 재위 BC 318 ~ BC 296(다수설)

내 위를 공격할 것을 요청했다. 진은 위를 공격했고, 또다시 위는 패했다 (BC 319년). 한편 진은 한을 공격하여 언鄢 땅을 점령했다(BC 319년).

맹상군孟嘗君의 명성

제선왕은 진秦 왕실 출신의 여자를 부인으로 삼았다. 제선왕은 국정에 매진했는데, 언제부턴가 소진의 언변에 미혹되어 다시 사치와 향락을 즐기게 되었다. 이후 제선왕은 전영에게 국정을 일임하고, 유흥을 즐겼다.

전영은 제의 국정을 담당하며 지위를 남용해 많은 부를 쌓았고, 40여 명의 아들을 얻었다. 전영의 아들 중 천첩 소생인 **전문田文**이 있었다.

전문은 단오에 태어났다. 당시에는 단오에 출생한 자식이 방문 높이로 자라면 부모가 해를 입는다는 미신이 있었다. 전영은 미신을 믿고 전문을 내다 버릴 것을 지시했다. 전문의 생모는 차마 어린 아들을 버릴 수 없어 몰래 키웠다. 전문은 다섯 살이 되어 아버지에게 처음으로 인사를 올렸다. 전영은 자신의 지시를 어겼다며 전문의 생모를 책망했다. 이때 전문은 전영에게 사람의 목숨은 하늘이 부여한 것이라고 강조하며, 미신이 걱정되면 차라리 방문 높이를 더 높이면 될 것이라고 아뢰었다. 전영은 감탄했고, 전문을 총애하게 되었다.

전문은 열 살 때부터 손님들을 접대하며 인기를 얻었고 명성을 쌓았다. 결국 전영은 전문을 가문의 후계자로 지정했다(약육강식의 살벌한 시대여서 가능한 일임). 전문은 전영에게 먼 후손들은 누군지 잘 알지도 못하는데 재산을 먼 후손들에게 남겨주는 것은 의미가 없다고 아뢰며, 선비를 길러 국가를 부강하게 하는 것이 더 중요하다고 건의했다. 전영은 허락했다. 전문은 이때부터 빈객들을 양성하기 시작한다.

　전영이 병으로 사망하고 전문이 설공의 작위를 물려받았다. 이때부터 전문은 **맹상군孟嘗君**으로 불리게 된다. 맹상군은 관사를 건립하고 많은 선비들을 초청했다. 문하에는 많은 빈객들이 모여들었다. 맹상군은 신분의 차이를 신경 쓰지 않고 빈객들과 같은 자리에서 같은 음식을 먹었다.

　어느 날 야식을 먹을 때 맹상군의 밥상이 가려지는 일이 발생했다. 빈객 한 명이 맹상군이 음식을 차별한다며 항의했다. 맹상군은 자신의 밥상을 보여주었는데, 동일했다. 그 빈객은 자신의 의심을 부끄러워하며, 칼로 목을 찔러 자살했다. 맹상군은 크게 슬퍼하며 후하게 장례를 치러주었다. 빈객들은 감동했고, 맹상군의 명성은 더 높아졌다.

　더욱 많은 선비들이 맹상군에게 모여들었는데, 빈객이 3,000명이 넘었다. 맹상군의 명성은 천하에 널리 퍼졌다.

5국(초·한·위·조·연) 연합군의 진秦 공격(BC 318년)

　초회왕은 소양으로 인하여 장의가 초에 반감을 가지고 있다고 생각하고, 항상 진의 보복을 우려했다. 초회왕은 6국의 합종을 기대했다. 위의 재상인 공손연의 활약으로 합종의 분위기가 조성되었다. 공손연은 합종의 장으로 초회왕을 추대했다. 초회왕은 각국에 사신을 파견하여 여러 국가들과 함께 진을 공격하자고 제의했다. 위양왕, 한선혜왕, 조무령왕, 연왕 쾌가 찬성했다.

제선왕은 연합군에 가담할지 여부를 고민했다. 대신들은 진과 혼인 관계임을 이유로 공격에 반대했다. 소진은 공격을 적극적으로 주장했다. 맹상군은 진과 원수가 되거나 아니면 다른 5국과 원수가 되는 곤란한 상황이라고 지적하며, 군사를 출전시키되 최대한 천천히 행군하며 대세를 관망할 것을 건의했다. 제선왕은 맹상군의 주장을 채택했다.

맹상군은 군사 2만 명을 이끌고 출전했다. 맹상군은 교외에서 병이 났다고 핑계를 대고, 병거에 누워 천천히 행군했다.

초가 중심이 되고 한·위·조·연이 가세한 5국 연합군은 함곡관 외곽에 집결했다(BC 318년). 진에 대한 **최초의 합종 연합군**이 결성된 것이다. 공손연의 활약으로 5국 외에 **흉노匈奴** 군사까지 연합군에 가세했는데, 북방 이민족의 대명사인 흉노라는 명칭이 처음으로 중국의 역사서에 등장하는 순간이 이때였다. 진으로서는 **국력이 팽창된 이후 처음 맞는 위기의 순간**이었다.

초회왕이 종약의 장이 되었으나, 연합군은 의견이 분분하고 통일되지 못했다. 5국 연합군은 서로 눈치를 보며 선봉을 기피했다. 연합군과 진군 양측은 대치한 채 시간을 보내고 있었다.

당시 함곡관의 수장은 **저리질樗里疾**이었다. 저리질은 이름이 영질嬴疾로 진혜문왕의 이복동생인데, 언변이 뛰어나고 지혜가 많아 꾀주머니라고 불렸다. 저리樗里 땅에서 살아 저리질 또는 저리자樗里子라고 칭해진다.

저리질은 연합군의 결속력이 약한 것을 파악했다. 기회를 노리고 있던 저리질은 정예병들을 뽑아 심야에 초군 진영 후방의 도로를 기습하여 초군이 운반 중이던 군량미를 불태워 버렸다. 초군은 식량이 부족해졌고 당황했다.

저리질은 초군이 혼란해진 틈을 노려 초군을 기습 공격하여 크게 무찔렀다. 초군은 패배와 식량 부족으로 인하여 귀국했다. 종약을 이끌던 초군이 귀국하자 나머지 4국도 그냥 귀국해 버렸다. 진에 대항한 최초의 합종 연합군은 이렇게 허무하게 끝나고 말았다. 이는 이후 여러 차례 시도되는 합종정책에 매우 나쁜 인상을 주는 결과로 작용한다.

맹상군은 진의 경계에 당도하기 전에 5국 연합군이 해산한 것을 보고받고 제로 돌아갔다. 이때부터 제선왕은 맹상군을 신임했고, 소진의 입지는 크게 약화되었다.

송강왕宋康王의 야망

어느 날 송에서 참새 알에서 새매가 나오는 일이 발생했다. 송후 언은 태사에게 점을 치게 했는데, 약한 것이 강하게 될 징조라는 점괘가 나왔다. 송후 언은 모후의 태몽도 있어서 큰 기대를 가지게 되었다. 송후 언은 이때부터 왕을 자칭했고(BC 318년), 훗날 송강왕으로 불리게 된다.

송강왕은 10만 대군을 양성하여 천하의 패권을 잡을 욕심을 냈다. 송강왕은 위魏를 공격하여 성 두 개를 빼앗았다(BC 317년).

소진蘇秦의 사망(BC 317년)

초회왕은 진의 보복 공격을 우려하여 제에 사신을 파견했고, 맹상군과 친선을 도모했다. 맹상군의 알선으로 제와 초는 동맹을 결성했다. 이로써 맹상군의 입지는 더욱 강화되었다.

소진의 입지가 크게 약화되자 평소 소진에 대해 불만을 가졌던 사람들이 장사들을 모집하여 궁궐 복도에서 소진을 기습했다. 소진은 배에 치명상을 입고, 제선왕에게 도망쳤다. 제선왕은 크게 놀라 범인을 잡으려고 했다. 소진은 제선왕에게 범인들은 이미 멀리 도망갔을 것이라고 아뢰며, 자신이 죽은 뒤 시정에 자신의 목을 내걸고 연의 첩자였다는 죄목을 게시하면서 천금의 현상금을 내걸면 범인을 잡을 수 있을 것이라고 계책을 올린 후 곧 죽었다(BC 317년).

제선왕은 소진의 유언대로 했고, 암살자들은 현상금을 받으러 출두했다. 제선왕은 암살자들을 문초하여 배후 인물들을 자백 받은 후 모두 참수했다.

소진이 죽은 뒤 소진의 문객에 의해 소진이 연의 첩자였음이 누설되었다. 제선왕은 분노하여 연에 대한 공격을 지시했다. 맹상군은 연을 공격했다.

소대는 연왕 쾌에게 제군을 방어할 가능성이 없으므로 공자를 인질로 보내고 화평을 요청할 것을 건의했다. 연왕 쾌는 허락하며, 소여를 제에 사신으로 파견했다.

소여는 제선왕을 알현하고 화평을 요청했다. 제선왕은 소진에게 속은 것에 대하여 분노하며, 소진의 동생인 소여를 감금하려고 했다. 소여는 연왕이 진을 섬기고 진에 원조를 요청하려고 했는데, 자신이 제의 위엄과 덕망을 강조하며 연왕을 겨우 설득하여 제와 화평을 체결하고 제를 섬기려는 것이라고 강조했다. 제선왕은 매우 기뻐하며 소여를 제의 대부로 임명했다. 소여는 연의 공자를 인질로 제공하고, 그냥 제에 머물렀다.

합종合縱의 붕괴 시작

진혜문왕은 5국이 연합하여 공격한데 대해 분노하여 보복을 개시했다. 진秦은 우선 가깝고 국력이 약한 3진晉에 대한 공격을 개시했다. 한·위·조가 연합하여 진군에 대항했으나, 진군은 수어修魚 땅에서 3진 연합군을 격파했다(BC 317년). 이때 조의 공자 갈渴과 한의 세자 환奐이 전사했고, 진군은 3진 연합군 8만 명을 죽였다. 이로 인해 합종의 주동자인 공손연은 입지가 크게 약화되었다.

위에 계속 머무르고 있던 장의는 위양왕에게 국가들끼리 약속을 지속하는 것은 매우 어렵다고 강조하며, 다른 나라보다 먼저 진을 섬겨 초와 제의 위협으로부터 벗어나라고 권유했다. 장의는 초와 제의 근심이 없다면 베개를 높이하고 편히 누울 수 있을 것[1]이라고 충동했다. 결국 위양왕은 진을 두려워하여 장의의 건의를 수용했다. 장의는 진을 방문하여 사죄하고 우호를 체결하겠다고 자청했다. 위양왕은 허락했다.

장의는 진으로 돌아가 진과 위의 우호를 체결했다(BC 317년). 이후 장의는 위에 귀국하지 않고 다시 진의 재상에 복귀했다. 위가 합종조약을 배신하고 진과 우호를 체결하자 합종은 붕괴되기 시작했다. 제선왕은 송과 연합하여 위魏를 공격하였고, 위군을 관택觀澤 땅에서 무찔렀다(BC 317년).

---

1) 여기서 **고침이와**高枕而臥(베개를 높이 베고 눕는다는 뜻. 근심 걱정 없이 마음 편히 지내는 것을 비유함)의 고사성어가 나옴

진秦의 파巴·촉蜀 병합(BC 316년)

파巴와 촉蜀 지역에서 군주에 대한 반란이 발생하고 국정이 혼란에 빠졌다. 진의 장수 사마착司馬錯은 파와 촉에 대한 서남쪽 원정을 주장했다. 장의는 사마착의 주장에 반대하며 오히려 동진하여 주 왕실을 정복하고 제후국들의 항복을 받을 것을 주장했다. 사마착은 주 왕실을 정복할 경우 제후들이 합종하여 대항할 것을 우려했다. 결국 진혜문왕은 사마착의 주장을 채택하여 파와 촉에 대한 원정을 결정했다. 진혜문왕은 사마착을 시켜 파와 촉을 멸망시키고 그 땅을 병합했다(BC 316년).

파와 촉은 강족 계열의 국가로 추정되는데, 일찍부터 청동기 문명을 꽃피웠고 한자漢字와는 다른 문자를 발명해 사용하는 등 중원과는 다른 문화권이었다. 진은 땅이 비옥하고 산물이 풍부한 파와 촉을 병합함으로써 국력이 급격히 커지게 되었다.

한편 진은 3진晉에 대한 압박을 계속했는데, 조를 공격하여 중도中都와 서양西陽을 점령했다(BC 316년).

주난왕周赧王의 즉위(BC 315년)

주신정왕이 재위 6년 만에 사망하고 아들인 연延이 즉위하니(BC 315년), 곧 **주난왕周赧王**[1]이다. 주난왕은 주의 마지막 왕이다.

당시 주의 상황은 한과 조에 의해 그 영역이 하남河南 땅(서쪽)과 공성鞏城 땅(동쪽)으로 두 조각이 난 상태였다. 사람들은 그 위치에 따라

---

1) 주난왕 희연: 주의 마지막 왕. 재위 BC 314 ~ BC 256

하남 땅을 서주라고 부르고 공성 땅을 동주라고 불렀다. 낙읍이 있는 하남 땅에 왕성이 있었는데 서주공西周公이 다스렸고, 공성 땅은 동주공東周公이 다스렸다.

주난왕은 서주 왕성에 거주하면서 서주공에 의탁하는 신세였다. 주난왕은 실권도 능력도 없는 상태였다.

연왕燕王 쾌噲의 양위[연왕燕王 자지子之의 즉위](BC 315년)

연왕 쾌는 소대에게 제를 방문하여 인질로 제에 체류 중인 공자를 문안할 것을 지시했다. 소대는 제를 다녀와 경과를 보고하면서 맹상군에 대하여 언급하며 인품을 칭송했다. 소대는 제선왕이 맹상군에게 전권을 부여하고 있어 연이 패업을 달성하기 어려울 것이라고 아뢰었다. 연왕 쾌는 연에 맹상군만한 인물이 없는 것을 아쉬워했다. 소대는 재상인 자지를 칭찬했고, 연왕 쾌는 자지에게 더 의지하게 되었다.

어느 날 연왕 쾌는 대부 녹모수와 대화를 나누다 요와 순이 칭송받는 이유를 물었다. 녹모수는 요는 순에게 천하를 양도했고, 순은 우에게 천하를 양도하여 칭송을 받고 있다고 답했다. 녹모수는 우는 아들에게 천하를 물려주어 칭송을 받지 못하며 덕이 부족하다고 강조했다.

연왕 쾌는 성군 요·순과 같은 칭송을 받고 싶었다. 결국 연왕 쾌는 재위 6년 만에 재상인 자지에게 양위를 했다. 자지는 연왕 쾌의 양위를 받고 즉위했다(BC 315년). 연왕 자지는 소대와 녹모수를 상경에 임명했다. 쾌는 별궁으로 물러났다.

갑작스러운 양위에 백성들은 당황했고, 장군 시피市被는 분노했다. 시피는 쾌의 아들인 세자 평平과 협의한 뒤 소속 군대를 동원하여 연왕 자지를 공격했고(BC 315년), 다수의 백성들이 가세했다. 양측에 치열한 전투가 벌어졌고 수만 명의 사상자가 발생했다. 연은 사실상 내전 상태에 빠졌다.

제齊의 연燕 초토화[제선왕齊宣王의 위엄](BC 314년)

　제선왕은 연의 대혼란을 이용해 연에 대한 공격을 지시했다. 제는 광장이 대장이 되어 군사 10만 명으로 연에 대한 공격을 개시했다(BC 314년). 광장은 세자 평의 원군이라고 자칭했고, 연왕 자지에 대한 반감이 컸던 연의 백성들은 제군을 환영했다.
　제군은 연 백성들의 환영을 받고 거의 무인지경을 달려 출전 50일 만에 연의 도읍에 당도했다. 백성들은 성문을 열었고, 제군은 무혈입성했다. 입성 후 제군은 연왕 자지와 세자 평 양쪽을 모두 기습했다. 연왕 자지가 제군에 맞섰으나, 다수의 군사들이 도망쳤다. 결국 연왕 자지는 중과부족으로 패했다. 세자 평과 장군 시피도 패하여 죽임을 당했다. 연의 관료들은 달아나기 시작했다. 녹모수는 전사했고, 연왕 자지는 중상을 입고 사로 잡혔다. 쾌는 별궁에서 목을 매어 자살했다. 소대는 고향인 낙읍으로 도주했다. 세자 평의 서동생인 **공자 직職**은 한韓으로 망명했다.
　사마천은 태부 곽외郭隗가 세자 평을 데리고 함께 무종산無終山으로 도주했다가 나중에 세자 평이 즉위하여 연소왕이 되었다고 《사기》에 기록했으나, 최근의 유물 발굴과 《죽서기년》의 기록에 의하면 세자 평은 장군 시피와 함께 죽은 것으로 보인다. 사마천이 사료부족으로 인해 잘못 기록한 것이다.

제군은 50일 만에 연 국토의 절반을 점령했다. 광장은 연의 종묘를 파괴하고 연의 부고를 약탈했다. 제군은 연왕 자지를 포로로 잡아 임치로 회군했다. 제선왕은 연왕 자지를 능지처참하고, 천하에 위엄을 과시했다(BC 314년).

제2절 진혜문왕秦惠文王의 3진三晉 및 초楚 공략

3진晉에 대한 진秦의 압박

진秦은 합종이 무너진 이후 국력이 약해진 3진晉을 계속 공격하며 동진했다. 진은 안문岸門에서 한을 크게 무찔렀고, 의거義渠를 공격해 성 25개를 빼앗았다(BC 314년). 진혜문왕은 저리질을 시켜 조를 공격하여 조군을 크게 무찌르고 조의 장수 조장趙莊을 사로잡았으며, 인藺 땅을 점령했다(BC 313년).

진秦은 한·위·조에 대한 강공과 유화 정책을 병행하며 영토를 확장시켜 나갔고, 한·위·조에 대한 지배력을 강화했다. 한·위·조는 반복하여 진秦에 속으며 영토를 잠식당하면서도 대책을 마련하지 못했다.

장의張儀의 초회왕楚懷王 농락[제齊·초楚 이간]

진혜문왕은 제선왕이 위엄을 떨치고 제와 초가 우호를 맺은 것을 염려했다. 장의는 초를 방문해 제와 초를 이간시키겠다고 자청했다.

당시 초회왕의 총애를 받고 있던 신하는 **근상靳尙**이었는데, 근상은

간신 중의 간신이었다. 근상은 초회왕의 부인인 **초부인楚夫人 정수鄭袖**
에게도 아첨하여 총애를 받았다.

초부인 정수는 엄청난 미인이지만 냉혹한 성격이었다. 어느 날 초회
왕은 젊고 예쁜 여자를 후궁으로 새로 들이고 총애했다. 정수는 새로
들어 온 초회왕의 애첩에게 왕은 코를 가리는 여자를 선호한다고 거짓
말을 했다. 애첩은 초회왕을 대할 때 코를 가렸고, 초회왕은 이상하게
생각했다. 며칠 후 정수는 초회왕에게 애첩이 왕의 몸에서 나는 노린내
를 싫어하여 코를 가린다고 말했다며 모함했다. 초회왕은 분노하여 애
첩의 코를 베어버렸다[1].

초에 도착한 장의는 먼저 근상에게 많은 뇌물을 제공하고 친분을 쌓
았다. 이후 장의는 초회왕을 알현하며, 진과 초의 우호를 요청했다. 장
의는 초가 제와 단교하고 진과 우호를 맺으면 상商 땅과 어於 땅 600
리를 돌려주고, 진혜문왕의 딸을 초회왕에게 출가시키겠다고 약속했
다. 초회왕은 기쁨을 감추지 못하며 즉시 승낙했고, 대신들은 경하를
올렸다.

당시 진진陳軫은 장의와 불화가 있어 진을 떠나 초에 객경으로 있었
다. 진진은 장의의 신의 없음을 싫어했다. 진진은 초가 제와 우호를 맺
었기 때문에 진이 초를 중시하는 것이라고 지적하며, 제와 단교할 경우
초는 고립되고 진은 태도를 바꿀 것이라고 예상했다.

진진은 초회왕에게 초가 제와 단교하는 순간 진은 약속을 번복할 것
이고, 초는 제의 원망을 받을 것이며, 진과 제가 협력할 우려가 있다고
지적했다. 진진은 먼저 상 땅과 어 땅을 수령한 이후 제와 단교할 것을

---

1) 한비는 《한비자》〈내저설하〉 편에서 군주가 경계해야 할 여섯 가지 중 하나로 신하가 술책
을 쓰는 것(사류似類)을 제시하며, 정수를 예로 들고 있음

건의했다.

대부 굴평屈平은 자字가 영균靈均 또는 원原이어서 흔히 **굴원屈原**으로 불리고 있었다. 굴원도 장의의 신의 없음을 지적하며, 진진의 주장에 찬성했다.

근상은 장의의 요청에 찬성했다. 근상은 진은 신뢰할 수 있는 국가라고 강조하며, 먼저 단교해야 땅을 주는 것이 순리라고 지적했다.

결국 초회왕은 장의의 제안을 수용했다(BC 313년). 초회왕은 제의 사신이 입국하는 것을 금지시키고, 봉후축逢侯丑에게 장의와 함께 진에 가서 상 땅과 어 땅을 수령할 것을 지시했다.

장의는 봉후축과 함께 귀국하던 도중 봉후축과 매일 술을 마시며 친교를 맺었다. 함양 근처에 당도하자 장의는 고의로 수레에서 떨어져 꾀병을 부리고 엄살을 떨며, 치료를 핑계 대고 먼저 함양으로 급히 들어갔다. 장의는 재상부에서 꾀병으로 드러누웠다. 장의는 진혜문왕에게 몰래 서신을 보내 경과를 보고하고, 봉후축을 접견하지 말 것 등 계책을 알려주었다.

얼마 후 봉후축은 함양에 당도하여 진혜문왕을 접견하려 했으나 진혜문왕은 만나주지 않았다. 봉후축은 장의를 찾아갔으나, 장의는 중병을 핑계로 만나주지 않았다. 그렇게 봉후축은 함양에서 석 달을 허비했다.

봉후축은 진혜문왕에게 서신을 보내 장의가 초회왕에게 약속한 내용을 알렸다. 진혜문왕은 장의가 병이 나으면 장의로부터 직접 보고를 받고 결정하겠다고 답장을 보내며, 제와의 단교 약속을 먼저 이행할 필요가 있다고 강조했다.

봉후축은 사람을 보내 초회왕에게 경과를 보고했다. 초회왕은 먼저 제와 단교를 해야 땅을 얻을 수 있다고 생각했다. 초회왕은 송유宋遺에게 송을 경유하여 제의 경계로 가서 제선왕을 마구 욕하라고 지시했다. 송유는 제의 경계로 가서 제선왕을 마구 욕하고 도주했다. 이로써 초와 제는 단교했다(BC 312년).

제선왕은 노발대발하여 진에 사신을 보내 초에 대한 합동 공격을 제의했다. 장의는 제의 사신이 함양에 도착했다는 보고를 받자 바로 입궁했다. 장의는 궁문 앞에서 계속 기다리던 봉후축을 만났는데, 장의는 상 땅과 어 땅 600리를 준다고 약속한 사실이 없다고 오리발을 내밀었다.

봉후축은 급히 귀국하여 보고했다. 초회왕은 극도로 분노하여 진에 대한 공격을 결정했다. 객경 진진은 제와 단교한 상태에서는 진과 싸워도 승산이 없다고 지적했다. 진진은 대신 진에 성 두 개를 할양하고 교섭하여 제에 대한 합동 공격을 하면 더 큰 이익을 얻을 수 있을 것이라고 주장했다. 초회왕은 초를 속인 것은 진이므로 원수와 함께 제를 칠 수는 없다고 말하며, 진진의 건의를 무시했다.

진秦·제齊 연합군의 초군楚軍 격파(BC 312년)

초는 굴개屈匄를 대장으로 봉후축을 부장으로 하여 군사 10만 명으로 진에 대한 공격을 개시했다(BC 312년). 초군은 초반에는 승세를 타고 진의 남전藍田 땅까지 나아갔다. 남전은 관중에서 그리 멀지 않은 지역이다.

진혜문왕은 위장魏章을 대장으로 하여 **감무甘茂**, 저리질 등에게 군사 10만 명을 내어주며 방어군으로 출전시켰다. 감무는 채蔡 출신으로 저리질의 천거로 등용되었는데, 진혜문왕의 총애를 받고 있었다. 동시에 진혜문왕은 제에 원군을 요청했다. 제선왕은 광장을 대장으로 하여 원군을 파견했다.

진과 제의 연합군은 초군과 교전을 벌였는데, 진군과 제군은 초군보다 강병이고 수도 많았다. 결국 초군은 연이어 패하고 단양丹陽 땅까지 도주했다.

굴개는 단양 땅에서 초군의 패잔병들을 모두 모아 사생결단의 각오로 진·제 연합군에 맞섰다. 이 전투에서 초군은 처참히 패하여 8만 명 이상이 전사했고, 굴개와 봉후축도 전사했다. 이로써 진은 한중漢中 지역의 800리 땅을 획득했다.

초군이 참패하자 한과 위도 초를 공격하여 등鄧 땅에서 초군을 무찔렀다. 한과 위는 추가 공격을 준비했다. 초는 초회왕의 무능으로 인하여 국력이 급격히 약해지고 국가적 위기를 맞게 되었다.

진秦과 초楚의 화의(BC 312년)

초회왕은 제에 굴원을 파견하여 사죄하는 동시에 진군 진영에 진진을 파견하여 성 2개를 바치며 화평을 요청했다. 진군 대장 위장은 즉시 진혜문왕에게 보고했다.

진혜문왕은 화평의 조건으로 초의 검중黔中 땅과 진의 상·어 땅을 교환할 것을 내걸었다. 검중 땅은 상·어 땅보다 몇 배나 넓은 땅이었고, 도읍인 영성을 방어하는 요충지였다. 초회왕은 장의에 대한 증오심 때문에 검중 땅과 장의를 교환하자고 답변을 보냈다.

장의의 뛰어난 공적을 시기하고 있던 진의 대신들은 초의 조건을 수락할 것을 건의했다. 진혜문왕은 장의는 수족과 같은 신하라며 거절하려고 했다. 장의는 진혜문왕에게 초의 조건을 수락하라고 아뢰며, 한중 땅에 군사를 주둔시켜 초를 공격할 외양을 갖추어 줄 것을 요청했다. 장의는 근상의 도움을 받아 죽지 않고 무사히 귀국할 계책을 마련했다고 자신 있게 아뢰었다. 결국 진혜문왕은 초회왕의 조건을 승낙하고, 위장에게는 한중에 주둔할 것을 지시했다.

장의는 미리 심복 부하를 근상에게 보내 부탁을 한 뒤 초로 입국했고, 초회왕은 장의를 감금했다. 근상은 장의로부터 부탁을 받은 대로 초부인 정수를 알현하며, 진왕은 장의의 석방을 위해 사신을 파견하여 초로부터 뺏은 땅을 반환하고 초왕에게 많은 잉첩들을 딸려 왕녀를 출가시킬 것이라고 아뢰었다. 근상은 정수에게 왕의 총애를 잃게 될 위기라고 자극하며, 만약 이해로써 왕을 설득하여 장의를 귀국시키면 신의가 없는 진은 약속을 이행하지 않을 것이고 진의 왕녀와 잉첩들이 올 일도 없을 것이라고 건의했다. 근상은 정수에게 장의를 계속 구금하면 결국 진의 왕녀와 잉첩들이 오게 될 것이라고 주장했다.

그날 밤 초부인 정수는 장의를 처형할 경우 한중 땅의 진군이 총공격하여 초가 위기에 빠질 것이라고 걱정하며, 초회왕 앞에서 눈물을 흘렸다. 정수는 신하들은 각자 자기의 군주를 위해 노심초사하는 법이라고 지적하며, 장의는 진의 재상으로서 자신의 역할에 충실한 것일 뿐이라고 강조했다.

다음 날 근상은 장의를 처형할 경우 진은 손해를 입지 않지만 초는 검중 땅을 잃게 되는 막대한 손실을 입게 된다고 강조하며, 장의를 석방하고 진과 화친을 맺을 것을 건의했다. 초회왕은 진군이 총공격하는 것이 두렵고 검중 땅을 주는 것이 아까워 결국 장의를 석방하고, 진과 우호를 체결했다(BC 312년).

며칠 후 사죄 사절로 제에 갔던 굴원이 귀국하여 초회왕을 알현하면서 장의에게 또 속은 것이라고 지적하며, 진과 우호를 맺기도 전에 나머지 5국의 분노를 야기했다고 강조했다. 굴원은 일반 백성들도 원수를 잊지 않는 법이라고 아뢰었다. 초회왕은 후회하며 장의를 체포할 것을 지시했으나, 장의는 이미 진에 당도했고 위장도 한중에서 철수한 뒤였다.

장의는 진혜문왕에게 한중 땅 일부를 초에 돌려주고 초와 혼인관계를 맺어 우호를 체결한 뒤 이를 미끼로 하여 6국의 동맹을 완전히 무너뜨릴 것을 건의했다.

진혜문왕은 장의의 건의대로 초에 한중 땅의 5개 마을을 돌려주고, 초회왕의 딸을 세자 탕蕩의 부인으로 맞이했다. 또한 진혜문왕은 자신의 딸을 초회왕의 막내아들인 **공자 난**蘭에게 출가시켰다. 초회왕은 만족했다. 진혜문왕은 장의의 공로를 치하하며, 5개 마을을 하사하고 무신군武信君으로 책봉했다.

초회왕楚懷王과 무산신녀巫山神女 일화

무능과 호색한의 상징인 초회왕이지만 일화에서는 낭만적인 사랑의 주인공으로 등장하므로 여기서 간단히 언급하기로 한다.

염제炎帝의 셋째 딸 요희瑤姬는 시집도 가기 전에 요절했는데, 장강 중류에 있는 아름답고 신비로운 무산巫山의 신녀神女로 환생했다. 어느 날 초회왕이 무산에 놀러갔다가 술에 취해 누대에서 낮잠이 들었다. 꿈속에서 아름답고 요염한 무산신녀가 나타나 초회왕을 유혹했고, 둘은 뜨거운 사랑을 나눴다. 무산신녀가 떠나려 할 때 초회왕은 다시 만나기를 희망했다. 무산신녀가 자신은 무산의 높은 절벽 위에 사는데, 아침에는 산봉우리에 구름이 되어 걸려 있다가 저녁이면 산기슭에 비가 되어 내리면서 아침저녁으로 왕을 그리워하겠다[1]고 말하고는 홀연히 사라졌다.

초회왕이 정신을 차리고 보니 꿈이었다. 초회왕은 아쉬워하며 멍한 상태로 있었는데, 저녁이 되자 산기슭에 비가 내리기 시작했다. 초회왕은 무산신녀를 매우 그리워했으나 다시 만날 방법이 없었다. 초회왕은 무산신녀와의 짧은 만남을 기념하여 무산에 조운관朝雲觀이라는 누대를 만들었다. 당시와 후세의 많은 시인들이 이 일을 칭송하며 시로 만들어 읊었다.

초회왕 당시 무산신녀라는 존재는 매우 유명한 전설이었던 것으로 보인다. 이 때문에 수많은 후궁들을 거느렸던 초회왕이지만 사람으로는 만족하지 못하고 신녀와의 사랑을 갈망했던 것 같다. 무산신녀의 배경이 되는 무산에 놀러가 만취하여 꿈에서 무산신녀와 정사를 나눌 정도로 초회왕의 머릿속에는 국가의 발전과 백성들의 행복 따위는 전혀 없었고, 유흥과 쾌락에 대한 갈망만 차 있었다.

춘추시대부터의 절대 강국인 초가 초회왕 때 몰락하는 것은 결코 우연이 아니다. 국가지도자의 머릿속에 온통 신녀와의 정사로 대표되는 여색과 유흥만 들어 있고, 주변에는 이를 칭송하는 간신들만 가득했으니 결국 초는 몰락으로 나아가게 된다. 초회왕과 무산신녀의 일화는 결코 찬미할 대상이 아니고, 국가지도자의 마음가짐을 생각해 보는 계기

---

1) 여기서 **운우지정**雲雨之情(구름과 비의 마음이라는 뜻. 남녀가 육체적으로 하나가 되는 즐거움을 비유함)의 고사성어가 나옴

가 되어야 할 것이다.

한양왕韓襄王의 즉위(BC 312년)

한선혜왕이 재위 21년에 사망하고 아들인 창倉이 즉위하니(BC 312년), 곧 **한양왕韓襄王**[1]이다.

초가 한의 옹씨雍氏 땅을 공격했고, 한은 진에 원조를 요청했다. 진은 한을 도와 초군을 물리쳤다(BC 312년).

연소왕燕昭王의 즉위(BC 312년)

제의 대장인 광장은 귀국하지 않고 제의 속읍으로 연을 통치했다. 제가 연을 멸국시키고 제의 속읍으로 삼으려 하자 연의 백성들은 속으로 분노했다.

조무령왕은 제가 연을 멸망시키려하자 격분했다. 조무령왕은 대장 악지樂池를 시켜 한에서 연의 공자 직을 데려왔다. 조무령왕은 공자 직을 연왕으로 옹립할 계획을 세웠다.

얼마 후 공자 직은 몰래 귀국하여 **곽외郭隗** 등과 의논하고, 나라를 회복하자는 격문을 만들어 연의 모든 고을에 보냈다. 연의 백성들이 이에 호응하여 제군에 반항했다.

상황이 곤란해진 광장은 공자 직과 협상했는데, 결국 연은 제의 속국이 되기로 하고 제군은 철수했다. 이후 공자 직이 대신들의 추대로 즉

---

1) 한양왕 한창: 재위 BC 311 ~ BC 296

위하니(BC 312년) 곧 **연소왕燕昭王**[1]이다. 연소왕은 곽외를 재상으로 임명했다.

사마천은 세자 평이 곽외 등 신하들의 추대를 받고 즉위하여 연소왕이 되었다고 기록하고 있으나, 발굴된 유물에는 연소왕의 이름이 직職으로 기재되어 있다. 외국으로 도주했던 공자 직이 귀국하여 즉위한 것이 맞고, 《사기》의 잘못된 내용은 사료의 부실 때문인 것으로 보인다.

연소왕은 종묘를 복원하며, 제에 대한 복수를 맹세했다. 연소왕은 곽외에게 인재를 물색하고 등용할 것을 지시했다. 그러자 곽외는 연소왕에게 아래의 일화를 들려주었다.

옛날 어떤 왕이 내시에게 천금을 주며 천리마를 구해올 것을 지시했는데, 천리마는 구하기가 매우 어려웠다. 왕명을 받은 내시는 천리마를 구해 돌아다니다 이미 죽은 천리마의 뼈를 500금을 주고 사왔다. 왕이 분노하자 그 내시는 죽은 천리마의 뼈를 500금을 주고 샀다는 소문이 퍼지면 많은 천리마 주인들이 모여들 것이라고 아뢰었다. 왕은 몇 달 후 과연 천리마 세 필을 구할 수 있었다.[2]

곽외는 자신이 천리마의 뼈 역할을 하겠으니 우선 자신부터 시작해줄 것을 요청했다.[3] 연소왕은 곽외를 위해 궁실을 지어주고, 제자의 예로 문안을 올리는 등 극진히 대접했다. 또한 연소왕은 역수易水에 대臺를 건립하고, 황금을 쌓아두면서 천하의 인재를 구하는 의지를 표현했다. 이 때문에 그 대는 초현대招賢臺 또는 황금대黃金臺라고 불리게 되었다.

---

1) 연소왕 희직: 연의 처음이자 마지막 전성기를 이끈 현군. 재위 BC 311 ~ BC 279
2) 여기서 **천금매골千金買骨**(천금으로 죽은 말의 뼈를 산다는 뜻. 인재를 중시하며 인재 얻기를 갈망하는 것을 비유함)의 고사성어가 나옴
3) 여기서 **선시어외先始於隗**(먼저 곽외부터 시작하라는 뜻. 즉 가까이 있는 사람 또는 말한 사람부터 시작하라는 의미임)의 고사성어가 나옴

연소왕이 인재를 구한다는 소문은 널리 퍼졌다. 조 출신인 **극신**劇辛, 주周 출신인 소대, 제 출신인 추연, 위魏 출신인 굴경屈景이 연에 모여 들었다.[1] 연소왕은 이들을 객경에 임명했다(BC 311년).

한편 내전과 제의 공격으로 인하여 연이 망국지경인 극도의 혼란에 빠져 있는 동안 중산中山을 비롯한 주변의 이민족 국가들이 일제히 연에 대한 공격을 개시했다. 중산에 성읍 수십 곳을 빼앗겼고, 동호東胡[2]에는 북쪽과 동쪽 1,000리의 땅을 빼앗기고 볼모를 보내는 조건으로 굴욕적인 화평을 맺게 된다. 이때 진개秦開는 볼모로 동호에 갔고, 그곳에서 동호 군주의 신임을 얻게 되었다.

제齊·조趙·연燕을 기망하는 장의張儀

진혜문왕은 장의에게 열국을 주유하며 합종을 완전히 무너뜨릴 것을 부탁했다. 장의는 먼저 제로 가서 제선왕을 알현했다. 장의는 진과 초는 인척관계를 맺고 우호를 체결했으며, 한·위·조는 땅을 바치며 진에 화친을 요청했고, 진이 명령할 경우 한·위·조는 일제히 군사를 원조할 것이라고 강조했다. 장의는 진을 섬기면 평화가 있을 것이고 그렇지 않

---

1) 최근 발굴된 기록에 의하면 소진도 이 무렵 연소왕에게 등용된 것으로 보임(《사기》의 기록과는 다름)
2) 이 부분과 관련하여 사마천은 《사기》에서 동호와 흉노를 혼용하여 기술하고 있음. 당시 흉노는 일반적으로 호胡로 표기되었기 때문에 동호를 흉노로 볼 수는 없음. 통설은 동호를 선비족의 조상으로 보고 있음. 《사기》에는 동호로 기록되어 있는데, 같은 내용이 《위략》과 《자치통감》에는 조선으로 기록되어 있음. 사마천의 입장에서 보면 흉노나 조선이나 모두 이민족이고 오랑캐이므로 엄격히 구별하여 기록하지는 않았던 것임. 동호는 흉노 동쪽 지역의 오랑캐라는 보통명사이므로 이때의 동호가 누구를 의미하는지는 세밀한 연구가 필요함

으면 위기가 올 것이라고 설득했다. 제선왕은 고민하다 결국 진을 섬기기로 약속했다.

이어서 장의는 조로 가서 조무령왕을 알현했다. 장의는 진과 초는 혼인관계이고, 제는 진에 땅을 바쳤고, 한과 위는 신하를 자처하고 있다고 강조했다. 장의는 옛 동맹국들이 모두 진을 섬기고 있는데 조만 홀로 대항할 경우 나라를 보존하지 못할 것이라고 지적했다. 결국 조무령왕은 진에 대한 복속을 약속했다.

계속하여 장의는 연으로 가서 연소왕을 알현했다. 장의는 예전에 조무휼이 대代를 멸망시킨 과정을 설명하며, 조를 신뢰하면 안 된다고 강조했다. 장의는 조가 진에 땅을 바쳤고, 진이 조를 앞세우고 연을 공격하면 멸망할 것이라고 위협했다. 결국 연소왕은 항산恒山(=상산常山) 동쪽의 성 5개를 바치기로 약속했다.

제3절 진무왕秦武王 및 진소양왕秦昭襄王의 국력신장

진무왕秦武王의 즉위(BC 311년)

진혜문왕이 재위 27년에 사망하고 세자 탕이 즉위하니(BC 311년), 곧 **진무왕秦武王**[1]이다.

얼마 후 장의는 진혜문왕이 지시한 임무를 달성한 후 귀국했다. 진무왕은 세자 때부터 장의를 신의가 없다고 생각하여 별로 좋아하지 않았

---

1) 진秦무왕 영탕: 재위 BC 310 ~ BC 307

다. 장의의 입지는 위축되었다.

장의張儀에 대하여 분노하는 제선왕齊宣王

제선왕은 장의가 제를 떠난 후에 조로 가서 조무령왕을 설득한 사실을 알게 되었다. 삼진이 땅을 바치고 진에 복속했다는 장의의 말이 거짓말임을 알게 된 제선왕은 자신을 속인 장의에 대하여 분노했다.
진혜문왕의 사망 소식을 들은 제선왕은 맹상군을 시켜 '거짓말만 하는 장의에게 더 이상 속지 말고 단결하여 진에 맞서자!'는 취지의 서신을 작성하여 각국에 보냈다. 제선왕은 장의에 대한 현상금으로 성 열 개를 내걸었다.

장의張儀의 사망(BC 310년)

장의가 진무왕의 총애를 받지 못하자 장의를 시기하던 많은 신하들이 장의를 모함하기 시작했다. 장의는 신변의 불안을 느꼈다. 장의는 진무왕에게 제선왕이 자신을 매우 미워한다고 아뢰며, 위魏로 이주하겠다고 자청했다. 장의는 제가 자신을 노리고 위를 공격하면 그 기회를 이용하여 한을 점령하고 이어서 주를 공격하여 왕업을 달성할 것을 건의했다. 진무왕은 허락했다.
장의는 위로 이주했다(BC 310년). 진의 공세에 시달리며 고민하던 위양왕은 장의를 통해 진과의 관계를 좋게 하려는 목적으로 재상인 공손연을 파면하고 장의를 재상에 임명했다. 공손연은 분노하여 다시 진으로 이주했다.

제선왕은 위가 장의를 재상으로 등용하자 분노하여 위에 대한 공격을 개시했다. 위양왕은 장의를 불러 상의했다. 장의는 계책을 마련하여 심복 부하인 풍희馮喜에게 지시했다.

풍희는 초의 사신으로 가장하여 제로 가서 제선왕을 알현했다. 풍희는 진에 갔다가 귀국하던 중 방문했다고 거짓으로 아뢰고, 장의가 위에 체류하여 제가 위를 공격하도록 유도하고 진은 이를 이용해 북쪽을 도모하기로 장의와 진무왕이 밀약했다는 소식을 전했다. 풍희는 위를 공격할 경우 장의의 계략에 말려드는 것이라고 아뢰며, 위에 대한 공격을 중지하면 장의에 대한 진무왕의 신뢰가 깨질 것이고 장의의 입장이 곤란해질 것이라고 건의했다.

결국 제선왕은 위에 대한 공격을 중지시키고 회군을 지시했다. 제군이 물러나자 위양왕은 장의를 총애하게 되었다. 장의는 위에 체류한 지 1년 만에 병이 들어 죽었다(BC 310).

조무령왕趙武靈王의 가족 관계

조무령왕은 즉위 5년 차(BC 321년)에 한韓 출신 여인을 부인으로 맞이하고, **공자 장章**을 얻었다. 조무령왕은 공자 장을 세자로 책봉했다.

조무령왕은 즉위 15년 차(BC 311년)에 거문고를 타는 미인의 꿈을 꾸었는데, 그 꿈을 주변에 들려주며 그 미인을 그리워하였다. 이를 들은 오광吳廣은 거문고를 매우 잘 타는 자신의 딸 맹요孟姚를 조무령왕에게 바쳤고, 조무령왕은 맹요를 총애하여 후궁으로 삼았다. 맹요는 오왜吳娃로 불리기도 한다. 오왜는 **공자 하何**를 낳았고, 조무령왕은 공자 하를 총애했다.

조무령왕은 다른 후궁에게서 **공자 승勝**을 얻었다. 조무령왕의 여러 아들들 중에서 공자 승이 가장 똑똑했다.

조무령왕은 부인이 죽자 오왜를 부인으로 삼았다. 이때부터 오왜는 혜후惠后로 불리게 된다. 훗날 조무령왕은 아무 잘못도 없는 공자 장을 세자에서 폐위하고, 총애하던 공자 하를 세자로 임명한다(BC 299년).

진무왕秦武王의 야망

진무왕은 기골이 장대하고 용력이 출중했다. 진무왕은 무술시합을 선호했고, 승벽이 있어 지고는 못 사는 성격이었다.

진무왕은 천하장사인 오획烏獲과 임비任鄙를 총애했는데, 천하에 용력 있는 사람을 더 모집했다. 이때 제 출신의 천하장사로 용력이 출중한 맹분孟賁이 있었다. 맹분은 진무왕이 용력 있는 사람을 모집한다는 소문을 듣고 진무왕을 찾아갔다. 진무왕은 맹분의 용력을 높이 평가하여 높은 지위로 맹분을 등용했다. 오획, 임비, 맹분은 모두 진무왕의 총애를 받았다.

진무왕은 진이 다른 나라와 같은 벼슬 명칭을 사용하는 것에 불만을 느껴 재상의 명칭을 '승상丞相'으로 고쳤다(BC 309년). 진무왕은 감무를 좌승상에 임명하고, 저리질을 우승상에 임명했다. 그러나 감무와 저리질은 협력하지 못하고 대립했다. 위장은 그동안 전장에서 많은 공을 세웠음에도 불구하고 승상으로 임명되지 못하자 불만을 가져 위로 이주했다.

진무왕은 왕업을 희망했다. 진무왕은 삼천군三川郡을 돌파하고 낙양 땅을 구경하면 죽어도 여한이 없겠다고 말하며, 한을 공격할 결심을 한다.

저리질은 낙양에 입성하기 위해서는 한의 의양宜陽 땅을 공격하는 것이 필수적이라고 말하며, 장거리 원정에 따른 막대한 비용을 계산하고 위와 조가 한을 원조할 것을 감안하면 성공을 예측하기 어렵다고 아뢰었다.

감무는 위에 가서 위의 협력을 교섭하겠다고 자청했고, 진무왕은 허락했다. 이후 감무는 위양왕과 교섭하여 위의 협력을 약속받았다. 감무는 저리질의 시기와 질투를 우려했다. 감무는 부사副使로 동행한 상수向壽를 먼저 귀국시키며, 왕에게 '위는 승낙했으나 한을 공격하지 마시라.'라고 보고하도록 지시했다.

진무왕은 상수의 보고를 받고, 그 내용을 이해하지 못했다. 진무왕은 식양息壤 땅에 행차하여 귀국하는 감무를 만나 직접 보고 내용을 물었다. 감무는 저리질을 배제하고 직접 왕을 만나기 위해 일부러 보고 내용을 불분명하게 했던 것이다.

감무는 진무왕에게 공자의 제자인 '증삼曾參의 일화'를 언급했다. 증삼과 동명이인인 다른 사람이 살인을 저질렀는데, 주변 사람들이 증삼의 어머니에게 증삼이 살인을 저질렀다는 말을 했다. 처음에는 그 말을 믿지 않던 증삼의 어머니도 증삼이 살인을 저질렀다는 주변 사람들의 말을 계속하여 세 번 듣자 어질기로 유명한 아들을 의심하여 관청에 가서 사실 여부를 확인했다는 내용이었다.[1]

감무는 진무왕에게 의양에 대한 원정에 오랜 기간이 소요될 것으로 예상된다고 아뢰며, 자신에 대한 중상모략이 지속되면 의심을 받게 될 것을 우려했다. 진무왕은 의심하지 않고 신임하겠다고 약속했다. 진무

---

1) 여기서 **삼부지언**三夫之言(세 사람이 퍼뜨리는 유언비어를 뜻함. 유언비어가 만연하면 진실이 가려질 수 있음을 비유함)의 고사성어가 나옴

왕과 감무는 의심하지 않겠다는 맹세의식을 치렀고, 내용에 식양이라는 지명을 넣어 서약서까지 작성했다.

진은 감무를 대장으로 하고 상수를 부장으로 하여 군사 5만 명으로 한의 의양 땅에 대한 공격을 개시했다(BC 308년). 진군은 의양성을 포위하고 맹렬히 공격했으나, 5개월이 지나도 성을 함락하지 못했다.

한양왕韓襄王의 오판

한의 재상인 공중붕公仲朋은 한양왕에게 큰 성 하나를 진에 바치고 진과 화친을 체결한 뒤 진과 공동으로 초를 공격하여 진의 위협을 초로 돌릴 것을 건의했다. 한양왕은 승낙하고, 진에 보낼 강화사절을 준비했다.

이 사실은 세작에 의해 초회왕에게 보고되었다. 초회왕은 진진을 불러 상의했다. 진진은 한에 사신을 파견하여 뇌물을 제공하고, 한의 사신을 초에 초청하여 군대 사열을 보여주면서 언제든지 초가 한을 원조할 것이라고 약속할 것을 건의했다. 초회왕은 한에 사신을 보내 초로 사신을 파견해 줄 것을 제의했다.

한양왕은 초에 사신을 파견했다. 초회왕은 한의 사신에게 초군의 사열을 보여주며, 초군은 출전 준비가 되어 있다고 강조했다. 초회왕은 한에 대한 원조를 약속했다.

초에서 귀국한 사신의 보고를 받은 한양왕은 진에 사신을 보내 강화하려던 계획을 중지했다. 공중붕은 진의 위협은 실재지만 초의 약속은 말뿐이라고 거듭 간언했으나, 한양왕은 무시했다.

의양에 대한 진군의 공격이 계속되자 한양왕은 초에 원군을 파견해

줄 것을 거듭 요청했으나, 초는 구원군을 보내지 않았다.

진秦의 삼천三川 진출(BC 307년)

진군이 의양성을 함락하지 못하자 저리질은 진무왕에게 군대가 외방에 장기 체류할 경우 변란의 우려가 있다고 강조하며, 의양 원정군을 소환할 것을 건의했다. 진무왕은 사자를 보내 회군을 지시했다.

사자는 봉함된 답신을 가지고 돌아왔는데, '식양' 두 글자만 기재되어 있었다. 진무왕은 맹세 사실을 기억하고, 오획에게 군사 5만 명을 내어주며 원군으로 보냈다.

한양왕도 공숙영公叔嬰을 대장으로 하여 의양성에 원군을 보냈다. 진과 한의 원군은 의양성 외곽에서 만났고, 양측은 교전을 벌였다. 진군은 천하장사인 오획이 분전했고 감무와 상수가 협공을 벌여 한군을 크게 물리쳤다. 한군은 7만 명 이상이 전사하는 참패를 당했다.

한의 증원군을 물리친 후 진군은 의양성에 대한 총공격을 개시했다. 오획은 괴력을 발휘하여 의양성 위로 올라가 성루의 기둥을 끌어안고 마구 흔들었다. 잠시 후 성루가 흔들리며 무너졌는데, 오획은 미처 피하지 못하고 성루와 함께 성 아래로 떨어져 죽었다. 진군은 성안으로 진입했고, 의양성은 결국 함락되었다(BC 307년)[1].

한양왕은 공중붕을 파견하여 막대한 뇌물을 바치며 화평을 요청했고, 진무왕은 승낙했다. 진무왕은 감무를 함양으로 불러들이고, 상수를

---

1) 한비는 《한비자》〈십과〉 편에서 자신의 힘을 똑바로 인식하지 못한 채 남의 나라 힘에 의존하는 것은 나라가 약하게 되는 근본이 된다고 말하며, 한양왕을 예로 들고 있음

의양에 남겨 의양을 다스리게 했다. 얼마 후 진무왕은 저리질을 보내 삼천 지역을 정리하게 하고, 드디어 낙양에 진입하는 길을 확보했다.

이후 감무는 한과의 관계 개선을 위해 상수 등 다른 신하들의 반대에도 불구하고 진무왕을 설득하여 의양을 한에 돌려주었다.

진무왕秦武王의 어이없는 죽음(BC 307년)

진무왕은 임비와 맹분을 대동하고 의양과 삼천을 지나 드디어 낙양에 입성했다. 주난왕이 진무왕을 영접하려고 교외까지 나왔다. 진무왕은 주 왕실의 권위를 무시하며 주난왕을 만나는 것을 거절하고, 주 왕실의 태묘로 갔다.

진무왕은 태묘에서 구정을 구경하며 찬탄했다. 진무왕은 구정 중 진秦이 위치한 지역인 옹雍 자가 새겨져 있는 솥을 함양으로 옮길 작정이었다. 진무왕은 태묘의 관료에게 솥을 들어 올린 사람이 있었는지 물어보았다. 태묘의 관료는 솥의 무게가 천 균鈞[1]이어서 혼자서 들어 올린 경우는 없었다고 답했다. 진무왕은 갑자기 승벽이 발동했다. 진무왕은 임비와 맹분에게 솥을 들어 올릴 수 있는지 물었다.

임비는 진무왕의 승벽을 고려하여 자신은 능력이 없다고 말하며 사양했다. 그러나 맹분은 솥을 들어 올리려고 시도했다. 맹분은 순간적으로 솥을 반 자 정도 들어 올렸다. 맹분이 너무 과도하게 힘을 주는 바람에 눈알이 빠지고 눈초리가 찢어졌다는 일화가 전해 온다.

진무왕은 맹분의 모습을 보고 크게 웃으며, 자신 있게 도전했다. 임

---

1) 1균=30근斤. 1근=600그램

비는 부상을 염려하여 진무왕을 말렸다. 진무왕은 고집을 부리며, 시기하지 말라고 꾸짖었다. 진무왕은 평생의 힘을 다 쏟아 솥을 반 자 정도 들어 올렸다. 이후 진무왕은 솥을 들고 몇 걸음 걷기 위해 시도했다.

진무왕은 한 걸음을 내딛고 힘이 다해 자신도 모르는 사이에 그만 솥을 놓쳤다. 솥은 진무왕의 오른쪽 발 위에 떨어졌고, 진무왕의 오른쪽 발목은 떨어져 나가서 형체가 없어졌다. 진무왕은 고통과 과다출혈로 인하여 기절했다. 그날 밤 진무왕은 극심한 고통 속에 죽었다(재위 4년. BC 307년).

진소양왕秦昭襄王의 즉위(BC 307년)

주난왕은 진무왕의 갑작스러운 죽음에 당황하여 극진히 염을 하고 관에 시신을 모셨다. 저리질은 진무왕의 관을 싣고 귀국했다.

진무왕은 아들이 없었다. 진무왕의 모친인 혜문후(진혜문왕의 부인)가 추천하는 **공자 장**壯(진무왕의 서동생. 계군季君)과 진혜문왕의 후궁인 미씨芈氏 소생의 **공자 직**稷(진무왕의 서동생)이 왕위를 놓고 경쟁을 했다. 당시 공자 직은 인질로 연에 체류 중이었고, 혜문후가 공자 장을 밀고 있어 공자 장이 절대적으로 유리한 상황이었다.

한편 미씨에게는 이부동모異父同母 동생인 **위염**魏冉과 동부이모同父異母 동생인 **미융**芈戎이 있었다. 위염은 젊은 시절 초에서 죄를 지어 주周로 도망쳐 살다가 미씨가 진에서 후궁이 되자 진으로 들어와 미씨를 돕고 있었다.

위염은 왕위 쟁탈전에서 불리한 상황임에도 포기하지 않고 일단 공자 직을 연에서 귀국시킨 후 저리질을 찾아갔다. 진혜문왕의 서동생인 저리질은 형수인 혜문후와는 사이가 나빴다. 위염은 공자 직에 대하여 직접적인 언급을 전혀 하지 않은 채 제환공 사후 자식들의 분쟁으로 인하여 제의 국력이 약화된 사실을 강조하며, 왕위를 결정하는 것은 하늘의 뜻이 아니라 국정을 책임지는 사람의 결단이라고 주장했다. 저리질은 위염의 능력을 알아보았다. 저리질은 오랫동안 고민한 후 위염에게 병사들을 내어주며, 혼란을 종결시킬 것을 명령했다.

위염은 군대를 동원하여 도성으로 진격했다. 혜문후와 공자 장이 이에 맞섰으나, 중과부족으로 패하고 도주했다. 도성을 장악한 위염과 저리질의 주도로 공자 직이 즉위하니(BC 307년), 곧 **진소양왕秦昭襄王**[1] 이다. 진소양왕은 진소왕秦昭王이라고도 한다. 미씨는 진혜문왕의 부인은 아니고 후궁이었으나 왕의 모후가 되어 호칭이 문제가 되었다. 결국 왕의 모후를 태후太后라고 칭하는 것으로 정리되었고, 미씨는 **선태후宣太后**로 불리게 되었다(최초의 태후 칭호임).

선태후는 초 출신으로 권력욕이 매우 강했다. 진소양왕의 나이가 어린 것은 아니었지만(19세) 모친인 선태후가 국정을 처리했다. 선태후는 후궁 시절 중간 서열(후궁 8단계 서열 중 5단계인 팔자八子)이었으나, 아들이 왕이 되자 권력을 장악했다. 진소양왕의 즉위에 결정적인 역할을 한 위염과 저리질은 국정을 주도했다.

우승상 저리질은 맹분에게 진무왕의 죽음에 대한 책임을 전가하여 맹분과 그 일족을 모두 죽였다. 저리질은 간언을 올린 공을 평가하여 임비를 한중 태수로 임명했다. 진소양왕은 장군將軍직을 최초로 설치하고, 위염을 장군으로 임명했다(BC 307년).

---

1) 진秦소양왕 영직: 재위 BC 306 ~ BC 251

도주한 공자 장이 여러 공자들과 결탁하여 이듬해 난을 일으켰으나 곧 진압되었다(BC 306년). 공자 장과 반란에 가담한 여러 공자들 및 혜문후는 처형되었고, 진무왕의 부인은 위魏로 추방되었다. 이로써 선태후의 세력은 더 강력해졌다.

한편 의거義渠는 융족이 세운 국가인데, 진의 북쪽에 위치하여 진과 갈등 및 협력을 반복하고 있었다. 당시 의거는 진에 복속하고 있었는데, 의거왕이 진에 조례를 하러 왔다가 선태후와 간음을 하게 된다. 훗날 선태후와 의거왕은 아들 둘을 낳게 되는데, 이로 인해 진소양왕과 선태후는 사이가 나빠지고 진의 대신들도 입장이 난처해진다.

감무甘茂의 도주

어느 날 저리질은 진무왕의 낙양 행차를 유발하고 의양을 한에 돌려준 것에 대하여 좌승상 감무의 책임을 언급했다. 생명의 위협을 느낀 감무는 처와 자식들을 진에 남겨둔 채 급히 제를 향해 도주했고, 감무의 식읍은 몰수되었다. 경쟁자를 몰아낸 저리질은 정치적인 힘이 더 막강해졌다.

제를 향해 가던 감무는 사신의 임무를 위해 진으로 오던 소대를 만났다. 감무는 소대에게 자신의 처지를 말했다. 감무는 ①부유한 여자와 가난한 여자가 함께 베를 짜는데 ②가난한 여자가 양초를 살 돈이 없자 부유한 여자에게 '촛불의 불빛'을 나누어 줄 것을 부탁하며 ③촛불의 밝음에 해를 끼치지 않으면서 자신도 이익을 얻겠다고 말을 했다는 이야기를 소대에게 들려주었다. 감무는 소대에게 촛불의 불빛을 자신에게 나누어 줄 것을 부탁하며, 진에 남아 있는 자신의 처와 자식들을 구해줄 것을 간청했다.

　진에 도착한 소대는 진소양왕을 알현하고, 감무의 뛰어난 능력을 강조하며 제에 등용될 경우 진에 엄청난 손해가 된다고 아뢰었다. 소대는 높은 벼슬로 감무를 불러들인 후 먼 곳에 유폐시킬 것을 권유했다. 진소양왕은 소대의 권유대로 감무를 불러들여 다시 상경에 임명하고자 했다. 그러나 불안감을 느낀 감무는 사양하고 진으로 가지 않았다.

　소대는 감무가 진으로 귀국하는 것을 꺼려 하자 제선왕에게 감무를 천거했다. 제선왕은 감무를 상경에 임명했다. 진소양왕은 제에 사람을 보내 감무를 돌려보내 주길 요청했다. 진·제 양국이 감무를 두고 다투는 형국이 되었다.

　그러던 중 제선왕이 감무를 초에 사신으로 보냈다. 진소양왕은 초에 사람을 보내 감무를 진으로 보내줄 것을 요청했다. 초회왕은 진과의 혼인관계를 고려하여 감무를 진으로 보내려고 했다. 이때 범연范蜎이 감무와 같은 인재가 진으로 가면 초에 불리한 결과가 될 것이라며 반대했다. 초회왕은 감무를 진으로 보내려던 생각을 단념했다.

　진·제 양국의 틈바구니에서 입장이 난처해진 감무는 결국 위魏로 이주했고, 그곳에서 사망한다.

제4절 조趙의 성장과 초楚의 몰락

조무령왕趙武靈王의 호복기사(BC 307년)와 영토 확장

조는 동으로 연과, 북으로 호胡와, 서로 임호林胡·누번樓煩·진秦과, 남으로 한·위·제와 접하고 있었다. 조는 사방의 적들과 대결하느라 군사력의 소모가 매우 컸다. 특히 진은 강력한 군사력으로 항상 조를 위협했다.

고민하던 조무령왕은 군사력을 강화하기 위해 호족 문화를 적극 수용하기로 결심한다. 좌임을 하고, 소매 좁은 옷을 입고, 가죽띠를 착용하고, 가죽신을 신는 등 국민들에게 (폭이 넓은 화하계 복장이 아닌) 말을 타고 활을 쏘기에 편한 호복胡服을 권장했다. 비의肥義를 제외한 대부분의 대신들이 이에 반대하였으나, 조무령왕은 이들을 설득하며 강하게 밀어붙였다. 이후 조무령왕은 호족 문화를 보급하여 백성들을 강하게 변화시켰다.

조무령왕은 병거를 대신하여 기마군을 양성하고, 궁술을 훈련시켰다. 조무령왕은 앞장서 호복을 입었고, 말을 타고 달리며 말 위에서 활을 쏘는 호복기사胡服騎射를 군대의 핵심으로 양성했다(BC 307년). 이로써 조의 군사력은 매우 강해졌다. 조는 중원 국가 중 <u>최초로 기마병을 독립적인 병과로 도입</u>한 국가로 평가받고 있다. 조무령왕의 숙부인 봉양군 공자 성은 호족 문화를 도입한 것에 불만이 많았으나, 내색하지는 못했다.

조무령왕은 **중원의 분쟁에 개입하는 대신 강해진 군사력을 이용해 북방을 개척**하기로 결심한다. 조는 중산에 대한 공격을 개시하여 방자

房子, 영가寧葭, 유중楡中, 단구丹邱, 화양華陽, 치鴟 땅 등을 연이어 공격했다(BC 307년). 중산은 견디지 못하고 마을 네 곳을 바치며 화평을 요청했다(BC 305년).

한편 진秦은 진목공 때 기마병을 병거부대를 보조하는 부대로 편성하여 서융과의 전투에 활용하여 서방 영토를 넓힌 적이 있었다. 조가 기마병을 활용하여 세력을 떨치자 진秦도 기마병을 독립 병과로 편성하여 기동타격대로 활용하기 시작한다. 진秦은 중원 국가에 비해 상대적으로 말을 사육하기에 적합한 환경이었고, 서융과의 오랜 교류 과정에서 말 사육 기술을 많이 획득했다. 얼마 후 진秦은 우수한 기마부대를 운용할 수 있게 되었고, 이는 중원 국가에 비해 상대적으로 병사들의 수가 적었음에도 불구하고 진군의 위력을 크게 증대시키는 결과를 가져왔다.

월越의 멸망(BC 306년)

월은 월왕 구천 이후 왕권이 약화되면서 여러 부족들에 대한 통제력이 약화되고, 현실에 안주하며 현상유지에 급급하다 서서히 초와 제에 밀리기 시작했다. 제는 남쪽으로 계속 세력을 확장했고, 초는 동쪽으로 계속 세력을 확장했다. 제와 초에 밀린 월의 세력과 영역은 계속 줄어들었다.

초회왕은 대대적으로 월을 공격하여 월왕 무강無彊을 처형하고 월을 멸망시켰다(BC 306년). 초는 월 땅에 강동군江東郡을 설치했다. 초의 국토는 다시 광활해졌고, 군사력도 상당히 회복되었다.

초楚 몰락의 시작

이제 전국시대의 판도는 **최강 진과 이를 극복하려는 제, 초의 3강**으로 굳어졌다. 진·제·초는 서로 갈등과 협력을 반복하며 패권을 잡기 위해 노력한다.

진의 선태후는 초 출신이었고, 그 때문인지 진소양왕은 즉위 초반에 초에 대한 우호정책을 폈다. 진소양왕과 초회왕은 황극黃棘 땅에서 회견하고 맹약을 맺었다(BC 304년). 진은 초에 상용上庸 땅을 돌려주었다(BC 304년).

한편 진은 한과 위에 대한 공세를 계속했다. 진은 한의 무수武遂 땅과 위의 진양晉陽·포판蒲阪 등을 점령했다(BC 303년). 진의 공세가 계속 되자 위와 한은 제에 의지하기 시작했다.

제선왕은 초가 진과 혼인관계를 맺은 것에 분노하여 위·한과 연합하여 초를 공격했다(BC 303년). 초회왕은 진에 세자 횡橫을 인질로 보내고 진의 원군을 얻어 겨우 방어했다. 제군이 물러간 후 세자 횡은 다시 초로 돌아갔다.

위양왕과 한의 세자 영嬰이 진소양왕을 조례했고(BC 302년), 만족한 진소양왕은 위에 포판 땅을 돌려주었다.

중원 국가들끼리 혼전을 벌이는 동안 조무령왕은 북방으로 눈을 돌려 하종씨河宗氏와 휴혼제맥休溷諸貉[1]을 공격하고, 구원九原과 운중雲中 2군郡을 설치했다(BC 302년).

---

1) 맥貉/貊은 고유명사로 사용되면 고대 한국인을 의미하지만, 흉노(=호胡)가 등장하기 이전까지는 북방민족을 의미하는 보통명사로도 사용되었음. 여기서는 보통명사로 사용된 것임

제선왕은 다시 위·한과 연합하여 초를 공격했다(BC 301년). 제의 광장, 위의 공손희公孫喜, 한의 폭연暴鳶이 초의 북방 요새인 방성方城을 공격했다. 초는 완宛, 엽葉 등 북방 영토를 잃었다. 초회왕은 견디지 못하여 세자 횡을 제에 볼모로 제공하고 제와 화친을 맺었다.

송강왕도 초가 제·위·한의 공격으로 약화된 틈을 이용하여 초의 회수 북부 지역을 공격했고, 회북 땅 300리를 점령하는 대승을 거두었다(BC 301년).

초가 제와 화친을 맺자 진소양왕은 분노하여 서장 환奐을 시켜 초를 공격하고 초군 2만 명을 죽였다(BC 301년).

초는 초회왕의 무능과 여러 차례의 외교적 배신으로 인하여 다른 국가들의 신뢰를 잃고 제와 진 사이에서 동네북 신세로 전락하고 말았다. 이로 인해 국제 정세는 서서히 진과 제의 양강 체제로 변하게 된다.

조무령왕은 중산에 대한 공세를 지속했고, 중산은 왕이 제로 피난을 가는 등 조의 공세 때문에 국력이 크게 약화되었다.

제5절 진秦과 제齊의 패권 경쟁

제민왕齊湣王의 즉위(BC 301년)

제선왕이 재위 19년에 사망하고 아들인 지地가 즉위하니(BC 301년), 곧 **제민왕齊湣王**[1]이다. 제민왕의 즉위시기를 BC 324년으로 보는

---

1) 제민왕 전지: 재위 BC 300 ~ BC 284

견해(《사기》)도 있으므로 주의해서 해석을 해야 한다.

한韓의 세자 자리를 둘러싼 다툼

한의 세자 영嬰이 사망했는데(BC 300년), 한양왕은 새로운 세자를 정하지 않았다. 한양왕의 아들인 공자 구咎와 공자 기슬蟣蝨이 세자 자리를 두고 다툼을 벌였다. 이로 인해 한의 정국은 불안해졌다.

제민왕이 공자 구를 원조했고, 공자 구는 공숙망과 제휴하여 공자 기슬을 몰아냈다. 공자 기슬은 초로 달아났다. 이후 제민왕은 위양왕과 함께 한양왕에게 압력을 넣어 공자 구를 세자로 임명하게 했다(BC 299년).

한편 훗날 공자 기슬의 아들인 신信은 한고조 유방에 의해 최초의 제후왕으로 봉해지는데, 역사학자들은 그를 '**한왕韓王 신**'으로 부르고 있다. 한왕 신과 동명이인으로 '**회음후淮陰侯 한신**'이 있는데, 《초한지》의 대표적인 명장으로 한고조 유방이 중국대륙을 통일하는 데 결정적인 공을 세웠지만 토사구팽을 당하는 바로 그 인물이다. 한왕 신과 회음후 한신은 동시대에 활약하여 많은 혼동을 주고 있는데, 역사서를 읽을 때 혼동하지 않도록 주의해야 할 것이다. 《사기》와 《한서》에 의하면 회음후 한신은 초의 회음 땅 출신으로 한의 왕족은 아니며, 모친이 사망했을 때 장례를 치를 비용이 없을 정도로 가난한 집안이었다. 이와 달리 회음후 한신을 한의 왕족 출신으로 기록한 사서도 있는데, 어느 견해가 옳은 지는 정확히 알 수 없는 상황이다.

맹상군孟嘗君을 초청하는 진소양왕秦昭襄王(BC 300년)

　진소양왕은 외척들이 득세한 현상을 극복하고 싶었다. 진소양왕은 동생인 공자 회悝를 **경양군涇陽君**으로 책봉했고, 공자 시市를 **고릉군高陵君**으로 책봉했다. 공자 회와 공자 시가 진소양왕의 친동생인지 아버지가 다른 동생인지 견해가 대립하고 있는데, 만약 아버지가 다른 동생이라면 군君으로 책봉한 것도 진소양왕의 의사가 아닌 선태후 측의 의사가 반영된 것으로 보아야 할 것이다.

　진소양왕은 맹상군의 명성을 듣고 외척들이 득세한 현상을 극복하기 위해 맹상군을 등용하기를 희망했다. 상수는 진소양왕에게 맹상군을 초청할 것을 권유했다. 진소양왕은 맹상군이 제의 재상이므로 진의 초청에 응할 가능성이 낮다고 여겨 주저했다.

　상수는 진소양왕에게 아우를 볼모로 제에 보내며 맹상군을 초청한 뒤 맹상군이 도착하면 승상에 임명할 것을 건의하고, 맹상군이 진에 임관하면 제도 어쩔 수 없이 진의 볼모를 재상에 임명할 것이므로 진과 제는 친밀하게 될 것이라고 강조했다.

　진소양왕은 동생인 경양군을 제에 볼모로 보냈다(BC 300년). 경양군은 제민왕을 알현하며, 자신을 볼모로 하여 맹상군을 초청하는 진소양왕의 뜻을 아뢰었다.

　마침 소대가 연의 사신으로 제에 머무르고 있었다. 소대는 맹상군을 찾아가 '흙 인형과 나무 인형의 이야기'를 들려주었다. 흙으로 만든 인형과 나무로 만든 인형이 서로 대화를 나누는데, 나무 인형이 흙 인형에게 비가 오면 곧 흙은 무너질 것이라고 자극하자, 흙 인형은 나무 인형에게 자신은 무너져도 도로 흙이 되지만 나무 인형은 비에 떠내려가 어떤 신세가 될지 모르니 걱정이라고 답을 했다는 내용이었다. 소대는 맹상군에게 진은 신용이 없음을 강조하며, 진에 가면 구금될 것이라고 경고했다.

맹상군은 제민왕에게 진에 가지 않겠다는 거절 의사를 표시했다. 맹상군은 경양군을 매우 후하게 대접했고, 경양군은 맹상군과 교류하며 맹상군을 존경하게 되었다.

광장은 제민왕에게 맹상군에 대한 초청을 거절할 경우 제와 친해지려는 진의 환심을 상실할 우려가 있다고 아뢰며, 초청의 조건으로 진의 볼모를 승낙할 경우에는 진에 대하여 의심하고 있음을 인정하는 결과가 된다고 강조했다. 광장은 제민왕에게 진의 볼모를 돌려보내고 진의 초청을 승낙하면 진소양왕이 감동할 것이라고 건의했다.

결국 제민왕은 경양군을 불러 진의 초청을 수락하겠다고 알리며, 볼모는 필요 없으니 귀국하라고 지시했다.

함양咸陽에 감금당하는 초회왕楚懷王(BC 299년)

진소양왕은 제와 초의 화친에 대한 분노가 풀리지 않아 저리질을 대장으로 하여 초에 대한 공격을 다시 개시했다(BC 300년). 초는 경쾌景快를 대장으로 삼아 방어군을 보냈다. 그러나 초군은 3만 명 이상이 죽는 등 진군에 크게 패했고, 경쾌도 전사했다. 진군은 초의 신성新城을 함락했다. 초회왕은 당황했다.

그해에 저리질은 병으로 죽었고, 조 출신의 누완樓緩이 승상이 되었다. 저리질이 죽자 위염이 전권을 잡게 되었다.

진소양왕은 계책을 마련하고 초회왕에게 서신을 보냈다. ①무관武關

땅에서 회견하여 동맹을 맺기를 희망하며 ②동맹 후에 신성을 반환할 것이지만 ③회견을 거절할 경우에는 진에 대한 배반으로 간주하겠다는 내용이었다.

초회왕은 거절할 경우 진왕의 노여움이 걱정되고, 승낙할 경우 진왕의 속임수가 걱정되었다. 굴원은 진의 탐욕과 신의 없음을 지적하며, 회견에 반대했다. 영윤 소수昭睢도 굴원의 주장에 찬성했다. 간신 근상은 거절할 경우 진군을 감당할 수 없다고 지적하며, 동맹을 맺는 게 이득이라고 주장했다. 공자 난은 진과 초는 서로 혼인한 사이임을 지적하며, 근상의 주장에 찬성했다.

결국 초회왕은 진의 제안을 승낙하고, 근상을 대동하여 무관으로 출발했다. 진소양왕은 경양군을 불러 계책을 지시한 뒤, 경양군을 왕인 것처럼 꾸며 무관으로 파견했다.

경양군은 장군 **백기白起**에게 군사 1만 명을 내어주며 무관 내부에 매복시키고, 장군 **몽오蒙驁**에게 군사 1만 명을 내어주며 무관 외부에 매복시켰다. 경양군은 초회왕을 영접하는 사신들을 계속 파견하여 초회왕을 안심시켰다.

초회왕은 무관에 당도했고, 경양군은 공관 앞에서 초회왕을 영접했다. 초회왕이 공관에 입성하자마자 경양군은 군사 1만 명으로 공관을 포위했다. 경양군은 진소양왕이 병이 들어 바깥출입을 못하므로 함양에 가서 회견해야 한다고 협박했다. 경양군은 초회왕을 함양으로 강제로 데려갔다(BC 299년). 근상은 도중에 간신히 탈출했다. 초회왕은 압송되어 가면서 탄식하며 눈물을 흘렸다.

진소양왕은 함양에 당도한 초회왕을 궁으로 들이며, 남향[1]의 왕좌에 앉아 초회왕에게 단 아래에서 배알할 것을 강요했다. 초회왕은 분노하며 무례를 항의했다. 진소양왕은 초가 검중 땅을 양도하겠다는 약속을 실행하지 않았다고 지적하며, 약속을 이행하면 석방하겠다고 강요했다. 초회왕은 분노하면서도 양도할 것을 맹세하고, 진의 장수와 동행하여 귀국한 뒤 그 편에 양도 문서를 전달하겠다고 답했다. 진소양왕은 초회왕의 답변을 무시하며, 초에 사자를 보내 양도 문서를 가져올 것을 강요했다. 초회왕은 분노하며 진소양왕의 요구를 거절했다. 결국 진소양왕은 초회왕을 감금했다.

초경양왕楚頃襄王의 즉위(BC 299년)

근상은 겨우 귀국하여 경과를 보고했다. 초회왕에게는 세자 횡, 양문군陽文君(이름 불명), 계啓, 난蘭 등 많은 아들이 있었다. 영윤 소수는 세자 횡이 제에 볼모로 가 있는 것을 지적하고, 왕위가 비게 되는 상황을 우려했다. 근상은 자신과 친한 공자 난을 추천했다. 영윤 소수는 왕의 분부 없이 세자를 버릴 수는 없다고 지적하며 거절하고, 제에 거짓으로 부고를 보내 세자 횡의 귀국을 추진하기로 했다. 근상은 초회왕의 납치 사건에 대한 비난을 피하기 위해 제에 사신으로 가기를 자청했다.

근상은 제민왕을 알현하고, 거짓 부고를 전하며 세자 횡의 귀국을 요청했다. 제민왕은 귀국 허가 조건으로 회북 땅을 요구할 작정이었다. 맹상군은 제민왕에게 초회왕에게는 아들이 많이 있음을 지적하며, 자

---

[1] 왕은 남쪽으로 신하들을 바라보며(남면) 신하는 북쪽으로 왕을 바라보는(북면) 것이 예법임

칫 이득 없이 오명을 뒤집어쓸 것을 우려했다. 결국 제민왕은 조건 없이 세자 횡의 귀국을 허락했다.

세자 횡이 초에 귀국하여 왕위를 계승하니(초회왕 30년. BC 299년), 곧 **초경양왕楚頃襄王**[1]이다. 초는 진에 사신을 파견하여 새로운 왕이 즉위한 사실을 고지하고, 영토 요구를 거절했다.

분노한 진소양왕은 백기를 대장으로 하고 몽오를 부장으로 하여 군사 10만 명을 내어주며 초에 대한 공격을 지시했다. 진군은 초군과 격전을 벌였고, 성 15개를 점령한 후 철수했다(BC 298년).

조무령왕趙武靈王의 양위[조혜문왕趙惠文王의 즉위](BC 299년)

조무령왕은 지속적인 정복활동을 통해 상산常山, 운중雲中, 안문雁門으로 영토를 넓히고 나서 드디어 진에 대한 공격을 결심한다. 조무령왕은 세자에게 내정을 위임하고 자신은 진에 대하여 친정을 하기로 계획했다.

재위 27년 어느 날, 조무령왕은 세자 하에게 양위하고 스스로를 **주보主父**라고 불렀다. 이에 세자 하가 12세의 나이로 즉위하니(BC 299년), 곧 **조혜문왕趙惠文王**[2]이다. 주보는 비의肥義를 재상으로, 이태李兌를 태부로, 공자 성成을 사마로 임명했다. 주보는 폐세자인 공자 장에게 안양安陽 땅을 분봉하며 안양군安陽君으로 책봉하고, 전불례田不禮에게 안양군을 보필하도록 했다. 또한 주보는 공자 승에게 평원平原 땅을

---

1) 초경양왕 웅횡: 재위 BC 298 ~ BC 263
2) 조혜문왕 조하: 재위 BC 298 ~ BC 266

분봉하며 **평원군**平原君으로 책봉했다(BC 298년).

　주보는 진의 형세를 관찰하고 진소양왕의 인품을 탐색하기 위해 사신 조초趙招로 행세하여 진으로 직접 가서 진소양왕을 알현했다. 주보는 진소양왕이 눈치채기 전에 귀국했다.

　주보는 운중 땅을 순시하고 누번을 공격하여 무찌르는 등 진을 공격하기 전에 먼저 주변을 안정시켰다.

애첩의 목을 자르는 평원군平原君

　평원군은 조혜문왕의 이복형으로 풍류를 아는 귀공자였으나, 국가를 다스리는 이치를 통달하지는 못했다. 평원군도 선비를 선호하여 맹상군과 비슷하게 식객 수천 명을 양성했다.

　어느 날 누각에 거주하던 평원군의 애첩이 근처에 사는 절름발이가 물 긷는 모습을 보며 큰 소리로 웃었다. 절름발이는 모욕을 받았다고 생각하여 분노했다. 절름발이는 평원군을 방문하여 항의하며, 애첩을 처형하여 모든 사람들에게 차별이 없음을 밝히라고 요청했다.

　평원군은 절름발이의 면전에서는 요청을 승낙했다. 평원군은 한 번 비웃음을 받았다 하여 미인을 처형할 것을 요구하는 것은 이치에 맞지 않다고 말하며, 뒤로는 절름발이의 말을 무시했다.

　평원군의 식객들은 평원군이 여색을 사랑하여 사람을 차별한다고 생각하며, 평원군이 약속을 지키지 않는 것에 실망했다. 평원군의 식객들은 1년 뒤 절반 이상이 떠났다. 결국 평원군은 자신의 잘못을 인정하며, 부하를 시켜 미인의 목을 잘랐다. 평원군은 미인의 수급을 들고 절름발이를 방문하여 사과했다. 평원군 문하의 선비들은 평원군의 덕을 칭송했고, 식객들은 다시 모여 들었다.

조사趙奢의 등용

조사趙奢는 조의 하급 관리로 토지에 대한 세금을 징수하는 일을 맡고 있었다. 평원군의 집에서 세금을 내지 않고 있다는 보고를 받은 조사는 평원군의 회계 담당자와 장부를 조사한 후 세금을 내지 않은 죄를 물어 아홉 명을 처형했다.

소식을 들은 평원군은 분노하여 조사를 부른 후 처형하려고 했다. 조사는 귀한 지위에 있는 평원군이 솔선수범하여 법을 지키고 의무를 다하지 않으면 기강이 무너져 나라가 망할 것이라고 강조하며, 나라가 망하면 평원군의 부귀영화도 불가능할 것이라고 대답했다.

평원군은 자신의 잘못을 인정하며, 조혜문왕에게 조사를 천거했다. 조혜문왕은 조사를 국부國賦에 임명했다.

훗날 조사는 연으로 이주하여 상곡上谷 땅을 지키는 관리가 되었다가 다시 조로 귀국하여 장수가 된다. 조사는 매우 신중한 성격인데다 용병에 능하여 크고 작은 전투에서 많은 공을 세우게 된다. 조사는 항상 상금 등을 군사들과 나누어 가져 군사들의 신망이 매우 두터웠고, 병법 등의 군사 문제를 자만하지 않고 조심스럽게 다루었다.

제5장

제齊의 몰락과 진秦의 팽창

제1절 제민왕齊湣王의 위엄과 교만

진秦에서 탈출하는 맹상군孟嘗君(BC 298년)

맹상군은 진으로 출발했다(BC 299년). 빈객 천여 명이 맹상군을 따라갔다. 맹상군은 진소양왕을 알현했고, 진소양왕은 맹상군을 환대했다. 맹상군은 천하의 보물인 호백구狐白裘[1]를 진소양왕에게 선물했다. 진소양왕은 애첩인 연희燕姬에게 호백구를 자랑한 뒤 아직 여름이어서 입지는 않고 궁중의 창고지기에게 잘 보관하라고 지시했다.

진소양왕은 길일을 택하여 맹상군을 승상에 임명할 것을 선포했다. 승상 누완은 지위를 상실할 것을 염려하여 우울했다. 누완은 문객인 공손석公孫奭을 불러 방해를 지시했다.

공손석은 진소양왕을 알현하며, 맹상군은 제의 이익을 우선할 것이라고 강조했다. 공손석은 맹상군이 비상한 재주를 발휘하여 제를 위한

---

[1] 여우 겨드랑이의 흰 털이 있는 부분의 가죽으로 만든 가죽옷. 한 벌을 만들기 위해 여우 만 마리가 필요하다고 함

음모를 꾸밀 경우 진이 위기에 처할 것이라고 진소양왕을 충동했다.

진소양왕은 누완을 불러 상의했다. 누완은 공손석의 주장에 찬성하며, 맹상군이 한 달 이상 진에 체류하여 진의 실정을 알게 되었으므로 귀국 시 진에 불리할 것이라고 강조했다. 누완은 맹상군을 처단할 것을 건의했고, 진소양왕은 허락했다. 진소양왕은 맹상군 일행을 관사에 억류하였다.

맹상군을 존경하던 경양군은 관사를 방문하여 맹상군에게 몰래 이 사실을 알려주었다. 경양군은 진소양왕이 애첩 연희의 청을 다 들어준다고 지적하며, 뇌물로 제공할 보물을 주면 연희를 찾아가 제로 돌아갈 수 있도록 주선을 부탁하겠다고 자청했다. 맹상군은 백옥 두 쌍을 제공했고, 경양군은 연희를 찾아가 주선을 시도했다. 연희는 백옥을 거절하며, 호백구를 희망했다. 경양군은 다시 맹상군을 찾아가 경과를 보고했다.

맹상군이 호백구는 한 벌밖에 없는데 진소양왕에게 이미 선물했으니 구할 방법이 없다고 말하며 탄식했다. 맹상군을 따라 진으로 동행한 빈객들도 대책이 없었다. 이때 말석의 하객下客 하나가 자신이 개가 되어 도둑질을 하여 호백구를 구해오겠다고 자청했다.

그날 밤 그 하객은 개로 분장하고 개구멍으로 들어가 진의 궁중 창고 앞에 도착했다. 하객은 개 짖는 소리를 냈고, 창고지기는 개가 경비를 잘하는 것으로 믿고 안심하여 잠이 들었다. 하객은 창고지기의 열쇠를 훔쳐 창고에 들어가 호백구를 훔친 후 돌아왔다.

다음 날 맹상군은 경양군에게 호백구를 내주었고, 경양군은 연희에게 호백구를 바쳤다. 그날 밤 연희는 진소양왕에게 갖은 아양을 떨며, 다른 나라의 재상을 초청해서 죽이면 천하의 신망을 잃을 우려가 있음을 지적하고, 맹상군을 처형할 경우 천하의 인재들이 진을 외면할 염려가 있다고 강조했다. 진소양왕은 연희의 말에 동의했다.

다음 날 아침 진소양왕은 내시를 불러 맹상군을 석방하고 수레와 역권驛券을 교부하라고 지시했다. 맹상군은 만족했으나, 진소양왕의 변심을 염려했다. 이때 식객 중에 역권을 위조하는 재주가 뛰어난 자가 있었다. 그 식객은 역권의 이름을 위조했다. 맹상군 일행은 전속력으로 제를 향해 출발했다.

맹상군의 석방 소식을 들은 누완은 진소양왕에게 맹상군을 죽이기 싫으면 볼모로 잡아 두어도 무방하다고 건의했다. 진소양왕은 마음이 바뀌어 맹상군을 체포하라고 지시했다. 진군은 추격을 개시했다.

맹상군 일행은 위조된 역권으로 여러 관문을 지나 진의 마지막 관문인 함곡관에 당도했다. 마침 한밤중이어서 관문은 닫혀 있었다. 맹상군은 진군이 추격할 것을 염려하여 초조했다. 이때 식객 하나가 목을 길게 뽑고 닭 울음소리를 내기 시작했다. 그러자 사방에서 닭들이 따라 울었다. 닭들이 시끄럽게 울자 관문지기는 새벽이 된 줄 알고 관문을 열어 맹상군 일행을 통과시켜 주었다(BC 298년).

진군이 맹렬히 추격했으나 맹상군 일행을 발견하지 못했다. 진군은 함곡관에 당도하여 관문 통과 명부를 조사했는데, 맹상군의 이름은 없었다. 진군은 반나절을 더 기다렸으나 맹상군 일행은 보이지 않았다. 진군은 관문지기에게 맹상군의 인상과 일행의 규모를 알려주며 조사했고, 맹상군이 이미 통과한 사실을 알게 되었다. 진군은 어쩔 수 없이 철수했다.

맹상군은 개 도둑질 식객과 닭 울음소리 식객 덕분에 진을 무사히 탈출하자 크게 기뻐하며 그들에게 사례했다[1]. 다른 식객들은 그들을 하객이라고 무시하던 것을 부끄러워하며, 이후부터 그들을 존중했다.

나중에 진소양왕은 호백구 등 모든 사실을 알게 되었다. 진소양왕은 맹상군 식객들의 재주를 찬탄하며, 연희에게 호백구를 하사하고 창고지기는 처벌하지 않았다.

풍환馮驩의 기행

맹상군은 진을 탈출하여 제로 가던 도중에 조에 들렀다. 평원군은 맹상군 일행을 영접했다. 조의 백성들이 맹상군을 구경하러 많이 모여 들었다. 그들 중 일부가 키가 작고 인물이 못생겼다며 맹상군의 외모를 비웃었다. 그날 밤 맹상군 문하의 검객들이 맹상군의 외모를 비웃은 자들을 모두 죽여버렸다.

제민왕은 맹상군이 없는 상황을 아쉬워했는데, 맹상군이 제로 귀국하자 즉시 재상으로 다시 임명했다(BC 298년).

맹상군은 식객의 수가 3,000여 명이 되자 객사를 확대하면서 식객의 등급을 분류했다. 상객上客이 거주하는 1등 객사는 맹상군을 대신하여 일을 처리할 만하다는 의미에서 대사代舍로 칭하고, 생선 반찬과 수레가 제공되었다. 중객中客이 거주하는 2등 객사는 다행히 일을 맡길 만하다는 의미에서 행사幸舍로 칭하고, 생선 반찬은 제공되었으나 수레는 제공되지 않았다. 하객下客이 거주하는 3등 객사는 심부름이나 시킬

---

[1] 여기서 **계명구도**鷄鳴狗盜(닭 울음소리와 개 도둑이라는 뜻. 비천하고 작은 재주라도 쓸모가 있음을 비유함)의 고사성어가 나오게 됨

만하다는 의미에서 전사傳舍로 칭하고, 기본적인 식사만 제공되었다.

맹상군의 식읍인 설 땅은 호수가 1만 호 정도 되었다. 식객의 수가 많아짐에 따라 설 땅의 수입만으로는 식객을 부양하기 어려워졌다. 맹상군은 설읍의 주민들에게 돈을 빌려주고 이자를 받아 식객 부양 비용을 보충했다.

어느 날 제 출신인 **풍환馮驩**[1]이라는 초라한 행색의 나그네가 허리에 칼 한 자루만 차고 맹상군을 방문했다. 풍환은 맹상군과 대면한 자리에서 가르침을 줄 것은 없지만 선비 예우를 잘 한다는 소문을 듣고 방문했다고 자신을 소개했다. 맹상군은 풍환을 전사에 배정했다.

풍환은 전사에서 식사를 마치면 노래를 불렀는데, 밥에 생선 반찬이 없는 것을 지적하는 내용이었다. 전사 사감을 통해 보고를 받은 맹상군은 풍환이 대접에 불평을 하는 것을 알고 풍환을 행사로 배정했다.

풍환은 행사에서 식사를 마치면 노래를 불렀는데, 수레가 없는 것을 지적하는 내용이었다. 행사 사감을 통해 보고를 받은 맹상군은 풍환을 보통 사람이 아니라고 생각하며 대사로 배정했다.

풍환은 수레를 타고 외출을 나갔다 돌아온 후 노래를 불렀는데, 집이 없는 것을 지적하는 내용이었다. 대사 사감을 통해 보고를 받은 맹상군은 풍환을 욕심이 많다고 여기며 인상을 찌푸렸다. 이후 풍환은 더 이상 노래를 부르지 않았다.

풍환이 대사에 거주한 지 1년이 되었다. 맹상군은 객사 비용이 부족하다는 보고를 받자 설읍 주민들에 대한 이자를 징수하기로 결심했다. 대사 사감이 맹상군에게 풍환은 자칭 상객으로 매사에 충실하므로 이

---

[1] 풍훤馮諼이라고 기재된 기록도 있음

번에 설읍에 보내어 인품을 시험할 것을 건의했다. 맹상군은 풍환을 설읍에 보내며 이자를 징수하도록 지시하고, 돌아올 때 가장 부족하다고 생각되는 것을 사가지고 오라고 말했다.

풍환은 설읍 주민들로부터 이자 10만 금을 징수했다. 풍환은 그 돈으로 술과 안주를 마련하고 방문을 게시했는데, 대출자들은 모두 차용증서를 가지고 부중을 방문하여 잔치에 참석하라는 내용이었다. 대출을 한 백성들은 모두 부중의 잔치에 참석했다.

풍환은 대출자들을 대접하며, 그들의 형편을 살피고 분류했다. 풍환은 당장은 이자를 갚지 못했으나 여유가 있어 나중에라도 상환이 가능한 자들은 상환을 연기해 주고 돌려보냈다. 그 후 풍환은 상환이 불가능한 극빈자들의 차용증서를 모아 소각해 버렸다. 풍환은 가난한 백성들에게 맹상군이 대출을 하는 이유는 백성들의 가난을 구제하기 위한 것이고, 이자를 징수하는 이유는 이자 수입을 통해 선비를 양성하기 위한 것임을 강조했다. 풍환은 맹상군의 지시에 의하여 극빈자들의 빚을 탕감한다고 연설하며, 맹상군의 덕을 강조했다. 설읍 백성들은 감격하며 환호했다.

맹상군은 설읍 관리로부터 풍환의 행동을 보고받았다. 맹상군은 풍환의 기행에 분노하여 풍환을 소환했다. 풍환은 맹상군에게 이자를 거두어 '민심'을 사 왔다고 보고했다. 맹상군은 식객 부양 비용이 부족함을 지적하며 풍환을 꾸짖었다. 풍환은 극빈자들을 재촉해도 소용없고 오히려 계속 재촉하면 도주할 우려가 있어 어차피 손해가 발생할 것이라고 지적하며, 극빈자들의 차용증서를 소각하여 백성들을 사랑하는 것을 알려 맹상군의 명성이 올라간 결과가 되었다고 강조했다. 맹상군은 내심 화가 났으나 어쩔 도리가 없었고, 또한 풍환의 설명이 타당하므로 표정을 고치고 예를 갖추며 풍환의 말에 동의했다.

제齊·위魏·한韓 연합군의 진秦 공격[함곡관 함락](BC 298년)

진에 대한 원한을 가지고 있던 맹상군은 제민왕에게 위와 한을 설득하여 진을 함께 공격할 것을 건의했다. 제는 위와 한을 끌어들여 진에 대한 공격을 개시했다(BC 298년). 제·위·한 연합군은 함곡관까지 진출하여 진에 대한 공세를 폈다.

계속된 공격으로 함곡관은 결국 함락되었다[1](BC 296년). 당황한 진은 한에는 무수武遂 땅을 돌려주고, 위에는 봉릉封陵 땅을 돌려주고 제·위·한과 강화를 맺었다. 제민왕의 위명은 천하에 퍼졌고, 진의 동진정책은 크게 좌초되었다.

송강왕宋康王의 폭정

송강왕은 양성한 10만 대군을 활용해 위와 초에 연이어 승리하여 위세를 떨친 후 등滕을 멸망시키고(BC 297년) 영토를 넓혔다. 송강왕은 진에 사신을 파견하여 우호를 맺었다. 이후에도 제를 공격하여 성 5개를 빼앗는 등 송은 다시 예전의 명성을 회복하는 듯 보였다.

이후 송강왕은 자만에 빠져 스스로를 천하의 영웅으로 생각했다. 송강왕은 조회 때 신하들에게 만세를 외치게 하고, 자신을 초인적 존재인

---

1) 중국에는 여러 관문이 있는데, 실제로 함곡관은 대중매체에서 묘사한 것처럼 그렇게 험난한 난공불락의 관문은 아니었음. 함곡관의 명성은 다소 과장된 측면이 있는 것임

것처럼 꾸몄다. 즉 소의 피를 채운 가죽 주머니를 장대에 매단 후 화살을 쏘아 가죽 주머니에서 피가 쏟아지게 하고는 왕이 하늘을 쏘아 승리했다고 선전하고[1], 신하들과 술 대결을 할 때 자신은 술 대신 꿀물을 마시면서 바다와 같은 주량이라는 아부를 받고, 밤에 수십 명의 후궁들과 교정을 한 후 수백 명의 여자들과 교정을 하는 정력가라고 소문을 내는 등의 행동을 했다.

어느 날 송강왕은 외곽으로 유람을 갔다가 뽕잎을 따던 한빙韓憑의 처인 식씨息氏를 보고 반했다. 송강왕은 근처에 청릉대靑陵臺라는 대를 쌓고 식씨를 바라보았다. 한빙은 고급 관리의 집안일을 담당하는 집사였다. 송강왕은 한빙에게 처를 바치라고 강요했다. 한빙은 기가 막혔고, 부인 식씨에게 의사를 물었다. 식씨는 시를 지어 거절의 뜻을 표시했다.

송강왕은 무사들을 시켜 식씨를 청릉대로 납치했다. 한빙은 분을 참지 못하고 칼로 목을 찔러 자살했다. 송강왕은 부인으로 삼겠다고 식씨를 회유했으나, 식씨는 시를 지어 거절의 뜻을 표시했다. 그러자 송강왕은 식씨를 위협했다. 식씨는 어쩔 수 없는 상황임을 깨닫고 자살을 결심했다. 식씨는 목욕 재개 후 남편의 영혼에 작별을 고하고 나서 왕을 모시겠다고 대답했다. 송강왕은 만족하며 청을 허락했다.

식씨는 목욕 재개 후 하늘을 향해 두 번 절한 다음 청릉대 밑으로 몸을 던져 자살했다. 식씨의 치마 끝에는 남편과 함께 매장해 줄 것을 부탁하는 유서가 적혀 있었다. 송강왕은 분노하여 부부를 각각 분리하여 매장할 것을 지시했다.

---

[1] 이는 상商의 27대 왕인 무을이 했던 것을 모방한 것임

이후 두 무덤에서 가래나무가 한 그루 씩 생겼는데, 자라면서 두 나무의 가지가 서로 끌어안듯이 뒤엉켰다. 얼마 후 원앙새 한 쌍이 날아와 슬피 울었다. 마을 사람들은 두 나무를 한빙 부부의 원혼이라고 생각하여 상사수相思樹라고 불렀다.

송강왕은 점점 더 자만에 빠져 포악한 짓을 저질렀다. 경성景成, 대오戴鳥, 공자 발勃 등의 신하들이 간언했으나, 송강왕은 그들을 활로 쏘아 죽였다. 사람들은 송강왕을 옛 폭군 걸왕桀王과 같다는 의미로 걸송桀宋으로 불렀다.

초회왕楚懷王의 객사(BC 296년)

초회왕이 감금된 지 1년이 지났다. 초회왕은 감시가 소홀해진 틈을 이용해 탈출했다(BC 298년). 진소양왕은 초로 향하는 도로를 봉쇄하고 추격병을 보냈다. 초회왕은 초로 가는 것이 힘들어 어쩔 수 없이 조로 도주하여 망명을 요청했다.

주보가 서쪽으로 원정을 가고 없는 상태여서 조혜문왕은 신하들의 의견을 들었다. 대신들은 망명을 허락할 경우 진의 분노를 우려했고, 결국 조혜문왕은 초회왕의 망명을 불허했다(BC 297년).

초회왕은 위의 대량을 목표로 다시 도주하다 결국 진군에 체포되어 함양으로 이송되어 구금되었다. 얼마 후 초회왕은 화병이 들어 피를 한 말이나 토하고 사망했다(BC 296년). 무능하고 변덕이 심했던 초회왕은 이렇게 객지에서 사망했다. 진소양왕은 초회왕의 시신을 초로 보냈다. 초의 백성들은 통곡했고, 모든 제후들은 진을 비난했다.

굴원은 초회왕의 죽음을 통탄하여 초경양왕에게 간신을 배척하고 부왕의 원수를 갚을 것을 건의했다. 입장이 난처해진 근상과 공자 난은 초경양왕에게 굴원이 벼슬에 불만을 품어 왕에 대하여 불효하다는 비난을 하고 있다며 참소했다. 초경양왕은 굴원의 벼슬을 빼앗고 시골로 추방했다.

풍환馮驩의 활약[교토삼굴狡兔三窟]

　제·위·한의 공세로 고생한 진소양왕은 맹상군의 능력을 염려하여 제거할 결심을 했다. 진소양왕은 맹상군의 명성은 천하에 높으므로 곧 왕이 될 것이라는 내용의 요언을 제에 퍼뜨렸다.

　진소양왕은 초에 사신을 파견하여 예전에 6국이 연합하여 출전할 때 제는 출전하지 않았다고 지적하며, 초왕이 종약의 장이 되는 것에 대하여 맹상군이 반대하고 있다고 모략했다. 계속해서 진소양왕은 맹상군의 권유로 초회왕을 귀국시키지 않았다고 둘러대며, 초회왕의 객사에 맹상군의 책임이 크다고 모략했다. 또한 맹상군이 초의 세자를 볼모로 토지를 요구할 것을 주장했다고 모함했다. 진소양왕은 맹상군의 모략에 빠진 것을 후회하고 있다고 강조하며, 초에 딸을 출가시키고 동맹을 체결할 것을 제안했다.

　초경양왕은 부왕의 원수를 갚는 대신 진과 우호를 체결하고, 진소양왕의 딸과 혼인했다. 이후 초경양왕은 제에 맹상군이 왕위를 노리고 있다는 내용의 유언비어를 퍼뜨렸다.

　결국 제민왕은 요언과 유언비어를 믿게 되었다. 제민왕은 맹상군을 재상에서 해임하고 설읍으로 추방했다. 맹상군은 설읍으로 이주했다. 인심이 변하자 식객 3,000여 명은 뿔뿔이 흩어졌으나, 풍환은 맹상군을 수행하고 설읍으로 갔다.

  설읍 백성들은 맹상군을 환대하며, 문안을 올렸다. 맹상군은 만족하며, 풍환의 공을 치하했다. 풍환은 교활한 토끼는 굴을 세 군데 마련하여 죽음을 면한다고 강조하며[1], 현재 굴이 하나뿐이므로 두 개의 굴을 더 마련할 것을 건의했다. 풍환은 맹상군에게 수레를 내어줄 것을 요청하며, 더 높은 권세를 얻어 복귀하게 만들겠다고 약속했다.

  풍환은 수레를 타고 진으로 갔다. 풍환은 진소양왕을 알현하며, 진과 제가 천하를 두고 대결하고 있음을 강조했다. 풍환은 맹상군이 추방된 사실을 아뢰며, 진이 맹상군을 승상으로 등용하면 천하를 차지할 것이라고 강조했다. 풍환은 제민왕이 뜻을 번복하여 다시 맹상군을 재상에 임명하기 전에 일을 추진할 필요가 있다고 진소양왕을 충동했다[2].

  진소양왕은 기뻐하며, 많은 예물을 준비하여 설읍에 사신을 파견하기로 결정했다. 풍환은 자신이 먼저 설읍에 가서 맹상군에게 보고하고 진으로 출발할 준비를 하고 있겠다고 자청했다. 풍환은 진의 사신보다 며칠 앞서 출발했다.

  풍환은 설읍 대신 임치로 가서 제민왕을 알현하며, 진이 맹상군을 승상에 임명하려 한다는 소문을 전했다. 풍환은 진이 강성해지면 제가 위험해진다고 강조하며, 진보다 먼저 맹상군을 재상에 임명할 것을 건의했다.

  제민왕은 겉으로는 승낙했으나, 풍환의 말을 신뢰하지 않았다. 제민

---

1) 여기서 **교토삼굴**狡兎三窟(영리한 토끼는 굴을 세 개 파놓는다는 뜻. 나중의 위급한 상황을 대비하여 여러 개의 대책을 마련하는 것을 의미함)의 고사성어가 나오게 됨
2) 풍환이 진이 아닌 위로 가서 위양왕을 충동했다는 반대 견해도 유력함. 여기서는 소설《동주열국지》에 따라 기술하기로 함

왕은 다른 신하에게 진이 맹상군을 초빙하는 사신을 보냈는지 여부를 조사하도록 지시했다.

며칠 후 진의 사신이 맹상군에게 가고 있다는 보고가 올라왔다. 제민왕은 급히 풍환을 불러 설읍으로 파견하며, 식읍 1,000호를 더하여 맹상군을 재상에 임명한다는 전지傳旨를 전하도록 지시했다. 이로써 두 번째 토끼굴이 만들어졌다.

맹상군은 다시 재상으로 복귀했고, 진의 사자는 허탕을 치고 돌아갔다. 식객들이 다시 맹상군에게 모여들었다. 맹상군은 풍환에게 감사를 표하며, 식객들의 행동을 비난했다. 풍환은 아침에는 시장에 사람이 붐비지만 저녁에는 사람이 없다고 아뢰며, 그 이유는 저녁에는 필요한 물건이 시장에 없기 때문이라고 설명했다. 풍환은 사람이 이익에 따라 움직이는 것은 인지상정이라고 강조하며, 영욕성쇠榮辱盛衰는 만물의 이치라고 지적했다. 맹상군은 한참을 생각하다 풍환에게 재배하고, 다시 식객들을 수용했다.

풍환은 맹상군에게 설 땅에 종묘를 세워 제선왕의 제기를 모시도록 제민왕에게 건의하라고 아뢰었다. 설 땅에 종묘가 세워졌고, 맹상군의 지위는 더 안정되었다. 이로써 세 번째 토끼굴이 만들어졌다. 풍환은 맹상군에게 세 개의 토끼굴이 모두 완성되었다고 말했다.

중산中山의 멸망(BC 296년)

중산은 조의 계속된 공격에 밀렸다. 중산은 왕이 제로 피난을 갔다가 돌아오지 못하고 객사하는 지경에까지 이르렀는데, 결국 조의 공격으로 멸망했다(BC 296년). 이로써 조는 더 강성해졌다. 조는 중산국의 도읍인 영수 땅에 성을 쌓고 조왕성趙王城이라고 불렀다.

위소왕魏昭王의 즉위(BC 296년)

위양왕이 재위 23년에 사망하고 아들인 칙遫이 즉위하니(BC 296년), 곧 **위소왕魏昭王**[1]이다.

위魏 공자 무기無忌의 명성

공자 무기無忌는 위소왕의 막내아들이다. 공자 무기는 공손하고 선비를 좋아하며, 어진 사람을 극진히 대접했다. 공자 무기는 3,000여 명의 식객을 양성했다. 공자 무기는 맹상군, 평원군과 함께 어진 사람으로 명성이 높았다.

당시 위에 나이 70세가 넘는 후영侯嬴이라는 은사가 있었다. 후영은 대량성의 문지기로 일하고 있었는데, 가난하지만 청렴결백하여 사람들은 그를 **후생侯生**이라는 존칭으로 불렀다. 공자 무기는 후생의 명성을 듣고 방문하여 황금 20일을 선물했다. 후생은 이유 없이 남의 돈을 받을 수 없다며 사양했다.

어느 날 공자 무기는 연회를 마련했는데, 많은 고관대작들이 참석했다. 공자 무기는 연회의 상좌를 남긴 채 직접 수레를 몰고 나갔다. 무기는 수레의 상석(=왼쪽 자리)을 비워두고 후생을 방문하여 연회에 초대했는데, 후생은 승낙했다. 공자 무기는 직접 수레를 몰았고, 후생은

---

1) 위소왕 위칙: 재위 BC 295 ~ BC 277

상석에 앉았다. 도중에 후생은 친구인 백정 **주해朱亥**를 방문하여 장시간 동안 환담을 나누었는데, 공자 무기는 공손하게 기다렸다. 드디어 공자 무기가 후생을 데리고 연회장에 돌아왔는데, 상좌에 누구를 앉힐지 궁금해하던 모든 고관대작들은 경악했다. 후생은 연회의 상좌에 착석하여 공자 무기의 융숭한 대접을 받았다[1]. 연회가 끝난 며칠 후 후생은 주위 사람들에게 공자 무기의 덕을 칭송하며, 선비를 존경하는 공자 무기의 높은 덕을 천하에 알리기 위해 융숭한 대우를 사양하지 않았다고 말했다.

후생은 공자 무기에게 백정 주해를 추천했고, 공자 무기는 주해를 공경했다. 후생은 공자 무기의 상객이 되었다.

한이왕韓釐王의 즉위(BC 296년)

한양왕이 재위 16년에 사망하고 세자인 구咎가 즉위하니(BC 296년), 곧 **한이왕韓釐王**[2]이다.

조趙 안양군安陽君의 모반과 이태李兌의 정변(BC 295년)

주보는 운중을 순시하고 한단으로 돌아왔다. 어느 날 주보는 조회에서 적장자인 안양군이 동생인 조혜문왕에게 조례하는 모습을 보고 불

---

1) 여기서 **허좌이대虛左以待**(왼쪽 자리를 비워놓고 손님을 기다린다는 뜻. 중원의 풍습은 왼쪽을 상석으로 여기므로 왼쪽을 비워놓는다는 것은 손님을 극진하게 예우하는 것을 의미함)의 고사성어가 나옴
2) 한이왕 한구: 재위 BC 295 ~ BC 273

쌍한 생각이 들었다.

주보가 평원군을 불러 나라를 나누어 두 아들 모두를 왕으로 만드는 문제를 상의했다. 평원군은 진晉의 과거 사례를 언급하고 변란의 발생을 우려하며 반대했다. 주보는 실권이 모두 자기에게 있는데 무슨 변란이 발생할 것이냐며 짜증을 냈으나, 평원군의 말이 타당하여 결국 생각을 접었다.

그런데 주보와 평원군의 대화 내용이 안양군에게 누설되었다. 안양군은 전불례와 상의를 했는데, 전불례는 평원군을 비난하며 대업을 도모하라고 충동했다. 결국 안양군은 거사를 일으키기로 결심하고, 전불례에게 부탁했다.

태부 이태는 재상 비의에게 안양군의 움직임을 언급하며, 재상에서 사임하여 화를 피하라고 권유했다. 비의는 주보로부터 국가의 안위를 부탁받았음을 강조하며 사임을 거절했다. 비의는 안양군을 경계하여 왕의 측근 내시인 고신高信에게 혹시 왕을 모시러 오는 자가 있으면 자신에게 즉시 보고하라고 비밀리에 지시했다.

몇 달 후 주보는 조혜문왕과 안양군 등을 데리고 사구沙邱 땅으로 휴양을 갔다. 주보와 조혜문왕은 이궁離宮을 하나씩 차지하고 거처했는데, 거리는 10리 정도 떨어져 있었다. 안양군은 두 이궁의 중간에 위치한 공관에 거처했다.

전불례는 안양군에게 조혜문왕이 궁 밖으로 나와 있는 지금이 기회라고 강조하며, 중간에 군사들을 매복시켜 놓고 주보의 명을 사칭하여 조혜문왕을 부른 뒤 중간에서 매복 공격할 것을 건의했다. 안양군은 찬성했다.

그날 밤 안양군은 심복 부하인 내시를 조혜문왕에게 보내 주보가 병이 들어 왕을 급히 찾고 있다고 거짓말을 전하게 했다. 내시 고신은 미리 지시받은 대로 재상 비의에게 이 사실을 보고했다. 비의는 의심이 들었다. 비의는 조혜문왕을 알현하고, 자신이 먼저 주보를 찾아가 알현할 것이니 기별이 있기 전에는 행차하지 말 것을 건의했다. 비의는 고신에게 궁문을 폐쇄하고 왕을 호위할 것을 지시하고, 주보가 거처하는 이궁으로 출발했다.

중간에 매복하고 있던 전불례는 비의의 행차를 조혜문왕의 행차로 생각하고 기습공격을 했다. 불의의 공격을 받은 비의는 현장에서 사망했다. 잠시 후 전불례는 계획이 실패한 사실을 알게 되었고, 당황하며 조혜문왕을 직접 습격하기로 결심했다.

안양군과 전불례는 조혜문왕이 거처하는 이궁을 공격했다(BC 295년). 고신은 결사적으로 방어했으나, 궁문이 파괴되기 직전의 급박한 상황이었다.

한편 공자 성과 이태도 예전부터 안양군의 변란을 의심하고 있었다. 그날 공자 성과 이태는 만약의 경우를 염려하여 조혜문왕을 방문하러 갔다가 안양군의 부대가 조혜문왕의 이궁을 공격하는 것을 발견했다. 공자 성과 이태는 즉시 공격을 개시했고, 미처 예상하지 못했던 안양군과 전불례는 크게 패했다. 전불례는 안양군에게 주보의 이궁으로 도망쳐 목숨을 애원하자고 제안했다.

전불례는 추격군을 저지하며 공자 성 및 이태의 병사들과 교전을 벌였으나 중과부적으로 패했고, 결국 전사했다. 그러는 사이에 안양군은 주보에게 도망쳐 목숨을 애원했다. 주보는 안양군을 이궁의 가장 깊숙한 곳에 숨겨 주었다.

공자 성과 이태는 안양군이 주보의 이궁으로 도주했을 것으로 짐작하여 주보를 찾아가 안양군을 넘겨줄 것을 요청했다. 주보는 안양군이 오지 않았다고 거짓말을 했다. 공자 성과 이태는 상의했고, 안양군을 체포하는 것이 반드시 필요하다는 데 의견이 일치했다. 공자 성과 이태는 주보가 거처하는 이궁을 포위하고 철저히 수색을 실시했다. 결국 이중벽 속에 숨어 있던 안양군이 발견되었다. 이태는 주보가 안양군을 석방하라고 지시를 내릴 것을 염려하여 그 자리에서 안양군을 칼로 쳐 죽였다.

주보는 안양군의 죽음에 통곡했다. 이태는 이궁을 포위하고 허가 없이 안양군을 처형한 것에 대하여 나중에 주보가 문책할 것을 걱정했다. 이태는 공자 성에게 특단의 조치를 건의했고, 평소 주보에 대해 불만을 가지고 있었던 공자 성은 동의했다.

공자 성과 이태는 주보의 이궁을 겹겹이 포위했다. 공자 성과 이태는 궁 안에 머물 경우 안양군과 역모를 내통한 죄로 처벌하겠다고 위협하며, 왕명을 참칭하여 이궁에 거주하는 모든 사람들에게 궁 밖으로 나갈 것을 명령했다. 곧 이궁은 폐쇄되었고, 주보 혼자만 이궁에 남게 되었다.

결국 주보는 이궁에 갇혀 굶어 죽었다(BC 295년). 석 달 후 공자 성과 이태는 이궁으로 들어가 뼈만 남은 주보의 시신을 확인했다. 공자 성은 조혜문왕을 모시고 사구 땅에서 주보의 장례를 치렀다.

조혜문왕은 한단으로 복귀하여 공자 성을 재상에 임명하고, 이태를 사구에 임명했다. 공자 성은 곧 병으로 죽었다. 조혜문왕은 평원군을 재상에 임명했다.

외척이 득세하게 되는 진秦

진의 국정을 처리하던 선태후 미씨는 승상 누완이 자신의 이익을 위해 국정에 소홀하다고 여겨 누완을 파직하고, **위염**을 승상으로 임명했다(BC 295년). 선태후의 동생인 위염과 미융은 진의 실권을 장악하여 막강한 세력을 형성했다.

훗날 위염은 양후穰侯로 책봉되고 미융은 화양군華陽君으로 책봉되는데, 선태후의 아들이자 진소양왕의 동생인 경양군 및 고릉군과 함께 4귀四貴로 불리며 진의 국정을 좌우했다.

특히 위염은 권력의 정점에서 외척세력을 이끌었다. 위염은 자신과 친한 백기白起를 좌경에 임명하고 심복부하로 삼았다(BC 294년). 위염은 다른 나라를 공격하여 획득한 땅을 자주 자신의 봉토로 삼았는데, 나중에는 위염의 재산과 권력이 진소양왕을 능가할 지경에까지 이르게 된다. 위염은 막강한 힘을 과시하며 다른 나라의 왕들과 제후들까지 무시하는 등 전횡을 일삼았다.

이와 달리 위염이 진소양왕의 나이가 어린 즉위 초반기에는 선태후와 함께 막강한 권력을 행사했으나, 진소양왕이 장성한 이후에는 왕을 능가할 정도의 권력을 누리지는 못했다는 반대 주장도 유력하다.

위염은 탁월한 능력을 발휘하여 왕이 될 가망이 거의 없던 어린 진소양왕을 즉위시킨 공로로 저리질과 함께 권력을 나누어 가졌고, 진소양왕이 장성한 이후에도 진의 대외확장에 큰 업적을 남긴다. 이 과정에서 위염은 권력을 이용하여 엄청난 재산을 모았고, 진소양왕은 위염의 능력을 인정하여 중책을 맡기면서도 위염과 외척의 권력이 너무 커진 현상을 항상 염려하며 경계했다.

연燕에 출사하는 악의樂毅(BC 294년)

악의樂毅는 중산국 정벌의 공적을 세운 악양의 손자인데, 어려서부터 병법을 열심히 연구했다. 악양은 영수 땅을 봉토로 받았는데, 영수 땅은 나중에 조의 영토가 되었다. 악의는 조의 영수 땅에서 성장했는데, 주보가 아사하는 변란 때 위의 대량으로 피난을 갔다.

악의는 위소왕에게 출사했으나, 위소왕은 악의를 푸대접했다. 악의는 탄식했는데, 연소왕이 인재를 물색한다는 소문을 들었다. 위가 연에 사신을 보낼 때 악의는 사신을 자원하여 연소왕을 알현했다. 악의는 연소왕에게 자신의 병법 식견을 보여주었다. 연소왕은 악의를 빈객의 예로 극진히 대접했다. 악의는 연의 신하가 되기를 희망했다. 연소왕은 대만족하며, 악의를 아경에 임명했다(BC 294년).

악의는 악씨 일족을 연으로 불러들였다. 연소왕은 제에 대한 원한이 사무쳤으나, 제의 국력이 너무 강하여 때를 기다리며 군사를 양성하고 있었다.

제민왕齊湣王의 교만[맹상군孟嘗君의 위魏 망명](BC 294년)

진의 함곡관을 공격하고 진과 강화를 체결하여 천하에 위엄을 떨친 이후 제민왕은 교만해졌다. 제민왕은 총신 이유夷維를 위衛·노魯·추鄒에 파견하여 제에 칭신하고 조공을 바칠 것을 요구했다. 위·노·추의 군주들은 제민왕에게 조례하고 칭신했다.

제민왕은 더욱 교만해져서 주周를 합병하고 낙양의 구정을 임치로 가져와 천자라고 선포할 계획까지 세웠다. 맹상군은 천하의 이목을 두려워해야 한다고 간언했다. 제민왕은 분노하며 맹상군을 재상에서 해임했다(BC 294년).

맹상군은 신변의 불안을 느끼고 문객들과 함께 위魏로 달아났다. 맹상군은 공자 무기에게 의탁했다. 맹상군과 공자 무기는 서로 존경하며 교분을 쌓았다. 맹상군은 조의 평원군과 친한 사이여서 공자 무기를 평원군과 연결시켜 주었다. 평원군과 공자 무기는 서로 존경하며 교분을 쌓았다.

이후 위소왕은 맹상군을 재상에 임명했고, 공자 무기는 자신의 누나를 평원군에게 시집보냈다. 맹상군은 위에서 다시 실권을 잡게 되었다. 이로 인해 제와 위는 사이가 나빠졌다.

제2절 진秦의 한韓·위魏 공략

진秦의 한韓·위魏 공격[이궐伊闕전투](BC 293년)

진소양왕은 예전에 제·위·한이 연합하여 함곡관을 공격한 것에 대한 보복을 결심했다. 진소양왕은 가장 약한 한을 먼저 공격하기로 결정하고, 위염과 백기에게 한에 대한 공격을 지시했다. 진군은 한의 이궐伊闕 땅까지 진격했다. 한은 위에 원군을 요청했고, 위는 원군을 보냈다. 백기는 이궐 땅에서 한·위 연합군을 격파했는데(BC 293년), 24만 명[1]을

---

1) 중국 역사서는 항상 과장이 심한 고질병이 있음. 당시 인구를 감안할 때 전사자가 24만 명이라는 점은 믿기 어려울 것임. 그럴더라도 당시 한·위 연합군이 참패하여 막대한 피해를 입은 것은 분명한 사실임

참수하고 위의 장수 공손희公孫喜를 사로잡았다[이궐伊闕전투].

불패不敗의 군신軍神으로 전국시대 최고의 명장으로 꼽히는 백기가 역사의 전면에 등장하는 순간이다. 백기는 이전까지와는 다른 '섬멸전'의 개념을 도입하여 '학살자'로 불리고 있는데, 얼마나 많이 죽였는지 정확한 숫자는 알기 어려우나 30년 동안 160만 명 이상을 죽였다고 주장하는 견해도 있다.

승세를 잡은 백기는 계속해서 위를 공격해 원垣 땅을 점령했다가 돌려주고(BC 292년), 한을 공격해 완宛 땅을 점령했다(BC 291년). 당시 위는 맹상군으로 인하여 제와 사이가 원만하지 못하여 원군을 요청하지 못했다.

승상 위염이 병이 들어 사임하고, 객경 수촉壽燭이 승상이 되었다. 진소양왕은 사마착司馬錯에게 계속 공격을 지시했다. 사마착은 위를 공격해 지軹 땅을 점령했고, 한을 공격해 등鄧 땅을 점령했다(BC 291년). 진소양왕은 고릉군(공자 시)을 완 땅의 제후로 봉하고, 경양군(공자 회)을 등 땅의 제후로 봉했다.

얼마 후 위염이 병에서 회복되자 진소양왕은 다시 위염을 승상으로 삼았다. 진소양왕은 모친인 선태후의 뜻에 따라 위염에게 양穰 땅과 도陶 땅을 분봉하고 양후穰侯로 책봉했다. 또한 진소양왕은 미융을 화양군華陽君으로 책봉했다.

양후 위염은 위와 한에 대한 공격을 계속했다. 위와 한은 진의 공격을 견디지 못하고, 한은 무수 땅 200리를 바치며 화평을 요청했고, 위는 하동 땅 400리를 바치며 화평을 요청했다(BC 290년). 진소양왕은 군사들의 피로를 생각하여 수락했다. 조와 제는 연합하여 한을 공격하다 진과 한이 화평을 체결하자 그만 두었다.

군사들이 피로에서 회복했다고 판단한 진소양왕은 사마착에게 다시 위에 대한 공격을 지시했고, 진군은 위의 원垣 땅과 하옹河雍 땅의 61개 성읍을 점령했다(BC 289년).

결국 위소왕은 진의 계속된 공격을 견디지 못하고 조의 힘을 빌릴 결심을 했다. 위소왕은 조에 가서 조혜문왕에게 조례하고 음성陰城 땅을 바치며 원조를 요청했다. 또한 위소왕은 이태의 아들에게 하양河陽 땅과 고밀姑密 땅을 분봉했다(BC 288년).

연燕의 동호東胡(=조선朝鮮) 공격(BC 290년경)

예전에 연이 국가적 위기를 맞아 동호東胡에 북쪽과 동쪽 1,000리의 땅을 빼앗기고 인질을 보내는 조건으로 굴욕적인 화평을 맺었다. 이때 **진개秦開**는 동호에 볼모로 갔는데, 그곳에서 동호 군주의 큰 신임을 받았다. 진개는 볼모 생활을 하면서 동호의 지리정보와 군사정보를 익혔다.

이후 진개는 동호의 방심을 틈타 그곳을 탈출해서 귀국했다. 동호에 대한 모든 정보를 알고 있던 진개가 연소왕을 설득하여 동호를 기습 공격했다(BC 290년경).《위략》은 여기의 동호를 기자조선으로 기록하고 있다. 진개는 대승을 거두고, 만번한滿潘汗까지 2,000리의 땅을 획득했다. ①예전에 1,000리를 잃었다가 ②진개의 공격으로 2,000리를 획득하니 ③결국 1,000리를 확장한 결과가 되었다.

《사기》와《한서》에 1,000리를 획득한 것으로 기록되어 있는 것은 ③의 내용을 기록한 것이고,《위략》에 2,000리를 획득한 것으로 기록되어 있는 것은 ②의 내용을 기록한 것이다.

연은 획득한 지역에 **상곡上谷**, **어양漁陽**, **우북평右北平**, **요서遼西**, **요동**

遼東의 5개 군郡을 두었다. 이로써 동호는 한동안 국력이 매우 약해졌고, 연은 후방에 대한 걱정이 크게 줄어들었다. 드디어 연소왕은 제에 대한 복수 준비에 집중할 수 있게 되었다.

진소양왕秦昭襄王의 제帝 호칭 사용(BC 288년)

진소양왕은 계속되는 승전과 영토 확장으로 자만심이 생겼다. 진소양왕은 다른 나라들에 대한 우위를 과시하기 위해 스스로를 '제帝'로 부르기로 결심했다. 진소양왕은 혼자서만 제帝 호칭을 사용하기가 멋쩍어 제齊에 사신을 파견하여 진은 서제西帝로 제는 동제東帝로 자처하고 천하를 양분하자고 제안했다. 제민왕은 진의 제안을 거절했다.

진소양왕은 다시 제에 사신을 보내 연합하여 조를 공격할 것을 제안했다. 제민왕은 결정을 못하고 있었다.

이때 연에서 사신으로 소대가 와서 제민왕을 알현했다. 제민왕은 소대에게 제 칭호 문제를 문의했다. 소대는 거절하면 진의 호의를 무시하는 것이 되고, 승낙하면 다른 나라들의 미움을 받게 될 것이라고 대답했다. 소대는 일단 진의 제의를 승낙한 뒤 진이 제 호칭을 사용하는 것을 지켜보다가 다른 나라들이 진을 존경하면 따라서 사용하고, 다른 나라들이 진을 미워하면 연합하여 진을 공격할 것을 건의했다. 제민왕은 크게 기뻐했다.

제민왕은 계속해서 진과 연합하여 조를 공격하는 문제를 소대와 상의했다. 소대는 조를 공격할 명분이 없다고 강조한 뒤, 조가 진과 지리적으로 더 가까움을 지적하며 성공할 경우 진의 이익이지만 제의 이익이 아니라고 대답했다. 소대는 송강왕이 천하의 비난을 받고 있음을 지적하며, 차라리 송을 공격하면 명분과 이익을 모두 얻을 것이라고 건의했다. 제민왕은 대만족했다.

제민왕은 진의 사신에게 제 호칭을 사용하는 것은 찬성하지만 조를 공격할 형편은 안 된다고 답을 했다.

진소양왕은 만족하며 제帝 호칭을 사용했다(BC 288년). 그러나 제민왕은 계속 왕王 호칭을 사용했다. 진소양왕은 제에 속았음을 알고 쑥스러워하며 두 달 만에 제 칭호를 포기하고, 다시 왕 호칭을 사용했다.

한편 진소양왕은 사마착을 시켜 위에 대한 공격을 계속 진행했다. 진군은 황하를 건너 위의 하내河內 땅을 공격했고, 위는 옛 도읍인 안읍을 바치며 화평을 요청했다(BC 286년). 진소양왕은 안읍에 살던 위의 백성들을 추방하고 진의 백성들을 이주시켰다.

제3절 송宋의 멸망과 제齊의 외교적 고립

제齊·초楚·위魏 연합군의 송宋 공격(BC 286년)

제민왕은 송강왕에게 원한이 있는 초와 위에 사신을 파견하여 함께 송을 공격한 뒤 땅을 나누어 갖자고 제안했다. 초경양왕과 위소왕은 찬성했다.

제·초·위 연합군은 송에 대한 공격을 개시했다(BC 286년). 당시 진은 송과 우호관계를 맺고 있었으므로 진소양왕은 대노하여 송에 대한 구원을 준비했다. 제민왕은 진이 송을 구원할 것을 우려하여 소대와 상의했다. 소대는 진으로 가서 진을 설득하겠다고 자청했다.

소대는 진소양왕을 알현하며, 송강왕은 극악무도하여 천하가 분노하고 있다고 지적했다. 소대는 진이 송을 원조할 경우 진 또한 천하의 미움을 받을 우려가 있다고 강조했다. 계속해서 소대는 제민왕은 욕심이 많아서 송에 대한 공격이 성공하면 초와 위를 배반하고 그 땅을 독차지할 것으로 예상하고, 이로 인해 초와 위는 제를 증오하여 자청하여 진을 섬길 것이라고 분석했다. 소대는 진소양왕에게 송을 원조하는 대신 관망하는 것이 진에 이익이 될 것이라고 아뢰었다. 결국 진소양왕은 송을 구원할 결심을 번복했다.

제·초·위 연합군은 회의를 열었다. 초의 장수 당매唐眛는 송강왕은 교만하므로 유인작전을 사용할 것을 주장했고, 위의 장수 망묘芒卯는 송강왕은 민심을 잃었으므로 격문을 선포하여 제·초·위 유민들의 거병을 촉구하고 송 백성들의 궐기를 유도하자고 주장했다. 제의 장수 한섭韓聶은 모두 채택할 것을 제안했다.

세 장수는 먼저 송강왕의 열 가지 죄를 들어 격문을 만들어 선포했는데, 열 가지 죄는 다음과 같다. ①형을 추방하고 군위에 오르고 ②등滕을 멸망시키는 등 약한 자를 업신여기고 ③싸우기를 좋아하여 다른 나라를 침범하고 ④하늘을 향해 활을 쏘아 상제를 업신여기고 ⑤백성을 돌보지 않고 ⑥백성의 아내를 빼앗고 ⑦간언하는 신하들을 죽였고 ⑧함부로 왕을 칭했고 ⑨진에 아부했고 ⑩군주의 도리를 지키지 않았다는 것이다.

격문이 선포되자 송의 민심은 동요했고, 제·초·위 유민들은 거병하여 마을을 점령했다. 그 결과 제·초·위 연합군은 연이어 승리를 거두고 드디어 송의 도읍인 수양성에 접근했다.

송宋의 멸망(BC 286년)

　송강왕은 수양성 10리 밖에 진영을 구축했다. 제의 장수 한섭은 여구검閭丘儉에게 군사 5천 명을 내어주며 도발할 것을 지시했다. 여구검이 싸움을 걸었으나, 송군은 대응하지 않았다. 여구검은 격문을 낭독하며 송강왕을 모욕했다. 송강왕은 격노하여 장수 노만盧曼에게 제군을 공격할 것을 지시했다. 여구검은 거짓으로 패하여 달아났고, 송강왕은 만족하며 제군에 대한 추격을 개시했다. 제의 장수 한섭은 20리를 후퇴하여 영채를 세우고, 제군이 송군을 유인하는 동안 우회하여 송군의 본영을 공격하라고 초군과 위군에 통지했다.

　송강왕은 더욱 교만하여 제군에 대한 총공격을 개시했다. 여구검은 한섭의 기를 세우고 송군과 대결했고, 그동안 한섭은 우회하여 매복했다. 송군과 제군은 접전을 벌였다. 30여 차례의 혼전이 벌어졌고, 송강왕은 제의 장수 20여 명을 죽이는 활약을 했다. 송의 장수 노만은 혼전 중에 전사했다. 제군은 패하여 도주하기 시작했다.

　송강왕은 제군을 추격하던 중 초군과 위군이 수양성을 공격 중이라는 급보를 받았다. 송강왕은 당황하여 급히 회군했다. 제의 장수 한섭은 급히 회군하는 송군을 기습하여 크게 무찔렀다. 송의 장수 굴지고屈志高는 전사했고, 송강왕은 장수 대직戴直과 함께 달아나 겨우 수양성으로 들어갔다.

　제·초·위 연합군은 수양성을 포위했다. 이때 제민왕이 직접 대장 **왕촉王蠋** 및 **태사 교敎**와 함께 군사 3만 명을 거느리고 지원군으로 도착했다. 송군은 낙담하여 사기가 크게 떨어졌다. 송강왕은 백성들을 강제로 동원하고도 은혜를 베풀지 않았다. 수양성의 군사들과 백성들은 모두 송강왕을 원망했다.

　장수 대직은 송강왕에게 적의 형세가 강하고 성안의 군심이 변한 사실을 아뢰며, 하남으로 피신한 후 재기를 모색할 것을 건의했다. 송강왕은 탄식하며, 대직과 함께 밤에 성을 탈출했다. 즉시 수양성은 항복했고, 제민왕은 입성하여 송강왕을 추격할 것을 지시했다.

　송강왕이 온읍溫邑에 당도했을 때 제군은 송강왕을 추격하여 포위했다. 대직은 체포되어 참수되었다. 송강왕은 계곡에 투신하여 자살하려 했으나, 제군은 송강왕을 건저 내 모욕한 후 참수했다. 이로써 송은 멸망했고(BC 286년), 제·초·위는 송을 나누어 가졌다.

제민왕齊湣王의 폭정과 제齊의 외교적 고립

　초군과 위군은 귀국길에 올랐는데, 제민왕은 땅을 독차지할 욕심으로 초군과 위군에 대한 공격을 지시했다. 제군은 조용히 추격했다.

　제군은 중구重丘 땅에서 초군을 기습하여 격파했고, 승세를 몰아 초의 회북淮北 땅까지 점령했다. 계속해서 제군은 위에 대한 공격을 개시했고, 한과 조의 경계까지 침범했다.

　위와 초는 제의 배신에 격노하여 진에 사신을 파견하고 친선을 맺었다. 이 일로 인해 소대는 제와 진에서 모두 명성을 날리게 되었다.

　제민왕은 송을 병합한 후 강한 국력을 믿고 더욱 교만해져서 여러 제후국들을 침범하고 천자에 대한 욕심을 드러냈다. 이때 제에는 물 대신 피가 비처럼 내리고, 땅이 갈라져 물이 치솟고, 국경 관문에서 곡성이 진동하는 등 괴상한 일이 연이어 발생했다. 제의 민심이 동요하고, 유언비어가 퍼졌다.

대부 호훤狐咺과 진거陳擧가 간언하며 맹상군을 불러들일 것을 건의했다. 제민왕은 분노하여 그들을 처형하고 시체를 시정에 전시했다. 명망이 높은 왕촉과 태사 교는 절망하여 칭병하고 사임했다. 왕촉은 화읍畵邑 땅으로 낙향했고, 태사 교는 무귀無歸 땅으로 낙향했다.

진소양왕은 제의 고립을 위해 초경양왕과 완 땅에서 회견하고, 조혜문왕과 중양中陽 땅에서 회견했다(BC 285년). 제는 점점 고립되고 있었다. 진의 장수 몽오蒙驁는 제를 공격하여 아홉 개 성읍을 점령했다.

이후에도 진소양왕은 제의 고립을 목표로 위소왕과 의양에서 회견하고, 한이왕과 신성에서 회견했다(BC 284년).

제4절 연燕의 제齊 공격과 제齊의 몰락

연燕·진秦·한韓·위魏·조趙 5국 연합군의 제齊 공격(BC 284년)

제민왕의 탐욕과 실정으로 민심이 이반되고 다른 나라들이 제를 싫어하게 되자 연소왕은 드디어 재위 28년에 제에 대한 공격을 결심했다. 연소왕은 악의와 상의했는데, 악의는 제는 강국이어서 단독으로 물리치는 것은 불가능하므로 한·위·조와 연합하여 공격할 것을 건의했다.

악의는 사신으로 조를 방문하여 평원군을 설득했다. 평원군은 조혜문왕을 설득했고, 조혜문왕은 찬성했다. 마침 진의 사신이 조를 방문했는데, 악의는 진의 사신을 설득했다. 진의 사신은 귀국하여 진소양왕에게 보고했다. 진소양왕은 항상 제의 강성을 염려하고 있었으므로 매우 만족하며 승낙했다.

극신은 사신으로 위를 방문하여 공자 무기를 설득했다. 공자 무기는 위소왕을 설득했고, 위소왕은 찬성했다. 계속해서 극신은 한을 방문했고, 한이왕도 찬성했다.

드디어 연소왕은 악의를 대장으로 삼아 제에 대한 공격을 지시했다. 진의 백기, 조의 **염파**廉頗, 한의 폭연暴鳶, 위의 진비晉鄙도 군사들을 이끌고 합류했다. 악의는 5국 연합군의 상장군이 되어 제에 대한 공격을 개시했다(BC 284년).

제민왕은 방어군을 편성하여 한섭을 대장으로 삼고 직접 출전했다. 제민왕은 제수濟水 서쪽에서 5국 연합군과 만났고, 양측은 곧 전투를 시작했다.

악의는 선두에서 용맹을 발휘했고, 5국 연합군의 사기는 매우 높았다. 제군은 악의·백기·염파 등 최고의 명장들이 이끄는 연합군의 상대가 되지 못했다. 결국 제군은 대패했고, 대장 한섭은 전사했다. 제군은 도주했고, 제민왕은 임치성으로 달아났다.

제민왕은 회북 땅을 양도하는 조건으로 초에 구원을 요청하기로 결심하고, 초에 사신을 급파했다. 동시에 제민왕은 군민을 총동원하여 임치성을 방비했다.

진·한·위·조 4국군은 각자 제의 국경 부근의 성을 점령하고 약탈을 자행했다. 4국군은 약탈을 하면서 실리를 챙기는 데 급급했으나, 악의가 지휘하는 연군은 임치성을 목표로 행군하며 위엄과 덕망을 유지했다. 연군은 도중에 위치한 여러 성의 항복을 받으며, 파죽지세로 임치성에 접근했다. 제민왕은 연군의 접근에 두려움을 느껴 측근 수십 명을 거느리고 임치성을 몰래 탈출하여 위衛로 도주했다.

한편 당시 제에는 **왕손 가**賈라는 대부가 있었는데, 어려서 아버지를 여의고 노모를 모시며 살고 있었다. 제민왕이 위衛로 도주할 때 왕손 가도 제민왕을 수행했다. 위衛의 군주는 교외까지 나와 제민왕을 영접하며 신하의 예를 올렸다. 위衛의 군주는 궁궐의 정전까지 내주며 제민왕을 극진히 대접했는데, 제민왕은 교만한 태도로 위衛의 군주를 무시했다. 위衛의 군신들은 분노하여 제민왕을 수행한 제군의 식량과 무기를 절취하고, 제민왕의 처소에 식량도 보내지 않고 문안도 올리지 않았다. 제민왕은 분노했으나, 위衛군이 자신을 체포하여 연에 넘기는 것을 두려워했다.

결국 제민왕은 심야에 이유夷維 등 측근 몇 명만 데리고 노를 향해 도주했다. 아침이 되자 왕손 가를 포함한 나머지 신하들은 당황했고, 어쩔 수 없이 해산했다.

제민왕은 노의 관문에 당도했고, 노의 군주는 제민왕을 영접할 것을 지시했다. 노의 사신이 관문에 당도하여 제민왕을 영접했다. 이유는 노의 사신에게 천자에 대한 예로 제민왕을 대접할 것을 요구했다. 보고를 받은 노의 군주는 분노하며, 제민왕의 입국을 거절했다.

어쩔 수 없이 제민왕은 추鄒로 달아났다. 당시 추는 국상 중이었는데, 제민왕은 조문을 계획했다. 이유는 영접을 나온 추의 사신에게 제민왕이 천자가 제후를 조문하는 예로 추의 군주를 조문하겠다는 뜻을 전했다. 추의 사신은 제민왕의 조문을 사양했다.

제민왕은 갈 곳이 없어 막막했다. 이유는 거莒 땅은 아직 연군의 침략을 받지 않았다고 아뢰며, **거주莒州**로 이동할 것을 건의했다. 제민왕은 거주성으로 들어가 성을 방어했다.

한편 왕손 가는 임치성으로 돌아갔다. 왕손 가의 노모는 아들이 왕의 행방을 모르고 돌아오자 왕이 신하를 기다리는 것은 어미가 문에 기대어 자식을 기다리는 것과 같다[1]고 말하며, 왕손 가를 질책했다. 왕손 가는 제민왕을 찾으러 다시 집을 나섰다.

제齊의 대부분을 점령한 악의樂毅(BC 284년)

악의는 임치성을 함몰했고(BC 284년), 제의 부고에 있던 모든 물품을 수레에 싣고 연으로 돌아갔다. 연소왕은 제수까지 행차하여 악의를 영접하며, 악의에게 창국昌國 땅을 하사하고 창국군昌國君으로 책봉했다. 연소왕은 연의 도읍으로 돌아갔고, 악의는 제에 대한 공격을 재개했다.

이때 제에 **전단**田單이라는 자가 있었다. 전단은 제의 왕족이고 병법에 능통했으나, 임치성 시장의 감독관이라는 하급관리로 일하며 불우하게 생활하고 있었다. 전단은 임치성이 함몰될 때 안평安平 땅으로 피난을 갔다. 전단은 안평에 당도한 후 수레바퀴의 튀어 나온 축 부분을 자르고 바퀴를 철판으로 싸매었다. 사람들은 전단을 비웃었다. 얼마 후 연군이 안평성을 공격했다. 주민들은 황급히 피난을 갔으나, 튀어나온 바퀴 축이 충돌하며 수레가 망가졌다. 그 때문에 대부분의 주민들은 연군에 사로잡혔으나, 전단은 무사히 **즉묵**卽墨 땅으로 피난을 갔다.

악의는 군사를 나누어 제의 여러 마을을 공격했다. 악의는 화읍으로 친히 원정을 갔다. 화읍을 포위한 뒤 악의는 왕촉에게 장수를 파견하여

---

1) 여기서 **의문이망**倚門而望(문에 기대어 기다린다는 뜻. 밖으로 나간 자식이 돌아오기를 간절하게 바라며 기다리는 부모의 심정을 비유함)의 고사성어가 나옴. **의려이망**倚閭而望, **의문의려**倚門倚閭도 같은 의미임. 려閭는 리里(25가家로 이루어진 행정구역)에 세운 마을 문을 의미함

예물을 바치며 초빙했으나, 왕촉은 사양했다. 연의 장수는 연소왕에게 천거하여 1만 호를 하사할 계획임을 강조하며, 불응할 경우 마을을 도륙하겠다고 위협했다. 왕촉은 충절을 지키기 위해 목을 매고 자살했다. 악의는 탄식하며, 왕촉을 성대히 장사 지내 주었다.

악의는 6개월 동안 제의 70여 성을 함몰하고, 연의 군현에 편입시켰다. 결국 거주와 즉묵 두 곳만 제의 영토로 남게 되었다. 악의는 군사들에게 휴식을 부여했다. 악의는 제의 민심을 얻어 거주와 즉묵의 항복을 유도할 계획을 세웠다. 악의는 제의 주민들에게 부역을 감면하고, 제환공과 관중의 사당을 건립하여 제사를 올렸다.

초楚 원군의 배신[제민왕齊湣王의 피살](BC 284년)

제의 사신은 초경양왕을 알현하고, 구원을 요청했다. 초경양왕은 대장 요치淖齒에게 군사 20만 명을 내어주며, 회북 땅을 접수하고 제에 가서 초의 이익을 위해 상황에 따라 적절히 행동할 것을 지시했다.

요치는 군사 20만 명을 거느리고 거주 땅으로 가서 제민왕을 알현했다. 제민왕은 회북 땅을 즉시 양도하고, 요치를 제의 재상으로 임명했다. 이로써 초는 회북 땅을 다시 되찾았다.

그러나 요치는 연군에 대하여 이길 자신이 없었다. 요치는 몰래 심복 부하를 악의에게 보내 제민왕을 처형하고 초와 연이 제 땅을 분할하는 문제를 교섭했다. 악의는 찬성하며, 요치를 격려했다.

요치는 고리鼓里 땅에 초군을 집결시키고, 군대 사열을 위해 제민왕을 초청했다. 제민왕이 고리 땅에 당도하자 요치는 제민왕을 체포했다. 요치는 망국의 징조가 나타났음에도 충신을 처형하고 추방한 사실을 거론하며 제민왕을 비난했다. 이유는 통곡하며, 요치를 저주했다. 요치는 이유를 칼로 쳐 죽이고, 제민왕을 대들보에 매달았다. 제민왕은 매달린 지 3일 후 갈증으로 죽었다(재위 17년. BC 284년). 요치는 연소왕에게 상표를 올리고, 악의와 연락을 취했다. 요치는 제의 세자 법장法章을 체포할 것을 지시했다. 세자 법장은 제민왕이 살해되었다는 소문을 듣고 왕입王立으로 이름을 속인 후 무귀 땅으로 달아났.

이때 연을 제외한 나머지 국가들은 제에 대한 약탈과 이익 추구에만 관심이 있었다. 위는 송의 옛 땅을 점령했고, 약소국으로 전락한 상태인 노魯도 기회를 노려 서주徐州를 차지했다(BC 284년). 조는 제의 양진陽晉 땅을 점령했다(BC 283년).

제양왕齊襄王의 즉위(BC 283년)

왕손 가는 제민왕을 찾아 헤매다 제민왕이 거주 땅에 체류한다는 소문을 듣고 거주로 이동했다. 왕손 가가 거주에 도착했을 때 이미 제민왕은 피살된 뒤였다. 왕손 가는 거주성 주민들에게 요치는 제의 신하가 되어 왕을 죽인 불충한 자이므로 응징해야 한다고 호소했다. 400여 명의 주민들이 호응했다.

당시 초군은 방어를 위해 성 밖 각처에 분산되어 있었고, 성 안에는 수백 명의 군사들만 남아 경비를 서고 있었다. 요치는 제민왕이 거처하던 별궁에서 잔치를 열고 있었다. 왕손 가는 주민들과 함께 별궁을 급습하여 요치를 죽였고, 주민들은 요치의 시체로 육장을 담갔다. 왕손 가는 주민들과 함께 거주성을 굳게 방어했다.

초군은 대장 요치가 어이없게 죽자 귀국하거나 연에 투항했다. 이 때문에 초의 국력은 급격히 약화되는 결과가 되었다.

한편 세자 법장은 무귀 땅에 당도하여 낙향한 태사 교에게 의탁했다. 태사 교는 비밀 유지를 위하여 세자 법장을 일꾼으로 부렸다. 태사 교의 딸은 세자 법장의 잘생긴 모습을 보고 반하여 여러 가지로 지원을 해주었다. 세자 법장은 신분을 철저히 감추었으나, 태사 교의 딸과 급속히 친해졌다. 결국 세자 법장은 태사 교의 딸에게 자신의 신분을 밝히고, 부인으로 삼겠다는 맹세를 한 후 태사 교의 딸과 관계를 맺었다. 아무도 그 사실을 몰랐다.

이때 즉묵 태수가 병으로 죽었다. 즉묵의 주민들은 병법에 능통하고 현명한 전단을 태수로 추대했다. 전단은 즉묵 태수로 취임하여 솔선수범을 보였고, 군사들을 단련하며 때를 기다렸다.

제의 여러 신하들은 왕촉의 절개에 탄식하고 반성하며, 거주 땅으로 모여들었다. 왕손 가는 세자 법장을 수색했다. 세자 법장은 태사 교를 거주에 보내 사실을 알렸다. 왕손 가는 세자 법장을 거주 땅으로 모셔왔다. 세자 법장이 거주 땅에서 신하들의 추대로 즉위하니(BC 283년), 곧 **제양왕齊襄王**[1]이다. 제양왕은 즉묵 땅과 협력하며, 연군을 방어했다.

화씨의 옥을 소유하게 된 조혜문왕趙惠文王

염파廉頗는 용병에 능통했으며, 용기 있고 힘이 장사였다. 조혜문왕은 염파를 대장에 임명하여 진의 공격을 여러 차례 막아 냈다.

---

1) 제양왕 전법장: 재위 BC 283 ~ BC 265

한편 무현繆賢은 조혜문왕이 총애하는 내시였는데, 환자령宦者令이 되어 정치에도 관여하며 세력을 확보하고 있었다. 어느 날 무현은 나그네로부터 500금을 주고 백옥을 구입하여 감정을 의뢰했다. 옥공은 화씨의 옥이라고 답하며, 밤에 스스로 빛을 내고 날이 추우면 따뜻해지고 날이 더우면 서늘해지는 천하의 보물이라고 말했다. 옥공은 화씨의 옥을 노리는 자들이 많으므로 보관에 주의하고 비밀을 유지하라고 건의했다. 무현은 화씨의 옥을 깊숙이 감추고 간직했으나, 곧 소문이 나게 되었다.

소문을 들은 조혜문왕은 무현에게 화씨의 옥을 구경시켜 줄 것을 요청했다. 무현은 화씨의 옥을 소유하고 있지 않다며 시치미를 뗐다. 조혜문왕은 괘씸하게 여겼으나 내색하지 않았다.

며칠 후 조혜문왕은 무현이 사냥을 하러 간 틈을 이용해 무현의 집을 수색하여 화씨의 옥을 가져가 버렸다. 집으로 돌아온 무현은 거짓말이 탄로 난 것을 알고, 처형을 걱정하며 두려워했다. 무현은 예전에 사신으로 연에 갔을 때 연왕이 후대하며 자신과 친교를 맺기를 희망했던 것을 기억하고, 연으로 달아날 결심을 했다.

무현의 가신인 **인상여**藺相如는 무현에게 연왕이 무현을 후대한 것은 강대국 조왕의 총애를 받는 무현을 통해 조왕의 환심을 사기 위한 것이었다고 지적하며, 연왕은 조에 대한 두려움 때문에 무현을 즉시 체포하여 조로 보내 조왕의 환심을 사려 할 것이라고 예상했다. 인상여는 처형을 당할 죄를 지은 것은 아니라고 지적하며, 궁문 앞에서 석고대죄하라고 충고했다.

결국 무현은 궁문 앞에서 석고대죄를 했고, 조혜문왕은 무현을 용서했다. 무현은 인상여의 지혜에 감탄하며, 인상여를 상객으로 우대했다.

화씨의 옥을 지켜낸 인상여藺相如(BC 283년)

　진소양왕이 화씨의 옥에 대한 소문을 듣고, 욕심을 냈다. 승상 위염은 진소양왕에게 ①조에 사신을 파견하여 ②진의 소유인 유양酉陽 땅의 성 15개와 화씨의 옥을 바꾸자고 제의하고 ③진을 두려워하는 조가 화씨의 옥을 보내면 ④옥만 받고 땅을 주지 아니하는 계책을 건의했다. 진소양왕은 객경 호상胡傷을 조에 파견하여 유양 땅의 성 15개와 화씨의 옥을 바꾸자는 국서를 전달했다.

　조혜문왕은 승낙하면 화씨의 옥만 뺏길 것이고 승낙하지 않으면 진이 분노할 것이어서 결정을 내리지 못했다. 대신들의 의견도 분분했다. 이극李克은 지용을 겸비한 사신에게 화씨의 옥을 주어 진에 파견할 것을 주장하며, 성을 받으면 옥을 주고 받지 못하면 옥을 도로 가져올 것을 제안했다. 조혜문왕은 이극의 제안을 채택했으나, 아무도 사신으로 가려고 하지 않았다.

　무현은 지용을 겸비했다며 인상여를 천거했다. 조혜문왕은 인상여를 불러 의사를 물었다. 인상여는 국력이 약한 조는 진의 제안을 거절할 수 없다고 아뢰며, 사신 임무를 승낙했다. 조혜문왕은 만족하며, 인상여를 대부로 임명했다.

　인상여는 진소양왕을 알현하며, 화씨의 옥을 바치고 재배했다(BC 283년). 화씨의 옥을 건네받은 진소양왕은 넋을 잃고 찬탄하며, 신하들에게 돌려 보게 했다. 신하들은 모두 만세를 외쳤다. 진소양왕은 후궁들에게도 화씨의 옥을 보내 구경시킨 후 다시 받았지만, 땅에 대해서는 전혀 언급하지 않았다.

인상여는 진소양왕의 의도를 파악하고, 옥에 약간의 흠이 있으므로 알려주겠다고 속여 옥을 다시 건네받았다. 인상여는 화씨의 옥을 들고 뒷걸음질 쳐서 대전의 기둥에 몸을 기댄 후 노기 띤 목소리로 조 대신들의 반대에도 불구하고 자신이 만승지국인 진왕의 신뢰를 강조하며 화씨의 옥을 가져왔다고 말했다. 계속하여 인상여는 조왕은 5일 동안 목욕재계를 한 후 공경의 예를 갖추어 화씨의 옥을 보냈으나, 진왕은 천하의 보물을 지금 모욕하고 있다고 일갈했다. 인상여는 진왕의 태도는 성을 넘길 생각이 전혀 없음을 나타내므로 흠이 있다고 거짓말을 해서 화씨의 옥을 다시 받았다고 말하며, 산산조각이 나게 화씨의 옥을 깨어버리고 기둥에 머리를 찧고 죽을지언정 진왕에게는 화씨의 옥을 넘기지 않겠다고 분노하여 외쳤다. 인상여는 화씨의 옥을 들어 깨뜨릴 자세를 취했다.

진소양왕은 옥이 상하는 것을 염려했다. 진소양왕은 유양 땅 지도를 꺼내 성 15개를 급하게 지정하며, 양도하라고 거짓 지시를 내렸다. 인상여는 진소양왕의 속임수를 파악하고, 천하의 보물에 대한 조왕의 예의에 맞게 진왕도 예의를 갖추어 화씨의 옥을 받을 것을 요청했다. 인상여는 진소양왕에게 5일 동안 목욕재계를 하고 좌우에 문물을 펴서 위엄과 예의를 갖춘 후 화씨의 옥을 수령할 것을 건의했다. 진소양왕은 자신의 위엄을 과시할 기회라고 여겨 예식에 동의하며, 인상여에게 공관으로 가서 휴식을 취하라고 했다.

공관으로 온 인상여는 진소양왕의 의도를 짐작하고, 수행원에게 거지로 변장하여 화씨의 옥을 비밀리에 조로 가져갈 것을 지시했다. 수행원은 몰래 출발했다.

5일 후 진소양왕은 예물을 준비하고 진의 위력을 과시하기 위해 각국의 사신을 초청하여 화씨의 옥을 수령하는 예식을 거행했다. 예식 자리에서 인상여는 그동안 진이 배신했던 여러 사실들을 언급하며, 조왕에게 이미 옥을 돌려보냈다고 진술했다. 진소양왕은 격노하여 인상여를 체포하라고 지시했다. 인상여는 침착한 태도로 약소국인 조가 강대국인 진을 배신할 이유가 없다고 강조하며, 진이 약속을 지키면 즉시 옥을 바칠 것이라고 아뢰었다. 인상여는 진왕이 화씨의 옥을 탐하여 조의 사신을 죽였다는 소문이 천하에 퍼질 것이며, 시비는 나중에 밝혀질 것이라고 강조했다. 진의 모든 신하들은 침묵했고, 각국의 사신들은 두려움을 느꼈다. 진소양왕은 좋지 못한 소문의 확산을 우려했고, 결국 인상여를 석방했다.

　인상여의 수행원은 귀국하여 조혜문왕에게 화씨의 옥을 전달하며[1], 진소양왕은 성을 양도할 의사가 없으므로 진에서 죽더라도 조의 위신을 손상시키지 않겠다는 인상여의 말을 보고했다. 조혜문왕은 찬탄했으나, 인상여의 죽음을 예견하며 슬퍼했다.

　이후 인상여가 진에서 무사히 귀국하자 조혜문왕은 기뻐하며, 인상여를 상대부에 임명했다(BC 283년). 이후 진은 성을 양도하지 않았고, 조도 화씨의 옥을 양도하지 않았다.

---

1) 여기서 **완벽귀조完璧歸趙**(화씨의 옥을 완전하게 보호하여 다시 조로 귀환시켰다는 뜻. 자신이 맡은 임무를 완전하게 수행하는 것을 비유함)의 고사성어가 나옴. 완벽귀조는 줄여서 **완벽完璧**이라고도 함

제8편 전국戰國시대 후기

제1장

진소양왕秦昭襄王의 세력 확장

제1절 제齊의 기사회생

유일한 초강대국이 된 진秦의 공세

　제가 연합군의 공격을 받아 거의 망국지경이 되자 진은 유일한 초강대국이 되어 나머지 국가들을 군사력에서 압도했다. 유일한 경쟁국이던 제가 몰락하자 진은 다시 본색을 드러내며 다른 나라들에 대한 공세를 펴기 시작한다.

　먼저 진은 위를 공격하여 위의 도읍인 대량을 위협했다(BC 283년). 연과 조에서 구원군을 보내 위를 도왔고, 진군은 철수했다.

　진소양왕은 인상여 때문에 구긴 체면을 세우기 위해 조에 대한 공격을 지시했고, 조의 인蘭 땅과 기祁 땅의 성 2개를 점령했다(BC 282년). 이와 동시에 진소양왕은 3진晉이 단합하지 못하도록 강온 전략을 구사했는데, 신성 땅에서 한이왕과 회견하고 신명新明 땅에서 위소왕과 회견했다.

　진의 위협이 노골적으로 구체화되었지만 다른 국가들은 여전히 단합하지 못하고 작은 이익을 위해 배신과 협력을 반복했다. 조는 위를 공격하여 백양伯陽 땅을 점령하고(BC 282년), 황하의 제방을 터뜨려 수공법으로 위를 공격했다(BC 281년). 조는 제의 맥구麥邱 땅을 점령했다(BC 280년).

한편 제에 대군을 파견하고 있던 연이 가뭄으로 인해 어려움을 겪게 되자 조혜문왕은 연을 공격할 준비를 했다. 이를 파악한 연소왕은 설득을 위해 조에 소대를 파견했다. 소대는 조혜문왕을 알현하며, 조로 오는 길에 역수易水에서 본 것을 이야기했다.

역수 강변에서 큰 조개가 입을 벌리고 햇볕을 쬐고 있었는데, 도요새가 날아와 부리로 조갯살을 쪼았다. 조개는 화가 나서 조가비를 닫고 도요새의 부리를 놓아주지 않았다. 도요새는 조개에게 놓아주지 않으면 너는 말라 죽을 것이라고 말했고, 조개는 도요새에게 네가 먼저 굶어 죽을 것이라고 대답했다. 도요새와 조개가 옥신각신하며 맞서고 있을 때 마침 그곳을 지나가던 어부가 둘 다 잡아가 버렸다는 내용이었다[1].

소대는 조와 연이 싸우면 강대한 진이 어부가 되어 둘 다 먹어버릴 것이라고 아뢰었다. 조혜문왕은 동의하며, 연을 공격할 계획을 철회했다.

진소양왕은 조에 대한 감정이 계속 남아 있어 백기에게 지시하여 조를 공격했다. 백기는 조군 2만 명을 죽이고 광랑光狼 땅을 점령했다(BC 280년).

다른 나라들이 서로 배신과 협력을 반복하는 동안 진은 계속 세력을 확대했다. 진의 사마착은 초를 공격하여 촉 지역부터 검중黔中 일대까지의 넓은 땅을 점령했다(BC 280년). 다급해진 초는 진에 한수 이북

---

1) 여기서 **어부지리漁父之利**(어부의 이익이라는 뜻. 쌍방이 다투는 사이에 제3자가 힘들이지 않고 이득을 챙긴다는 의미임)의 고사성어가 나옴

과 상용 지역을 바치며 화평을 요청했다. 이로써 진은 초로 자유롭게 진출할 수 있는 통로를 확보하게 되었다.

연혜왕燕惠王의 즉위(BC 279년)

악의는 3년 동안 거주와 즉묵을 함몰시키지 않았다. 악의는 제의 주민들이 은혜에 감복하여 스스로 항복하기를 기대하며, 거주와 즉묵의 9리 밖에 보루를 건설했지만 성을 포위하지는 않았고 통행을 묵인했다.

연의 대부 기겁騎劫은 스스로 병법에 통달했다고 자부했고, 세자 악자樂資와 친분이 있었다. 기겁은 병권을 욕심냈다. 기겁은 세자에게 악의가 제의 민심을 얻어 왕이 될 욕심을 내고 있으며 일부러 거주와 즉묵을 함락하지 않고 있다고 모함했다.

세자는 연소왕에게 악의의 변심을 보고했다. 연소왕은 대노하여 세자를 꾸중했고, 선왕의 원수를 갚아 준 악의의 공로를 강조하며 매 20대를 때렸다. 전단은 이 소식을 듣고 탄식했다. 연소왕은 악의에게 사신을 파견하여 악의를 제왕齊王으로 책봉했다. 악의는 감격하며 충성을 맹세했고, 제왕을 사양했다. 연소왕은 악의의 충성에 만족했다.

한편 연소왕은 평소 신선의 술법에 심취해 있었다. 연소왕은 불로장생의 선단을 복용하고 있었는데, 부작용으로 인한 고열로 병이 들었고 얼마 후 급사했다(재위 33년. BC 279년). 세자 악자가 왕위를 승계하니, 곧 **연혜왕燕惠王**[1]이다.

---

1) 연혜왕 희악자: BC 278 ~ BC 272

악의樂毅의 조趙 망명(BC 279년)

전단은 연소왕의 사망 이후 연에 심복을 파견하여 유언비어를 퍼뜨렸다. 악의는 제왕이 될 결심을 했으나 연소왕의 은혜 때문에 미루고 있었고, 제는 악의와 내통하고 있어 다른 장수가 부임해 오는 것을 두려워하며, 악의를 교체해야만 제를 정복하는 것이 가능하다는 내용이었다.

연혜왕은 세자 시절부터 악의를 의심하고 있었기에 소문을 듣고 바로 악의를 소환하고 대신 기겁을 파견했다. 악의는 소환장을 받고 탄식하며, 귀국하면 죽임을 당할 것을 우려했다. 결국 악의는 처자를 연에 남겨둔 채 조로 망명했다(BC 279년). 조혜문왕은 악의를 영접하며, 관진觀津 땅을 분봉하고 망제군望諸君으로 책봉했다.

부임한 기겁은 악의가 시행한 법령을 고쳐 가혹하게 군사들을 다루었다. 군사들은 분노하며 마음속으로 복종하지 않았다. 기겁은 즉시 즉묵성에 대한 공격을 개시했으나, 제군은 굳게 방어했다.

전단田單의 심리전

어느 날 전단은 즉묵성 주민들을 모아놓고 자신이 꿈에서 천제天帝를 접견했다고 알렸다. 전단은 천제께서 신인神人을 소개했다고 알리며, 신인이 제군을 지휘하여 제가 승리를 거둘 것을 예언했다고 강조했다. 주민들은 환호했다.

눈치 빠른 졸병 하나가 전단과 몰래 짜고 신인 행세를 했다. 전단은 그 졸병을 상좌에 모신 후 승리를 축원했다. 그 졸병은 전단의 축원을 들어주는 듯 고개를 끄덕끄덕 했고, 주민들은 열광했다. 이후 그 졸병은 신사神師로 행세했고, 전단은 신사의 분부에 따라 통치를 하는 연극을 했다.

며칠 후 전단은 식사하기 전에 조상에게 먼저 제사를 지내고 나서 식사를 하라는 신사의 지시를 주민들에게 전달했다. 주민들은 아침과 저녁으로 제사를 지냈고, 그 결과 제사 음식을 먹기 위해 새들이 몰려들었다.

즉묵성에 신인이 하강했다는 소문을 들었던 연군은 이후 새들이 모여드는 기이한 현상이 있자 하늘이 제를 돕는 것으로 생각하고 사기가 떨어졌다.

또한 전단은 일부러 소문을 퍼뜨렸는데, 악의는 너무 인자하여 제의 주민들은 연군을 두려워하지 않았는데 기겁은 제 주민들의 코를 베어 제의 주민들이 모두 두려워하고 사기가 떨어졌다는 내용이었다. 소문은 곧 연군에 퍼졌고, 소문을 들은 기겁은 제의 주민들에게 공포감을 주어 항복을 받아낼 결심을 했다. 기겁은 항복한 제군의 코를 베어버렸다. 이 때문에 즉묵성의 제군은 탈영을 하는 자가 사라졌고, 연에 대한 분노가 높아졌다.

전단은 주민들 앞에서 조상의 무덤이 모두 성 밖에 있어 연군이 조상의 무덤을 훼손할 것을 일부러 걱정했다. 전단의 말은 염탐꾼에 의해 기겁에게 전달되었고, 기겁은 무덤을 훼손할 것을 지시했다. 연군은 무덤을 파 시체에 불을 지르고 해골을 늘어놓았다. 제의 주민들은 통곡하며 격분했고, 모두들 조상의 원수를 갚기 위해 연군과 결전을 벌이자고 전단에게 요청했다.

전단은 정병 5,000명을 선발해 민가에 숨겨두고, 노약자와 부녀자에게 성을 수비하도록 지시했다. 전단은 주민들의 황금을 모아 부유한 상인을 시켜 기겁에게 전달하도록 지시하며, 부탁할 말을 가르쳐주었다. 부자 상인은 전단의 지시대로 기겁에게 황금을 전달하며, 성의 식량이 부족하여 제군은 한 달 후에 항복할 예정인데 연군이 입성할 때 자기 집안의 안전을 보장해 달라고 부탁했다. 기겁은 부자 상인을 위로하고, 제군의 항복을 확신하며 만족했다. 연군은 모두 방심했다.

전단田單의 연군燕軍 축출[화우지계火牛之計](BC 279년)

전단은 성안의 소를 모두 징발했는데, 천여 마리였다. 전단은 소에 용의 그림이 그려진 붉은 옷을 입히고, 소뿔에는 날카로운 칼을 묶고, 꼬리에는 기름을 먹인 삼과 갈대 꾸러미를 묶었다. 전단은 항복 예정일 1주 전에 정병 5,000명을 소집하고, 얼굴에 오색 칠을 하게 했다.

그날 밤 제군은 소떼를 몰고 몰래 성을 나가 연군에 접근한 후 일제히 소의 꼬리에 불을 붙였다. 천여 마리의 소떼는 뜨거워 광분하며 연군을 향해 질주했다. 제군 정병 5,000명이 소들을 뒤따라 돌격했다. 연군은 방심한 상태에서 붉은 괴물이 나타나자 공포감 때문에 공황상태에 빠졌다. 소떼들의 광분한 공격과 제군의 습격을 받고 연군은 붕괴되었다. 전단은 성 주민들을 총동원하여 함성을 지르고 쇠그릇을 쳐 하늘과 땅이 진동하는 모습을 연출했다. 소의 꼬리에 불을 붙여 적을 공격한 전단의 이 계책을 **화우지계火牛之計**라고 한다. 이후 화우지계는 어려운 상황에서 기발한 계책으로 적을 물리치는 것을 비유하는 의미로 사용된다.

연군은 공황상태로 도주했고, 기겁은 달아나다 전단에게 죽임을 당했다. 연군은 참패했고, 전단은 연군을 추격했다. 제군의 대승 소문은 곧 각지에 퍼졌고, 제의 여러 마을들이 연군에 반기를 들었다. 전단은 파죽지세로 연군을 제의 북쪽 경계 밖으로 몰아냈다. 연군에 점령되었던 제의 70여 성이 모두 해방되었다(BC 279년).

제齊의 안정

제의 장수들은 전단을 왕으로 추대하려고 했다. 전단은 사양하며, 제양왕을 호위하여 모셔 올 것을 지시했다. 제의 장수들은 거주 땅으로 출발했다.

제양왕은 임치성으로 복귀했고, 제민왕의 시신을 천장했다. 제양왕은 전단에게 식읍 1만 호를 분봉하고, 안평군安平君으로 책봉했다. 제양왕은 왕손 가를 아경에 임명했다.

제양왕은 태사 교의 딸을 데려와 부인으로 삼았다. 태사 교는 부모의 승낙 없이 세자와 관계를 가지고 중매 없이 시집을 가는 딸과 절교를 했다. 태사 교는 제양왕이 내리는 벼슬을 끝내 사양했다. 이후 태사 교의 딸은 매 계절마다 문안을 드리는 사자를 파견하며 계속 효도를 실행한다.

전단의 인기는 왕을 능가했다. 제양왕은 전단을 두려워하면서 질투했다. 이후 제양왕은 전단을 경계하며 중히 쓰지 않았다. 제양왕과 전단을 이간하는 자들도 있었으나, 제양왕은 오히려 이들을 처벌했다. 제양왕과 전단은 멀지도 가깝지도 않은 관계를 지속했다.

이후 제에서는 왕이나 지배층이 나태해질 때마다 '거莒에 있었음을 잊지 말라(물망재거勿忘在莒).'라는 교훈이 거론되었다. 제는 내부의 안정을 되찾았으나, 연군에 받은 타격이 너무 막대하여 이후 예전의 국력을 회복하지는 못했다. 진은 유일한 강대국이 되어 다른 나라들을 계속 압박했다.

연혜왕燕惠王의 후회

연군이 제에서 대패하자 연혜왕은 크게 후회하며, 악의에게 서신을 보내 사과하고 다시 귀국할 것을 요청했다. 악의는 귀국을 거절했으나, 연혜왕을 원망하지 않는다고 강조했다.

연혜왕은 연의 패배를 이용하여 조가 악의를 대장으로 임명하고 공격할 것을 염려했다. 연혜왕은 악의의 아들인 악한樂閒에게 부친의 지위인 창국군을 물려받게 하고, 악의의 친척동생인 악승樂乘을 장군에 임명하여 악의의 환심을 샀다.

악의는 조와 연의 우호를 주선하며, 양국을 자유롭게 왕래했다. 조와 연은 악의를 객경으로 예우했다. 이후 악의는 조에서 사망하게 된다[1].

---

1) 악의의 사망연도는 불명임. BC 262년으로 보는 견해가 있으나 명확한 근거는 없음

제2절 진秦의 압박을 극복하는 조趙

진소양왕秦昭襄王과 조혜문왕趙惠文王의 민지澠池회견(BC 279년)

　진소양왕은 조에 대한 승리 이후 조를 완전히 굴복시키기 위해 조에 사신을 보내 서하 밖 민지澠池 땅에서 회견할 것을 요청했다. 수세에 몰린 조혜문왕은 초회왕의 사례 때문에 고민했다.
　염파는 인상여와 상의한 후 조혜문왕에게 거절할 경우 조의 약세를 인정하는 결과가 된다고 아뢰었다. 인상여가 자신은 왕을 수행하고 염파는 세자를 보필하며 국내를 방비할 것을 건의했다. 조혜문왕은 안심이 되어 진의 요청을 승낙했다.
　평원군은 송양공의 사례를 언급하며, 정병 5,000명의 호위가 필요하고 유사시를 대비하여 대회장 30리 부근에 대군을 주둔해야 한다고 건의했다. 조혜문왕은 호위군의 대장을 고민했다. 평원군은 전부田部의 관리로 있는 이목李牧을 천거했다. 평원군은 예전에 이목이 '공사公事를 위해 법을 시행하여 법이 확립되면 국가가 강해질 것이지만, 법을 버리면 국가가 약화될 것이고 그러면 외국이 침공하여 국가를 보전할 수 없게 된다.'라고 강조하며, 법을 위반한 세무 관리 아홉 명을 처형했던 사실을 아뢰었다. 조혜문왕은 이목을 중군 대부에 임명했다.
　조혜문왕은 이목의 호위를 받으며 출발했고, 평원군은 대군을 이끌고 뒤를 따랐다. 염파는 진의 경계까지 전송하며, 사태의 예측이 불가능하므로 30일이 경과하면 진의 농락을 방지하기 위해 세자를 왕으로 즉위시키겠다고 건의했다. 조혜문왕은 승낙했다. 돌아오지 못할 수도 있는 길을 떠나는 조혜문왕의 마음은 매우 울적했다.

조혜문왕과 진소양왕은 민지 땅에서 회견했다. 회견이 끝나자 주연이 열렸다. 진소양왕은 조왕이 음악에 능통하다는 말을 들었다고 수작을 걸며, 거문고 한 곡조를 탄주해 줄 것을 부탁했다. 조혜문왕은 수치심을 느꼈으나 차마 거절하지 못하고, 어쩔 수 없이 거문고를 탄주했다. 진소양왕은 크게 웃으며, 조의 시조인 조열후가 음악을 애호했다더니 집안 전통인 것 같다고 조롱했다. 진소양왕은 사관에게 진왕의 명으로 조왕이 거문고를 탄주했다는 사실을 역사에 기록하라고 지시했다.

　　인상여가 진소양왕에게 진왕이 진의 음악에 능통하다는 소문을 들었다고 강조하며, 진의 풍속인 질장구 연주를 부탁했다. 진소양왕은 대노하며 거절했다. 인상여는 술이 가득한 질그릇 술잔을 들고 진소양왕 앞으로 와 무릎을 꿇고는 질그릇 술잔을 쳐서 흥취를 고취시켜 줄 것을 부탁했다. 진소양왕은 꿈쩍도 하지 않았다. 인상여는 진소양왕에게 조용한 목소리로 조를 모욕한 것을 용서할 수 없다고 강조하며, 다섯 걸음도 안 되는 거리이므로 진왕을 피로 물들일 수 있다고 위협했다.

　　진의 무사들이 연회장으로 몰려 올라갔다. 인상여는 우레와 같은 소리로 무사들을 꾸짖었는데, 분노로 인하여 머리카락과 수염이 빳빳이 일어선 상태였다. 진의 신하들과 무사들은 인상여의 위엄에 압도되어 멈칫했다. 진소양왕은 두려움을 느껴 어쩔 수 없이 질그릇 술잔을 한 번 툭 쳤다. 인상여는 사관에게 조왕의 명으로 진왕이 질장구를 쳐 분위기를 북돋운 사실을 역사에 기록하라고 지시했다.

　　진의 신하들은 분노하며, 조혜문왕에게 진왕이 베푼 각별한 대접의 답례로 성 15개를 바칠 것을 요구했다. 인상여는 진소양왕에게 예는 주고받는 것임을 지적하며, 답례로 함양성을 요구했다. 진소양왕은 양측의 소란을 제지하고, 불쾌한 심정을 감추며 술을 권유하면서 주연을 마무리했다.

주연이 끝난 후 진의 객경 호상은 진소양왕에게 조혜문왕과 인상여를 체포할 것을 건의했다. 진소양왕은 조의 대군이 회견장 30리까지 접근했다는 세작의 보고 내용을 알려주며 거절했다.

진소양왕은 조의 실력이 대단하여 단번에 제압하기는 어렵다고 판단했다. 진소양왕은 조와 형제의 의를 맺어 친선을 유지하고, 조에 볼모를 보내 안심시킨 다음 대신 위와 한을 도모하기로 결심했다. 진소양왕은 조혜문왕과 우호를 체결했고, 조혜문왕은 무사히 귀국했다. 조혜문왕은 귀국 후 인상여를 구정九鼎보다 더 귀중한 존재라고 말하며, 최고지위인 상상上相에 임명했다.

얼마 후 진소양왕의 후궁 소생인 안국군安國君 주柱의 여러 아들들 중 별 볼일 없는 **이인異人**[1]이 조에 볼모로 제공되었다.

인상여藺相如와 염파廉頗의 우정[문경지교刎頸之交]

인상여가 자신의 상관이 되자 염파는 크게 불평을 했는데, 자신은 전쟁터에서 목숨을 걸고 큰 공을 세웠지만 미천한 출신인 인상여는 세 치 혀를 놀린 수고밖에는 하지 않았다는 내용이었다. 염파는 인상여의 밑에서 일을 할 수는 없으며 언제고 인상여를 만나면 쳐 죽이겠다고 투덜거렸다. 보고를 받은 인상여는 병을 핑계 대고 조회에 참석하지 않으며 염파를 피했다. 인상여의 부하들은 불만을 가졌다.

---

1) 전국시대를 통일하는 진왕 정(훗날의 진시황제)의 (명목상 또는 실제) 부친이므로 잘 기억해야 함. 진왕 정의 진짜 아버지가 누구인지에 대하여는 논란이 있음(후술)

어느 날 인상여가 외출을 했는데, 저편에서 오는 염파의 행차를 보았다. 인상여는 황급히 수레를 옆 골목으로 피했다가 염파가 지나간 후 큰길로 나왔다. 인상여의 부하들은 인상여에게 당대의 대장부로 믿고 문하로 들어왔는데 염파를 무서워하여 염파의 무례를 제압하지 못하고 피하니 창피하다며 항의했다. 인상여는 부하들에게 염파보다 훨씬 더 무서운 진소양왕도 꾸짖었음을 강조하며, 염파를 두려워하지 않는다고 답했다. 인상여는 진이 조를 공격하지 못하는 이유는 자신과 염파가 있기 때문인데, 두 호랑이가 서로 싸워 하나가 죽으면 진이 즉시 공격할 것이라고 설명했다. 인상여는 사사로운 원수보다 국가의 안위가 훨씬 더 소중함을 강조했고, 인상여의 부하들은 탄복했다.

이때부터 인상여의 부하들도 염파의 부하들과 다툼을 피했다. 어느 날 주점에서 인상여의 부하가 염파의 빈객과 자리다툼을 벌이다 인상여의 뜻을 생각하여 양보했다. 염파의 빈객은 염파에게 그 사실을 자랑했고, 염파는 크게 웃으며 거드름을 피웠다.

하동에 살고 있던 **우경**虞卿이라는 선비가 조의 도읍에 놀러왔다가 인상여의 부하들로부터 그 사실을 듣게 되었다. 우경은 조혜문왕을 알현하며, 인상여와 염파의 불화를 염려했다. 우경이 인상여는 겸손하나 염파는 교만하다고 지적하며, 양측이 불화하면 왕과 국가의 우환이 되므로 자신이 화해를 시도하겠다고 자청했다. 조혜문왕은 허락했다.

우경은 염파를 방문하여 업적을 칭송했고, 염파는 만족했다. 그러자 우경은 업적은 염파가 최고지만 도량은 인상여가 최고라고 말하며, 인상여를 칭찬했다. 염파는 발끈했다. 우경은 인상여가 부하들에게 한 설명 내용을 전달했다. 우경은 인상여의 겸손과 사양을 염파의 시비 및 도발과 비교하며, 염파에게 계속할 경우 위신과 명예를 잃을 것이라고 충고했다. 염파는 고개를 숙이고 한참 있었다. 염파는 진심으로 반성하며 우경에게 자신의 허물을 지적해 준 것에 대하여 감사를 표하고, 인상여의 인품을 인정했다.

잠시 후 염파는 웃옷을 벗은 채 등에 형장刑杖을 짊어지고 인상여의 부중을 방문하여 무릎을 꿇고 엎드려 진심으로 사죄했다[1]. 인상여는 버선발로 뛰어나와 염파를 부축해서 일으키며, 자신의 뜻을 알아주어서 감사하고 사죄할 필요가 없다며 위로했다. 염파는 하염없이 눈물을 흘리며, 자신의 본성이 거칠고 미련하다고 사죄했다. 인상여는 모두 종묘사직을 받드는 신하임을 강조하며, 염파를 붙들고 같이 눈물을 흘렸다. 염파는 이제부터 생사를 함께하는 벗이 될 것임을 선언하고, 비록 목에 칼이 들어온다고 해도 변치 않을 것이라고 강조하며 인상여에게 절을 했다. 인상여도 답배하고, 염파를 부중으로 데리고 들어가 잔치를 열었다. 이때부터 두 사람의 우정은 변치 않았다[2].

조혜문왕은 우경의 공로를 치하하며, 우경을 상경으로 임명했다.

---

1) 여기서 **부형청죄**負荊請罪(회초리를 짊어지고 죄를 청한다는 뜻. 자신의 잘못을 솔직히 인정하고 죄를 청하는 것을 비유함)의 고사성어가 나옴
2) 여기서 **문경지교**刎頸之交(목이 잘려도 마음이 변하지 않는 사귐을 뜻함. 생사와 환난을 함께하는 지극한 우정을 비유함)의 고사성어가 나옴

제3절 진秦의 초楚에 대한 압박

초楚의 몰락과 도읍 함락(BC 278년)

초경양왕은 부왕의 원수를 갚을 생각은 하지 않은 채 충신들을 멀리하고 간신들을 총애했다. 그 결과 초의 국력은 계속 약화되었다. 초는 계속해서 진의 공격을 받고 영토를 빼앗겼다. 진에 땅을 바치며 일시적으로 화평을 체결했으나, 진의 야욕을 저지할 수는 없었다.

진의 장수 백기는 초의 언鄢, 등鄧, 서릉西陵 땅을 공격해 점령했는데(BC 279년), 정확한 숫자는 불명이나 초군 수십만 명이 죽었다. 초의 장수 장교莊蹻는 검중 땅 서남쪽 전지滇池 땅에서 모반하고 독립해 나라를 세웠으나, 초는 이를 응징하지 못했다(BC 279년).

백기는 계속해서 초를 공격하여 결국 도읍 영도郢都를 함몰했고(BC 278년), 역대 초왕들의 능묘와 종묘사직에 불을 질렀다. 백기는 경릉竟陵과 안륙安陸 땅까지 함몰시킨 후 남군南郡을 설치했다. 백기는 더 남진하여 오저五渚와 강남江南 땅까지 함몰했다.

초경양왕은 동쪽으로 멀리 피난하여 진陳 땅까지 달아났다. 결국 초경양왕은 진성陳城으로 천도했다(BC 278년). 천도 후에 진성은 영郢으로 불리게 되었는데, 학자들은 예전의 도읍과 구별하기 위해 진영陳郢으로 부르기도 한다.

세자를 인질로 제공하고 진秦과 화평을 체결하는 초楚(BC 277년)

진의 위염은 검중 땅을 완전히 함몰하고, 무군巫郡과 검중군黔中郡을 설치했다(BC 277년). 진소양왕은 초의 도읍을 함락하고 초를 초토화시킨 백기의 공을 인정하여 백기를 무안군武安君으로 책봉했다(BC 277년).

초는 동부 지역의 군사들을 총동원하여 진의 검중군 소속 15개 성읍을 수복하고(BC 277년), 진에 대한 방어체계를 재정비했다. 작은 승리를 거두었지만 초경양왕은 완전히 기진맥진하여 태부 **황헐黃歇**[1]에게 세자 원元[2]을 볼모로 제공하는 조건으로 진과 화평을 체결할 것을 지시했다. 황헐은 진소양왕을 알현하고, 진과 초가 계속 대결할 경우 결국 다른 나라가 이익을 보게 되고 이는 진의 손해가 될 것이라고 설득했다. 결국 진과 초는 화평을 체결했다(BC 277년). 황헐은 볼모가 된 세자 원을 수행하여 진에 머물며 세자 원을 보좌하기 시작한다.

위안리왕魏安釐王의 즉위(BC 277년)

위소왕이 재위 19년에 사망하고 세자 어圉가 즉위하니(BC 277년), 곧 **위안리왕魏安釐王**[3]이다. 안리왕을 **안희왕安僖王**이라고 부르기도 한다. 위안리왕은 동생인 공자 무기에게 신릉信陵 땅을 식읍으로 분봉하고,

---

1) 황헐에 대하여는 초경양왕의 이복동생이라는 견해와 초경양왕과 혈연관계가 없다는 견해가 대립하고 있음
2) 완完이라는 기록도 있음. 필사 과정에서의 착오로 보임
3) 위안리왕 위어: 재위 BC 276 ~ BC 243

신릉군信陵君으로 책봉했다(BC 276년). 위안리왕은 맹상군의 권세에 부담을 느꼈지만, 계속 재상을 맡겼다.

어느 날 위안리왕이 신릉군과 바둑을 두고 있었다. 그때 한 신하가 급히 달려와 북쪽 국경에서 봉화가 올라온 것으로 보아 조에서 공격을 개시한 것 같다고 보고했다. 당황한 위안리왕이 바둑을 그만두고 나가려 하자 신릉군은 조혜문왕이 사냥을 나온 것이라고 말하며, 바둑을 계속 둘 것을 요청했다.

잠시 후 신릉군의 말과 같은 내용의 후속보고가 올라왔다. 위안리왕은 신릉군이 어떻게 알았는지 궁금해서 물었다. 신릉군은 식객 중에 매일 조왕의 근황을 알려주는 사람이 있다고 말했다. 위안리왕은 신릉군의 능력을 알게 되자 두려움이 생겼고, 이후 신릉군을 경계하기 시작한다.

굴원屈原의 자살(BC 277년)

굴원은 시골로 추방된 후 고향인 기夔 땅으로 내려와 나라를 걱정하며 〈이소離騷〉를 비롯한 많은 시를 남겼다[1]. 굴원은 "진리로 향하는 길은 멀고 멀지만 나는 굽히지 않고 온 힘을 다해 그 길을 찾을 것이다."라고 말하며, 나라를 바로 세울 의지를 드러냈다. 그러나 간신만 총애하는 초경양왕은 끝까지 굴원을 부르지 않았다.

결국 굴원은 간신들이 득세하고 나라는 점점 기울어가는 현실에 절망하여 산발을 하고 때투성이 모습으로 고향 강가를 방황하며, 자신의

---

1) 굴원의 시는 훗날 전한前漢 때 유향劉向이 편찬한 《초사楚辭》에 다수 남아 있었다고 하는데, 《초사》는 소실되고 일부만 다른 곳에 남아 전해지고 있음

절망을 시로 표현했다. 굴원은 점점 수척해졌다.

굴원에게는 누나인 수媭가 있었는데, 먼 지방에 출가했다. 굴원이 벼슬에서 쫓겨나 고향에 머무르자 어느 날 수는 굴원을 위로하기 위해 친정을 방문했다. 수는 굴원의 처참한 모습을 보고 큰 충격을 받았다. 수는 몸과 마음을 보전하라고 굴원을 눈물로 설득했다. 굴원은 수의 뜻을 어길 수 없어 농사를 짓기 시작했다. 얼마 후 수는 돌아갔다.

굴원은 자신의 충정을 알아주지 않는 현실과 뜻을 펴지 못하는 자신의 처지를 비관하며 강변을 거닐었다. 이 모습을 본 어떤 어부가 굴원을 걱정했다. 굴원은 모든 사람이 취해 있는데, 나 홀로 취하지 않아서 쫓겨난 것이라고 탄식했다. 어부가 세상의 흐름에 몸을 맡기라고 권유하자 굴원은 더러운 세상에 몸을 맡길 수는 없다고 대답했다.

결국 굴원은 나라의 멸망을 걱정하다가 멱라강汨羅江에 몸을 던져 자살했다(BC 277년). 사마천은 《사기》에서 굴원의 순수한 마음과 깨끗한 행동, 빛나는 지조를 극찬했다. 굴원은 <u>중국 최고의 비극시인</u>으로 지금까지 추앙을 받고 있다.

제4절 진秦의 한韓·위魏에 대한 압박

조趙의 중흥

조는 인상여와 염파의 활약으로 국력을 키웠다. <u>조는 제와 초가 몰락한 이후 그나마 진에 대항이 가능한 유일한 나라였다.</u>

염파는 위를 공격하여 기幾 땅을 점령하고(BC 276년), 방릉防陵과 안양安陽 땅을 점령했다(BC 275년). 장수 연주燕周는 제를 공격하여 창성昌城과 고당高唐을 점령하였고(BC 274년), 인상여는 제의 평읍平邑 땅 북쪽 지역을 점령했다(BC 271년).

진秦의 위魏 공격

　진은 국력이 안정된 조 대신 위에 대한 공격을 개시했다(BC 276년). 진군은 위의 성 2개를 점령한 후 계속 전진했는데, 위염과 백기는 위의 도읍인 대량 부근까지 접근했다(BC 275년). 위는 한에 구원을 요청했다. 한이왕은 폭연을 보내 위를 구원하게 했으나, 백기는 위·한 연합군은 대파하고 4만 명을 참수했다.
　위안리왕은 대부 수가須賈를 위염에게 파견했다. 수가는 위염에게 대량을 단번에 무너뜨리는 것은 어렵고 초와 조의 원군이 올 경우 진군이 위기에 빠질 수 있음을 지적했다. 수가는 위왕에게 큰 땅을 요구한다면 위왕이 받아들이지 않을 것이지만 작은 땅을 요구할 경우에는 위왕은 이를 수락할 것이라고 강조하며, 위와 강화를 맺고 초와 조의 원군이 오기 전에 돌아가는 것이 앞서 세운 공적을 유지하는 길이 될 것이라고 위염을 설득했다. 위염은 승낙했다. 결국 위안리왕은 진에 온溫 땅을 바치고 화평을 맺었다(BC 275년).
　이듬해 위염은 진군을 이끌고 위에 대한 공격을 재개하여 위군 4만 명을 죽이고, 마을 세 곳을 획득했다(BC 274년).

진秦의 한韓 구원[화양華陽전투](BC 273년)

조와 위가 연합하여 한에 대한 공격을 개시했다(BC 273년). 조의 장수 가언賈偃과 위의 장수 망묘芒卯가 이끄는 조·위 연합군은 한의 화양華陽 땅까지 진격했다. 한은 진에 원군을 요청했다.

삼진으로 진출할 기회만 노리고 있던 진소양왕은 만족하며 백기와 호상에게 한에 대한 구원을 지시했다. 진군은 화양에서 조·위 연합군을 크게 격파하고, 15만 명을 죽였다(BC 273년)[**화양華陽전투**]. 진군은 승세를 몰아 위의 도읍 대량으로 진격하여 포위했다.

대량이 포위되자 위의 조정은 두려움에 빠졌다. 단간숭段干崇은 남양南陽 땅을 할양하여 진과 강화를 맺자고 주장했다. 손신孫臣은 땅을 바치고 진을 섬기는 것은 땔나무를 안고 불을 끄려 하는 것과 같다[1]며 이에 반대하고, 위의 토지는 유한한데 진의 요구는 끝이 나지 않을 것이라고 지적했다. 고민하던 위안리왕은 결국 진에 남양 땅을 바치고 진과 화평을 맺었다(BC 272년)[2]. 한은 원군의 대가로 진에 권卷과 채양蔡陽 등 여러 성을 바쳤다.

진은 남양 땅에 남양군南陽郡을 설치했다(BC 272년). 진소양왕은 승상 위염에게 남양군을 분봉했다. 위염의 재산은 왕실을 능가하게 되었다.

---

1) 여기서 **포신구화抱薪救火**(땔나무를 안고 불을 끄려 한다는 뜻. 재난을 구하려다가 오히려 더 크게 하거나 자멸하는 것을 비유함)의 고사성어가 나옴
2) 당시 남양 땅은 위와 한이 나누어 점령하고 있었는데, 이때 진은 위가 점령하던 부분을 차지한 것임

한환혜왕韓桓惠王의 즉위(BC 273년)

한이왕이 재위 23년에 사망하고 아들인 연然이 즉위하니(BC 273년), 곧 **한환혜왕韓桓惠王**[1]이다. 장평張平이 재상이 되어 국정을 담당했다.

맹상군孟嘗君의 사망

위의 재상인 맹상군은 화양전투의 참패 이후 망묘를 천거한 책임을 지고 재상에서 물러났다. 위안리왕은 위제魏齊를 재상으로 임명했다(BC 273년).

맹상군은 식읍인 제의 설 땅으로 이주하여 은거했다. 맹상군은 평원군 및 신릉군과 우정을 지속했다. 제양왕은 맹상군에게 재상 벼슬을 거듭 제의했으나, 맹상군은 사양했다.

맹상군은 제와 위를 유람하며 유유자적한 삶을 살다가 설읍에서 사망했다. 사망 시기는 분명하지가 않다. 맹상군은 아들이 없었는데, 제의 여러 공자들이 맹상군의 지위를 승계하는 문제를 두고 다툼을 벌였다. 결국 설 땅을 나누어 가지는 것으로 결론이 났다. 맹상군이 죽은 뒤 풍환은 신릉군의 빈객이 되었다.

연무성왕燕武成王의 즉위(BC 272년)

연혜왕 재위 7년에 재상인 성안군成安君 공손조公孫操가 연혜왕을 죽

---

1) 한환혜왕 한연: 재위 BC 272 ~ BC 239

이는 변란이 발생했다(BC 272년). 이후 연의 왕이 된 사람이 **연무성왕**燕武成王[1]이다. 남아 있는 기록이 거의 없어 정확한 즉위 과정은 알 수가 없고, 심지어 왕의 이름마저 모르는 상황이다. 연혜왕과의 관계도 불분명한데, 아들로서 정상적인 과정을 통해 즉위했다는 주장도 있다.

진秦의 의거義渠 병합(BC 272년)

선태후는 의거왕과의 사이에서 낳은 자식들 때문에 아들인 진소양왕과 오랫동안 갈등관계를 유지했다. 의거왕은 선태후와의 관계를 믿고 무례한 행동을 하곤 했다.

나이가 들어 늙게 된 선태후는 아들인 진소양왕을 위해 의거왕과의 관계를 정리할 결심을 했다. 선태후는 의거왕을 자신이 거주하는 궁으로 초대한 후 죽였다. 진소양왕은 왕이 죽어 혼란에 빠진 의거義渠를 공격하여 멸망시키고, 그 땅을 병합했다(BC 272년). 진의 서북쪽에서 수시로 진을 약탈하고 괴롭히던 의거를 멸망시키자 진은 후방에 대한 걱정 없이 중원 국가들에 대한 공세를 더욱 강화할 수 있게 되었다.

진秦의 한韓 공격과 조趙의 원군[알여閼與전투](BC 269년)

진소양왕은 객경 호상에게 군사 20만 명을 내어주며 한을 공격할 것을 지시했다. 진군은 한의 상당 땅을 점령하고, 계속 행군하여 알여閼與 땅을 포위했다(BC 270년). 한환혜왕은 조에 구원을 요청했다.

---

1) 연무성왕: 재위 BC 271 ~ BC 258

조혜문왕은 회의를 열었다. 인상여와 염파는 알여 땅이 험지여서 구원에 어려움이 있다고 지적하며 구원에 반대했다. 평원군은 조와 한은 입술과 이의 관계임을 지적하고, 진이 한을 정복하고 나면 바로 조를 공격할 것이라고 예상하며 구원을 주장했다. 노장군인 조사趙奢는 침묵을 지켰다. 왕이 조사에게 문의를 하자 조사는 비로소 알여 땅은 지형이 좁고 길이 험하여 대군이 힘을 쓰기 어렵다고 분석하며, 용기 있는 자를 보내면 승리할 것이라고 답변했다. 조혜문왕은 조사에게 군사 5만 명을 내어주며 원군을 지시했다.

조사는 조의 도읍인 한단에서 겨우 30리를 행군한 후 군대를 멈추고 보루와 영채를 건립했다. 조사는 장졸들에게 군사 문제를 일체 언급하지 말라고 엄히 명령을 내리고, 위반 시 참수할 것이라고 경고했다. 조사는 군대를 전진시키지 않았고, 이 때문에 모두 이상하게 여겼다.

진군은 연이은 승리로 인하여 사기가 충천했고, 진군의 함성은 땅을 진동시켰다. 조군의 군리 한 명이 몰래 진군을 염탐하고 돌아와 조사에게 알여 땅에 주둔한 진군은 사기가 충천하므로 대책이 필요하다고 보고했다. 조사는 명령을 위반한 것을 책망하며, 그 군리를 참수했다. 이후 조사는 28일 동안 군대를 움직이지 않았다.

진의 장수 호상은 조의 원군이 도착하지 않자 궁금했는데, 세작이 조군의 동향을 보고하자 더 이상하게 여겼다. 호상은 조군 영채에 장수를 파견하여 결전을 독촉했다. 조사는 조를 방어하기 위해 주둔하는 것이지 진과는 싸울 의사가 없다고 답변했다. 호상은 만족하며, 조군에 대한 방비를 하지 않았다. 호상은 한군에 대한 공격에만 집중했다.

진의 장수가 돌아간 뒤 3일 후 조사는 드디어 조군을 움직였는데, 갑옷을 착용하지 않은 채 신속하고 조용하게 행군을 시켰다. 그 결과 조군은 이틀 만에 알여성 15리 근처까지 당도하여 성루를 건설했다. 조군이 갑작스럽게 등장하자 호상은 조사에게 속은 것에 분노했고, 군사를 나누어 조군을 목표로 출전했다.

조군의 말단 군졸인 허역許歷은 조사에게 간언을 올리겠다고 요청했는데, 조사는 승낙하고 허역을 호출했다. 허역은 ①진군은 조군에 속았다고 생각하여 분노한 상태이므로 빨리 포진하여 진군의 공격에 대비해야 할 것이고 ②북쪽 산이 가장 높아 싸움의 요충지이므로 신속히 북쪽 산을 점거해야 한다고 건의했다.

조사는 포진하여 진군의 공격에 대비했고, 군사 만 명을 허역에게 내어주며 북쪽 산을 점거할 것을 지시했다. 허역은 북쪽 산을 차지했다.

호상은 뒤늦게 요충지인 북쪽 산을 공격했으나, 산세가 험하여 고전하고 있었다. 조사는 궁병 만 명을 두 부대로 나누어 교대로 일제히 활을 쏘면서 산으로 올라가는 진군의 후방을 공격했다. 산 위에서 허역이 협공을 했다. 진군은 산 중턱에서 크게 패했고, 호상은 겨우 달아났다. 조사는 진군을 추격하여 막대한 피해를 입혔다(BC 269년).

조혜문왕은 개선한 조사를 마복군馬服君으로 책봉했다. 조사는 허역을 천거했고, 조혜문왕은 허역을 국위國尉로 임명했다. 얼마 후 인상여는 노환으로 은퇴했고, 우경이 재상이 되었다.

제5절 진소양왕秦昭襄王의 범저范雎 등용

억울한 누명을 쓴 범저范雎

범저范雎[1]는 위의 대량 출신으로 천하의 이치에 통달했고, 천하를 안정시키고 싶은 포부를 가졌다. 범저는 가난하고 신분이 미천하여 출세하지 못하고, 중대부 수가須賈의 집안일을 담당하는 가신으로 일했다. 범저는 빈민굴에 거주하는 **정안평鄭安平**과 의형제를 맺고 있었다.

위안리왕은 제와 친선을 맺고자 사신을 보내기로 결심하고, 재상 위제의 추천을 받아 수가를 파견했다. 수가는 범저를 대동하고 제로 가서 제양왕을 알현하고, 예전에 연과 연합하여 제를 공격한 것을 사과했다. 제양왕은 위와 연을 비난했는데, 수가는 대답을 못하고 쩔쩔맸다.

이때 범저가 수가를 대신하여 대답을 했는데, ①제민왕이 먼저 배신한 사실 ②제가 신용을 상실하고 교만하고 횡포를 부린 사실 ③위는 제에 큰 피해를 입히지 않고 일찍 철수한 사실 ④이후 위는 예의로 제를 대접한 사실을 지적했다. 범저는 제양왕에 대한 기대를 하고 제로 왔다고 아뢰며, 제양왕이 제의 잘못을 반성하지 않고 위를 책망하는 것을 보면 제민왕의 잘못을 반복할 염려가 있다고 지적했다. 제양왕은 범저의 지적에 충격을 받았고, 범저를 등용할 욕심을 냈다.

그날 밤 제양왕은 공관으로 사람을 보내 범저에게 객경의 자리를 제안하며 등용을 시도했다. 범저는 사신으로 와서 임관하는 것은 신의에

---

1) 범저의 이름이 **범수范雎**라는 견해도 유력한데, 글자 모양이 비슷하여 발생한 논쟁임. 여기서는 범저로 표기하기로 함

어긋난다며 사양했다. 제양왕은 범저의 인품을 더욱 존경하게 되었고, 황금 10근과 고기 및 술을 보내 재차 등용을 시도했다. 범저는 계속 사양했다. 제양왕은 단념하지 않고 이후 네 번이나 더 사람을 보냈다. 범저는 제양왕의 체면을 생각해 고기와 술을 수령했으나, 황금은 돌려보냈다.

이 사실이 수가에게 보고되었다. 수가는 범저를 의심하여 추궁했다. 범저는 경위를 설명했으나, 수가는 범저를 계속 의심했다.

수가는 큰 성과 없이 귀국했다. 수가는 재상 위제에게 제양왕이 범저에게 귀화를 권유하며 황금과 고기와 술을 선물한 사실을 고자질하며, 범저가 제와 내통하는지 의심스럽다고 모함했다. 위제는 대노했다.

위제는 모든 귀빈들과 선비들을 공관으로 초대하여 잔치를 열고, 범저를 잡아들였다. 위제는 제와 내통한 것에 대하여 범저를 심문했다. 범저는 혐의를 부인했으나, 위제는 자백을 강요하며 옥졸들을 시켜 6시간이 넘게 매질을 했다. 범저는 원통함을 호소하며 울부짖었다. 결국 범저는 뼈가 부러지고 살점이 떨어져 나가 핏덩어리가 된 채 기절했다. 옥졸들은 범저가 죽은 것으로 판단하여 위제에게 보고했다. 위제도 핏덩어리가 된 범저를 보고 죽은 것으로 판단했다. 위제는 죽어서도 깨끗한 귀신이 되지 못하도록 시체를 거적에 싸서 변소 밑에 두고 그 위에 오줌을 누라고 지시하며, 범저를 저주했다. 위제는 다른 사람들에게 경고를 하기 위해 범저를 더 가혹하게 처벌한 것이다.

저녁 무렵 범저는 정신을 차리고 고통으로 신음했다. 옥졸 하나가 범저를 들여다보았다. 범저는 그 옥졸에게 자신은 살아날 가망이 없으므로 집에서 죽고 싶다고 말하며, 집으로 데려다주면 황금 몇 냥을 주겠다고 제안했다. 옥졸은 솔깃하여 승낙했다. 옥졸은 잔치 때문에 대취한 위제에게 가서 시체에서 비린내가 진동하므로 밖에 내다 버리는 것이 좋겠다고 아뢰었다. 위제는 시체를 교외에 버리도록 지시했다.

옥졸은 한밤중에 몰래 범저를 업어 집에 데려다주었다. 범저는 부인에게 ①정안평을 데려와 자신을 데려가게 하고 ②오늘 밤에 발상하고 곡하여 위제가 의심하지 않게 할 것을 지시했다. 범저는 상처가 아물면 도피하기로 결심했다. 범저의 부인은 종을 보내 정안평을 몰래 데려왔다. 정안평은 범저를 데려가 정성껏 치료했다. 그날 밤 범저의 부인은 발상하며 곡했다.

다음 날 위제는 그 옥졸을 불러 범저의 사망 여부를 확인하도록 지시했다. 한참 뒤 옥졸은 교외에서 돌아와 거적만 남아있다고 보고했다. 범저의 부인이 발상한 사실을 보고받은 위제는 더 이상 의심하지 않았다.

범저는 몸이 완치된 후 정안평과 함께 구자산具茨山에 은거하고 이름을 **장녹**張祿으로 바꾸며 정체를 숨겼다.

위魏를 탈출하는 범저范雎

진에서 왕계王稽가 사신으로 위를 방문하여 위안리왕을 알현하고 공관에 체류 중이었다. 정안평은 역졸로 가장하여 왕계를 시중들었다. 왕계는 정안평을 총애하게 되었고, 초야에 인재가 있는지 문의했다. 정안평은 범저를 거론하며, 형벌을 받은 사실을 언급했다. 왕계도 그 내용을 소문으로 들어 알고 있었기에 탄식하며 애석해 했다. 정안평은 장녹이 범저에 비견할 재주를 가지고 있다고 말하며 떠보았다. 왕계가 관심을 나타냈다. 정안평은 장녹의 원수가 도읍에 살고 있어 장녹이 도읍을 출입할 수도 없고 벼슬에 나갈 수도 없다고 아뢰며, 밤에 몰래 움직여야 한다고 강조했다. 왕계는 장녹과 만나게 해 줄 것을 부탁했다.

얼마 후 정안평은 한밤중에 범저를 장녹이라고 칭하며 데려왔다. 왕계는 장녹과 대화를 나눈 후 식견에 탄복하며, 진으로 함께 가자고 제안했다. 범저는 승낙했다.

왕계는 귀국하면서 장녹과 정안평을 수레에 몰래 태우고 갔다. 그들은 많은 대화를 나누며 친밀해졌다.

왕계 일행이 진의 영역인 호관湖關 부근에 당도했을 때, 승상 위염이 멀리서 다가오고 있었다. 위염은 진의 법에 따라 왕을 대신하여 국내를 순행하던 중이었다. 범저는 위염이 자신의 권세를 유지하기 위해 인재를 시기하고 특히 외국의 유세객을 경계하는 사실을 걱정했다. 범저는 왕계에게 수레에 실려 있는 통속에 숨겨 줄 것을 요청했다. 왕계는 장녹과 정안평을 숨겼다.

왕계는 위염을 영접하며 문안을 올렸다. 위염은 답례하며, 외국 손님이 동행하고 있는지 여부를 물었다. 왕계는 부인했다. 위염은 다시 순행을 떠났다.

위염이 떠나자 범저는 통에서 나온 후 정안평과 함께 지름길로 달아났다. 범저는 위염이 성미가 꼼꼼하고 의심이 많은 관상이므로 후회하고 뒤쫓아 와 다시 수레를 수색할 것이라고 예상했다.

왕계가 10리쯤 갔을 때 수색대 20여 명이 급히 달려와서 수레를 수색했다. 왕계는 장녹의 지혜에 감탄했다. 왕계는 다시 5리쯤 더 가서 장녹과 정안평을 수레에 태우고, 드디어 진의 도읍인 함양에 당도했다.

진소양왕秦昭襄王의 범저范雎 등용

왕계는 진소양왕에게 경과를 보고하는 자리에서 장녹을 천거했는데, 장녹이 진秦에 대하여 계란을 겹쳐 쌓아 놓은 것처럼 위태로운 형편이라고 지적하며[1] 나라를 평안하게 할 방책을 가지고 있다고 자신했음을 강조했다. 진소양왕은 큰소리만 치는 유세객들이 대부분이라며 시큰둥했고, 장녹을 객관 하사에 체류하도록 지시했다. 범저는 객관에 1년이 넘게 머물렀으나, 진소양왕은 범저를 부르지 않았다.

어느 날 범저는 승상 위염이 군대를 이끌고 출전하는 광경을 보았다. 범저는 수소문하여 ①위염이 한과 위를 지나 제의 강綱 땅과 수壽 땅을 공격하기 위해 백기를 대장으로 하여 출전한다는 사실 ②위염의 봉지인 도산陶山 땅이 강·수 땅과 가까운 사실 ③위염이 자신의 영지를 확대하기 위한 욕심으로 군대를 동원하는 사실을 알게 되었다.

범저는 진소양왕에게 서신을 바쳤다. 옳지 못한 말을 할 경우에는 죽여도 무방할 것이니 잠시 시간을 내어 자신의 말을 들어보기를 요청하며, 군주는 신하를 경멸하여서는 안 될 것이라고 강조하고, 사람을 천거한 신하의 체면을 고려해 줄 것을 부탁하는 내용이었다. 진소양왕은 장녹을 이궁離宮으로 불렀다.

범저는 이궁에 먼저 도착하여 한참을 기다렸다. 멀리서 왕의 행차가 보이자 범저는 일부러 못 본 척 돌아가려 했다. 환관이 놀라서 장녹을 말렸다. 범저는 진에는 태후와 승상만 있을 뿐 왕은 없다고 말하며, 일

---

[1] 여기서 **누란지위累卵之危**(층층이 쌓아 놓은 알의 위태로움이라는 뜻. 매우 위험한 상태를 비유함)의 고사성어가 나옴

부러 환관과 옥신각신했다. 진소양왕은 이궁에 당도하여 환관의 보고를 받았는데, 범저의 무례한 말을 보고받고도 아무 말이 없었다.

　진소양왕은 장녹을 내궁으로 불렀고, 상객으로 예우했다. 범저는 사양했다. 진소양왕은 장녹의 뜻을 짐작하여 좌우의 사람들을 모두 물리고, 장녹에게 국정에 대한 의견을 구했다. 범저는 '예'라는 대답만 반복할 뿐 침묵을 지켰다. 진소양왕은 장녹이 아무 말도 하지 않자 안타까움을 표시했다.

　범저는 비로소 강태공·기자·비간의 사례를 언급하며, 왕이 자신을 믿지 못한다면 자신은 죽음을 면치 못할 것이므로 왕이 자신을 믿는지 여부를 확신하지 못하여 의견을 말하지 못한 것이라고 대답했다. 진소양왕은 환관의 보고를 받은 후 간절히 의견을 구하게 되었다고 강조하며, 의심하지 않겠다고 약속했다. 진소양왕은 범저에게 높은 식견으로 자신을 가르쳐주길 요청했다.

　범저는 간언이 누설될 우려와 아직 초면이어서 자신에 대한 진소양왕의 신뢰가 부족한 점을 고려하여 덜 중요한 내용을 건의하고 나중에 다시 기회를 기다리기로 결심했다. 범저는 위가 멀리 떨어진 중산국을 점령했다가 상실한 사례를 말하며, 승상 위염이 제로 원정을 나가는 것은 실익이 없다고 아뢰었다. 또한 범저는 최강국인 진이 아직 통일을 이루지 못한 것은 대신들의 실수라고 지적하며, 멀리 있는 나라와는 친선을 맺어 이간책을 쓰고 가까이 있는 나라를 공격하여 실리를 챙기는 전략인 **원교근공遠交近攻**으로 정책을 바꿀 것을 건의했다. 진소양왕은 어떤 방법을 사용할지 물었는데, 범저는 제·초와는 친교를 맺고 우선 한·위를 먼저 정복하라고 답변했다.

　진소양왕은 만족하며 장녹을 객경에 임명했다. 진소양왕은 제에 대한 원정을 중지시켰다. 위염과 백기는 당황했고, 이 때문에 장녹을 미워하게 되었다. 진소양왕은 장녹을 총애했다.

조사趙奢의 유언

조괄趙括은 조사의 아들인데, 병법 연구에 관심이 많았다. 조괄은 자만하여 스스로를 병법의 대가로 자처했다. 조사는 '장수는 항상 겸손하고 모든 일을 염려하며 모든 사람들과 의논해야 한다.'라고 생각했으므로 아들 조괄을 장수의 자격이 없다고 판단했다.

조사가 중병이 들었다. 조사는 아들 조괄에게는 장수의 자격이 없으므로 절대 장수가 되지 말라는 유언을 남겼고, 부인에게는 왕이 조괄을 장수로 임명하려 하면 자신의 말을 전하고 끝까지 사양할 것을 부탁했다. 얼마 후 조사가 사망하자 조혜문왕은 조괄에게 마복군의 작위를 계승시켰다(BC 267년).

조효성왕趙孝成王의 즉위(BC 266년)

조혜문왕이 재위 33년에 사망하고 세자 단丹이 즉위하니(BC 266년), 곧 **조효성왕趙孝成王**[1]이다. 조혜문왕의 부인인 혜문태후(=조趙태후)는 제민왕의 딸이었는데, 조효성왕이 너무 어려 왕을 대신해 정치를 담당했다.

---

1) 조효성왕 조단: 재위 BC 265 ~ BC 245

진秦의 승상이 되는 범저范雎(BC 266년)

자신에 대한 진소양왕의 신뢰가 커지자 범저는 드디어 중대한 건의를 하기로 결심한다. 범저는 진소양왕을 은밀히 알현하며 선태후와 4귀의 권세가 막강하여 왕은 실속 없이 허명뿐인 상태임을 지적하고, 최저와 이태가 군주를 시해한 사례를 언급하며 위태로운 상황임을 강조했다. 범저는 특히 승상 위염의 전횡을 지적하며, 진소양왕에게 위기감을 불러일으켰다.

얼마 후 진소양왕은 위염을 승상에서 해임하고 봉읍으로 이주할 것을 지시했다. 또한 진소양왕은 화양군, 경양군, 고릉군을 함곡관 밖으로 좌천시켰고, 선태후를 심궁으로 이주시켜 정치에 관여하는 것을 차단했다(이듬해 선태후는 노환으로 사망함). 위염이 봉읍으로 이주할 때 재산을 실은 수레가 무려 천 승이 넘었다고 한다. 이후 위염은 권력을 회복하지 못하고 자신의 봉토인 도 땅에서 울화병으로 죽는다.

진소양왕이 선태후와 위염 일파를 축출한 것은 재위 41년 때의 일인데, 그때까지 선태후와 위염 일파가 실권을 쥐고 있었다는 주장은 의문이 든다. 선태후의 정치 관여 기록은 주로 진소양왕의 즉위 직후에 집중되어 있고, 위염이 권력을 휘두르며 부정 축재를 한 것은 사실이나 위염이 여러 차례 승상에서 해임된 경력이 있는 것을 감안하면 권력이 그렇게 막강했던 것은 아닌 것으로도 해석된다. 즉 《사기》의 묘사[1]와는 달리 진소양왕은 장성하여 권력을 손에 쥐고 여러 정책과 전쟁 등을 직접 지시하며 진의 강성을 주도적으로 이룩했던 영명한 군주로 보

---

1) 《사기》에서는 진소양왕의 영토 확장을 실제로는 위염이 이룩한 것으로 돌리고 있음

는 것이 맞을 것이다. 단 이 책에서는 소설 《동주 열국지》의 내용을 중심으로 일반적으로 알려진 바와 같이 외척 세력이 막강한 것으로 기술하였다.

진소양왕은 구세력을 일소한 후 장녹을 승상에 임명했다(BC 266년). 진소양왕은 장녹에게 응성應城 땅을 분봉하며, 응후應侯로 책봉했다. 정안평은 끝까지 범저의 정체를 비밀로 했고, 진의 군신과 백성들은 승상을 장녹으로 알았다.

진秦에 대하여 화평을 요청하는 위魏

그해 겨울 위안리왕은 진이 위를 공격할 움직임이 있자 이를 염려했다. 신릉군은 진에 대비하여 군사들을 양성할 것을 주장했다. 재상 위제는 진의 새로운 승상인 장녹이 위 출신이라고 지적하며, 장녹에게 뇌물을 제공한 후 화평을 주선해 줄 것을 부탁하자고 주장했다. 위안리왕은 위제의 주장을 채택하고, 수가를 진에 사신으로 보냈다.

수가가 진에 사신으로 와서 역관에 머물자 범저는 원수를 갚을 생각에 기뻐했다. 범저는 누더기를 걸치고 거지로 변장하여 수가를 찾아가 인사를 했다. 수가는 매우 놀랐다. 범저는 옥졸이 죽은 줄 알고 버렸는데 천행으로 살아났고 지나가던 장사꾼이 구조했다고 거짓말을 했고, 흘러흘러 진에 와서 하인으로 생활하고 있다고 둘러댔다. 수가는 범저를 보고 불쌍한 생각이 들어 "이처럼 추운 지경이 되었구나!"라고 안타까워하며[1] 음식과 솜옷을 주었다.

---

1) 여기서 **일한여차—寒如此**(이토록 추운 지경에 이르다는 뜻. 극도로 빈곤하고 형편이 나아지지 않는 상황을 비유함)의 고사성어가 나옴

수가는 범저에게 진의 승상인 장녹에게 연결을 시켜줄 수 있는 사람이 있는지 물었다. 범저는 주인 영감이 승상과 친한데 자신이 주인 영감을 수행하는 과정에서 승상이 자신의 언변을 알게 되어 조금 친해졌다고 거짓말을 했다. 범저는 마침 오늘 승상을 만날 수 있다며, 안내를 자청했다. 수가는 말이 지치고 수레가 조금 상하여 곤란해했다. 범저는 주인집의 수레를 빌려오겠다고 말하며 돌아갔다. 범저는 승상부의 화려하고 큰 수레를 가지고 수가에게 돌아갔다.

범저는 수가를 수레에 태우고 승상부로 달려갔다. 시정 사람들이 승상 장녹에게 예를 표하자 수가는 자신에게 하는 것으로 착각했다. 범저는 수가를 승상부 앞에 내려준 후 기다리게 하고, 승상부로 들어갔다. 수가는 승상부 문 앞에서 한참을 기다렸다. 수가는 계속 기다려도 소식이 없자 문지기에게 경과를 물어보았는데, 문지기는 수레를 몰고 온 사람이 승상이라고 답했다.

수가는 충격과 죽음의 공포로 인해 승상부 문 앞에 꿇어 엎드리고 머리를 조아리며 죄를 빌었다. 범저가 수가를 들어오도록 지시했다. 수가는 무릎으로 기어 작은 옆문을 통해 들어가 층계 밑에 꿇어 엎드리고 머리를 조아렸다. 범저는 위제에게 모함하고, 혹독한 매질을 방조하고, 시신에 오줌을 눈 수가의 죄를 책망했다. 수가는 머리카락을 뽑아 자신의 죄를 센다 해도 오히려 부족할 것이라고 말하며[1], 계속하여 머리를 조아리면서 용서를 빌었다. 범저는 역관에서 조그만 인정을 베푼 점을 감안하여 수가를 특별히 살려주었다. 수가는 기어서 물러갔다.

진의 백성들은 승상 장녹이 위 출신인 범저라는 사실을 비로소 알게

---

1) 여기서 **탁발난수**擢髮難數(머리카락을 뽑아 세어도 다 세기 어렵다는 뜻. 헤아릴 수 없을 정도로 많은 죄를 지었었음을 비유함)의 고사성어가 나옴

되었다. 범저는 진소양왕에게 위가 화평을 요청한 사실을 보고하고, 자신의 신분과 경위를 드디어 밝혔다. 진소양왕은 범저를 위로하며, 수가를 처형하려고 했다. 범저는 공적인 임무로 온 사신을 죽이면 안 된다고 아뢰며, 개인적인 원한으로 국가의 일을 그르칠 수는 없다고 강조했다. 범저는 위의 재상인 위제가 자신의 진짜 원수라고 아뢰었다. 진소양왕은 공사를 분별하는 충신이라고 범저를 칭찬하며, 위제에 대한 응징을 약속했다. 진소양왕은 위의 화평 요청을 승낙했다.

위제魏齊의 조趙 도주

수가는 아침 일찍 승상부를 방문하여 범저에게 하직 인사를 올렸다. 범저는 잔치를 열도록 지시하고, 손님인 수가를 바깥방에서 기다리도록 했다.

범저는 당상에 진수성찬을 차려 귀빈들을 대접했는데, 일부러 수가를 부르지 않았다. 수가는 배도 고프고 부끄럽고 두렵기도 하여 심정이 복잡했다. 범저는 오후 늦게 당하에 자리를 마련하고 수가를 대접하게 했는데, 술과 밥도 없이 오직 볶은 콩만 수가 앞에 들이대며 핥아 먹도록 지시했다. 수가는 저항하지 못하고 짐승처럼 숙인 채 입으로 콩을 먹었다. 범저는 손님들에게 사연을 말해 주었고, 손님들은 범저의 심정을 이해했다.

범저는 수가에게 호통을 치며, 자신의 가족을 진으로 호송하고 위제의 수급을 바칠 것을 요구했다. 범저는 위안리왕에게 자신의 요구 사항을 전달할 것을 수가에게 지시하고, 이행하지 않을 경우 위의 도읍을 쑥대밭으로 만들겠다고 경고했다.

수가는 공포를 느끼며 귀국하여 위안리왕에게 범저의 요구 사항을 전달했다. 위안리왕은 고민했는데, 국가의 체면에 관한 문제여서 결정을 내리지 못했다.

위제는 소문을 듣고 한밤중에 조로 달아나 친분이 있던 평원군에게 의탁했다. 위안리왕은 범저의 가족에게 황금 100일과 비단 천 단을 선물로 제공하고 진으로 호송하여 보냈다. 위의 사신은 범저를 알현하며 위제가 조로 도주한 사실을 보고했다.

범저는 진소양왕에게 경과를 보고했다. 진소양왕은 알여 땅을 공격할 때 조에 당한 것도 보복하고 위제도 처단하기 위해 조에 대한 공격을 결심한다.

제6절 진소양왕秦昭襄王의 원교근공遠交近攻

제왕齊王 건建의 즉위(BC 265년)

제양왕이 재위 19년에 사망하고 세자 건建이 즉위하니(BC 265년), 곧 전제田齊의 마지막 왕인 **제왕齊王 건建**[1]이다.

제양왕의 부인인 **군왕후君王后 태사씨太史氏**(태사 교의 딸)는 제왕 건이 너무 어려 왕을 대신해 정치를 담당했다. 제의 군왕후와 조의 혜문태후는 시누이와 올케 사이인 데다 동병상련의 처지여서 각별하게 지냈다. 이로써 제와 조는 관계가 개선되었다.

---

1) 제왕 전건: BC 264 ~ BC 221

진소양왕秦昭襄王의 조趙 공격(BC 265년)

　진소양왕은 군사 20만 명을 거느리고 **왕전王翦**을 대장으로 삼아 직접 조에 대한 공격을 개시했다(BC 265년). 진군은 순식간에 조의 성 세 개를 함락했다.

　조효성왕은 분노하여 진의 볼모인 이인을 처형하려고 했다. 평원군이 볼모를 처형할 경우 진에 공격할 구실을 준다고 아뢰며, 겨우 말렸다. 조효성왕은 분이 풀리지 않아 이인에 대한 지원 비용을 대폭 삭감하면서 이인을 외진 곳에 안치하도록 지시하고, 대부 공손건公孫乾에게 감시할 것을 명했다.

　조의 재상인 우경은 염파를 대장으로 하여 방어군을 출전시켰으나, 중과부족으로 조군이 밀리는 상황이었다. 조효성왕의 모친으로 실권을 행사하고 있던 혜문태후는 친정인 제에 원병을 요청하였는데, 제에서는 혜문태후가 가장 아끼던 막내아들인 장안군長安君을 볼모로 요구하였다. 신하들은 승낙할 것을 건의했으나, 막내아들을 아끼던 혜문태후는 분노하며 거절했다. 신하들은 나이가 많아 은퇴한 촉용觸龍에게 혜문태후를 설득해 줄 것을 부탁했다. 촉용은 혜문태후를 알현하며, 장안군을 제에 볼모로 제공하여 장안군에게 공적을 세울 기회를 주는 것이 장안군을 진정으로 위하는 것이라고 설득했다. 결국 혜문태후는 승낙했다.

　제의 군왕후는 장안군을 환대하고, 전단에게 군사 10만 명을 내어주며 조를 구원할 것을 지시했다.

　진의 대장인 왕전은 제의 원군이 오고 있다는 보고를 받은 후 진소양왕에게 형세가 불리하므로 회군할 것을 건의했다. 진소양왕은 범저에 대한 체면 때문에 회군을 주저하며 고민했다. 결국 진소양왕은 평원군에게 사신을 보내 위제를 넘겨주면 즉시 회군하겠다고 제안했다. 평원군은 위제가 오지 않았으며 헛소문이라고 시치미를 뗐다. 진소양왕은 세 번이나 더 사신을 보냈으나, 평원군은 부인했다.

진소양왕은 우울하며 고민하다 계책을 마련했다. 진소양왕은 조효성왕에게 서신을 보냈다. 위제가 조에 있다는 헛소문을 듣고 출전했음을 강조하고, 조의 성 세 개를 반환하니 우호를 유지하기를 희망한다는 내용이었다. 진소양왕은 조에서 철수했고, 전단은 제로 회군했다.

범저范雎의 원수를 갚아 주는 진소양왕秦昭襄王(BC 265년)

귀국한 진소양왕은 평원군에게 서신을 보냈다. 평원군의 의기를 칭송하고, 교류를 희망하니 진을 방문하여 줄 것을 요청하는 내용이었다. 평원군은 조효성왕에게 보고했고, 조효성왕은 회의를 열었다. 재상 우경은 맹상군의 사례를 언급하며, 방문을 반대했다. 염파는 인상여의 사례를 언급하고, 응하지 않을 경우 진이 조를 의심할 것이라며 방문에 찬성했다. 결국 조효성왕은 평원군에게 초대를 승낙하라고 지시했다.

평원군은 진으로 가서 진소양왕을 알현했고, 진소양왕은 평원군을 환대하며 잔치를 열었다. 진소양왕은 평원군에게 범저는 자신에게 강태공이나 관중과 같은 존재라고 강조하며, 범저의 원수를 갚기 위해 위제의 수급을 요청했다. 평원군은 천하고 가난할 때 사귄 친구를 버리면 안 된다고 강조하면서 위제는 자신의 오랜 친구라고 대답하고, 위제는 오지 않았다고 둘러댔다. 진소양왕은 태도를 돌변하여 위제를 내놓지 않으면 조에 돌려보내지 않겠다고 위협했다. 평원군은 초대한 후 협박을 하면 천하가 그 시비를 판단할 것이라고 대답했다.

진소양왕은 평원군을 관사에 안치시키고, 조효성왕에게 서신을 보냈다. 위제의 수급을 보내면 평원군을 귀국시킬 것이고, 그렇지 않으면 직접 출병하여 조를 치고 평원군을 석방하지 않을 것이라는 내용이었다.

조효성왕은 위제를 체포하라고 지시했는데, 소문이 먼저 퍼졌다. 위제는 평원군의 집에서 도망쳤고, 재상 우경을 찾아가 의탁을 부탁했다. 우경은 조효성왕이 진에 대한 두려움을 가지고 있다고 지적하며, 위의 신릉군에게 의탁하라고 제안했다.

우경은 위제에게 위까지 호송하겠다고 자청했다. 우경은 재상을 사임하며, 조효성왕에 대하여 서신을 남겼다. 우경과 위제는 위로 출발했다. 조효성왕은 위제가 도피했고 우경이 이에 협력했다는 사실을 알고 분노했다. 조효성왕은 무사들을 파견하여 위제를 체포하도록 지시했다.

우경과 위제는 위의 도읍인 대량의 교외에 당도했다. 우경은 위제에게 신릉군은 의기가 높은 대장부라고 강조하며, 자신이 먼저 가서 신릉군과 대화를 나누면 신릉군은 즉시 위제를 영접하러 나올 것이라고 예상했다. 우경은 혼자서 먼저 신릉군을 방문했고, 위제는 교외에서 기다렸다.

신릉군은 목욕을 하던 중 우경의 방문을 보고받았다. 신릉군은 당황하여 손님의 영접을 담당하는 가신에게 용건을 알아오도록 지시했다. 우경은 방문 목적을 설명했다. 신릉군은 보고를 받고 입장이 난처하여 고민하다가 시간을 지체했다. 우경은 신릉군이 지체하자 실망하고 분노하여 신릉군의 집을 나가버렸다.

신릉군은 우경이 간 이후 문하의 선비들에게 우경의 인품에 대하여 문의했다. 후생은 우경이 만 호의 국록을 버리고 처지가 다급한 위제를 도운 의기가 높은 대장부라고 강조하며, 우경의 높은 인격을 알아보지 못하는 것을 이해할 수 없다고 신릉군을 비난했다. 신릉군은 부끄러워하며, 급히 우경을 쫓아 수레를 출발시켰다.

위제는 기다리면서 일이 뜻대로 풀리지 않을 것으로 짐작하고 탄식했다. 한참 후 우경은 혼자 도착하여 눈물을 글썽이며 신릉군을 비난하고, 초로 망명할 것을 제안했다. 위제는 사양하며, 한때의 불찰로 범저에게 죄를 지어 평원군과 우경에게 폐를 끼치게 된 것을 사과했다. 위제는 순식간에 칼로 목을 찔러 자살했다(BC 265년). 우경은 통곡하다가 멀리서 신릉군의 수레 소리가 들리자 몸을 숨겼다. 신릉군은 도착하여 위제의 시체를 보고 통곡하며 운구했다.

조효성왕은 위제가 자살했다는 보고를 받은 후 위안리왕에게 사신을 보내 평원군의 처지를 호소하며 위제의 수급을 요청했다. 위안리왕은 신릉군을 소환했는데, 신릉군은 수급의 제공을 거절했다. 조의 사신은 신릉군에게 평원군과 신릉군이 절친한 사이임을 지적하며, 이미 죽은 위제 때문에 평원군을 방치할 것이냐고 설득했다. 결국 신릉군은 위제의 수급을 양도했고, 목 없는 위제의 시체를 장사지내 주었다.

조효성왕은 위제의 수급을 진으로 보냈고, 진소양왕은 평원군을 석방했다. 범저는 위제의 수급에 옻칠을 하여 요강으로 만들었고, 오줌을 누면서 저주했다. 조효성왕은 평원군을 재상으로 임명했다(BC 265년).

한편 우경은 세상의 인심을 탄식하며, 천하를 주유하다가 백운산白雲山에 은거한다. 이후 우경은 《우씨춘추虞氏春秋》 8편을 저술했다. 《우씨춘추》는 《춘추》를 기본으로 하여 국가의 득실을 논하는 내용으로 구성되어 있다.

볼모 이인異人의 불쌍한 처지

진소양왕의 장남인 세자 도悼가 병으로 죽었다(BC 267년). 진소양왕은 후궁 소생인 **안국군安國君** 주柱를 세자로 삼았다(BC 265년). 안국군의 부인인 **화양부인華陽夫人**은 초왕의 딸로 안국군의 사랑을 독차지하고 있었으나, 자식을 낳지 못했다. 안국군은 20여 명의 아들을 얻었으나 모두 서출이었고, 적자는 없었다.

왕손 이인은 안국군의 둘째 아들인데, 생모인 하희夏姬는 한韓 출신으로 안국군의 사랑을 받지 못했다. 그 결과 이인도 안국군의 사랑을 받지 못했다. 이인은 민지회견(BC 279년) 이후 조에 볼모로 보내졌으나, 진소양왕과 안국군 모두 관심을 두지 않았다. 안국군이 예상하지 못했던 세자가 되었지만, 안국군의 관심 밖인 이인의 처지는 달라지지 않았다. 진과 조가 싸움을 할 때마다 이인은 조의 살해 위협 때문에 신변의 불안을 느꼈다. 이인은 본국의 무관심과 조의 위협 때문에 불쌍한 처지로 고생하며 하루하루를 보내고 있었다.

진秦과 제齊의 우호(BC 265년)

제의 군왕후 태사씨는 제왕 건을 섭정하며 제를 잘 다스렸다. 군왕후는 전단을 시켜 연의 중양中陽 땅을 공격하여 점령했다(BC 265년).

한편 진소양왕은 원교근공 정책을 실시하여 한과 위를 공격할 결심을 했다. 진소양왕은 우선 제와 우호를 체결하기로 계획했다.

범저는 진소양왕에게 제의 군왕후 태사씨가 현명하고 지혜롭다는 소문이 있음을 아뢰고, 옥을 이어 만든 목걸이인 옥련환을 보내어 시험할 것을 건의했다. 진소양왕은 제에 사신을 보내 옥련환을 전달하며, 옥련환의 줄을 풀 수 있으면 제를 더욱 공경할 것이라고 전하게 했다. 군왕후 태사씨는 쇠망치로 옥련환의 줄을 끊어 버렸다.

범저는 사신의 보고를 받고 진소양왕에게 제의 군왕후가 여걸이며 만만한 상대가 아니라고 보고했다. 진은 제와 우호를 체결하고(BC 265년), 이후 전략적인 이유로 오랫동안 지속한다.

전단은 진과 우호를 체결하는 것에 반대했다. 이 때문에 제의 군왕후 태사씨와 전단은 사이가 나빠졌다. 결국 전단은 얼마 후 제를 떠나 조로 이주한다.

진秦의 한韓 공격

진은 한을 공격하여 소곡少曲과 고평高平을 점령했다(BC 265년). 이듬해 백기는 한에 대한 공격을 개시하여 한군 5만 명을 처형하고 분수汾水 유역에 위치한 한의 형성을 점령했다(BC 264년). 백기는 계속하여 한을 공격하여 한의 남양 땅을 점령했다(BC 263년).

볼모인 세자 원元을 귀국시키는 황헐黃歇(BC 263년)

초의 세자 원이 진에서 볼모 생활을 한 지 14년이 되었다. 태부 황헐은 세자 원을 계속 수행했다. 볼모 생활을 하는 동안 세자 원은 진소양왕의 딸과 혼인하여 아들까지 낳았다(BC 271년). 그동안 아들의 이름은 전해지지 않았으나, 최근 일부 중국 학자들은 고고학 연구 성과를 기반으로 아들의 이름을 계啓라고 주장하고 있다.

진소양왕은 원교근공 정책의 일환으로 초에 사신을 파견하여 우호를 체결했다. 초의 사신 주영朱英이 답례로 진을 방문했는데, 초경양왕의 병세가 위중함을 호소했다. 태부 황헐은 세자가 귀국하지 못한 상태에서 왕이 사망할 경우 왕위를 뺏길 것을 걱정했다. 결국 황헐은 범저에게 세자 원의 귀국을 요청할 결심을 했다.

황헐은 범저를 찾아가 세자 원이 진과 친분이 두텁다고 지적하며, 세자 원이 왕위를 계승해야 진에 유리할 것이라고 강조했다. 황헐은 범저에게 다른 공자가 초왕이 되면 진과 대결할 우려가 있다고 지적하며, 세자 원의 귀국 필요성을 강조했다. 범저는 황헐의 주장에 동의하고, 진소양왕에게 황헐의 의견을 보고했다. 진소양왕은 우선 황헐을 초에 보내 초경양왕을 문병하고, 정말 위독할 경우 세자를 데려가면 될 것이라고 대답했다. 범저는 황헐에게 진소양왕의 뜻을 전했다.

황헐은 세자 원에게 초회왕의 사례를 들며, 진소양왕은 세자를 미끼로 초에 땅을 요구할 의도라고 아뢰었다. 황헐은 세자 원에게 변복한 후 사신 주영이 귀국하는 것을 이용하여 초로 도주할 것을 건의했다. 황헐은 자신은 진에 남아 뒷일을 감당하겠다고 자청했다. 세자 원은 황헐에게 감사를 표하며, 왕이 되면 부귀영화를 함께 하겠다고 약속했다.

황헐은 사신 주영과 상의했다. 결국 세자 원은 미복으로 변장하고 주영의 어자 역할을 하며 주영의 수레를 몰고 진을 탈출했다(BC 263년). 세자 원의 아들과 부인은 진에 남게 되었다.

진소양왕은 황헐에게 귀국하여 초왕을 문병하라는 전지를 내렸다. 황헐은 진소양왕에게 세자가 병이 들어 간호가 필요하므로 병세가 차도를 보이면 귀국하겠다는 취지의 서신을 보냈다.

황헐은 보름 후 진소양왕을 알현하고, 세자 원을 이미 초로 보낸 것을 사죄하며 진왕을 속인 죄를 물어 처형해 줄 것을 아뢰었다. 진소양왕은 격노하여 참수를 지시했다. 범저는 진소양왕에게 황헐을 죽여도 진에 이익이 없음을 지적하고, 차라리 황헐을 칭찬한 후 귀국시키면 훗날 초의 영윤이 되어 진을 정성껏 섬길 것이라고 건의했다. 진소양왕은 황헐의 충성을 칭찬하고 귀국을 허락하며, 진에 대하여 의리를 지키라고 강조했다. 황헐은 초로 귀국했다.

초고열왕楚考烈王의 즉위(BC 263년)

황헐이 귀국하고 3개월 후 초경양왕이 재위 36년에 사망하고 세자 원이 즉위하니(BC 263년), 곧 **초고열왕楚考烈王**[1]이다.

초고열왕은 황헐을 영윤에 임명하고, 회수 북쪽의 12개 현을 식읍으로 분봉하면서 **춘신군春申君**에 책봉했다(BC 262년).

춘신군 황헐은 초의 법령을 대폭 수정하고 제도를 정비했으며, 군사를 조련하여 국력을 키웠다. 춘신군은 북쪽의 노魯를 공격하여 추鄒 땅을 점령하고, 서주徐州 지역을 점령했다(BC 261년). 이로써 초는 어느 정도 국력을 회복했다.

춘신군은 평원군과 신릉군을 존경하여 그들처럼 많은 선비를 양성했는데, 식객 수가 3천 명이 넘었다[2]. 조의 평원군은 사람을 보내 춘신군의 문중을 시찰하기도 하고, 춘신군과 서신을 교류하며 친분을 쌓았다.

---

1) 초고열왕 웅원: 재위 BC 262 ~ BC 238
2) 맹상군, 평원군, 신릉군, 춘신군을 전국시대의 4군君이라고 칭함

제2장

조趙의 몰락과 유일 강대국 진秦

제1절 진秦과 조趙의 대치

땅을 바쳐 조趙를 끌어들이는 풍정馮亭(BC 262년)

한에 대한 진의 공격은 계속 되었다. 진의 장수 왕흘王齕은 한의 야왕野王 땅을 함몰했는데(BC 262년), 이로 인해 한의 상당上黨 땅은 본토와 단절되어 고립무원의 상태가 되었다.

상당 태수인 **풍정馮亭**은 ①진에 항복하는 대신 조에 항복하면 ②분노한 진이 조를 공격할 것이고 ③그러면 조는 한과 연합하여 진에 대항하게 될 것이라고 계책을 세웠다. 풍정은 조효성왕에게 사람을 보내 서신과 지도를 바쳤다(BC 262년). 상당 땅이 진에 함락되기 직전인데, 상당 주민들은 진에 병합되기를 원하지 않고 조에 병합되기를 원하고 있으므로 상당 17개 성을 바친다는 내용이었다.

어느 날 조효성왕은 좌우의 색깔이 다른 옷을 입은 채 용을 타고 승천하던 중 금산金山과 옥산玉山 사이의 땅에 떨어지는 꿈을 꾸었다. 대부 조우趙禹는 합치고 땅을 얻고 재물을 얻을 징조라고 해몽했다. 조효성왕은 무사巫史에게 점을 치게 했는데, 쇠잔하고 일이 순조롭지 못하고 유명무실하다는 점괘가 나왔다.

이때 조효성왕은 풍정이 보낸 서신을 받았고, 크게 기뻐했다. 평양군平陽君 조표趙豹는 까닭 없이 생기는 이익은 불행의 근원임을 지적하고, 농사는 진이 짓고 수확은 조가 하면 진이 분노할 것이라고 강조하며, 조에 불행을 전가하고 한의 위기를 모면하려는 계략이라고 간언했다. 평원군은 막대한 군사력을 투입해도 성 하나를 얻기가 어렵다고 지적하며, 손해 없이 17개 성을 획득하는 것은 국가에 매우 이득이라고 건의했다. 조효성왕은 만족하며, 평원군에게 상당 17개 성을 수령할 것을 지시했다.

평원군은 군사 5만 명을 이끌고 상당을 접수하러 방문했다. 조효성왕은 풍정을 상당 태수에 유임시키고, 3만 호를 분봉하며 화릉군華陵君에 책봉했다. 또한 조효성왕은 상당 17개 성의 현령을 모두 유임시키고, 각각 3천 호를 분봉했다.

풍정은 평원군과의 회견을 사양하고 통곡하며, ①땅을 사수하지 못하고 ②임의로 외국에 땅을 바치고 ③왕의 땅을 팔아 부귀를 얻는 세 가지 불의를 저지른 것을 한탄했다. 평원군은 풍정의 처지에 탄식하며 사흘 동안 문 앞에서 대기했다. 결국 풍정은 평원군의 정성에 감격하여 회견을 허락했다. 풍정은 평원군의 거듭된 요청에 따라 태수 취임을 수락했으나, 토지와 작위는 끝내 사양했다. 풍정은 진에 대비하여 군사를 보내 줄 것을 요청했고, 평원군은 승낙했다.

평원군은 돌아와 조효성왕에게 보고했다. 조효성왕은 크게 기뻐하며 잔치를 열었으나, 군사 파견 문제는 논의가 분분하여 결론을 내리지 못했다.

진秦과 조趙의 장평관長平關 대치(BC 261년)

진군 대장 왕흘은 상당성을 포위했다. 풍정은 조의 원군을 기대하며 두 달 동안 저항했으나, 원군은 오지 않았고 성은 함락 직전이었다. 결국 풍정은 조로 도주했고, 백성들도 피난했다. 진군은 상당성을 점령했다(BC 261년).

조효성왕은 염파에게 군사 20만 명을 내어주며 뒤늦게 원군을 지시했다. 염파가 장평관長平關에 당도했을 때, 도주하던 풍정과 만났고 상당성이 함몰된 사실을 보고받았다.

염파는 진군에 대비하여 금문산金門山 밑에 영채와 성루를 건립했다. 염파는 풍정에게 군사 1만 명을 내어주며 광랑성光狼城으로 파견하고, 도위 개부蓋負와 개동蓋同에게 각각 군사 1만 명을 내어주며 동장성東鄣城과 서장성西鄣城을 지키게 하고, 비장 조가趙茄에게 군사 5천 명을 내어주며 진군을 염탐하라고 지시했다. 염파는 각처에 별 모양으로 영채 수십 개를 건립하여 진군에 대비했다.

조가는 장평관 외곽 20리 지점에서 진의 염탐부대인 사마경司馬梗과 조우하여 교전했다. 얼마 후 진의 또 다른 염탐부대인 장당張唐이 합세했다. 조가는 협공을 받아 당황했고, 결국 조가는 전사하고 조군은 전멸했다.

조가의 패전 이후 염파는 진군이 장거리 원정으로 인하여 보급에 어려움이 있을 것으로 분석하고, 장기전을 펼쳐 진군이 지치기를 기다리기로 결심한다. 염파는 군사들에게 굳게 지키며 응전하지 말 것을 지시했다.

진군 대장 왕흘은 10리 밖에 영채를 건립한 후 동장성과 서장성을 동시에 공격했다. 조군은 패했고, 개부와 개동은 전사했다. 왕흘은 계속해서 광랑성을 공격했고, 사마경이 크게 활약했다. 조군은 패했고, 풍정은 금문산 성루로 도주했다.

연전연승한 왕흘은 계속해서 금문산 성루를 공격했다. 염파는 출전하지 않고 수비에 치중했다. 왕흘은 여러 차례 공격했으나, 성과가 없었다. 진군은 조군의 본진 5리 앞에 영채를 건립하고 싸움을 제의했으나, 조군은 응하지 않았다. 진의 편장 왕릉王陵은 조군 진영으로 흐르는 시냇물을 차단하여 혼란을 유발하는 계책을 건의했다. 왕흘은 만족하며, 시냇물을 차단했다. 염파는 이미 이를 예견하여 저수지 여러 개를 만들어 놓았기에 조군은 어려움을 겪지 않았다.

진군과 조군은 4개월 동안 대치했다. 조군은 응전하지 않은 채 진군이 지치기를 기다렸다.

제2절 볼모 이인異人에 대한 여불위呂不韋의 투자

상인 여불위呂不韋의 투자 결심

여불위呂不韋는 한의 양책陽翟 땅 출신으로 한단에 거주하고 있었다. 여불위의 집안은 상인 집안으로 난세와 전쟁을 이용해 대부호가 되었다.

어느 날 여불위는 거리에서 우연히 볼모 이인을 보았다. 여불위는 이인의 잘생긴 모습을 보고 감탄하여 수소문했고, 이인의 처지를 알게 되었다. 여불위는 이인에 대하여 간직할 만한 진기한 보배[1]라며 탄식하고, 집으로 돌아와 부친에게 각각의 경우를 들며 투자의 이익에 대하여 물었다. 여불위의 부친은 농사는 10배, 보물장사는 100배, 왕을 옹립하는 것은 그 이익을 이루 다 헤아릴 수 없다고 대답했다. 여불위는 이인을 왕이 되게 도와주고 그 나라의 강산을 차지하기로 결심한다.

여불위는 이인을 감시하는 임무를 맡고 있는 공손건에게 뇌물을 주고 교제하며 친해졌다. 여불위는 공손건을 방문하면서 시치미를 떼고 이인에 대하여 물어보았다. 공손건은 친절히 설명해 주었다.

한 달 후 여불위는 공손건과 술자리를 하면서 심심풀이로 이인을 합석시킬 것을 제안했고, 공손건은 찬성했다. 세 명이 함께 술을 마시다 공손건이 소변을 누러 간 사이에 여불위는 이인에게 아들이 없는 화양부인을 감동시켜 화양부인의 양자가 되면 결국에는 진의 왕이 될 수 있다고 설명하며, 자신이 천금을 사용하여 안국군과 화양부인을 움직여 진으로 귀국하게 주선하겠다고 제안했다. 이인은 기뻐하며 여불위에게 그 일을 부탁하고, 왕이 되면 함께 진의 부귀를 누릴 것을 약속했다.

이때부터 여불위는 수시로 이인과 만났고, 황금 500금을 주며 주변 사람들을 매수하라고 말했다. 이인은 공손건의 부하들을 매수했다. 어느 날 여불위는 진귀한 보물을 장만한 후 공손건을 찾아와 장사를 위해 출국한다고 인사를 했다. 여불위는 진의 도읍 함양으로 갔다.

---

[1] 여기서 **기화가거奇貨可居**(기이한 물건은 간직하는 것이 옳다는 뜻. 장래 큰 이익을 가져다줄 진귀한 물건이나 인물을 알아보고 그것에 일찍 투자하는 것을 비유함)의 고사성어가 나옴

화양부인華陽夫人을 움직이는 여불위呂不韋

　화양부인의 친정언니는 진에 시집와서 함양에 거주하고 있었다. 여불위는 화양부인의 친정언니의 집안 식솔들을 우선 매수했다. 여불위는 그 식솔들에게 왕손 이인이 화양부인에게 전할 물건이 있어 자신을 보냈다고 속이고, 우선 화양부인의 친정언니에게 보내는 진귀한 선물들을 전달했다. 화양부인의 친정언니는 선물에 대만족하여 여불위를 불러들였다.
　여불위는 주렴을 드리운 상태에서 화양부인의 친정언니를 접견했다. 여불위는 왕손 이인이 화양부인을 친어머니와 같이 생각하고 있다고 강조하며, 조에 볼모로 잡혀있어 효를 실행하지 못하는 죄를 범하고 있음을 탄식하고 있다고 말했다. 여불위는 진이 조를 공격할 때마다 조왕이 이인을 처형하려고 하나 조의 신하들과 백성들이 탄원하여 겨우 목숨을 부지하고 있다고 아뢰며, 이인이 귀국하고 싶은 마음이 절실하다고 설명했다. 여불위는 이인이 안국군과 화양부인의 생신날 및 매월 초하루와 보름에 목욕재계를 한 후 향을 사르며 사방에 절을 하고 부모님의 만수무강을 축원하고 있다고 거짓말을 하며, 이인은 어진 성품으로 학문에 전념하고 선비들을 존경하여 많은 빈객들과 교류하고 있다고 명성을 과장했다. 여불위는 조의 신하들과 백성들이 이인의 인품에 감동하여 조왕에게 탄원하여 겨우 목숨을 유지하고 있다고 거듭 거짓말을 했다.
　화양부인의 언니는 이인을 불쌍히 여기게 되었다. 여불위는 이인이 화양부인에게 드리는 선물의 전달을 부탁하며, 불효한 자식의 심정을 전해주길 간청했다.

며칠 후 화양부인의 언니는 화양부인을 접견하고 이인의 선물을 전달하며 이인의 말을 전했다. 화양부인은 크게 기뻐하며, 이인에 대하여 호감을 가지게 되었다.

화양부인의 언니는 여불위에게 경과를 설명해 주었다. 그 자리에서 여불위는 화양부인이 자식이 없는 사실을 우연히 알게 된 것처럼 연기하며, 늙어서 안국군의 사랑을 잃게 되면 처지가 곤란해질 것을 염려했다. 여불위는 화양부인의 언니에게 화양부인이 어질고 효성스러운 사람을 골라 아들로 삼고 그 아들이 왕이 되어야 태후가 되어 세도를 유지할 수 있을 것이라고 아뢰었다. 여불위는 왕손 이인의 효성을 거듭 강조했다.

다음 날 화양부인의 언니는 화양부인에게 여불위의 말을 전달했다. 화양부인은 한숨을 쉬면서 여불위의 말에 동의하고, 자신도 늘 장래를 걱정한다고 말했다.

며칠 후 화양부인은 안국군과 연회를 하다가 눈물을 흘리며 자식이 없는 자신의 처지를 슬퍼했다. 화양부인은 이인의 인품을 칭찬하며, 안국군에게 이인을 적자로 삼아 자신의 친아들로 정해줄 것을 부탁했다. 안국군은 화양부인을 위로하며 허락하고, 이인을 적자로 삼을 것을 맹세했다. 화양부인은 조에 볼모로 가 있는 이인의 신변을 염려했고, 안국군은 이인의 귀국을 약속했다.

며칠 후 안국군은 진소양왕에게 왕손 이인의 귀국을 부탁했다. 진소양왕은 조에 대한 싸움이 뜻대로 되지 않아 짜증난 상태여서 안국군의 부탁을 거절했다. 어쩔 수 없이 여불위는 다른 계책을 궁리하기 시작한다.

양천군楊泉君을 움직이는 여불위呂不韋

　진소양왕 부인의 친정동생으로 양천군楊泉君이 있었다. 진소양왕은 처남인 양천군을 총애했고, 양천군은 막강한 권세와 부귀를 누리고 있었다.
　여불위는 양천군의 문하 사람들을 매수하고, 자신을 양천군에게 소개시켜 줄 것을 부탁했다. 얼마 후 양천군은 여불위를 초청했다. 여불위는 양천군을 접견하며, 양천군의 지위와 권세는 막강한 반면 세자인 안국군의 처지는 곤궁한 사실을 지적했다. 여불위는 연로한 진소양왕이 사망하고 세자가 즉위하면 상황이 바뀔 것이라고 강조하며, 현재 세자와 그 문하 사람들은 양천군에 대한 감정이 좋지 아니한 상태여서 양천군의 앞날이 위태롭다고 충동했다.
　양천군은 큰 충격을 받았고, 여불위에게 계책을 부탁했다. 여불위는 양천군이 누나인 진왕 부인에게 볼모인 왕손 이인을 귀국시켜 세자 안국군의 적자로 되도록 요청하고, 또한 진왕 부인이 이를 진왕에게 요청할 것을 건의했다. 여불위는 그렇게 되면 안국군과 이인은 진왕 부인의 은혜를 입은 것이 될 것이고, 진왕 부인은 양천군의 은혜를 입은 것이 될 것이므로 진왕 부인과 양천군은 그 공로로 인해 영화를 계속 누리게 될 것이라고 설명했다. 양천군은 크게 기뻐하며, 여불위에게 감사를 표했다.
　며칠 후 양천군은 누나인 진소양왕의 부인을 찾아가 여불위의 말을 전달했다. 진소양왕의 부인은 진소양왕에게 왕손 이인을 귀국시킬 것을 졸랐다. 그러나 진소양왕은 곧 조가 화평을 제의할 것이므로 그때 귀국시키면 될 것이라고 말하며, 서두르지 않았다.

조趙로 귀국하는 여불위呂不韋

세자 안국군은 여불위를 불러 이인을 귀국시켜 적자로 삼을 예정인데 부왕이 허락하지 않고 있다고 말하며, 계책을 문의했다. 여불위는 자신이 전 재산을 들여서라도 조의 신하들을 매수하여 왕손 이인을 구출하겠다고 약속했다. 안국군과 화양부인은 크게 기뻐하며 이인의 구출을 부탁하고, 황금 300일을 제공했다. 진소양왕의 부인도 황금 100일을 제공했다.

여불위가 귀국하기 직전에 화양부인은 따로 여불위를 불러 황금 100일을 제공하며, 이인에게 의복 한 상자를 전달해 줄 것을 부탁했다. 안국군은 여불위를 왕손 이인의 태부에 임명하고, 이인의 구출을 부탁했다.

여불위는 귀국하여 공손건에게 많은 뇌물을 주었고, 이인에게 경과를 보고하며 황금 500일과 의복을 전달했다. 이인은 황금을 다시 여불위에게 교부하며 일의 추진을 부탁했고, 진에 귀국하면 은혜를 갚겠다고 약속했다.

제3절 진秦과 조趙의 장평長平대전

염파廉頗를 대신하는 조괄趙括

진군 대장 왕흘은 대치상태가 지속되고 별 방법이 없자 본국에 보고했다. 범저는 반간계反間計를 사용하여 염파를 제거할 것을 건의했다.

진소양왕은 허락하고 천금을 자금으로 주었다.

범저는 심복 부하를 조의 도읍인 한단에 보내 조효성왕의 근신들을 매수하고 유언비어를 유포하도록 했다. 몇 달 후 조에는 염파는 늙어서 겁이 많아졌고 진군에 연전연패하여 곧 항복할 것이므로 진군을 물리치기 위해서는 최고의 장수인 조괄이 필요하다는 소문이 널리 퍼졌다.

조효성왕은 염파에게 출전을 독촉했으나, 염파는 원래의 계책에 따라 출전하지 않았다. 조효성왕은 염파가 진군을 겁내는 것으로 의심이 들었다. 진의 뇌물을 받은 근신들은 조효성왕에게 소문을 보고하며 염파를 모함하고 이간질했다.

결국 조효성왕은 염파를 교체할 결심을 하고, 조괄에게 의사를 물었다. 조괄은 백기라면 무찌르는 데 상당한 시간이 필요하지만 왕흘 정도는 간단히 격파할 수 있다고 장담했다. 조효성왕은 기뻐하며 조괄을 상장군에 임명하고, 부절 등 여러 하사품을 교부했다. 조효성왕은 조괄에게 군사 20만 명을 내어주며 출전을 지시했다.

조괄은 왕의 하사품 전부를 집으로 운반하고 모친에게 자랑했다. 조괄의 모친은 조괄에게 부친의 유언을 언급하며, 사양하지 않은 것을 책망했다. 조괄은 조에 자신보다 더 뛰어난 장수가 없어서 사양하지 못했다고 자만하며 대답했다.

조괄의 모친은 조효성왕에게 조괄은 장수의 인재가 아니므로 출전시키면 안 된다는 내용의 서신을 보냈다. 조효성왕은 조괄의 모친을 불러 이유를 물었다. 조괄의 모친은 조괄이 국가가 주는 상을 군사들에게 나누어 주지 않고 혼자만 차지하여 군사들의 존경을 받지 못하고 있음을 지적하고, 조사의 유언을 언급했다. 그러나 조효성왕은 자신의 결정을 번복하지 않았다. 그러자 조괄의 모친은 조괄이 패할 경우에도 조씨 가문을 처벌하지 말 것을 요청했고, 조효성왕은 동의했다.

소문을 듣고 이미 은퇴한 인상여가 급히 조효성왕을 찾아왔다. 인상여는 조괄에 대해 임기응변의 전술과 용병의 이치를 모르는 사람이라고 평가하며, 이는 거문고 줄을 고정해 놓고 연주하는 것과 같다고 간언했다. 조효성왕은 이미 결정된 사항이라며 간언을 듣지 않았다.

한편 범저는 진소양왕에게 백기의 출전을 건의했다. 진소양왕은 백기를 상장군에 임명하고 왕흘을 부장으로 백기에게 소속시켰다. 진소양왕은 백기의 출전 사실을 비밀로 유지할 것을 엄명했다.

조괄은 군사 20만 명을 이끌고 장평으로 갔다. 염파는 조괄에게 병권을 인계하고 한단으로 복귀했다(BC 260년).

진秦과 조趙의 장평長平대전(BC 260년)

부임한 조괄은 염파의 시책을 모조리 바꿨다. 우선 분산된 영채들을 모아 하나의 대영을 건립했고, 염파의 부하 장수들을 자신의 측근 부하들로 바꾸고, 진군이 접근할 경우 출전하여 무찌를 것을 지시했다. 풍정이 여러 차례 간언했으나, 조괄은 이를 무시했다.

백기는 비밀리에 진군 영채에 당도했고, 조괄에 대한 보고를 받았다. 백기는 탐색을 위해 군사 3천 명을 보내 조군을 도발했고, 조괄은 군사 1만 명을 보내 진군과 교전을 벌였다. 백기는 높은 곳에 올라 조군을 살피며 작전을 세웠다. 진군은 패하여 도주했다. 조괄은 작은 승리에 자만하여 진군에 전서를 보냈다. 백기는 왕흘 명의로 답서를 보내 내일 결전을 벌이기로 동의하고, 진군을 10리 후퇴시켜 영채를 세웠다. 조괄은 진군이 자신을 두려워한다며 자만했다.

백기는 장수들에게 작전을 지시했다. ①왕분王賁(왕전의 아들)과 왕릉에게 군사 1만 명을 내어주며 교대로 조괄과 싸워 조군을 유인할 것을 지시하고 ②사마근司馬靳(사마착의 손자)과 사마경에게는 각각 군사 1만 5천 명을 내어주며 지름길로 나가 조군의 뒤를 포위하여 군량 운반 길을 차단할 것을 지시하고 ③호상에게 군사 2만 명을 내어주며 좌측에 주둔하다가 조군이 영채에 접근할 때 나가서 싸워 조군을 분리시킬 것을 지시하고 ④몽오와 왕전에게 각각 기마병 5천 기를 내어주며 형편에 따라 대응할 것을 지시하고 ⑤백기와 왕흘은 영채에 주둔하며 수비하기로 결정했다.

다음 날 새벽 조괄은 조군을 나누어 전군前軍 20만 명을 출전시켰다. 조군이 5리 쯤 전진했을 때 왕분과 왕릉의 진군과 만났다. 조괄은 부표傅豹에게 출전을 지시했다. 부표는 왕분과 싸웠고, 왕분은 일부러 패하고 달아났다. 부표는 왕분을 추격했고, 조괄은 편장 왕용王容에게 부표를 도와 진군을 추격할 것을 지시했다. 왕용은 추격하다 왕릉과 교전을 펼쳤다. 왕릉도 일부러 패하여 달아났고, 조괄은 친히 대군을 동원하여 진군을 추격했다. 풍정은 진의 속임수를 염려하여 조괄에게 충고했으나, 조괄은 이를 무시하고 계속 추격했다.

조괄은 10리를 추격하여 진의 영채에 당도했다. 영채의 문이 닫혀 있어 왕분과 왕릉은 진의 영채에 들어가지 못하고 다른 곳으로 도주했다. 조괄은 왕분과 왕릉을 추격하지 않고 진의 영채에 대한 공격을 개시했다. 진군은 응하지 않고 방어만 했다. 조군이 사흘 동안 공격했으나, 성과가 없었다. 조괄은 본영에 있는 후군後軍 20만 명까지 동원하여 총공격을 하기로 결심하고, 장수 소사蘇射를 후군에 보냈다.

이때 호상의 진군은 조의 본영 근처에 포진하여 본영에 있는 조의 후군이 조괄의 전군에게 가는 것을 차단하고 있었다. 소사는 돌아와 조괄에게 호상 때문에 후군이 접근할 수 없다고 보고했다. 조괄은 분노하여 호상에 대한 공격을 결심하고, 정탐꾼을 보냈다. 서쪽 길에는 많은 진군이 있으나 동쪽 길은 한산하다는 보고가 올라왔다.

조괄이 동쪽 길을 통해 후영을 목표로 2리 쯤 행군했을 때, 매복하고 있던 몽오가 조괄을 공격했다. 왕용이 진군과 교전을 펼쳤다. 왕전의 진군이 가세하여 조군은 불리해졌다. 그러자 조괄은 군사를 모아 영채를 건립하려 했다. 풍정은 불리한 상황이지만 힘써 싸우면 본영으로 복귀가 가능하다고 주장하며, 이곳에 영채를 건립하면 앞뒤로 공격을 받을 위험이 있다고 건의했다. 조괄은 풍정의 건의를 무시하며 누벽壘壁을 쌓고 영채를 만들어 수비했다. 조괄은 한단에 사람을 보내 원군을 요청하고, 후영에는 이곳으로 군량을 운반하라는 지시를 내렸다.

이때 사마근과 사마경의 진군은 조군의 군량 운반 길을 이미 차단하고 있었다. 백기는 조괄을 앞에서 막았고, 호상과 몽오는 뒤에서 막았다. 결국 조괄의 영채는 진군에 포위되었다. 조괄은 아무 대책이 없었고, 비로소 백기가 출전한 사실을 알게 되었다.

진소양왕은 친히 하내 땅으로 행차하여 백성들을 징집하여 군대를 보충했다. 진소양왕은 조의 구원군이 접근하는 길을 차단하며, 조군의 군량을 약탈했다.

어느덧 조괄이 포위된 지 한 달 보름이 지났다. 조군의 식량은 다 떨어졌고, 기강은 붕괴되었다. 한계 상황이 되자 조괄은 최후의 수단으로 부대를 넷으로 나누어 네 방향으로 탈출을 시도했다. 부표는 동으로, 소사는 서로, 풍정은 남으로, 왕용은 북으로 동시에 돌진했다.

백기는 이미 이를 예견하여 궁수들을 조군의 영채 주위에 배치하고 있었다. 조군이 영채 밖으로 진출하자 진군 궁수들은 일제히 화살을 날렸고, 조군은 큰 피해를 입고 다시 영채로 물러났다. 이 과정이 서너 차례 반복되었다. 조군은 기진맥진하여 탈출을 포기했다.

다시 한 달이 지났다. 조괄은 최후의 탈출을 결행하기로 결심한다. 정병 5천 명을 뽑아 중무장을 시키고, 조괄이 선두에 서서 영채 밖으로 돌진했다. 진군 궁수들은 조괄을 목표로 일제히 화살을 날렸다. 조괄은 버티지 못하고 다시 영채로 후퇴하다 결국 화살을 맞고 죽었다 (BC 260년). 부표와 왕용도 전사했다. 소사와 풍정은 혼란한 틈을 이용해 진군의 포위를 뚫고 겨우 탈출했다. 풍정은 도주하면서 간언을 여러 번 무시한 조괄을 원망하고 한탄하다가 하늘의 뜻이라고 여기며 칼로 목을 찔러 자살했다. 소사는 한단으로 돌아갈 면목이 없어 융족의 땅으로 달아났다.

백기는 조군에 항복을 종용했다. 결국 조괄의 영채 소속 조군은 항복했다. 백기는 조괄의 수급을 효수하며, 조군 본영의 후군 20만 명에 대하여도 항복을 권유했다. 결국 본영의 조군도 항복했다.

백기白起의 대학살(BC 260년)

백기는 점령지인 한의 백성들이 동요하는 것과 조군 포로 40만 명이 변란을 일으킬 것을 염려했다. 결국 백기는 조군 포로들을 모조리 죽이기로 결심한다.

백기는 열 개의 영채를 만들어 조군 포로 40만 명을 분리하여 수용한 후 진군 20만 명을 각 영채에 나누어 배치하고 감시했다. 백기는 튼튼한 자는 진군에 편입하여 차별하지 않을 것이고 노약자는 석방할 것이라고 선언하여 조군 포로들을 안심시켰다.

며칠 후 백기는 피아 식별을 위해 병사들에게 흰색 두건을 착용할 것을 비밀리에 지시했다. 그날 밤 백기는 군사들을 시켜 조군 포로들을 무참히 학살했다. 하룻밤 사이에 40만 명이 처형되었다. 장평 땅을 흐르던 양곡楊谷의 냇물은 피로 붉게 물들었고, 이때부터 양곡의 냇물은 단수丹水라고 불리게 되었다.

백기는 포로들의 머리를 모아 영채의 망루 앞에 쌓았는데, 머리가 산을 이루었다. 백기는 이 산을 두로산頭顱山으로 부르며, 산 위에 대를 건립하고 백기대白起臺라고 불렀다. 백기는 자기의 위명을 널리 알리기 위해 소년병 240명만 죽이지 않고 한단으로 돌려보냈다. 백기는 조를 완전히 멸망시키기로 결심한다.

초와 제의 몰락으로 그나마 진에 대항이 가능했던 유일한 나라인 조는 장평대전의 참패와 대학살로 인해 국력이 완전히 약해졌다. **이제 진을 저지할 수 있는 나라는 없어졌다.** 이후 위와 조에서 간헐적으로 진에 승리를 거두기는 하나(후술) 대세를 바꿀 수는 없었다.

소대蘇代의 이간책[범저范雎와 백기白起의 갈등](BC 260년)

조효성왕은 장평에서의 참패와 대학살 소식을 듣고 대경실색했다. 조는 국가 전체가 눈물바다가 되었고, 진군에 대한 공포로 떨었다. 조괄의 모친은 조괄이 출전할 때부터 이미 조괄을 산 사람으로 생각하지 않았으므로 울지 않았다. 조효성왕은 조괄의 모친에게 비단과 곡식을 하사하며 위로하고, 그 식견에 감탄했다. 조효성왕은 염파에게 사과했.

백기는 조의 도읍인 한단을 향해 출전했다. 조에서는 출전을 자청하는 사람이 아무도 없었다. 평원군은 부중의 문객들에게 진군을 무찌를 수 있는 방법을 문의했으나, 아무도 대답을 하지 못했다. 이때 소대[1]는 평원군의 집에서 머무르고 있었는데, 자신을 진에 보내주면 진군의 공격을 중단시키겠다고 제안했다. 평원군은 조효성왕에게 이를 보고했고, 조효성왕은 소대를 진에 파견했다.

소대는 범저를 방문하여 백기가 그동안 70여 성을 함락하고 90만 명 이상의 적병을 참수한 사실을 지적하고, 백기가 조를 함몰할 경우 승상인 범저의 공적을 능가하게 될 것이라고 강조했다. 소대는 백기가 패업 달성의 일등 공신이 되면 승상이 백기에게 몸을 숙이는 처지가 될 것이라고 말하며, 범저를 자극했다. 범저는 크게 걱정하며, 계책을 부탁했다. 소대는 땅을 바치는 조건으로 한과 조와 화친을 맺으면 이는 승상의 공적이 될 것이고 백기는 병권을 상실하게 될 것이므로 승상의 지위가 오히려 강화될 것이라고 건의했다.

범저는 진소양왕을 알현하고 진군이 오랫동안 원정을 나가 매우 지친 상태라고 아뢰며, 한과 조에 땅을 바칠 것을 요구하여 화평을 체결하고 군사들에게는 휴식을 줄 필요가 있음을 강조했다. 진소양왕은 허락했다.

범저는 소대에게 한과 조와 교섭을 해 줄 것을 부탁했다. 소대는 한과 조를 방문했고, 한과 조는 진군에 대한 공포심 때문에 바로 동의했다. 한환혜왕은 사신을 보내 원옹성 한 개를 바쳤다. 진소양왕은 너무 적다며 불만을 나타냈는데, 한의 사신은 상당 땅 17개 성이 이미 진의

---

1) 《사기》에 의하면 소대와 그의 형인 소진이 처음 등장하는 시기는 장평대전의 70여 년 전임. 70여 년이 지난 시점에서 소대가 맹활약하는 것만 보더라도 《사기》의 내용에 오류가 있음을 알 수 있음. 소진과 소대는 연소왕 때 등용된 것이 맞음

소유가 되었다고 아뢰며 선처를 부탁했다. 진소양왕은 웃으며, 한의 화평 요청을 허락했다. 조효성왕은 성 여섯 개를 바쳤다.

진소양왕은 백기와 군사들을 소환했다(BC 260년). 백기는 한단을 포위하기 직전에 왕명을 받았는데, 범저의 농간이라며 탄식했다. 이때부터 범저와 백기는 사이가 완전히 나빠졌다. 백기는 진으로 회군하며 군사들에게 조를 멸망시키기 직전에 소환되어 애석하고 범저가 대세를 몰라 조를 멸망시킬 기회를 잃게 되었다고 연설했다.

제4절 조정趙政의 출생과 볼모 이인異人의 탈출

이인異人의 아내가 되는 조희趙姬(BC 260년)

조희趙姬는 여불위의 애첩인데, 천하절색이고 가무에 능통했다. 조희는 여불위의 아이를 포태 중이었는데[1], 두 달째였다. 여불위는 조희를 바라보다 ①이인이 언젠가는 진왕에 즉위할 것인데 ②조희를 이인에게 바쳤다가 만약 아들을 낳으면 ③그 아들이 결국 왕이 될 것이고 ④그러면 나의 자손이 진을 차지하여 여씨呂氏의 천하가 될 것이라는 생각을 하게 된다.

며칠 후 여불위는 이인과 공손건을 초대하여 성대한 주연을 열었다. 여불위는 조희를 불러 인사를 시키며, 술을 바치고 춤을 추게 했다. 이

---

1) 훗날 조희가 낳은 아들이 여불위의 소생인지 이인의 소생인지 의견이 분분함. 현재로서는 그 진위를 알 수 있는 방법이 없는데, 여기서는 소설《동주 열국지》의 내용처럼 일단 여불위의 소생으로 보고 이야기를 전개하기로 함

인과 공손건은 조희의 미모에 넋을 잃었다. 이후 공손건은 만취하여 쓰러졌다. 이인은 취한 척하며 객관에서 쓸쓸하고 적막한 세월을 보내는 자신의 처지를 한탄하고, 여불위에게 조희를 부인으로 삼고 싶다며 요청했다. 여불위는 호의로 초대하여 공경의 뜻을 표시했다고 강조하며, 호의를 베푼 사람이 사랑하는 여자를 빼앗는 것은 도리가 아니라고 언짢은 척 책망했다. 이인은 엎드려 사과하며, 너무 고독한 생활을 계속하여 취중에 실수를 한 것이라고 용서를 구했다. 잠시 후 여불위는 이인을 일으켜 세우며, 이인에게는 자신의 전 재산을 사용해도 아깝다는 생각을 하지 않으므로 여자 하나쯤은 아까울 것이 없다고 강조했다. 여불위는 조희가 아직 어리고 부끄러움이 많아 승낙 여부가 불명하다고 아뢰며, 조희가 승낙하면 즉시 보내겠다고 약속했다. 이인은 두 번 절하며, 감사를 표시했다.

그날 밤 여불위는 조희를 불러 이인에게 시집가면 진왕의 부인이 될 것이라고 강조하며, 만약 아들을 낳아 그 아들이 진왕이 되면 왕의 부모가 되어 부귀가 무궁할 것이라고 설득했다. 조희는 처음에는 거절했으나, 거듭된 여불위의 설득에 결국 울면서 승낙했다. 조희는 여불위와 헤어지는 것을 매우 애석해했다. 여불위는 진을 얻은 후 부부가 되어 함께 부귀를 누릴 것을 맹세했다.

다음 날 여불위는 이인과 공손건을 방문했다. 여불위는 이인에게 조희가 승낙했으며 오늘이 길일이므로 즉시 보내겠다고 말했다. 이인은 매우 기뻐하며 감사를 표했고, 공손건은 축하하며 중매를 자청했다.

그날 이인은 조희와 혼례를 올렸다(BC 260년). 이인은 조희를 지극히 사랑했다. 한 달 후 조희는 임신 사실을 알렸는데, 이인은 자기 아이인 줄 알고 매우 기뻐했다.

조희는 정월 초하루에 아들을 낳았다(BC 259년). 이인은 아기의 이름을 **조정趙政**[1]으로 지었다. 여불위는 조희의 득남 소식에 매우 기뻐했다. 조정이 여불위의 아들이라고 주장하는 사람들은 조희가 조정을 열두 달 만에 출산했다고 주장하고 있는데, 믿기 어려운 주장이다. 결국 조정이 여불위의 아들인지 여부는 아무도 단언할 수 없는 상황인 것이다.

연효왕燕孝王의 즉위(BC 258년)

연무성왕이 재위 14년에 사망하고(BC 258년) 아들이 뒤를 이어 즉위하니, 곧 **연효왕燕孝王**[2]이다. 기록이 남아 있지 않아 연효왕의 이름은 불명이다.

백기白起의 죽음(BC 257년)

진소양왕은 백기의 연설을 보고받은 후 회군 지시를 내린 것을 후회했다. 진소양왕은 조에 대한 재공격을 결심했다. 진소양왕은 왕흘을 시켜 조의 무안武安을 점령하고, 사마경을 시켜 조의 태원太原을 점령했다(BC 259년).

진소양왕은 아예 조를 멸망시키기로 결심하고 백기에게 공격을 지시하려고 했다. 이때 백기는 병이 들어 거동이 불편했다. 진소양왕은 왕릉에게 군사 10만 명을 내어주며 조의 도읍 한단에 대한 공격을 지시했

---

1) 훗날의 진시황제임
2) 연효왕: 재위 BC 257 ~ BC 255

다. 왕릉은 조에 대한 공격을 개시하여 한단성을 포위했다(BC 259년).

조효성왕은 참패의 충격에서 다소 회복했고, 염파를 대장에 임명했다. 염파는 한단성을 굳게 수비하면서 사재를 털어 결사대를 모집했다. 결사대는 수시로 진군 영채를 기습했고, 왕릉은 조군에 여러 번 패했다(BC 258년).

한편 범저는 자신의 세력을 더 확대하기 위해 진소양왕에게 정안평과 왕계를 천거했다. 진소양왕은 왕계를 하동 태수에 임명하고, 정안평을 편장군으로 임명했다(BC 258년). 왕계는 부임한 지 얼마 안 되어 뇌물을 받고 위와 내통하기 시작한다.

백기가 병에서 완쾌하자 진소양왕은 왕릉 대신 백기를 대장으로 삼아 한단 함락 임무를 맡기려고 불렀다. 백기는 조가 2년 동안 패배를 수습하고 방어를 준비하였음을 지적하고, 염파는 명장이므로 조를 함락시키기 어렵다고 분석했다. 백기는 조와 화평한 직후에 다시 공격하면 진의 신용이 상실되고 다른 나라들이 연합하여 조를 원조할 가능성이 크다고 아뢰며, 임무를 사양했다. 진소양왕은 거의 강요하다시피 했으나, 백기는 끝내 사양하고 집으로 돌아갔다.

진소양왕은 범저를 백기에게 보내 출발을 강요했다. 백기는 집으로 찾아 온 범저에게 지난날 기회 때 불러들인 사람이 승상이라고 지적하며, 이제는 병이 들어 갈 수 없다고 화를 내면서 답했다. 범저는 진소양왕에게 돌아가 백기의 꾀병 여부는 불명확하나 대장을 거절할 결심은 확고하다고 아뢰었다. 진소양왕은 버럭 화를 내며, 백기가 아니어도 진에는 대장감이 많다고 큰소리쳤다.

진소양왕은 왕흘을 대장에 임명하고 군사 10만 명을 더 내어주며 출전시키고(BC 257년), 왕릉을 소환하여 승리하지 못한 책임을 물어 삭탈관직했다. 새로 부임한 왕흘도 한단성을 계속 포위하며 공격했으나, 염파의 견고한 방어로 인하여 다섯 달이 지나도 함락시키지 못했다.

어느 날 백기는 문병 온 빈객에게 자신이 한단성 함몰의 어려움을 왕에게 간언했으나 왕이 듣지 아니한 사실을 말하며, 자신의 선견지명을 자랑했다. 이 말이 범저에게 들어갔다. 범저는 진소양왕을 알현하고 백기가 빈객에게 한 말을 보고하며, 백기는 꾀병을 부리고 있으므로 백기에게 한단성 함몰 명령을 내릴 것을 건의했다. 진소양왕은 노발대발하며, 꾀병을 부리는 백기를 삭탈관직하고 졸병 신분으로 강등하여 음밀陰密 땅으로 추방하라고 명령했다.

백기는 쫓겨나면서 토사구팽의 고사를 언급하며 깊게 탄식했다. 범저는 진소양왕에게 백기가 떠나면서 왕을 저주했다고 보고하며, 다른 나라에 가서 장수가 되면 진에 후환이 될 것이라고 충동했다. 진소양왕은 급히 백기에게 사람을 보내 칼과 자결을 명하는 명령을 전달하게 했다. 백기가 두우杜郵 땅에 당도하여 잠시 휴식을 취하고 있을 때 진소양왕이 보낸 사자가 당도했다. 백기는 칼과 왕의 명령을 전달받고, 장평에서 40만 명을 죽인 벌을 받는 것이라고 한탄하며 자살했다(BC 257년).

모수毛遂의 설득[종약의 장이 되는 초고열왕楚考烈王](BC 257년)

한단을 포위한 진군이 성과를 내지 못하자 진소양왕은 정안평을 부장에 임명하고 군사 5만 명을 더 내어주며, 왕흘을 원군하여 반드시 한단을 함락할 것을 지시했다(BC 257년). 조효성왕은 진이 추가로 원군을 보냈다는 소식에 절망했다. 조효성왕은 나라가 망하기 직전까지 몰리자 모든 나라에 사신을 보내 구원을 요청하기로 했다.

평원군은 다른 나라와는 달리 초는 원군을 보낼지가 불분명하므로 직접 초에 가서 설득하겠다고 자청했다. 조효성왕은 승낙했다. 평원군은 문무를 겸비한 문객 20명을 선발하여 초에 함께 가기로 결심했으나, 식객 3천여 명 중에서 겨우 19명을 뽑을 수 있었다. 평원군은 인재 양성의 어려움을 탄식했다.

이때 평원군의 식객 중에 대량 땅 출신인 **모수**毛遂라는 자가 있었는데, 문하 3년째였다. 모수는 평원군에게 자신이 마지막으로 20명에 선발되기를 자청했다[1]. 평원군은 훌륭한 사람은 주머니 속에 들어 있는 송곳과 같아서 반드시 두각을 나타내는 법인데[2] 문하 3년이지만 이름을 들어본 적이 없다고 지적하며, 모수의 요청을 거절했다. 모수는 자신을 먼저 주머니 속에 넣어 주기를 요청하며, 반드시 주머니를 뚫고 나타날 것이라고 자신감을 보였다. 평원군은 모수의 말을 기특하게 여기고, 결국 모수를 데려가기로 결정했다.

평원군은 초의 도읍인 진성陳城에 이른 새벽에 당도하여 먼저 춘신군을 방문했다. 춘신군과 평원군은 아침 식사를 마치고 입궁하여 초고열왕을 알현했다. 평원군의 문객 20명은 대전의 계단 아래에 시립했다.

평원군은 진이 극도로 횡포한 상태이므로 모든 국가들이 합종해야 한다고 설득했다. 초고열왕은 과거의 실패 사례를 들며 합종을 주저했

---

1) 여기서 **모수자천**毛遂自薦(모수가 스스로를 천거한다는 뜻. 자기가 자기 자신을 추천하는 것을 비유함)의 고사성어가 나옴
2) 여기서 **낭중지추**囊中之錐(주머니 속의 송곳이라는 뜻. 송곳이 주머니를 뚫고 나오듯 능력이 뛰어난 사람은 보통 사람들 사이에 묻혀 있어도 금방 두각을 나타낸다는 의미임)의 고사성어가 나옴

다. 평원군은 합종이 실패한 것은 합종 자체의 문제가 아니라 몇몇 왕들의 허물이라고 반박했다. 초고열왕은 연합에는 위험이 따른다고 지적하며, 각자 자기 나라의 안전을 지키는 수밖에는 다른 방법이 없다고 말했다. 평원군은 동맹하여 하나로 연합하면 진을 지배할 수 있으나, 일대일로 대결하면 승산이 없다고 반박했다. 초고열왕은 초가 멀리 있는 조를 돕는 것은 힘들며, 합종은 이론상 가능하지만 실현하기는 어렵다고 말했다. 평원군은 장수의 자질이 없는 조괄 때문에 장평에서 실패했음을 인정하고, 현재 진군이 수년 동안 한단 공격에서 성과를 내지 못하고 있음을 지적하며, 모든 나라들이 구원할 경우 진군을 격파할 수 있고 진으로 인한 우환을 제거할 수 있을 것이라고 설득했다. 초고열왕은 초와 진은 현재 우호 중임을 강조하며, 조를 원조할 경우 진의 보복을 염려했다. 평원군은 진이 초와 우호를 맺은 것은 3진晉을 멸망시키기 위한 수단이라고 지적하며, 3진晉이 멸망하는 즉시 초도 멸망할 것이라고 설득했다. 초고열왕은 진에 대한 두려움 때문에 주저하며 결정하지 못했다.

 모수는 한낮이 되어도 결론이 나지 않자 답답했다. 결국 모수는 평원군에게 이해로써 따지고 가부간에 즉시 결정을 내리라고 말하며 참견했다. 초고열왕은 그대의 주인과 대사를 의논하고 있다고 말하며, 모수를 책망했다. 모수는 위축되지 않고, 합종은 천하의 대사이므로 천하의 모든 사람들이 의견을 말할 수 있다고 반박했다. 초고열왕은 모수의 늠름한 태도에 호감을 느껴 발언할 기회를 주었다.

 모수는 초의 화려한 역사와 활약을 언급한 후 진에 밀려 쇠락하고 있는 초의 현재 과정을 지적했다. 모수는 초회왕의 객사와 영성의 함락 등 진에 대한 초의 원한을 강조하며, 합종은 초를 위해 더욱 시급하다고 지적했다. 초고열왕은 한숨을 쉬며, 모수의 지적을 인정했다.

초고열왕이 흔들리자 모수는 즉시 초고열왕에게 뜻을 정했는지 여부를 힘차게 물었다. 초고열왕은 신들린 사람처럼 힘차게 결심했다고 대답했다. 모수는 초고열왕이 변심하기 전에 신속히 맹세의식을 진행시키며, 초고열왕을 종약의 장으로 추대했다. 초고열왕, 평원군, 모수는 의식을 거행했다. 모수는 나머지 문객 19명에 대하여 다른 사람으로 인해 일을 이루었다[1]고 지적하며, 대전 계단 아래에서 의식을 거행하도록 지시했다. 모수는 신속하게 교섭을 마무리 지었다.

초고열왕은 임무군臨武君에게 군사 8만 명을 내어주며 조를 구원할 것을 지시했다(BC 257년). 평원군은 귀국하여 모수를 상객으로 대우했고, 스스로 사람을 알아본다고 자부했던 자신을 반성했다.

임무군은 과거 진과의 전투에서 여러 차례 패한 적이 있어 많은 사람들이 우려했다. 이때 조의 대부 위가魏加가 춘신군을 찾아와 갱영更贏이라는 사람이 빈 활의 시위를 당겨 이미 화살에 맞아 상처를 입고 낮게 날던 새를 떨어뜨린 이야기를 들려주며[2], 뭔가에 한번 놀란 사람은 조그만 일에도 겁을 내어 위축된다고 강조했다. 위가는 이미 진과의 싸움에 여러 차례 패했던 임무군은 화살에 놀란 새와도 같아 진군만 보아도 벌벌 떨 것이라고 지적하며, 교체해 줄 것을 요청했다. 위가의 말이 옳다고 판단한 춘신군은 초고열왕에게 이 말을 전했고, 초고열

---

1) 여기서 **인인성사因人成事**(남의 힘으로 일을 이루었다는 뜻. 남에게 빌붙어 공로를 함께 누리는 것을 비유함. 원님 덕에 나팔 분다와 같은 의미임)의 고사성어가 나옴
2) 여기서 **경궁지조驚弓之鳥**(활에 놀란 새라는 뜻. 한 번 화살에 놀란 새는 구부러진 나무만 보아도 놀라듯 한 번 놀랐던 사람이 조그마한 일에도 겁을 내어 위축되는 것을 비유함) 또는 **상궁지조傷弓之鳥**의 고사성어가 나옴

왕은 결국 춘신군에게 임무를 맡겼다.

진秦의 눈치를 보는 위魏와 초楚

당시 위와 조는 인척관계여서 위안리왕도 조의 구원 요청을 승낙하고, 장수 진비晉鄙에게 군사 10만 명을 내어주며 출전을 지시했다.

한편 진소양왕은 조에 대하여 다른 나라들이 구원군을 보낸다는 소식에 분노하여 직접 조에 행차했다. 진소양왕은 위안리왕에게 사신을 보내 조를 원조할 경우 즉시 군대를 옮겨 위부터 격파할 것이라고 위협했다. 위안리왕은 두려움을 느껴 출전한 진비에게 급히 사자를 보냈다. 진비는 군사를 멈추고 업하鄴下 땅에 영채를 세워 주둔했다. 소문을 들은 초의 춘신군도 무관武關 땅에서 군사를 멈추고, 사세를 관망했다.

이인異人(=자초子楚)의 조趙 탈출(BC 257년)

진군이 한단성을 포위하고 공격하여 싸움의 형세가 급박하게 돌아갔다. 여불위는 이인의 안전을 염려하고, 한단을 탈출하기로 결심한다.

여불위는 한단성 남문의 수장에게 뇌물을 주어 매수하고, 고향인 양책으로 피난할 때 성문을 통과시켜 줄 것을 부탁했다. 또 여불위는 공손건에게 뇌물을 주며, 고향인 양책으로 피난할 때 남문 수장에게 지시하여 성문을 통과시켜 줄 것을 부탁했다. 공손건은 남문 수장에게 여불위 일가를 통과시켜 줄 것을 지시했다.

여불위는 이인에게 내일 한밤중에 가족들을 모두 데리고 자신의 아버지 집으로 오라고 비밀리에 알려주었다. 다음 날 여불위는 공손건을 방문하여 이별을 아쉬워하는 주연을 열었다. 여불위는 준비해 간 여러 수레의 술과 음식으로 공손건과 그의 부하들을 대취시켜 잠들게 했다. 이인은 한밤중에 조희와 아들 조정을 데리고 여불위의 아버지 집으로 갔다. 여불위는 모든 일행을 거느리고 남문을 통과하여 한단성을 탈출했다.

여불위는 진군의 대영이 있는 서문 방향으로 가서 일부러 진군에 포위되었다. 여불위는 왕손 이인이 당도했다고 크게 외쳤다. 진의 장군 왕흘은 이인을 영접하고, 진소양왕의 거처인 행궁까지 이인을 호위했다. 진소양왕은 이인의 도착에 기뻐하며, 세자가 걱정하고 있으니 함양으로 가서 세자를 위로하라고 지시했다. 이인은 진의 도읍인 함양으로 출발했다.

다음 날 공손건은 잠에서 깬 후 이인이 없어진 것을 알고 당황했다. 비로소 공손건은 여불위의 계략에 속은 것을 알게 되었다. 공손건은 조효성왕에게 상표를 올려 감시의 직책을 다하지 못하여 볼모 이인이 도주한 사실을 알리고, 칼로 목을 찔러 자살했다.

이인 일행은 드디어 함양에 당도했다. 여불위는 이인에게 화양부인이 초 출신이므로 초의 복장을 갖추어 평소 얼마나 화양부인을 그리워했는지 보여줄 것을 건의했다. 이인은 초의 복장으로 옷을 바꿔 입고 안국군과 화양부인을 알현했다. 이인은 울면서 귀국인사를 올리고 불효를 용서해 달라며 연기를 했다. 화양부인은 이인의 효성에 감탄했고, 안국군은 이인의 귀국을 기념하는 의미로 이인에게 **자초子楚**라는 이름을 새로 하사했다. 왕손 자초는 조를 탈출한 경과를 보고했고, 안국군은 여불위를 치하하며 밭 200경頃[1]과 저택 한 채 및 황금 50일을 하

---

1) 1경=800척×800척의 면적(64만 평방척). 춘추전국시대 때 1척은 18cm~22.5cm였음

사했다.

한편 조희는 이인의 진짜 아들이 확실한 **성교成嶠**를 낳았다(BC 257년).

자초의 탈출에 여불위가 결정적인 역할을 한 것은 사실이지만, 자초 가족의 구체적인 탈출 과정에 대하여는 기록마다 그 내용이 조금씩 다르다. 위의 내용은 소설 《동주 열국지》를 바탕으로 정리한 것이다.

그러나 《사기》는 완전히 다르게 기록하고 있다. 즉 자초와 여불위는 막대한 뇌물을 사용하여 탈출했으나(BC 257년), 조희와 아들 조정은 탈출하지 못하고 한단에 계속 머물렀다는 것이다. 《사기》는 조희가 조의 호족 집안 출신이어서 조희 모자는 목숨을 건질 수 있었는데, 훗날 안국군이 왕위에 오르고 자초가 세자가 되자(BC 251년) 조는 자초를 두려워하여 조희와 조정을 진으로 보냈다고 기록하고 있다. 이에 의하면 성교(훗날의 장안군)는 조희가 낳은 아들이 아니며, 이인이 진에 귀국한 후 생모의 주관으로 한韓 출신의 여인을 맞이하여 낳은 아들이 된다.

제5절 신릉군信陵君의 조趙 구원

진왕秦王의 제왕帝王 추대 문제(BC 257년)

진소양왕은 조에 대한 공세를 강화했다. 조효성왕은 다급하여 위에 거듭 구원을 요청했다. 위의 장수 신원연新垣衍은 위안리왕에게 유일 강대국인 진의 왕이 끊임없이 싸움을 벌이는 이유는 제왕帝王이 되기를 바라기 때문이라고 아뢰며, 조가 위기를 모면하려면 진소양왕을 제왕으로 추대하는 방법밖에 없다고 강조했다. 신원연이 허명虛名을 붙여 주고 불행을 모면하는 계책을 건의하자 진에 대한 두려움 때문에 조를 원조하기를 주저하던 위안리왕은 즉시 허락했다.

신원연은 사신이 되어 조를 방문하여 조효성왕을 알현하고, 진소양왕을 제왕으로 추대할 것을 건의했다. 조효성왕은 고민했다. 대신들의 의견이 분분했고, 평원군도 고민하며 결정을 내리지 못했다. 진소양왕은 제왕 추대 교섭 소식을 듣고 기대하며, 공격을 중단하고 결과를 기다렸다.

노중련魯仲連이라는 뛰어난 변론가가 있었다. 노중련은 제 출신으로 이미 12세 때 유명한 변론가인 전파田巴와 논쟁하여 이길 정도로 재능이 뛰어났다. 제의 백성들은 노중련을 천리구千里駒(천리를 달리는 망아지)라고 불렀다. 노중련은 벼슬길에 나가지 않고 천하를 주유하며, 어려운 문제를 해결해 주는 것에 만족하고 있었다.

당시 노중련은 한단성에 체류 중이었는데, 진왕을 제왕으로 추대한다는 소문을 듣고 분노했다. 노중련은 평원군을 방문하여 진왕에 대한 제왕 추대에 반대하지 않는 것을 비판하며, 신원연과 회견을 주선해 줄 것을 요청했다. 신원연은 노중련의 변론 명성을 알고 있어서 회견을 거절했으나, 평원군이 권유하여 결국 회견을 허락했다.

노중련은 신원연에게 위는 조를 원조하고 진왕에 대한 제왕 칭호를 주지 말 것을 요청했다. 신원연이 반박하자 노중련은 진은 예의가 없으며 수단과 방법을 가리지 않고 힘으로 다른 나라들을 억압하며 속임수를 잘 쓴다고 지적했다. 계속해서 노중련은 진왕이 제왕 칭호를 사용하면 천하는 진의 학정을 견뎌내지 못할 것이라고 강조하며, 차라리 동해

東海를 밟고 들어가 죽을지언정 진의 백성이 되지는 않겠다[1]고 말했다. 신원연은 진의 무서운 힘 앞에서 당장 어쩔 수 없다고 항변했다.

노중련은 구후·악후·문왕의 지혜가 상商의 주왕보다 못해 무참한 형벌을 받은 것은 아니라고 지적하며, 천자의 자리에 오르면 무슨 짓이든 다 할 수 있는 권력이 부여된다고 강조했다. 노중련은 진왕이 제왕이 되면 위왕을 잡아들여 삶아 죽여도 막을 도리가 없다고 신원연을 자극하며, 무도한 진왕에게 절대적인 권력을 주면 안 된다고 주장했다. 신원연은 깊은 생각에 잠겨 대답을 하지 않았다. 계속해서 노중련은 진왕이 제왕 행세를 하면서 미운 자를 제거하고 교체하면서 갖가지 간특한 계책으로 모든 나라들을 멸망시킬 것이라고 지적하며, 위왕의 부귀영화도 사라지고 장군의 몸과 벼슬도 보존하지 못할 것이라고 자극했다. 결국 신원연은 두 번 절하며, 감사의 뜻을 표했다.

신원연은 귀국하여 진왕을 제왕으로 추대하면 무서운 결과를 초래할 것이라고 보고했다. 진소양왕은 위의 사신이 목적을 포기하고 귀국했다는 보고를 받고 탄식하며, 한단성 안에 뛰어난 인물이 있다고 생각하여 신중하게 행동하기로 결심한다. 진소양왕은 분수 근처로 거처를 물리고, 장수 왕흘에게는 서둘지 말고 매사 조심하라고 주의를 시켰다.

위안리왕魏安釐王의 병부兵符를 훔친 신릉군信陵君(BC 257년)

평원군은 업하에 주둔하고 있는 위의 장수 진비에게 즉시 구원을 해

---

1) 여기서 **노련도해魯連蹈海**(노중련이 바다를 밟고 들어간다는 뜻. 차라리 죽음을 택할지언정 강대국의 굴욕을 받지 않겠다는 굳은 결의를 비유함)의 고사성어가 나옴

줄 것을 요청했으나, 진비는 위안리왕의 명령이 없다는 이유를 들며 거절했다. 평원군은 위의 신릉군에게 서신을 보냈다. 대군의 높은 의기를 존경하여 누나와 결혼했으나 곤경에 빠진 조를 외면하는 것을 보니 평생 믿었던 바가 무너지는 것 같아 섭섭하다고 지적하며, 진군의 공격에 두려워하고 있는 친누나를 생각해 줄 것을 요청하는 내용이었다.

신릉군은 위안리왕을 알현하며, 진비에게 구원 명령을 내려 줄 것을 요청했다. 위안리왕은 거절하며, 제왕 추대를 거절한 조효성왕을 비난했다. 신릉군은 빈객들과 변사들을 동원하여 여러 방면으로 위안리왕을 설득했으나 효과가 없었다.

결국 신릉군은 평원군과의 의리를 강조하며, 혼자서라도 진군과 싸우다 죽을 결심을 한다. 신릉군의 문객 천여 명이 함께 싸우겠다고 자원했다. 신릉군은 조를 구원할 결사대 천여 명을 지휘하여 조로 출발하면서 대량성 성문에서 후생과 작별을 나누었다. 후생은 자신은 너무 늙어서 수행할 수 없다고 말하며 신릉군을 전송만 하고, 계책이나 다른 말이 없이 신릉군의 시선을 외면했다. 후생이 계책을 건의해 줄 것으로 기대하고 있던 신릉군은 섭섭함을 느끼며 출발했다.

10리쯤 행군하던 신릉군은 후생이 아무 계책을 건의하지도 않고 다른 말도 하지 않은 것에 무슨 이유가 있을 것이라고 생각했다. 신릉군은 문객들을 대기시킨 후 혼자서 후생에게 다시 돌아갔다. 후생은 전송 장소에 그대로 있다가 신릉군을 맞이했다.

후생은 신릉군을 자신의 집으로 데려갔다. 후생은 문객들만으로 출전하는 것은 굶주린 범에게 먹이를 주는 것과 같다고 지적하며, 신릉군에게 비밀리에 계책을 건의했다. 즉 ①예전에 위안리왕의 애첩인 여희 如姬의 아버지를 죽인 자를 신릉군이 찾아내 죽여서 여희의 원수를 갚아 준 이후부터 여희는 신릉군의 은혜에 깊이 감격하고 있다고 지적하며 ②여희에게 부탁하여 왕의 침소 깊숙이 간직되어 있는 병부兵符[1]를 훔쳐내고 ③그 병부를 가지고 업하 땅으로 가서 진비의 군사를 빼앗고 ④그 군사를 거느리고 조에 원군으로 가는 내용이었다.

신릉군은 교외에 대기 중인 문객 천여 명에게 계속 기다릴 것을 지시한 후 내궁을 방문했다. 신릉군은 친한 내시인 안은顔恩에게 부탁했고, 안은은 여희에게 신릉군의 부탁을 전달했다. 여희는 승낙하고, 위 안리왕에게 술을 권하여 만취시킨 후 왕의 침소에서 병부를 훔쳐내 안은에게 넘겨주었다. 안은은 병부를 신릉군에게 전달했다.

병부를 확보한 신릉군은 후생과 작별했다. 후생은 나라 밖의 장수는 왕의 명령을 따르지 않아도 된다고 지적하며, 진비가 불복할 가능성이 있으므로 천하장사인 주해를 데려가 만약 진비가 불복할 경우 주해를 시켜 처단할 것을 건의했다. 신릉군은 노장 진비의 운명을 슬퍼하며, 후생과 함께 백정 주해를 방문했다. 주해는 신릉군의 특별한 은혜에 보답할 수 있게 되었다고 기뻐하며 승낙했다.

후생은 신릉군과 작별하고, 늙어서 같이 가지는 못하지만 죽은 넋이 되어 전송하겠다며 칼로 목을 찔러 자살했다. 신릉군은 통곡하며, 조를 향해 출발했다.

---

1) 명령의 신중과 확실을 담보하기 위해 군주와 장군 사이에 쪼개서 나누어 가지는 신표. 신표에는 호랑이 그림이 그려져 있었기 때문에 호부라고 불리기도 함. 군주가 군사상 긴급명령을 내릴 때 사자使者가 지닌 병부와 장군의 병부가 맞춰지는 것으로 명령의 확실을 담보함. 부합符合이라는 말이 여기서 나오게 됨

한단성邯鄲城의 동요

조의 한단 백성들은 다른 나라의 원군을 기대하며 진군에 저항했으나, 원군 소식이 없자 기진맥진했으며 항복 여론이 증대했다. 조효성왕은 근심하며, 공관 집사의 아들인 이동李同을 시켜 평원군에게 전력을 기울여 국가에 공을 세우고 백성들의 모범이 되라는 취지의 책망하는 말을 전달하게 했다.

이동은 평원군을 찾아가 조효성왕의 말을 전달한 후 한단 백성들은 고통을 받고 있지만 평원군은 부유한 사실을 지적하며, 성이 함락되면 평원군의 재산도 보존되지 못할 것이라고 말했다. 이동은 평원군에게 조가 안전하다면 재산이 없더라도 걱정할 것이 없으므로 솔선수범이 필요하다고 강조했다.

평원군은 자신을 책망하는 조효성왕의 심정을 이해하고, 사비를 들여 결사대 3,000명을 모집했다. 이동은 결사대를 지휘하여 심야에 진군 진영을 기습했다. 이동의 결사대는 진군 천여 명을 죽였고, 진의 장수 왕흘은 놀라서 30리를 후퇴하여 군영을 세웠다. 이동은 그 와중에 중상을 입고 성으로 돌아왔으나, 며칠 후 사망했다. 결사대의 승리 이후 한단의 민심은 진정이 되었다.

신릉군信陵君의 위군魏軍 접수

위안리왕은 며칠 후 병부가 없어진 사실을 알게 되었다. 위안리왕은 여희에게 물어보았으나, 여희는 시치미를 뗐다. 위안리왕은 내시 안은을 시켜 궁녀들과 내시들을 조사하며 야단법석을 떨다가 문득 맹상군의 사례를 생각하고는 신릉군을 의심하게 되었다. 위안리왕은 신릉군 문객의 소행으로 의심하여 신릉군에게 사람을 보냈다. 비로소 위안리왕은 신릉군과 문객 천여 명이 조를 원조하러 출발한 사실을 알게 되었다.

위안리왕은 격노했고, 장수 위경衛慶에게 신릉군을 추격하여 체포하라고 지시했다. 위경은 군사 3,000명을 거느리고 신릉군을 추격했다.

한편 신릉군은 업하에 당도하여 장수 진비에게 병부를 제시하며, 왕의 교대 지시가 있었다고 거짓말을 했다. 진비는 자신이 아무런 실책이 없는 상태에서 서신도 없이 갑자기 교대 지시를 한 것을 이상하게 생각하고, 사람을 보내 왕의 명령을 확인한 이후에 인계하겠다며 거절했다. 옆에 있던 주해는 진비에게 왕명을 받고 온 신릉군을 의심하는 것은 왕의 명령을 거역하는 것이므로 역적이라고 비난했다. 진비는 발끈하며 오히려 주해를 책망했다. 주해는 말없이 40근의 철추를 휘둘렀고, 진비는 즉사했다.

신릉군은 장수들에게 병부를 제시하며 조를 구원하라는 왕명을 거역한 죄로 진비를 처형했다고 선언하며, 명령에 복종할 것을 강조했다. 신릉군은 군사들을 완전히 장악했다.

얼마 후 위경이 업하에 당도했다. 위경은 상황을 파악한 후 중과부족임을 깨닫고, 신릉군을 체포하라는 왕명이 있었으나 상황이 바뀌어 그냥 복귀하겠다고 신릉군에게 보고했다. 신릉군은 위경에게 조를 구원한 이후 복귀하여 왕에게 상황을 보고할 것을 요청했다. 위경은 위안리왕에게 사자를 보내 일의 상황이 어쩔 수 없는 지경임을 보고하도록 하고, 신릉군과 동행했다.

신릉군은 군사들을 위로하며, 부자 또는 형제가 함께 출전한 경우 부형은 귀가하도록 조치했다. 또한 신릉군은 병이 난 군사들을 치료해 주었다. 10만 명 중 2만 명이 귀가했다. 군사들의 사기는 크게 올라갔다.

위안리왕魏安釐王의 분노

위경이 보낸 사자는 위안리왕에게 신릉군이 병부를 훔친 후 진비를 죽이고 조를 구원할 준비를 마쳤고, 위경은 신릉군의 군중에 붙들려 있어 복귀하지 못하게 된 사실을 보고했다. 위안리왕은 격노하여 신릉군의 가족들을 몰살하라고 지시했다.

여희는 신릉군을 변호하기 위해 자신이 병부를 훔친 사실을 자백했고, 위안리왕은 대노했다. 여희는 ①예전에 신릉군의 은혜를 입은 사실을 아뢰며 ②신릉군의 근심을 외면할 수 없었다고 해명하고 ③위와 조는 인척간이어서 신릉군은 왕을 대신하여 친척을 도우러 간 것이라고 지적하며 ④진군을 격파할 경우 위의 명예와 왕의 위엄이 올라갈 것이라고 강조했다. 여희는 신릉군의 가족들을 몰살한 후에 신릉군이 승전을 거두면 돌이킬 수 없다고 아뢰었다.

위안리왕은 병부를 전달한 사람이 누구인지 추궁했다. 여희는 내시 안은이라고 대답했다. 위안리왕은 안은을 체포하여 책망했다. 안은은 병부에 대하여 모르는 일이라고 부인했다. 여희는 안은에게 눈으로 신호를 보내고, 신릉군의 부인에게 전달하라고 지시한 목합 속에 병부가 있었다고 대답했다. 안은은 여희의 신호를 눈치 채고 대성통곡하며, 자신은 분부대로만 이행했고 목합 속에 음식이 들어 있는 줄 알았다고 둘러댔다. 여희는 눈물을 흘리며, 다른 사람들을 처벌하지 말 것을 부탁했다. 위안리왕은 여희와 안은을 감금하고, 승부를 본 이후 조치를 취하기로 결심했다.

신릉군信陵君의 조趙 구원(BC 257년)

신릉군은 군사들의 대오를 재편하고 출전했다. 신릉군은 한단에 도착하자마자 진군을 급습했다. 진의 장수 왕흘은 갑작스러운 위군의 등장에 당황했고, 위군은 사기가 오르고 용맹을 발휘했다. 평원군은 위군에 호응하여 조군을 이끌고 성을 나가 진군을 협공했다. 위·조 연합군과 진군은 혼전을 벌였다. 위·조 연합군은 결사적으로 싸웠고, 당황한 진군은 절반 이상이 죽는 대패를 당했다[1].

왕흘은 진소양왕이 머무르고 있는 분수로 후퇴하여 진소양왕에게 본국에 증원을 지시할 것을 건의했다. 진소양왕은 거절하고, 회군을 결정했다.

군사 2만 명을 거느리고 동문 근처에 군영을 마련했던 정안평은 위군에 포위되었다. 정안평은 탄식하며, 자신은 본래 위 출신임을 깨닫고 위군에 항복했다.

조효성왕은 성을 나가 군사들을 위로하고, 신릉군에 재배하고 감사를 표했다. 신릉군은 자랑스러워하는 기색을 보였다. 주해는 남이 베푼 덕은 잊으면 안 되지만 남에게 베푼 덕은 잊어야 한다고 강조하며, 남

---

1) 여기서 **절부구조**竊符救趙(병부를 훔쳐 조를 구했다는 뜻. 보다 큰 목적을 위해 사소한 의리를 버리는 것을 비유함)의 고사성어가 나옴

에게 덕을 베풀지라도 자랑스러운 채 뽐내면 안 된다고 충고했다. 신릉군은 주해에게 사과했다.

초의 춘신군은 진군이 철수한 것을 보고받은 후 성과 없이 초로 귀국했다. 한은 진의 패전과 회군의 기회를 이용하여 상당上黨 땅을 공격하여 도로 찾았다(BC 257년).

조趙에 머무르는 신릉군信陵君

신릉군은 조효성왕의 초청에 응하여 한단에 입성했다. 조효성왕은 궁문 밖까지 나와 영접했는데, 신릉군은 겸손한 태도를 유지하며 공관에 거주했다. 조효성왕은 신릉군에게 성 다섯 개를 하사했으나, 신릉군은 위에 죄를 지었음을 이유로 끝내 사양했다. 조효성왕은 평원군에게 신릉군을 설득하여 큰 마을이라도 받도록 권유해 줄 것을 부탁했다. 평원군은 신릉군을 방문하여 사흘 동안 거듭하여 권유했다. 신릉군은 어쩔 수 없이 마을 하나를 받았다.

신릉군은 위경에게 병부와 군대를 넘겨주며 귀국할 것을 지시했다. 신릉군은 위에 죄를 지은 처지여서 귀국하지 않았다. 신릉군은 조에 거주했고, 위에 있던 빈객들은 모두 조로 이동하여 신릉군에게 의탁했다.

조효성왕은 노중련에게 큰 마을을 하사했으나, 노중련은 사양했다. 조효성왕은 마을 대신 황금 천 금을 하사했으나, 노중련은 이마저도 사양했다. 다음 날 노중련은 부유하면서 속박을 받는 것보다 가난하지만 자유로운 것을 원한다고 말하며, 어디론가로 사라졌다.

한편 당시 조에는 노름판에 거주하는 **모공毛公**과 간장 파는 집에 거주하는 **설공**薛公이 있었다. 모공과 설공은 어진 명성으로 유명했으나, 세상에 나서지 않고 조용히 묻혀 살았다. 신릉군은 모공 및 설공과 교류하기를 희망했다. 신릉군이 그들을 찾아갔으나, 그들은 숨어 버리고 만나주지 않았다.

어느 날 신릉군은 미복 차림으로 걸어서 설공의 거처를 방문했다. 술을 마시고 있던 모공과 설공은 미처 피하지 못하고 신릉군과 담소를 나누었다. 이후 신릉군은 모공 및 설공과 수시로 어울렸다.

평원군은 부인(신릉군의 누나)에게 신릉군이 도박꾼 및 간장 장사꾼과 교류하는 것은 명예를 손상시키는 것이라고 의견을 표시했다. 신릉군의 누나는 신릉군에게 이 말을 전했다. 신릉군은 평원군이 어진 선비를 알아보지 못하고 빈객을 거느리고 뽐낼 줄만 안다며 탄식했다. 신릉군은 평원군이 어질지 못하므로 조에 머물 이유가 없다며, 문객들에게 다른 나라로 이주할 것을 제의했다.

평원군은 부인으로부터 신릉군의 말을 전해 듣고 어진 사람을 알아보지 못한 것을 탄식하며, 신릉군을 방문하여 사과했다. 신릉군은 계속 조에 머물기로 했다. 이 일로 인해 평원군의 인기는 떨어졌고, 평원군의 빈객들 다수가 신릉군의 문하로 옮겨갔다.

신릉군信陵君의 귀국을 불허하는 위안리왕魏安釐王

위경은 귀국하여 위안리왕에게 경과를 보고하며, 신릉군은 죄의 중대성을 인식하여 귀국하지 못했다고 아뢰었다. 위의 모든 신하들은 위군의 승전을 경하했다. 위안리왕은 크게 만족하며, 여희와 안은을 석방했다.

여희는 신릉군의 공적을 강조하며, 신릉군을 소환하여 형제의 정을 돈독히 할 것을 건의했다. 평소 신릉군의 실력을 경계하고 있던 위안리왕은 신릉군의 죄를 용서하고 식읍을 돌려주는 것으로 충분하다며, 신릉군의 귀국을 불허했다.

전국시대 후기의 유학자인 순자荀子는 군주의 실책으로부터 국가와 사직을 구하는 신하의 유형을 ①간신諫臣(간언하는 신하) ②쟁신諍臣(목숨을 걸고 간언하여 다투는 신하) ③보신輔臣(보필하는 신하) ④불신拂臣(거스름으로써 보필하는 신하)의 네 가지로 분류하고 있다. 간신과 쟁신은 간언의 정도에서 차이가 있기 때문에 간언이 받아들여지지 않을 경우 간신은 사직하지만 쟁신은 죽임을 당하게 된다. 불신은 국가와 사직을 구하기 위해 군주의 명령에 맞서며 일시적으로 군주의 권력을 훔치는 것도 불사한다.

순자는 신릉군을 불신의 대표적인 예로 강조하며, 사직지신社稷之臣으로 높이 평가하였다. 그러나 불신은 결과적으로는 군주의 권위를 손상시키게 되므로 신하의 안위에는 심각한 위험을 초래하게 된다. 결과가 좋게 나왔기 때문에 위안리왕은 신릉군을 처벌하지 않았으나, 마음 깊은 곳에서는 신릉군에 대한 의심과 반감을 가지게 되었다.

제6절 주周의 멸망과 6국의 굴복

범저范雎의 불안

진소양왕은 조에서 소득 없이 귀국했다. 세자 안국군과 왕손 자초는 교외에 나가 진소양왕을 영접하며, 여불위의 공로를 보고했다. 진소양왕은 여불위를 객경에 임명하고, 식읍 1,000호를 하사했다.

진소양왕은 정안평의 항복에 분노하여 정안평의 가족을 몰살했다. 진의 국법은 신하가 잘못을 저지르면 그를 천거한 자도 연좌해서 처벌했다. 법대로 하면 3족을 멸하는 중형에 해당하는 경우였다. 승상 범저는 정안평을 천거한 책임을 지고, 궁문 밖에서 석고대죄했다. 다수의 신하들이 범저를 처벌할 것을 주장했다. 진소양왕은 자신이 정안평에게 출전을 지시했다고 말하며, 범저를 처벌하지 않고 승상의 직에 복귀할 것을 지시했다. 진소양왕은 다시 이 문제를 언급하면 엄벌에 처하겠다고 강조하며, 오히려 범저에 대한 대우를 극진히 했다.

범저는 송구해하며, 진소양왕의 총애를 얻어 지위를 더 확고하게 할 욕심을 냈다. 범저는 막연히 때를 기다릴 것이 아니라 스스로 기회를 만들어야 한다고 강조하며, 주를 함몰한 후 제왕을 자처할 것을 건의했다.

진소양왕은 매우 기뻐하며, 장당張唐에게 한을 공격할 것을 지시했다. 장당은 주로 통하는 삼천三川 길을 장악하기 위해 한의 양성陽城 땅을 공격했다(BC 256년). 주난왕은 진의 의도를 파악하고 근심했다.

노魯의 멸망(BC 256년)

초고열왕은 신릉군의 승전 소문을 들었다. 춘신군이 아무런 공로를 세우지 못하고 회군하자 초고열왕은 신릉군 같은 인물만 있다면 진이 두렵지 않을 것이라고 탄식했다.

춘신군은 손상된 체면을 만회하기 위해 이미 약해질 대로 약해진 노를 공격했고, 결국 노를 멸망시킨 뒤 그 땅을 병합했다(BC 256년). 이로써 초의 국력은 조금 더 회복되었다.

초고열왕楚考烈王의 합종 시도 좌절(BC 256년)

자신감이 회복된 춘신군은 초고열왕에게 진이 위축된 상황을 이용하여 합종의 맹주로서 연합군을 결성하여 진을 공격할 것을 건의하고, 주 천자를 내세우면 효과가 극대일 것이라고 아뢰었다.

초고열왕은 주 왕실에 사신을 보내 진을 공격할 의사를 표명했다. 진의 야욕 때문에 고민하고 있던 주난왕은 매우 기뻐하며, 합종책을 써서 6국이 힘을 합칠 것을 허락했다. 초고열왕은 조·위·한·연·제에 사신을 보냈다(BC 256년).

주난왕은 초고열왕의 합종 추진에 고무되어 진을 공격할 군대를 모집했는데, 겨우 5,000여 명을 모집했고 무기 등이 매우 부족했다. 서주공은 승전 후에 전리품으로 비싼 이자를 상환하겠다며 국채권을 남발하여 부자들로부터 군자금을 빌려 겨우 군대의 명색을 갖추었다. 서주공은 주왕군을 인솔하여 이궐 땅에 주둔하며, 6국 군대의 도착을 기다렸다.

초고열왕의 합종 추진에 대한 각국의 반응은 다음과 같았다. 한은 진과 교전 중이어서 군사를 파견할 여력이 없었다. 조는 진군의 포위에서 막 풀려난 상태여서 아직 진에 대한 공포가 남아있어 군사를 보내는 것을 주저했다. 제는 진과 화친을 맺은 상태여서 군사를 보내는 것을 거절했다. 연은 장수 악한樂閒을 대장으로 삼아 군사를 파견했다. 초고열왕은 장수 경양景陽을 대장으로 삼아 군사를 파견했다. 연군과 초군은 군영을 세우고 대세를 관망했다.

진소양왕은 합종의 분열에 자신감을 가졌고, 장당에게 증원군을 보내며 독려했다. 진소양왕은 장군 영규嬴樛에게 군사 10만 명을 내어주며, 함곡관을 수비하면서 무력을 과시하도록 지시했다.

주왕군, 연군, 초군은 3개월을 대기하며 추가로 연합군이 도착하기를 기다렸다. 그러나 더 이상 연합군은 오지 않았다. 결국 연군과 초군은 그냥 본국으로 돌아갔고, 서주공도 어쩔 수 없이 왕성으로 회군했다(BC 256년). 서주의 부자들은 궁문 앞에서 변제를 독촉하며 아우성쳤다. 주난왕은 괴로웠으나 방법이 없었다.

분국分國 서주西周의 멸망(BC 256년)

진소양왕은 연군과 초군의 회군 사실에 만족하며, 장당과 영규에게 총공격을 지시했다. 진군은 양성 땅을 함몰했고, 삼천 길을 통해 분국 서주에 육박했다.

주난왕은 진군을 막을 도리가 없어 다른 나라로 피신하려고 했다. 서주공은 진이 무서운 힘으로 천하를 석권할 기세라고 지적하며, 다른 나라로 피신하여 두 번 치욕을 당하지 말고 일찌감치 진에 항복하여 조금이라도 대우를 받을 것을 건의했다. 주난왕은 종묘에서 사흘 동안 대성통곡했다.

결국 주난왕은 분국 서주의 지도를 바치며 진군에 항복했는데(재위 59년. BC 256년), 성 36개와 호수 3만이었다. 진의 장군 영규는 장당에게 주난왕을 함양으로 호송할 것을 지시하고, 낙양에 입성했다. 분국 서주의 백성들 다수는 분국 동주 지역으로 피신했다. 훗날 분국 동주가 멸망하는 시기(BC 249년)를 주의 멸망 시기로 보는 견해도 있으나, 주는 이때 사실상 멸망한 것으로 보아야 할 것이다.

주난왕은 함양에 당도하여 진소양왕에게 몸을 굽혀 두 번 절하고 머리를 조아리며 사죄했다. 진소양왕은 주난왕을 주공周公으로 강등하고, 양梁 땅을 분봉했다. 진소양왕은 서주공을 주공의 가신으로 삼게 하고, 동주공을 동주군東周君으로 강등했다. 주난왕은 양 땅에 도착하여 한 달도 못되어 병으로 죽었다.

진秦에 굴복하는 6국(BC 256년)

진소양왕은 장군 영규에게 주의 종묘를 파괴하고 제기와 구정을 함양으로 운반할 것을 지시했다. 영규는 종묘를 파괴한 후 구정을 큰 수레에 나누어 실었다.

영규는 배를 이용해 위수渭水를 거슬러 구정을 운반했다. 운반 하던 중 주가 소속되어 있던 예주豫州 솥이 스스로 강물로 들어가 버렸다. 영규는 수색을 지시했다. 수색대는 강물 속에서 청룡이 분노한 상태로 솥을 지키고 있는 것을 발견했다. 갑자기 큰 파도가 일었고, 영규는 겨우 강을 건넜다.

그날 밤 영규는 주의 무왕이 자신을 책망하며 채찍을 300대 때리는 꿈을 꾸었는데, 이때부터 등창이 생겨 고생하며 겨우 함양에 당도했다. 영규는 경과를 보고했다. 진소양왕은 예주 솥에 대한 수색을 지시했다. 영규는 청룡이 지키는 신령스러운 물건이므로 찾지 못할 것이라고 간언했다. 진소양왕은 탄식하며 수색을 단념했다. 영규는 한 달이 못되어 등창으로 인해 사망했다.

진소양왕은 진의 태묘에 팔정과 제기를 진열하고, 옛 도읍인 옹 땅을 방문하여 상제에 대한 교제를 올렸다. 진소양왕은 열국에 사신을 보내 입조하여 조공할 것을 지시하고, 불복할 경우 즉시 정벌하겠다고 선포했다.

한환혜왕은 가장 먼저 입조하여 신하를 칭했다. 제·초·연·조는 재상을 보내 진소양왕을 축하했다. 위는 아무 반응이 없었다. 진소양왕은 하동 태수 왕계에게 위에 대한 공격을 지시했다. 위와 내통하고 있던 왕계는 이 사실을 즉시 위에 알려주었다. 위안리왕은 진에 사신을 보내 사죄하며, 세자 증增을 볼모로 제공했다. 이로써 <u>6국은 사실상 진에 항복한 것과 다름없게 되었다.</u>

진秦의 승상이 되는 채택蔡澤(BC 255년)

하동 태수 왕계가 위와 내통한 사실이 발각되었고, 진소양왕은 왕계를 능지처참했다(BC 255년). 범저는 자신이 천거한 정안평과 왕계 때문에 불안했다.

어느 날 진소양왕은 조회에서 나라 안에는 훌륭한 장수가 없고 나라 밖에는 강적들이 많다며 한숨을 쉬었다. 범저는 왕이 자신을 책망하는 것 같아 두려움을 느끼며 식은땀을 흘렸다.

연 출신인 **채택**蔡澤은 박식하고 언변이 뛰어났다. 채택은 여러 나라를 돌아다니며 유세했으나, 등용되지 못했다. 어느 날 채택은 위의 대량에서 유명한 관상가인 당거唐擧에게 자신의 관상을 감정 받았다. 당거는 성인聖人은 관상으로 알아볼 수 없다고 말하고, 채택이 성인인 것 같다며 농담했다. 채택은 만족하며 얼마나 살 수 있는지 물었고, 당거는 43년 더 살 것이라고 대답했다.

채택은 한과 조에서 계속 유세했으나 실패했다. 설상가상으로 채택은 위에서 강도를 만나 빈털터리가 되었다. 허기지고 지쳐서 쓰러져 있던 채택을 당거가 우연히 발견했다. 당거는 채택에게 서쪽에서 운이 열리는 관상이라고 알려주며, 진의 승상 범저가 난처한 상황임을 설명했다. 당거는 채택에게 노자를 빌려주었고, 채택은 진으로 출발했다.

채택은 함양에 당도하여 여관 주인에게 자신이 곧 진의 승상이 될 것이라고 큰소리쳤다. 여관에 있던 모든 사람들이 채택을 비웃었다. 이 사실은 즉시 범저에게 보고되었다. 범저는 분노했고, 채택을 잡아들여 책망했다.

채택은 문종·오기·상앙의 예를 들며, 성공하면 물러나야 한다고 범저를 설득했다. 범저는 그들이 명대로 살지는 못했지만 큰 공을 세우고 후세에 길이 이름을 남겼다고 반론을 폈으나, 내심으로는 채택의 지적이 적절하여 매우 불안했다. 채택은 살아남은 미자 및 관중과 죽은 비간 및 소홀의 사례를 비교하며, 후세에 이름을 남기기 위해 스스로 비명에 죽기를 원하지는 않는다고 설명했다. 채택은 명대로 살면서 공명을 이루면 상등의 인물이고, 공명을 이루었으나 명대로 살지 못하면 차등의 인물이며, 이름을 더럽히면서까지 뻔뻔스럽게 사는 자는 하등의 인물이라고 주장했다. 범저는 반론을 펴지 못했다.

채택은 ①공신을 신임하는 정도가 진소양왕이 옛 군주만 못하고 ②범저의 공적이 옛 위인만 못한데 ③범저의 지위와 재산은 극대함을 지적하며, 범저의 상황이 매우 위태하므로 벼슬을 내놓고 어진 자를 천거하여 목숨을 보전하고 후손들이 작위를 상속하여 부귀를 누릴 수 있도록 하라고 권유했다. 특히 채택은 해가 중천에 오르면 서쪽으로 기울고 달도 차면 이지러진다고 강조하며[1], 사물이 극에 달하면 점차 쇠퇴하는 것이 이치임을 강조했다. 범저는 채택의 말에 동의하며, 채택을 극진히 대접했다.

다음 날 범저는 진소양왕을 알현하고 채택을 천거했다. 진소양왕은 채택을 불러들여 접견한 후 만족하며 객경에 임명했다. 얼마 후 범저는 병을 핑계로 승상을 사임할 뜻을 밝혔으나, 진소양왕은 불허했다. 범저는 위독하다며 와병했다. 진소양왕은 어쩔 수 없이 범저의 사임을 허가하고, 채택을 승상에 임명하면서 강성군剛成君으로 책봉했다(BC 255년). 범저는 응 땅으로 내려가 편안하게 여생을 보냈다.

범저의 은퇴 이후 행적에 대하여 《사기》에는 기록되어 있지 않아서 여생을 무난히 보낸 것으로 보는 견해가 일반적이었는데, 1975년 수호지睡虎地라는 지역의 무덤에서 '소양왕 52년(=BC 255년)에 왕계와 장녹이 죽었다.'라고 기록된 죽간(수호지진간睡虎地秦簡)이 발견되었다. 이 죽간의 발견 이후 (《사기》의 기록과는 달리) 범저도 왕계의 죄에 연

---

[1] 여기서 **월만즉휴月滿則虧**(달이 차면 반드시 이지러진다는 뜻. 무슨 일이든 절정에 달한 뒤에는 쇠퇴하게 된다는 의미임)의 고사성어가 나옴

좌되어 숙청당했다는 주장이 유력해지고 있다. 즉《사기》에 기록된 범저와 채택의 만남과 대화는 사실이 아닐 가능성이 매우 높은 것이다.

제7절 조趙와 연燕의 분쟁

연왕燕王 희喜의 즉위(BC 255년)

연효왕이 재위 3년 만에 사망하고 아들인 희喜가 즉위하니(BC 255년), 곧 **연왕 희喜**[1]다. 연왕 희는 연의 마지막 왕이다. 연왕 희는 아들 **단丹**을 세자로 임명했다(BC 251년).

위魏의 위衛 공격(BC 254년)

당시 위衛는 진秦을 섬기고 있었다. 위안리왕은 이를 못마땅하게 여겼다. 결국 위안리왕은 위衛를 공격하여 위의 도읍을 함락하고, 위회군衛懷君을 사로잡았다(BC 254년). 위안리왕은 위회군을 죽인 후 그 아들[2]인 위원군衛元君을 즉위시키고(BC 252년), 사위로 삼았다. 이로써 위衛는 완전히 위魏의 속국이 된다.

이때 위衛는 사실상 멸망한 것으로 볼 수 있다. 훗날 진秦의 2세 황제는 명목상 이어지던 위군衛君을 폐서인하게 된다(BC 209년).

---

1) 연왕 희희: 연의 마지막 왕. 재위 BC 254 ~ BC 222
2) 동생이라는 견해도 있는데, 정확한 확인은 어려운 상황임

연燕의 조趙 공격(BC 251년)

조의 재상인 평원군이 사망했다(BC 251년). 조효성왕은 염파를 재상에 임명하고, 신평군信平君으로 책봉했다.

연왕 희는 재상 율복栗腹을 평원군의 조문사절로 파견했다. 연왕 희는 율복에게 500금을 교부하면서 문상 후 진에 공동으로 대항하기 위해 조와 형제의 의를 맺도록 교섭을 지시했다. 율복은 조효성왕을 알현하며 500금을 전달했다. 율복은 답례 뇌물을 기대했으나, 조효성왕은 답례의 뇌물을 주지 않고 일상적인 예로만 대접했다.

율복은 불만을 가지고 귀국했다. 율복은 연왕 희에게 조군은 장평대전 이후 약체가 되었고 염파는 늙어서 퇴물이 되었다고 강조하며, 조를 공격하면 멸망시킬 수 있을 것이라고 선동했다. 연왕 희는 조를 공격할 결심을 한다.

악의의 아들인 악한은 조의 백성들이 강건함을 이유로 들며 공격에 반대했다. 악한은 다섯 배의 군사를 동원해도 성공하지 못할 것이라고 강조했다. 연왕 희는 악씨가 조 출신이어서 반대한다고 책망하며 분노했다. 악한은 억울하여 결백의 입증을 위해 선봉을 자원했다. 다른 신하들은 승리가 확실하다면서 아첨을 떨었다.

대부 장거將渠는 우호를 제의한 직후에 공격하면 신의를 상실하게 됨을 지적하고, 군사의 수가 중요한 것은 아니며 신의를 잃은 군사는 승리를 기대할 수 없다고 강조했다. 연왕 희는 이를 무시하고, 율복을 대장으로 삼고 악승을 부장으로 삼아 조에 대한 공격을 결정했다(BC 251년).

①율복과 악승은 군사 10만 명을 이끌고 조의 호鄗 땅을 공격하기로 하고 ②악한과 경진慶秦은 군사 10만 명을 이끌고 조의 대代 땅을 공격하기로 하고 ③연왕 희는 중군이 되어 군사 10만 명을 이끌고 후방에서 적절히 대응하기로 했다.

장거는 출전하는 연왕 희의 소매를 붙들고 눈물로 호소했다. 연왕 희는 분노하며 장거를 걷어찼다. 장거는 계속해서 연왕 희의 다리를 붙들고 눈물로 호소했다. 연왕 희는 격노하여 개선 후 참수하겠다고 소리치며, 장거를 감금시켰다. 연군 30만 명은 3대로 나누어 출전했고, 조에 대한 공격을 개시했다(BC 251년).

염파廉頗의 연군燕軍 격파(BC 251년)

염파는 조효성왕에게 군사가 부족하므로 15세 이상을 징병할 것을 건의했다. 염파는 율복이 욕심은 많지만 지략이 없으며, 경진은 경험이 없고, 악한과 악승은 조와 인연이 있어 전력을 다하지 않을 것이라고 분석했다. 염파는 이목李牧을 천거했고, 조효성왕은 이목을 부장으로 임명했다.

염파는 군사 5만 명을 이끌고 율복에 대응하기로 하고, 이목은 군사 5만 명을 이끌고 경진에 대응하기로 했다.

염파는 방자성房子城에 당도하여 정예병을 철산鐵山에 숨기고 노약병을 진영 앞 여러 곳에 배치했다. 이때 율복은 호성을 공격 중이었는데, 조군에 씩씩한 장정이 없다는 정찰병의 보고를 받은 후 크게 기뻐했다. 율복은 자만하여 호성에 대한 공격을 강화했다. 호성은 굳게 방어하며,

15일 동안 연군의 공격을 버텨냈다.

　염파는 정예병을 복병으로 숨겨 놓고, 약한 군사 5천 명으로 연군을 공격했다. 율복은 악승에게 호성에 대한 공격을 맡기고, 직접 조군을 상대하여 격파했다. 율복은 달아나는 조군을 추격했다. 연군이 접근하자 염파는 복병으로 연군을 기습했다. 자만하던 연군은 대패했고, 율복은 포로가 되었다.

　악승은 율복이 포로가 되었다는 소식을 듣고 도주할 결심을 했다. 염파는 악승에게 사람을 보내 조와의 인연을 강조하며 투항을 권유하고 설득했다. 결국 악승은 염파에게 항복했다.

　한편 이목은 대 땅에서 연군을 크게 무찔렀다. 경진은 전사했고, 악한은 청량산淸凉山으로 달아났다. 염파는 항복한 악승을 보내 악한을 설득했다. 결국 악한도 부친의 고국인 조에 항복했다.

　연왕 희는 패전 소식을 듣고 연으로 돌아갔다. 염파는 기회를 살려 연에 대한 공격을 개시했다. 조군은 연의 도성을 포위했다(BC 250년).

제8절 여불위呂不韋의 권세

진효문왕秦孝文王의 즉위(BC 251년)

　진을 최강국으로 만든 진소양왕이 재위 56년에 사망하고 세자 안국군이 즉위하니(BC 251년 가을), 곧 **진효문왕秦孝文王**이다. 진효문왕은 자초를 세자로 임명했다.

신하를 자처하던 한환혜왕은 상복을 입고 직접 조문을 했고, 다른 나라에서는 재상과 대신들을 보내 조문을 했다. '사기'는 자초를 두려워하여 조가 인질로 잡고 있던 조희와 아들 조정을 진으로 돌려보냈다고 기록하고 있다.

진장양왕秦莊襄王의 즉위[여불위呂不韋의 권세](BC 250년)

여불위는 자초를 빨리 왕위에 올리고 싶었다. 여불위는 진효문왕의 시종들을 매수했다. 어느 날 진효문왕은 신하들과 성대한 잔치를 열었는데, 그날 밤에 갑자기 죽었다(BC 250년). 여불위가 매수한 시종들을 시켜 독살한 것이었다. 진의 대신들과 백성들은 여불위를 의심했으나, 두려워하여 아무도 이에 대한 언급을 하지 못했다.

진효문왕이 왕위에 오른 후 몇 달(=진소양왕의 장례를 마치고 정식으로 즉위한 후 3일) 만에 급사하고 세자 자초가 즉위하니, 곧 **진장양왕秦莊襄王**[1]이다. 진장양왕은 조희를 왕후(장양후莊襄后)로 임명하고, 조정을 세자로 임명했다. 진장양왕은 조에서의 인질 생활의 흔적을 지우기 위해 세자 조정의 이름을 **정政**으로 바꾸었다.

승상 채택은 자신의 안위를 염려하여 승상 직을 사임했다. 진장양왕은 여불위를 승상에 임명하고(BC 249년), 낙양 10만 호를 하사하며 문신후文信侯로 책봉했다. 여불위는 진의 권세를 독점하고 막대한 부를 쌓았다. 여불위는 맹상군 등의 사례를 의식하여 빈객 3,000명을 양성했다.

---

1) 진장양왕 영자초: 재위 BC 249 ~ BC 247

훗날 여불위는 식객들을 총동원하여 당시까지 알려진 모든 일들을 정리한 《여씨춘추呂氏春秋》를 편찬한다. 《여씨춘추》는 20만 글자 이상으로 구성되어 있는데, 여불위는 《여씨춘추》에 대하여 대단한 자부심을 가졌다. 여불위는 함양의 성문에 책을 진열하고, 누구라도 이 책의 내용에서 단 한 글자라도 고치거나 더할 수 있으면 천금을 상으로 주겠다고 큰소리를 쳤다.

한편 초고열왕이 진에 남겨 놓고 간 아들(웅계)은 외숙모인 화양태후(화양부인)의 총애를 받았다. 초 출신인 화양태후의 도움으로 웅계는 **창평군昌平君**으로 봉해졌고, 진장양왕은 고종사촌인 창평군을 우대하였다.

진장양왕秦莊襄王의 근공近攻정책

동주군東周君은 진의 혼란을 이용하여 여러 나라에 사신을 보내 연합군의 결성과 주의 복국을 시도했다. 승상 여불위는 진장양왕에게 천하 민심의 획득을 위해 주 왕실을 제거할 것을 건의했다. 진장양왕은 여불위에게 분국 동주를 함몰할 것을 지시했다. 여불위는 군사 10만 명으로 분국 동주를 공격하여 공성 땅을 함몰했다(BC 249년). 이로써 주는 완전히 역사에서 사라진다.

진장양왕은 장수 몽오에게 한을 공격할 것을 지시했다. 몽오는 한의 성고成皐 땅과 형양滎陽 땅을 함몰한 후 삼천군三川郡을 설치했다(BC 249년). 이로써 진은 위의 도읍인 대량까지 근접하게 되었다.

진장양왕은 오랫동안 볼모로 있었던 조에 대한 원한을 갚고 싶었다. 진장양왕은 몽오에게 조를 공격할 것을 지시했다. 몽오는 유차楡次 등

성 37개를 함몰한 후 태원군太原郡을 설치했다(BC 248년). 진군은 다시 남쪽으로 진출하여 상당 땅 일대를 추가로 확보했다.

제왕齊王 건建의 무능

제왕 건을 대신해 오랫동안 섭정하던 군왕후가 사망했다(BC 249년). 제왕 건은 군왕후의 동생인 **후승后勝**을 재상으로 임명했다. 군왕후의 영명함으로 겨우 유지되고 있던 제는 이때부터 제왕 건의 무능으로 인해 국력이 급격히 약화된다.

진은 원교근공 정책의 차원에서 제와의 친선 유지를 위해 재상 후승에게 엄청난 뇌물을 제공했고, 이후 후승은 계속 진의 편을 들었다. 후승은 자신의 빈객들을 외교사절로 진에 자주 보냈는데, 진은 이들에게도 많은 뇌물을 제공했다. 후승의 빈객들은 귀국해서 진이 제를 극진히 생각하고 있음을 계속 강조했고, 후승은 진의 의도를 전혀 알지 못하게 된다.

제왕 건은 진과의 친선관계를 믿고, 다른 나라들이 진에 격파되어 고통을 당하고 있어도 별다른 군사적 움직임을 보이지 않았다. 이는 결국 제의 군사력을 크게 약화시키는 결과가 된다.

조趙와 연燕의 화평(BC 248년)

조군은 2년 동안 연의 도성을 포위하고 계속 압박을 가했다. 그러는 사이 조는 진의 공격을 받고 서쪽 지역의 성 37개를 잃었다.

연왕 희는 조에 화평을 요청했다. 악한은 염파에게 장거가 공격에 반대하여 연왕 희의 노여움을 받아 옥에 갇힌 사실을 아뢰며, 연의 재상으로 장거를 임명할 것을 요구하도록 건의했다. 염파는 연왕 희에게 화평 조건으로 장거의 재상 취임을 제시했다.

연왕 희는 장거를 재상에 임명했다. 장거는 사양했으나, 연왕 희는 화평의 조건임을 들어 강권했다. 장거는 어쩔 수 없이 승낙했다. 장거는 악의의 공적을 감안하여 악한과 악승의 가솔들을 조로 보내주면 화평 체결에 도움이 될 것이라고 건의했다. 연왕 희는 승낙했다.

결국 서쪽에서 진의 압박을 받던 조의 재상 염파는 연의 화평 요청을 승낙했다(BC 248년). 염파는 율복을 처형하고 귀국했다. 조효성왕은 염파를 영접하고, 악승을 무양군武襄君으로 책봉하고, 악한에게 창국군의 작위를 계승시키고, 이목을 대성代城의 태수로 임명했다.

한편 연왕 희는 계주薊州 태수인 극신劇辛을 불러 악승과 악한에게 서신을 보내 귀국을 권유하도록 지시했다. 극신이 서신을 보내 귀국을 권유했으나, 악승과 악한은 거절했다. 연왕 희는 패전으로 인해 조와 화평을 체결했으나, 조와 재상 장거에 대한 감정이 좋지 않았다.

연왕 희가 자신을 처음부터 신뢰하지 않는 사실을 알고 있었던 장거는 결국 칭병하며 사임했다(BC 247년). 연왕 희는 기다렸다는 듯이 극신을 재상에 임명하고, 조에 대한 보복을 다짐했다.

이목李牧의 흉노匈奴 격파

당시 조의 대代 땅의 북쪽에는 북방 이민족들이 살고 있었다. 이민족에 대한 지식이 부족하던 당시의 역사서에서는 이들을 호胡, 맥貊, 동호東胡 등으로 막연히 기록하고 있다. 전국시대 중기와 말기의 호胡는 흉노匈奴를 의미는 경우가 많다. 최근의 연구결과에 의하면 흉노는 하나의 종족·부족·씨족의 명칭이 아니라 북쪽 유목민들이 연합하여 세운 연합국가의 이름이었는데, 훗날에는 종족명으로 바뀌어 사용되었다고 한다. 흉노는 조·위와 국경을 접하고 있었는데, 이들 국가를 지속적으로 괴롭히고 있었다.

이목은 대 땅으로 부임한 이후 흉노와의 대결을 철저히 피하며 피해를 최소화하는 전략을 유지했다. 흉노가 공격해 오면 성으로 들어가 철저히 수비만 하는 전략이었는데, 이는 흉노의 입장에서 보면 공격을 해도 실제로 얻는 이익(포로, 약탈물 등)이 전무한 결과를 가져왔다. 흉노와 이목의 병졸들은 이목을 겁쟁이라고 비웃었으나, 이목은 자신의 전략을 끝까지 고수했다.

이 내용은 조의 조정에까지 보고되었고, 이목은 겁쟁이로 비난받고 좌천되었다. 이목의 후임자는 부임해서 흉노와 정면대결을 펼쳤는데, 처참하게 패했다. 조왕은 이목을 다시 대 땅의 태수로 복귀시켰는데, 이목은 자신의 방침에 간섭하지 않겠다는 왕의 약속을 받은 후 대 땅으로 부임한다.

이목은 계속 자신의 전략을 유지하면서 10년 동안 군마와 병장기를 철저히 준비했고, 흉노는 약탈의 이익을 가져가지 못해 정체 또는 쇠약해졌다. 준비가 완료되자 드디어 이목은 흉노와의 정면대결을 선언하고 성을 나가 흉노와 대결했다. 이목은 자신을 겁쟁이로 여기는 흉노의 방심을 이용하기 위해 소수의 병력을 보내 일부러 패하고 도주하며 흉노군을 매복지점으로 유인했다. 흉노군은 이목과 조군을 비웃으며 방심하고 추격했는데, 이목은 매복지점에서 흉노군을 포위하여 반격을 가했다. 여기서 흉노군은 10만 명 이상이 죽는 참패를 당했고(BC 238

년경. 정확한 연대는 불명임), 이후 세력이 크게 약화되어 동호東胡에 복속하는 처지가 된다[1].

제9절 신릉군信陵君의 위魏 구원과 실각

위魏에 대한 조趙·연燕·한韓·초楚의 원군 파견(BC 247년)

한과 조를 연이어 무찌른 몽오의 진군은 계속하여 위의 고도高都 땅을 공격했다(BC 247년). 고도 땅의 위군은 강하게 저항했다. 진장양왕은 왕흘에게 군사 5만 명을 내어주며 증원군으로 보냈다. 결국 위군은 중과부족으로 패했고, 이후 진군은 위군을 여러 번 무찔렀다.

여희는 조에 사신을 보내 신릉군을 소환할 것을 위안리왕에게 건의했다. 위안리왕은 다급하여 내시 안은을 조에 보내 신릉군에게 서신을 전달하도록 했다. 신릉군을 재상으로 임명할 뜻을 전하며, 귀국을 요청하는 내용이었다.

신릉군은 빈객들을 통하여 고국의 소식을 계속 들어왔다. 위에서 사신이 온다는 소식을 들은 신릉군은 10년 동안 방치하다 형세가 다급하여 자신을 소환하는 것은 위안리왕의 본심이 아니라며 원망했다. 신릉군은 위와 내통하는 빈객을 처형하겠다는 글을 게시했다. 빈객들은 두려워하며, 아무도 귀국을 권유하지 않았다.

---

1) 흉노는 훗날 묵돌(=모돈冒頓)이라는 불세출의 영웅이 등장하여 동호를 비롯한 북방 여러 국가들을 격파한 후 서역을 평정하고, 계속해서 한고조 유방마저 제압하면서 최전성기를 누리게 됨

조에 도착한 안은은 신릉군을 만날 방법이 없었다. 빈객들은 모두 주선을 거절했고, 본국에서는 독촉하며 안은을 책망했다. 결국 안은은 보름 동안 신릉군의 집 문 앞에서 마냥 기다리며, 신릉군이 외출하기를 기다렸다. 신릉군은 위의 사신을 피하기 위해 외출도 하지 않았다.

어느 날 안은은 모공과 설공이 신릉군을 방문하러 오는 것을 발견했다. 안은은 모공과 설공에게 눈물로 호소하며, 신릉군의 귀국 주선을 부탁했다. 모공과 설공은 승낙했다.

모공과 설공은 신릉군을 방문하여 귀국한다는 소문을 듣고 전송하기 위해 왔다고 말했다. 신릉군은 헛소문이라며 귀국을 부인했고, 조에 거주한 지 이미 10년이 되어 위의 일에는 관여할 뜻이 없다고 밝혔다. 모공과 설공은 위 때문에 신릉군의 명성이 있는 것이고 만약 진군이 선왕의 종묘를 짓밟아 버린다면 마음이 편할 수 없을 것이라고 지적하며, 고국을 생각하지는 않더라도 역대 조종祖宗까지 미워할 수는 없는 것이라고 강조했다. 신릉군은 올바른 꾸중에 감사를 표하며, 빈객들에게 위로 떠날 준비를 할 것을 지시했다.

신릉군은 조효성왕에게 하직 인사를 올렸고, 조효성왕은 눈물로 아쉬움을 표했다. 조효성왕은 신릉군을 상장군에 **방난龐煖**[1]을 부장에 임명하고, 군사 10만 명을 구원군으로 내어주었다. 신릉군은 안은을 먼저 귀국시키고, 문객들에게 서신을 주며 각국에 구원을 요청하러 보냈다. 신릉군은 조의 구원군 10만 명을 이끌고 위로 출발했다.

연·한·초의 왕들은 평소 신릉군의 인품을 존경하였으므로 신릉군에게 원군을 보냈다. 연의 장거, 한의 공손영, 초의 경양이 구원군을 이끌

---

1) 煖은 난(덥다), 훤(따뜻하다)의 두 발음이 있음. 그래서 일부 학자들은 방훤으로 읽기도 함

고 신릉군에게 갔다. 제는 끝까지 원군을 보내지 않았다.

안은은 귀국하여 위안리왕에게 보고했다. 위안리왕은 기뻐하며, 위경에게 신릉군에게 합세할 것을 지시했다.

신릉군信陵君의 위魏 구원(BC 247년)

진의 장수 몽오는 위의 겹주郟州 땅을 포위했고, 장수 왕흘은 위의 화주華州 땅을 포위했다. 겹주와 화주의 거리는 동서로 500리였다.

신릉군은 ①약간의 군사로 겹주의 몽오군과 대결시키고 ②다수의 군사를 직접 이끌고 화주 땅의 왕흘을 무찌르고 ③군사를 모아 몽오군을 공격하면 몽오군도 버티지 못할 것이라고 계책을 마련했다. 신릉군은 위경에게 계책을 지시했다.

위의 장수 위경은 위군과 초군을 지휘하여 겹주로 이동했다. 위경은 영채를 건설하고 몽오와 대치하면서 신릉군의 기를 내걸고 대군이 주둔하는 것으로 가장했으나, 교전은 하지 않았다.

신릉군은 조군, 연군, 한군을 이끌고 화주로 이동했다. 신릉군은 ①조의 방난에게 위수渭水[1]에 정박한 진군의 배를 공격하고 군량을 약탈할 것을 지시하고 ②한의 공손영과 연의 장거에게 소화산小華山 좌우에 매복할 것을 지시하고 ③신릉군은 정병 3만 명을 이끌고 소화산에 매복했다가 ④위수를 구원하러 가는 왕흘을 기습하기로 계책을 마련했다.

방난은 위수에 정박한 진군의 배를 공격하러 출발했다. 위수의 군량

---

1) 위수는 진의 수도권을 지나는 강임. 따라서 연합군이 위수를 공격한다는 것은 가능성이 없음. 정확히 어떤 강으로 출격한 것인지 불명이므로 소설 《동주 열국지》의 기재 내용에 따라 일단 위수로 기록하기로 함

을 탈취당하면 진군 전체가 곤경에 빠지므로 진의 장군 왕흘은 보고를 받고 놀랐다. 왕흘은 군사를 반으로 나누어 군사의 반은 화주에 대한 포위를 지속하게 하고, 나머지 반을 이끌고 직접 위수로 출발했다.

왕흘이 소화산 근처에 당도했을 때 연의 장거가 왕흘군을 저지하며 교전을 벌였다. 한의 공손영이 가세했다. 왕흘은 분노하며, 연군 및 한군과 오후 내내 혈전을 벌였다. 양측이 교전을 벌이는 동안 조의 방난은 위수의 진군 군량을 노략질했다.

드디어 신릉군은 지친 진군을 향해 출전했다. 진군은 이미 지쳤고, 신릉군의 위명에 두려움을 가지고 있었다. 세 방향에서 협공을 받은 진군은 결국 5만 명 이상이 죽는 참패를 당했다. 왕흘은 남쪽 임동관臨潼關으로 달아났다. 화주 땅에 주둔하던 나머지 진군은 패전 소식을 듣고 식량이 끊길 것을 우려하여 즉시 철수했다. 신릉군은 군사를 3대로 재편성 한 후 겹주를 구원하러 출발했다.

한편 진의 장수 몽오는 신릉군이 없으며 위군과 초군이 허세를 부리는 사실을 뒤늦게 파악했다. 몽오는 이를 역이용하기로 결심했다. 몽오는 정병을 선발하여 화주 땅으로 이동하여 왕흘과 함께 신릉군을 협공할 계책을 마련했다. 몽오는 노약병만 남겨두며, 자신의 대장기를 내걸고 위군 및 초군과 대치할 것을 지시했다.

화주의 진군이 이미 패배한 사실을 몰랐던 몽오는 정병을 이끌고 화주 땅으로 가다가 화주 경계에서 신릉군과 만났다. 양측에 교전이 발생했다. 신릉군은 선두에서 지휘했고, 조·한·연군은 3면에서 진군을 공격했다. 결국 몽오는 중과부족으로 패했고, 1만 명 이상의 진군이 전사했다. 몽오는 후퇴하여 군사들을 재정비했다.

이때 위의 위경과 초의 경양은 진군 영채에 몽오가 없는 사실을 알게 되었다. 위군과 초군은 일제히 공격을 개시했고, 포위된 겹주성의 군사들도 호응했다. 진군은 패해서 달아났다. 위경과 경양은 신릉군에게 가세하기 위해 화주로 이동했다.

결국 위·조·연·한·초의 연합군은 몽오군을 포위하고 공격했다. 몽오군은 견디지 못하고 대패했고, 진군은 함곡관까지 후퇴했다(BC 247년). 위·조·연·한·초의 연합군은 함곡관까지 진군을 추격하여 한 달 정도 무력시위를 벌였다. 진군은 관문을 폐쇄하고, 함곡관 밖으로 진출하지 못했다. 역사서에 명확히 기록되지는 않았으나, 진은 이때 황하 이동의 많은 지역을 상실한 것으로 보인다.

위엄을 과시한 신릉군은 회군을 지시했다. 연합군은 각기 본국으로 돌아갔다. 위안리왕은 도성 30리 밖까지 나와 신릉군을 영접했다. 형제는 10년 만에 상봉했다. 위안리왕은 신릉군을 상상上相에 임명하고, 성 다섯 개를 더 하사했다. 위안리왕은 국정을 신릉군에게 일임했다. 위안리왕은 주해를 사면하고, 편장군으로 임명했다.

신릉군의 위명은 천하에 진동했다. 이후 신릉군은 빈객들과 함께 '위공자병법魏公子兵法'을 편찬했으나, 소실되어 지금은 전하지 않는다.

주해朱亥의 의로운 죽음(BC 247년)

몽오와 왕흘은 패잔병을 모아 귀국하여 진장양왕에게 죄를 처벌해 줄 것을 요청했다. 진장양왕은 중과부족으로 패한 것이라며 처벌하지 않았다. 채택은 진장양왕에게 신릉군 제거의 필요성을 강조하며, 위에 사신을 파견하여 우호를 체결하고 신릉군을 초대하여 처단할 것을 건의했다.

진장양왕은 위에 사신을 파견하여 우호를 체결하고, 신릉군을 초대했다. 풍환은 신릉군에게 맹상군과 평원군의 사례를 들며 주의할 것을 당부했다. 신릉군은 위안리왕에게 거부 의사를 표시했다. 위안리왕은 진에 신릉군 대신 주해를 파견했다.

계책이 실패하자 진장양왕은 분노했다. 몽오는 주해의 용력을 아뢰며, 등용할 것을 건의했다. 진장양왕은 주해를 회유했으나, 주해는 거절했다. 진장양왕은 분노하여 주해를 호랑이 우리에 집어넣었다. 호랑이가 주해에게 다가오자 주해는 벽력같은 소리를 질렀는데, 눈초리는 분노로 피가 맺혀 있었다. 호랑이는 겁을 먹고 눈치를 살폈다.

진장양왕은 탄식하며, 주해를 귀국시킬 경우 신릉군의 세력이 더 커질 것을 걱정했다. 진장양왕은 다시 주해를 회유하면서 협박했으나, 주해는 끝까지 거절했다. 진장양왕은 분노하여 주해를 구금하고 음식을 주지 말 것을 지시했다.

감금된 지 여러 날이 지났다. 주해는 세상에서 나를 알아 준 사람은 신릉군이었다고 탄식하며, 마땅히 죽음으로써 보답하겠다고 결심했다. 주해는 기둥에 머리를 찧고 죽으려 했으나 기둥만 부러지고 죽지는 않았다. 결국 주해는 자기 손으로 목을 졸라 자살했다[1].

신릉군信陵君에 대한 진秦의 모략

진장양왕은 위안리왕과 신릉군을 이간시키기로 결심했다. 채택은 진

---

1) 주해의 최후 부분은 소설 《동주 열국지》의 픽션임. 신릉군의 승전 이후 주해는 역사서에 더 이상 나오지 않기 때문에 그의 실제 행적은 불명임. 이 책에서는 일단 소설 《동주 열국지》의 내용을 원용하였음

비 일족이 신릉군에게 깊은 원한을 가지고 있다고 지적하며, 진비 일족에게 황금 1만 근을 제공하여 ①천하의 모든 나라는 신릉군을 존경하여 위왕으로 추대할 작정이고 ②신릉군도 곧 왕위를 노릴 것이라는 유언비어를 유포할 것을 건의했다. 진장양왕은 만족했다.

진장양왕은 위에 대한 패전을 복수하기 위해 볼모인 위의 세자 증을 처형하려고 했다. 채택은 세자 증을 처형해도 위에는 전혀 손해가 없다고 지적하며, 세자 증을 이용해 반간계를 사용하여 위에 혼란을 야기할 것을 건의했다.

진장양왕은 위의 세자 증을 후하게 대우하고, 위에 세작을 파견하여 진비 일당을 매수했다. 진장양왕은 빈객 한 명을 세자 증에게 보내어 친밀한 사이가 되게 했다. 그 빈객은 세자 증에게 천하의 모든 나라들은 신릉군을 알고 위왕을 모르는 형편이라고 지적하고, 진은 신릉군에 대하여 두려움을 가져 신릉군이 위왕이 되는 것에 협력할 것이라고 강조하며, 신릉군이 즉위할 경우 세자의 처지가 위험하게 된다고 자극했다. 세자 증은 그 빈객에게 도움을 구했다. 그 빈객은 위안리왕에게 서신을 보내 귀국을 요청하라고 건의하며, 진이 신릉군을 왕으로 추대하려는 것은 신릉군의 위세 때문이지 진심은 아니며 진은 세자가 위왕으로 즉위하여 진과 협력하는 것을 더 원할 것이라고 유혹했다.

위의 세자 증은 위안리왕에게 보낼 밀서를 작성했다. 천하의 모든 나라들이 신릉군을 위왕으로 세울 작정인데 진도 마찬가지라고 지적하며, 진장양왕에게 속히 볼모인 세자를 귀국시켜줄 것을 요청해 달라는 내용이었다. 세자 증은 그 빈객에게 밀서의 전달을 부탁했다. 그 빈객은 승낙하고, 세자 증의 밀서를 건네받았다.

진장양왕은 위안리왕에게 주해가 병으로 급사했다는 내용의 서신을 보내면서 동시에 신릉군에게 존경을 표하는 내용의 서신과 많은 황금을 선물로 보냈다. 위안리왕은 진이 퍼뜨린 유언비어를 듣고 이미 신릉군을 의심하고 있었다. 그때 진의 사신이 와서 진의 국서를 전달하면서 신릉군에 대한 존경을 표시했다. 진의 사신은 위안리왕에게 세자 증의 밀서를 전달한 후 신릉군에게 드릴 예물과 서신이 있어 이만 물러가겠다는 취지로 말하며 위안리왕을 자극했다. 위안리왕은 세자의 밀서와 사신의 태도 때문에 신릉군을 더욱 의심하게 되었다.

신릉군信陵君의 실각(BC 247년)

신릉군은 진의 사신이 방문한다는 소문을 듣고 진의 음모를 의심했다. 신릉군은 신하된 자가 외국의 왕과 사사로이 교제하는 법은 없다고 말하고, 진의 사신이 접견을 요청하는 것을 거부하며 서신과 예물을 사양했다. 진의 사신은 거듭하여 접견을 간청했고, 신릉군은 한사코 거절했다.

위안리왕은 신릉군을 의심하여 사자를 보내 진이 신릉군에게 보낸 서신과 예물을 검사했다. 신릉군은 위안리왕의 사자에게 경과를 설명하며, 진이 보낸 서신과 예물을 모두 위안리왕에게 바쳤다. 신릉군은 ①진의 사신에게 거듭 거절의 뜻을 표했으며 ②서신을 개봉하지 않고 그대로 보낸다는 취지의 말을 위안리왕에게 전해 달라고 위안리왕의 사자에게 부탁했다.

위안리왕은 진이 신릉군에게 보낸 서신을 개봉했다. 천하에 퍼진 신릉군의 위명을 강조하고, 모든 나라의 왕들이 신릉군을 공경하므로 위왕으로 즉위할 것을 권유하고, 군사 원조를 할 의사를 표시하면서 예물로 성의를 표한다는 내용이었다. 위안리왕은 신릉군을 소환했다. 신릉군은 진의 이간책이라고 강조하며, 중상모략에 걸리지 않기 위해 서신의 수령을 거부한 것이라고 해명했다. 위안리왕은 답서를 강요했고, 신릉군은 답서를 작성했다. 형님인 위왕의 하늘과 같은 은혜를 강조하며, 은혜에 보답하지 못하여 괴로운 심정을 표하고, 남의 나라 신하에게 왕위 언급을 하는 것은 도리가 아니며 무례한 행동이라고 지적하는 내용이었다. 신릉군은 진의 사신에게 답장을 교부하며 예물을 반납하고, 즉시 귀국시켰다.

얼마 후 위안리왕은 진에 사신을 파견하여 자신의 연로함을 강조하고, 세자 증의 귀국을 간청했다. 진장양왕은 귀국을 허락했다. 세자 증은 귀국하여 위안리왕에게 신릉군을 경계할 것을 거듭 건의했다. 결국 위안리왕은 신릉군을 경계하고 감시했다.

신릉군은 왕의 의심에 울적하고 억울했다. 결국 신릉군은 병을 핑계로 조정에 나가지 않았다. 위안리왕도 신릉군을 부르지 않았다. 얼마 후 신릉군은 재상직을 사임하고, 병권을 반납했다(BC 247년). 신릉군이 실각하자 위와 조의 우호관계는 끊어졌다. 진장양왕은 신릉군의 실각에 매우 기뻐했다.

신릉군은 인생에 대한 깊은 허무를 느꼈다. 이후 신릉군은 의욕을 잃고 식읍으로 내려가 주색에 빠지게 된다.

제 9 편 진秦의 통일

제1장

진왕秦王 정政의 즉위와 각국의 분쟁

제1절 진왕秦王 정政의 즉위

진왕秦王 정政의 즉위(BC 247년)

진장양왕이 즉위 3년 만에 병이 들었다. 여불위는 문병 차 입궁하여 조희에게 부부가 되어 함께 부귀를 누리자던 맹세를 한시도 잊은 적이 없다는 밀서를 보냈다. 조희는 옛정이 되살아나 여불위를 불러들여 정을 통했다. 이날부터 여불위는 직접 약제를 구해 진장양왕에게 바치기 시작한다.

진장양왕은 여불위가 바친 약을 복용한 지 한 달 만에 죽고 말았다. 세자 정이 13세의 나이에 왕으로 즉위하니(BC 247년), 훗날의 **진시황제秦始皇帝**[1]다. 장양후 조희는 제태후帝太后로 불리게 되었고, 조희가 낳은[2] 둘째 아들 성교成蟜는 **장안군長安君**으로 책봉되었다.

승상 여불위는 국정을 전담하고, 자신을 강태공에 비견하면서 상보

---

1) 진왕 영정(진시황제): 재위 BC 246 ~ BC 210
2) 《사기》에 의하면 장안군은 조희가 아닌 다른 여인이 낳은 결론이 됨

尙父를 자칭했다. 여불위의 권세는 천하를 진동시켰다. 그 후 여불위의 부친이 사망했는데, 천하의 모든 왕들이 조문사절을 파견하여 그 규모가 진장양왕의 장례보다 몇 배나 더 성대했다.

언젠가부터 진의 백성들 사이에 태후와 여불위의 불륜에 관한 소문이 널리 퍼지게 되었다.

진秦의 동진 재개(BC 246년)

여불위는 신릉군이 실각하자 안심하고 다시 동쪽으로 영역을 넓히기 시작했다. 진은 한을 공격하여 상당上黨 지역을 함몰하고 군郡을 설치했다(BC 246년). 계속해서 여불위는 몽오(대장)와 장당에게 조에 대한 공격을 지시했다. 몽오와 장당은 조의 진양 땅을 함몰하고, 태원군을 재건했다(BC 246년). 진군은 위에 대하여도 공격을 개시하여 위군 3만 명을 죽이고, 위의 권卷 땅을 점령했다(BC 245년).

계속하여 여불위는 몽오(대장)와 왕흘에게 한에 대한 공격을 지시했다. 한은 공손영을 파견하여 수비했다. 진의 장수 왕흘은 예전에 조와 위에서 패배한 것을 만회하고 왕의 은혜에 보답하기 위해 결사대 1,000명을 거느리고 한군 진영을 돌격했다. 왕흘은 종횡무진하며 결사적으로 싸웠다. 결국 왕흘은 전사했으나, 한군은 큰 혼란에 빠졌다. 진의 대장 몽오는 총공격을 개시했다. 한군은 참패했고, 공손영도 전사했다. 진군은 한의 성 12개를 점령했다(BC 244년). 진은 계속해서 위를 공격하여 역 땅과 유궤有詭 땅을 점령했다(BC 244년).

제2절 각국의 분쟁

조도양왕趙悼襄王의 즉위(BC 245년)

조의 대부 **곽개郭開**는 왕에게 아첨을 잘하고 비위를 잘 맞추는 간신 중의 간신이었다. 염파는 예전부터 간신 곽개를 혐오했다. 어느 날 염파는 궁중잔치에서 평소 경멸하던 곽개를 크게 책망했다. 여러 사람들 앞에서 망신을 당한 곽개는 염파에게 깊은 원한을 가졌고, 복수를 결심했다.

조효성왕은 신릉군의 실각 이후 위에 대한 반감을 가졌고, 염파에게 위에 대한 공격을 지시했다. 염파는 위의 번양繁陽 땅을 포위하여 공격했다.

염파가 번양 땅을 공격하러 원정을 나간 사이에 조효성왕이 사망했다(재위 21년. BC 245년). 뒤를 이어 세자 언偃이 즉위하니, 곧 **조도양왕趙悼襄王**[1]이다. 얼마 후 염파는 위의 번양 땅을 함몰하고, 위에 대한 공격을 계속했다.

염파廉頗의 위魏 망명(BC 245년)

간신 곽개는 조도양왕에게도 갖은 아첨을 하여 총애를 받았다. 염파에게 원한을 가지고 있던 곽개는 조도양왕에게 염파가 너무 늙었다고 모함하며 악승으로 교체할 것을 건의했다. 조도양왕은 염파를 대신하

---

1) 조도양왕 조언: 재위 BC 244 ~ BC 236

여 악승을 대장으로 파견했다.

염파는 해임 소식에 대노하여 이성을 잃고, 실력을 보여주겠다며 부임해 오던 악승을 공격했다. 악승은 염파의 공격에 당황하여 조로 달아났다. 일시적인 분노를 참지 못해 왕의 명령을 거역한 염파는 뒤늦게 후회했다. 입장이 난처해진 염파는 결국 위로 망명했다(BC 245년).

위안리왕은 적장이던 염파를 환대하며 객장客將으로 대우했으나, 내심으로는 염파를 의심하여 실권을 부여하지 않았다. 염파는 위의 도읍 대량에서 허송세월을 보내게 되었다. 조도양왕은 염파 대신 방난을 대장에 임명했다.

순자荀子의 활약

순황荀況은 조趙 출신으로 자字가 경卿이어서 순경荀卿으로 불렸다. 순경은 나이 50세가 되어서야 제에 가서 학문을 공부했다. 순경은 유가 사상을 기반으로 법가와 도가의 사상까지 일부 흡수하여 학문적 성취를 달성했고, 이로써 **순자荀子**[1]로 불리고 있다.

순자는 하늘을 절대적인 존재가 아닌 단순한 자연으로 보고 대신 인간의 의지, 능동적 참여, 실천적 노력을 강조했다. 또한 순자는 성악설性惡說을 주장하고, 이로 인해 발생하는 혼란을 극복하기 위해 예禮와 교육을 강조했다. 순자는 비록 예로 표현했으나, 이는 유가의 전통적인 예의 의미와는 다른 실제로는 법法과 제도를 의미하는 것이었다. 특히 순자는 푸른색은 쪽에서 뽑은 것이지만 쪽보다 더 푸르다(청출어람靑

---

1) 순자: BC 298년경 ~ BC 238년경

出於藍)고 비유하며, 나무는 먹줄을 받으면 곧게 되고 쇠는 숫돌에 갈면 날카로워지듯 학습과 교화를 통해 예를 기를 것(양례養禮)을 강조했다. 이는 통제와 강제를 의미하는 법가의 법과는 다른 내용이다.

순자의 주장은 유가 내에서도 급진적인 것이어서 많은 제자를 양성하지는 못했다. 순자의 대표적인 제자는 한비韓非와 이사李斯다.

순자는 제에서 세 차례나 최고 교육기관의 책임자인 좨주祭酒를 지내는 등 높은 지위에 있었으나, 모함을 받고 제를 떠나 진秦으로 갔다. 당시 진의 재상이던 범저는 법가 사상가여서 순자를 등용하지 않았고, 순자는 조趙로 귀국했다. 당시 유행하던 형세를 강조하는 병법 대신 군사들의 사기를 강조하는 병법을 주장했던 순자는 조에서도 등용되지 못했다.

순자는 예전부터 친분이 있던 춘신군을 만나러 초로 갔고, 춘신군은 순자를 천거하여 난릉령蘭陵令으로 부임시켰다. 난릉은 사방 100리의 작은 지역이었지만, 순자는 자신의 이상을 현실 정치에 적용시켜 난릉을 잘 다스렸다.

이원李園의 흉계

초고열왕은 부추負芻, 창평군昌平君 등의 서자들이 있었으나, 적자는 없었다. 그래서 초고열왕은 세자를 정하지 않고 있었다.

이원李園은 조 출신으로 사술에 능했는데, 춘신군의 문하에서 집안일을 담당하는 사인舍人으로 일하고 있었다. 이원에게는 천하절색인 **이언李嫣**이라는 여동생이 있었다. 이원은 초고열왕에게 여동생 이언을 바쳐 한몫 챙기고 싶었으나, 이언이 왕후가 되지 못하고 첩으로 끝날 경우

보람이 없을 것을 염려했다. 오랜 고민 끝에 이원은 ①이언을 춘신군에게 빌려주고 ②이언이 춘신군의 아이를 잉태하면 ③이언을 초고열왕에게 바치고 ④춘신군의 힘을 빌려 이언을 왕후로 만드는 계책을 생각해 냈다. 이원은 이언이 왕후가 되고 아들을 낳아 그 아들이 왕위를 승계하면 자신은 초왕의 외삼촌이 되어 권세와 부귀를 누릴 야망을 가졌다.

이원은 춘신군에게 5일간 휴가를 얻어 집으로 갔다가 일부러 보름 후에 복귀했다. 춘신군은 이원에게 늦게 돌아온 이유를 물었다. 이원은 여동생인 이언이 천하절색인데, 제왕이 사자를 보내 여동생을 첩으로 보내줄 것을 요청하여 제의 사자와 노느라 늦게 되었다고 거짓말을 하면서 춘신군을 자극했다. 춘신군은 예상대로 이언에 대한 관심을 표시하며, 제왕의 요청을 승낙했는지 물었다. 이원은 제의 사자에게 확답을 하지는 않았다고 대답했다. 춘신군은 이원에게 여동생을 보여줄 것을 요청했다. 이원은 승낙하고 여동생인 이언을 데려왔.

춘신군은 이언을 보고 첫눈에 반하여 이원에게 백옥 두 쌍과 황금 300일을 교부하고, 이언을 첩으로 들였다. 3개월 후 이언은 아이를 가졌다. 이원은 여동생 이언에게 첩보다는 부인이 더 좋고 부인보다는 왕후가 더 좋다고 강조하고, 춘신군 대신 초고열왕을 섬겨 아들을 출산하고 그 아들이 장차 초왕이 되면 태후가 될 수 있다며 설득했다. 이언이 설득에 넘어가자 이원은 이언에게 계책을 알려주었다.

그날 밤 이언은 잠자리에서 춘신군에게 왕의 지극한 총애를 받으며 영윤이 된 지 20여 년이 되었지만 왕의 신임을 독차지하여 공자들 및 왕의 형제들과 다른 대신들의 시기와 미움을 초래했다고 지적하며, 왕이 죽고 새로운 왕이 즉위하면 춘신군의 지위가 위험해지고 생명 및 식읍을 보장받을 수 없을 것이라고 자극했다. 춘신군은 그 말에 동의하며 걱정했다. 이언은 불행을 면하고 큰 복을 누릴 계책이 있으나 부끄러워 감히 말하기 어렵다고 춘신군을 떠보았다. 춘신군은 궁금하여 어떤 계책인지 물었다. 이언은 춘신군의 장래를 염려하는 마음에서 부끄러움을 무릅쓰고 건의하는 것이라고 강조하며, 자신을 왕에게 바칠 것을 건의했다. 이언은 자신이 만약 아들을 출산하고 왕후가 될 경우 그 아들이 왕위를 계승할 것임을 지적하며, 우리의 아들이 왕이 되면 초의 전부를 장악할 것이라고 계책을 말했다. 춘신군은 남자보다 더 지혜로운 여인이라며 매우 기뻐했다.

다음 날 춘신군은 이원을 불러 비밀리에 이언이 말한 계책을 제의했다. 이원은 속으로 회심의 미소를 지으며, 이언에게 독채를 마련해 주고 따로 살게 했다.

춘신군은 초고열왕을 알현하면서 이원의 여동생인 이언이 천하절색으로 다산의 관상인데 제왕이 사자를 파견하여 데려가려 하니 제왕보다 서둘러 이언을 첩으로 삼을 것을 건의했다. 초고열왕은 이언을 궁으로 불러들였고, 이언은 초고열왕의 총애를 받게 되었다.

몇 달 후 이언은 아들 쌍둥이 한捍과 유猶를 낳았다(BC 244년). 초고열왕은 매우 기뻐하며 이언을 왕후로 책봉하고, 한을 세자로 책봉했다. 이원은 벼락출세를 했으나, 속으로 춘신군을 시기하고 경계하게 되었다.

《사기》에는 초고열왕이 불임이어서 이원이 동생 이언을 춘신군에게 빌려주고 그 씨를 포태한 후 불임인 초고열왕에게 보내 아들을 낳았다고 기록되어 있으나, 이미 초고열왕에게 여러 서자들이 있었으므로 이에 대한 《사기》의 기록은 신빙성이 떨어지는 내용이다. 단, 이언이 낳은 공자 한과 유가 초고열왕의 자식이 아닌 춘신군의 자식이라는 주장은 당시에도 있었고, 훗날 공자 부추는 이를 이유로 정변을 일으킨다 (후술). 신분이 미천한 이언이 왕후가 된 것으로 볼 때 춘신군이 이원과 짜고 영향력을 발휘하여 자신의 애첩이고 자신의 아이를 포태한 이언을 초고열왕의 정실부인으로 만들었고, 이언이 낳은 공자 한을 세자로 만들었다고 보는 것이 합리적인 해석일 것이다.

이사李斯의 등용

진에 메뚜기 떼가 출몰하여 큰 흉년이 들었다(BC 243년). 여불위는 빈객들에게 백성들을 설득하여 곡식 1,000석을 나라에 바치도록 할 경우 벼슬 1등급을 승진시키겠다고 약속하며, 빈객들을 시켜 백성들에게 곡식을 나라에 바칠 것을 권유하도록 했다. 이때부터 곡식을 나라에 바치는 제도가 생기게 되었다.

한편 초 출신으로 **이사李斯**라는 사람이 있었다. 이사는 젊었을 때 초에서 하급관리로 일했다. 어느 날 이사는 관청 변소에서 똥을 먹고 있는 쥐와 식량 창고에서 곡식을 먹고 있는 쥐를 보았다. 변소의 쥐는 겁에 질려있고 똥으로 연명하는 반면 창고의 쥐는 여유 있게 마음껏 곡식을 먹고 있었다. 이 모습을 본 이사는 어떤 상황에 자신을 두느냐에 따라 사람의 가치가 결정된다는 사실을 깨닫고, 출세에 대한 욕망을 가졌다.

이후 이사는 하급관리직을 버리고 순자의 문하에 들어가 출세를 위해 학문에 매진했다. 이사는 비천한 것보다 더 부끄러운 것은 없으며 곤궁한 것보다 더 슬픈 것은 없다고 말하며, 윤리에 대한 관심은 없이 오직 출세에 대한 확실한 목표를 세웠다.

학문을 마친 이사는 순자에게 아무것도 가지지 않은 사람이 발전을 도모하지 않는다면 짐승과 다를 바 없다고 말한 뒤 출세를 위해 진으로 갔다. 학문으로 명성이 높았던 이사는 여불위를 찾아갔고, 여불위는 이사의 능력을 알고 식객으로 삼았다. 이후 여불위는 이사의 학문과 재주를 천거했고, 진왕 정은 이사를 객경에 임명했다.

위경민왕魏景湣王의 즉위(BC 243년)

실각 후 마음의 병을 얻어 주색에 빠진 신릉군은 곧 건강이 나빠졌고 병이 들어 죽었다(BC 243년). 빈객 백여 명이 칼로 목을 찔러 신릉군을 따라 죽었다. 풍환도 통곡하며 너무 슬퍼하다 병이 들어 죽었다.

얼마 후 위안리왕도 사망하고(재위 34년. BC 243년) 세자 증이 즉위하니, 곧 **위경민왕魏景湣王**[1]이다.

연燕의 조趙 공격(BC 242년)

연왕 희가 극신을 재상에 임명하고 조에 대하여 반감을 가진 사실을 조도 알고 있었다. 조도양왕은 연왕 희에게 경고하는 차원에서 이목을 시켜 연을 다시 공격했고, 이목은 연의 무수武遂와 방성方城을 함락했다(BC 243년). 연왕 희는 더욱 조에 대한 복수를 불태웠다.

염파가 위로 망명하고 방난이 조의 대장이 되자 극신은 연왕 희에게 방난은 능력이 부족하다고 강조했다. 원래 조 출신인 극신은 방난과 과

---

1) 위경민왕 위증: 재위 BC 242 ~ BC 228

거에 친분이 있어서 방난을 얕잡아 본 것이다. 극신은 연왕 희에게 조는 진양 땅을 상실한 이후 약화되었다고 강조하며, 조를 공격하여 율복의 원수를 갚을 것을 건의했다. 극신은 자신이 조의 지리에 익숙하다고 강조하며, 방난을 격파할 것을 장담했다. 연왕 희는 매우 기뻐하고, 군사 10만 명을 내어주며 조에 대한 공격을 지시했다(BC 242년).

 조의 대장 방난은 대 태수인 이목에게 남쪽으로 우회하여 경도慶都를 경유하여 연군의 후방을 차단하고 공격할 것을 지시했다. 방난 자신은 연군과 정면에서 대결하면서 연군을 앞뒤에서 공격할 계책을 마련했다.

 연의 대장 극신은 조의 상산常山을 공격한 뒤 기세등등하게 조의 국경 깊숙이 진격했다. 방난은 동원東垣 땅에 영채와 성루를 건립하고 주둔했다. 얼마 후 연군이 동원 땅에 당도하여 조군과 대치했다.

 율복의 아들인 율원栗元이 선봉을 자원했다. 극신은 승낙하며, 말장末將 무양정武陽靖과 정예병 1만 명을 내어주었다. 율원은 즉시 조군 진영을 공격했다. 방난이 직접 율원과 맞서 싸웠다. 잠시 후 악승과 악한이 좌우에서 협공하며 일제히 강궁을 발사했다. 연의 무양정은 화살에 맞아 죽었고, 율원은 견디지 못하고 도주했다. 방난은 추격하며 연군 3천여 명을 죽였다.

 연의 대장 극신은 선봉대의 패전에 분노하여 전군을 출전시켜 공격했다. 방난은 성루로 퇴각했다. 극신이 조군 영채를 공격했으나, 함락시키지 못했다. 극신은 방난에게 서신을 보내 1대1 대결을 요청했고, 방난은 승낙했다.

 다음 날 방난과 극신은 1대1 대결을 하면서 언쟁을 벌였다. 방난은 연의 국운이 기울었음을 지적하고, 극신에게 나이 70세가 넘어 병권을 욕심낸다며 비난했다. 극신은 연왕 3대로부터 받은 은혜에 보답하고 율복의 원수를 갚기 위한 것이라고 응수했다. 방난은 율복이 이유 없이 조를 공격하여 죽음을 자초한 것이지 조가 연을 공격했던 것이 아니라고 반박했다.

극신은 대꾸하지 않고 공격 신호를 보냈다. 율원이 공격을 개시했다. 악승과 악한이 율원에게 반격했고, 양측은 접전을 벌였다. 율원이 서서히 밀리자 극신이 대군을 이끌고 가세했고, 방난도 대군을 이끌고 가세했다. 양측은 하루 종일 혼전을 벌였으나, 연군의 피해가 더 컸다.

극신은 승산이 없음을 알았지만, 회군을 할 면목이 없어 고민했다. 방난은 옛 우정을 생각하여 극신에게 비밀리에 서신을 보냈다. 이목의 군대가 후방에서 접근하여 포위할 예정이므로 급히 회군하라는 내용이었다. 극신은 군사들의 동요를 방지하기 위해 서신은 방난의 계책이므로 두려워할 필요가 없다고 큰소리쳤다. 극신은 사생결단을 벌이자는 답장을 보냈다.

얼마 후 극신은 율원을 몰래 불러 영채를 그냥 둔 채 군사들만 심야에 회군할 것을 지시했다. 극신은 자신이 후군을 맡아 조의 추격군을 방어할 계획을 세웠다. 율원은 먼저 회군을 개시했다.

방난은 회군하는 연군을 추격했다. 극신은 조군을 방어하며 후퇴했고, 용천하龍泉河에 당도했다. 그때 조의 이목은 이미 연군의 퇴로를 차단하고 있었다. 극신은 북쪽의 연 방향으로는 회군이 불가능하여 어쩔 수 없이 부성阜城을 목표로 동쪽의 요양遼陽[1] 땅 방향으로 달아났다. 극

---

1) 지명을 정할 때 일반적으로 강의 북쪽, 산의 남쪽과 같이 햇볕이 잘 드는 곳에 양陽 자를 넣음. 요양은 '요수遼水 유역에서 가장 햇볕이 잘 드는 땅'이라는 의미임. 요수(=요하)는 '멀리 떨어진 변경의 강'이라는 의미인데, 전국시대 당시의 요수는 지금의 요하 위치(=만주 가운데)가 아닌 지금의 북경 근처에 있었음. 즉 이곳의 요양은 현재의 요양과는 다른 곳임

신이 호로하胡盧河에 당도했을 때, 방난은 대군을 이끌고 추격하여 연군을 격파했다(BC 242년). 연군 3만여 명이 전사했다. 극신은 탄식하며 칼로 목을 찔러 자살했고, 율원은 체포되어 참수되었다.

방난과 이목은 연에 대한 공격을 시작했다. 연왕 희는 장거를 방문하여 조에 대한 화평을 요청할 것을 부탁했다. 장거는 방난에게 가서 꿇어 엎드리고 화평을 요청했다. 진의 빈집털이 후방 공격을 항상 염려하고 있던 방난은 연의 화평 요청을 승낙하고 회군했다. 이목은 다시 대 땅으로 돌아갔다. 연은 계속된 패배로 인하여 국력이 크게 약화되었다.

조도양왕은 교외까지 나가 방난을 영접했다. 방난은 다른 국가들과 연합하여 진에 대비할 것을 건의했다.

제3절 진秦의 동진과 마지막 합종合縱

진秦의 위魏 공격(BC 242년)

위에 대한 복수를 노리던 진은 신릉군과 위안리왕이 잇달아 죽자 드디어 위에 대한 대대적인 공격을 개시했다. 몽오는 산조酸棗 등 성 20개를 함몰하고, 동군東郡을 설치했다(BC 242년). 진군은 승세를 몰아 조가朝歌 땅을 함몰했고, 계속 진격하여 복양 땅마저 함몰했다(BC 241년).

위안리왕의 사위이자 위衛의 군주인 위원군衛元君은 진군이 접근하자 신변의 위협을 느끼고 동쪽으로 도주하여 야왕野王 땅의 산속으로 들어가 숨었다. 진왕 정은 각角을 위군衛君으로 즉위시키고(BC 241년),

위衛를 다시 속국으로 삼았다.

위경민왕은 신릉군만 살아 있었더라면 이런 수모를 겪지는 않았을 것이라며 뒤늦은 탄식을 했다. 위경민왕은 조에 사신을 파견하여 옛정을 언급하며 우호를 요청했다. 이때는 조도양왕도 진의 적극적인 공세에 긴장하고 있었다. 조도양왕은 방난의 건의를 받아들여 여러 나라에 사신을 파견했고, 6국의 제휴를 위해 교섭했다.

노애嫪毒를 천거하는 여불위呂不韋(BC 242년)

여불위는 태후(장양후) 조희와 계속 사통관계를 유지했는데, 진왕 정이 장성함에 따라 조희와의 관계에 두려움을 느끼게 되었다. 조희는 음욕이 너무 강하여 수시로 여불위를 태후궁인 감천궁甘泉宮으로 불러들였다. 영특한 진왕 정은 이미 그 사실을 알고 있었다.

여불위는 날이 갈수록 겁이 났다. 결국 여불위는 자기 대신 태후에게 양기 좋은 남자 하나를 천거하기로 결심한다. 당시 함양 시정에 노대嫪大라는 무뢰배가 있었는데, 양물陽物이 큰 것으로 유명했다. 노대는 천성이 음탕하여 시정의 여러 음탕한 부녀자들과 동침하는 등 행실이 바르지 못했기 때문에 사람들은 노대를 **노애嫪毒**라고 불렀다[1]. 여불위는 노애를 태후에게 천거할 결심을 했다.

어느 날 노애는 유부녀와 간음하다 간통죄로 관청에 잡혀갔다. 여불위는 노애를 처벌하지 않고 승상부의 심부름꾼으로 삼았다. 여불위는 추수감사 잔치 때 노애에게 시정에서 양물에 수레바퀴를 끼워 돌리는

---

1) 애毒의 뜻이 음란하다임

재주를 부리게 했다.

이 소문은 태후 조희에게까지 들어갔다. 태후는 여불위를 불러 소문의 진위를 물어보며, 큰 관심을 보였다. 여불위는 태후에게 노애를 직접 불러와서 보여주겠다고 제의했다. 태후는 관심을 드러내며, 외인이 내궁에 들어올 수 있는지 물었다. 여불위는 ①노애의 과거 죄를 추궁하여 거세형을 선고하고 ②집행 단계에서 뇌물을 써서 세상을 속인 뒤 ③노애를 가짜 환관으로 꾸며 내궁에 데려오는 계책을 아뢰었다. 태후는 만족하며 100금을 교부했다.

여불위는 노애를 불러 제안했고, 노애는 기뻐하며 승낙했다. 각본대로 여불위는 노애의 과거 간통죄를 들추어 거세형을 선고했다. 거세형 집행 직전 여불위는 형리들에게 비밀리에 100금을 주고 회유했다. 다음 날 형리들은 당나귀의 양물을 노애의 것이라고 시정에 전시했고, 사람들은 노애가 거세형을 받은 것으로 믿었다.

며칠 후 노애는 수염을 뽑고 가짜 환관이 되어 내시로 입궁했다. 노애는 내궁에 배치되어 태후 조희를 모시게 되었다. 태후는 노애와 간음하며 매우 만족했고, 노애를 천거한 공로를 인정하여 여불위에게 많은 상을 내렸다. 태후로부터 벗어난 여불위는 비로소 안도했다.

5국 연합군의 진秦 공격[마지막 합종合縱](BC 241년)

조도양왕의 호소에 한·위·연·초가 호응하여 각 2만 명 내지 5만 명의 군사들을 파견했다. 제는 진과의 우호를 이유로 끝까지 호응하지 않았다. 조·한·위·연·초의 5국 연합군은 종약의 장으로 초의 춘신군을 추대했다. 춘신군은 적이 미처 생각하지 못한 것을 사용한다(출기불의出其

不意)면서 기존의 함곡관을 통과하여 공격하는 경로 대신 포판蒲坂→화주華州→위남渭南→동관潼關을 지나 공격하는 계책을 세웠다.

5국 연합군은 포관蒲關 길로 진출하여 여산 방향으로 진군한 후 서쪽의 화주 땅을 경유하여 위남 땅으로 진입했다. 5국 연합군은 위남성을 공격했으나, 저항이 심하여 함락시키지 못했다.

여불위는 몽오, 왕전, 환의桓齮, 이신李信, 내사內史 등騰 다섯 장수에게 각 5만 명의 군사를 내어주고 오지군五枝軍을 편성했다. 여불위는 오지군을 이끌고 대장이 되어 함양을 출발했다. 진군은 동관 50리에 별모양으로 5개의 영채를 건립했다. 왕전이 한·위·조는 진과 교전 경험이 많지만 초의 춘신군은 진과 교전한 경험이 없다고 지적하며, 정예병으로 초군을 공격하여 무찌르면 다른 4국의 기운이 꺾일 것이라고 건의했다. 여불위는 허락했다.

마침 진군 아장牙將 감회甘回가 군량 운반을 늦게 하는 실수를 범했는데, 이신은 매질 100대로 처벌했다. 피투성이가 된 감회는 원한을 가졌고, 초군에 투항하여 왕전의 계책을 밀고했다. 보고를 받은 춘신군은 두려움에 빠졌고, 다른 4국군에 알리기도 전에 진군이 급습할 것으로 미리 겁을 먹었다. 춘신군은 급히 군사들을 50리 뒤로 물렸다.[1]

진군은 정예병 1만 명을 동원하여 심야에 초군 영채를 급습했으나, 허탕을 쳤다. 왕전은 계책이 누설된 것을 탄식하며, 대신 조군 영채를 습격했다. 조의 대장 방난은 침착하게 대응하며 굳게 방어했고, 날이 밝자 연·한·위군이 구원하러 왔다. 결국 진군은 성과 없이 철수했다.

방난은 초군이 후퇴한 사실을 보고받고 합종이 끝났다며 탄식했다.

---

1) 춘신군의 판단 착오로 인하여 연합군이 패배한 내용은 사서에는 없고 소설 《동주 열국지》에만 있는 내용임. 픽션일 가능성이 많지만, 명확히 알 수는 없음

방난은 진의 강성함을 염려했다. 이때부터 연합군의 결속은 완전히 붕괴되었다. 한군과 위군은 본국으로 돌아갔다. 춘신군은 초로 귀국했다. 방난은 진에 붙은 제를 증오했다. 조군과 연군은 연합하여 제를 공격했고, 요안饒安 땅의 성 1개를 함몰한 후 귀국했다(BC 241년).

초楚의 수춘壽春 천도(BC 241년)

조·한·위·연은 초에 사신을 보내 종약의 장이 되어 말도 없이 도망을 친 것에 대하여 항의했다. 초고열왕은 춘신군을 책망했다.

주영朱英은 위魏 출신인데, 당시 춘신군의 빈객이었다. 주영은 진에 대한 초의 두려움을 파악했다. 주영은 춘신군에게 초가 강해서가 아니라 지리적인 이유 때문에 진이 초를 위협하지 못했다고 지적하며, 주周가 이미 멸망했고 곧 위魏도 멸망할 것인데 그러면 진이 진陳 땅과 허 땅의 통로를 통해 초를 침공할 것이라고 분석했다. 주영은 춘신군에게 수춘으로 도읍을 옮겨 회수에 의지할 것을 건의했다.

예전에 춘신군은 초고열왕에게 원래 식읍인 회북 땅은 제와 접경지대여서 국방에 필수적이므로 자신의 식읍을 강동 땅으로 옮겨줄 것을 요청했었고, 초고열왕은 춘신군의 식읍을 강동의 오 땅으로 옮겨준 일이 있었다(BC 248년). 따라서 수춘 천도는 춘신군에게는 전혀 손해 볼 것이 없는 내용이었다.

춘신군은 초고열왕에게 수춘 천도를 건의했고, 초고열왕은 진의 위협을 피해 수춘으로 도읍을 옮겼다(BC 241년).

제2장

진秦의 내부 불안 극복

제1절 장안군長安君의 반란

진秦의 조趙 공격(BC 240년)

여불위는 5국 연합군의 공격에 대한 복수를 결심했다. 여불위는 먼저 연합을 주동한 조의 방난을 응징하기로 했다. 여불위는 몽오와 장당에게 선발대로 군사 5만 명을 내어주며 조에 대한 공격을 지시했다(BC 240년).

며칠 후 여불위는 장안군 성교와 **번오기樊於期**에게 군사 5만 명을 내어주며 후발대로 보냈다. 당시 장안군은 겨우 17세였고, 번오기는 여불위와 사이가 나빴다. 여불위는 용력은 뛰어나지만 지혜가 부족한 번오기에게 반란을 유인하여 장안군까지 함께 제거할 작정이었다.

몽오는 상당上黨 땅으로 진출하여 조의 경도성慶都城을 포위하고, 도산都山에 영채를 세웠다. 장안군은 후군을 지휘하여 둔류屯留 땅에 영채를 세웠다.

조는 재상인 방난을 대장으로 하고 호첩扈輒을 부장으로 하여 군사

10만 명으로 방어군을 편성했다. 방난은 경도 땅에서 가장 높은 요산堯山에 영채를 세우고 진군과 대결할 계책을 세웠다. 호첩은 군사 2만 명을 이끌고 요산을 공격하여 주둔 중이던 진군 1만 명을 격파한 후 영채를 세웠다.

진의 장수 몽오와 장당은 군사 2만 명을 이끌고 요산을 탈취하기 위해 이동했다. 조의 대장 방난은 대군을 이끌고 요산에 당도했고, 양측은 싸움을 시작했다. 조의 호첩이 요산 위에서 진군의 동태를 파악하고 깃발을 이용해 계속 신호를 보냈다. 이 때문에 진군은 고전했고, 결국 패하여 도산으로 달아났다.

경도성의 조군은 원군의 당도 소식에 사기가 상승했고, 몽오와 장당은 경도성을 함몰하지 못하고 고전했다. 몽오는 장당에게 둔류로 가서 장안군에게 구원을 요청할 것을 지시했다. 장당은 둔류 땅으로 출발했다.

몽오蒙驁와 방난龐煖의 죽음(BC 240년)

몽오는 방난과 대치하며 원군을 기다렸으나 소식이 없자 둔류 땅으로 군사를 물리기로 결심했다. 몽오는 군사를 3대로 나누어 회군하되, 직접 후군이 되어 조군의 추격을 막기로 했다. 몽오의 진군은 철수를 시작했다.

조의 대장 방난은 호첩에게 정병 3만 명을 내어주며, 지름길로 가서 태행산太行山에 매복하였다가 진군의 전군前軍은 그냥 통과시키고 몽오의 후군이 당도하면 공격할 것을 지시했다.

몽오는 전군前軍이 무사히 행군하는 것에 안심하며 후군을 이끌고 태행산에 진입했다. 복병 중이던 호첩이 기습 공격을 하여 양측에 교전이 발생했다. 이때 방난이 추격군을 이끌고 당도했다. 진군은 앞뒤로 포위되자 전의를 상실하고 도주하기 시작했다. 몽오는 분전했으나 중상을 입었다. 그럼에도 몽오는 방난을 향해 화살을 날렸고, 방난도 부상을 입었다. 방난은 몽오를 향해 일제 사격을 지시했다. 결국 몽오는 무수한 화살을 맞고 죽었다(BC 240년).

조군은 대승을 거두고 회군했다. 얼마 후 방난도 상처가 악화되어 사망했다.

노애嫪毐의 막강한 위세(BC 239년)

진의 태후 조희는 노애와 부부처럼 생활했다. 반년이 지나 태후는 임신을 하게 되었다. 배가 불러오자 태후는 꾀병을 부리며, 노애에게 점쟁이를 매수하여 서쪽 200리 밖으로 나가야 태후의 병을 치료할 수 있다는 헛소문을 내게 했다. 노애가 퍼뜨린 소문은 궁중에까지 퍼졌다. 진왕 정은 태후를 문병하고, 함양 서쪽 200리에 있는 옹주 땅에 가서 치료할 것을 건의했다. 진왕 정은 노애의 존재를 모르고 태후를 여불위와 멀리 떨어뜨리기 위해 그렇게 건의한 것이다.

태후는 옹주성으로 행차하여 옹주성의 옛 궁궐을 대정궁大鄭宮으로 명명하고 그곳에서 노애와 거리낌 없이 부부 생활을 했다. 태후는 2년 동안 아들 둘을 낳았고, 밀실에 감추어 키웠다. 누구도 그 사실을 감히 발설하지 못했다. 태후는 노애에게 진왕 정이 죽거든 우리 아들을 진왕으로 삼자고 약속했다.

태후는 함양의 진왕 정에게 사람을 보내 자신을 잘 모시는 노애의 공로를 고려하여 노애에게 토지를 분봉해 줄 것을 요청했다. 진왕 정은 노애에게 산양山陽 땅을 분봉하고 장신후長信侯로 책봉했다(BC 239년).

노애는 귀한 몸이 되자 안하무인으로 행동했다. 태후의 총애를 믿고 매사를 마음대로 처리했으며, 조정의 대신들을 매수하여 파당을 형성했다. 권력을 쫓는 자들이 노애에게 몰려들었다. 내사內史 사肆와 좌익佐弋 갈竭은 노애의 심복이 되었다. 노애는 수천 명의 가솔을 거느리고, 천여 명의 빈객을 양성했다. 노애의 위세가 여불위를 능가할 지경에까지 이르렀다.

장안군長安君의 반란(BC 239년)

번오기는 평소 여불위를 증오했다. 어느 날 번오기는 장안군을 알현하며, 진왕 정은 진장양왕의 혈육이 아니라 여불위의 자식이라고 강조했다. 번오기는 여불위가 그 사실을 숨기고 장안군을 국외로 내몰기 위해 병권을 부여한 것이며, 만약 몽오가 패할 경우 장안군에게 그 책임을 전가하여 추방 또는 처형을 할 것이라고 아뢰었다. 번오기는 장안군에게 이번 기회를 살려야 한다고 건의했다.

장안군은 번오기에게 설득당해 협력을 요청했다. 번오기는 격문을 작성하여 태후와 여불위의 관계를 폭로하고 성토하면 진의 신하들과 백성들이 호응할 것이라고 주장했다. 장안군은 분연히 거병을 결심하고, 번오기에게 일을 맡겼다.

번오기는 격문을 작성하여 사방으로 뿌렸다. ①나라를 전하는 법은 혈통을 기본으로 하며 ②종계를 뒤엎는 음모가 가장 흉악함을 강조하고 ③진왕 정은 여불위의 자식이고 ④여불위는 진효문왕과 진장양왕을 독살하여 신하로서 왕위를 빼앗고 사직을 전복시켰으며 ⑤장안군은 선왕의 혈통을 이어받은 유일한 적자이므로 ⑥신민들은 역대 왕들의 은덕을 생각하여 역적에 맞서 거병하라는 내용이었다.

그동안 소문을 통해 진왕 정의 혈통을 의심하고 있던 진의 백성들은 격문을 통해 진상을 알게 되었으나, 여불위의 권세를 두려워하여 거병하지 못하고 사세를 관망했다.

번오기는 둔류 일대의 장정들을 징집했다. 번오기는 군사들을 2대로 편성하여 진의 본국인 장자성長子城과 호관성壺關城을 공격하여 점령했다(BC 239년).

장당은 둔류 땅으로 가던 도중에 반란 사실을 알게 되었다. 장당은 함양으로 급히 돌아가 경과를 보고했다. 진왕 정은 격노하여 여불위와 상의했다. 여불위는 장안군이 나이가 어리므로 번오기가 충동한 것이라고 분석하며, 번오기는 지혜가 없다고 답변했다. 여불위는 왕전에게 군사 10만 명을 내어주고, 환의와 왕분을 좌우 선봉으로 하여 진압군을 파견했다.

반란의 진압(BC 239년)

왕전과 장당은 진군을 이끌고 둔류 땅을 포위했다. 아직 어린 장안군은 두려움에 떨며 공포에 빠졌다. 번오기는 장안군에게 호랑이를 탄 형국이므로 이제는 내릴 수 없는 상황이라고 아뢰며, 이미 세 성을 장악하고 군사 15만 명이 있다며 격려했다.

번오기는 성을 나가 둔류성 아래에 포진하고 왕전과 대치하며 서로 설전을 벌였다. 왕전은 근거 없는 말을 퍼뜨리고 대역죄를 저질렀다며 번오기를 비난했다. 번오기는 분노하여 돌격했다. 진군은 번오기의 기세에 기가 질렸다. 왕전은 여러 번 싸우는 과정에서 많은 사상자가 발생하자 후퇴하여 산개산傘蓋山에 영채를 세웠다. 왕전은 번오기가 매우 사납고 용맹하여 고민하다 계책을 세워 물리치기로 결심한다.

왕전은 군중에서 장안군을 잘 아는 장수를 물색했다. 말장 양단화楊端和는 둔류 출신으로 예전에 장안군의 빈객이었다. 왕전은 양단화에게 번오기와 싸울 때 적군에 섞여 성으로 들어간 뒤 장안군에게 서신을 전달하며 귀순을 설득할 것을 지시했다.

왕전은 둔류, 장자, 호관 세 성을 동시에 공격하여 고립시키기로 결심했다. 왕전은 둔류성을, 환의는 장자성을, 왕분은 호관성을 공격했다. 번오기는 장안군에게 적이 군사를 나눈 기회를 노려 승부를 가릴 것을 건의했다. 장안군은 두려움에 눈물만 흘리며, 알아서 잘 처리하라고 부탁했다.

번오기는 정병 1만 명을 이끌고 왕전을 공격했다. 왕전은 일부러 패하고 후퇴하여 복룡산伏龍山에 주둔했다. 번오기는 둔류성으로 다시 돌아갔는데, 양단화는 그 속에 섞여 둔류성으로 들어가 친척 집에 숨었다. 왕전은 복룡산에 주둔하며 방어 진지를 구축하고, 일체 응전하지 않았다. 왕전은 군사 3만 명을 환의와 왕분에게 보내고, 성을 함몰할 것을 독려했다. 번오기는 날마다 왕전에게 싸움을 걸었으나, 왕전은 응하지 않았다. 그러는 사이 장자성과 호관성은 중과부족으로 함몰되었다.

번오기는 왕전이 일체 싸움에 응하지 않자 어쩔 수 없이 장자성과 호관성을 원조하기 위해 출발했다가 도중에 성이 함몰된 사실을 보고받았다. 번오기는 큰 충격을 받고 회군하여 둔류성 밖에 영채를 세웠다. 환의와 왕분은 본진으로 복귀했다.

진왕 정은 장군 신승辛勝을 파견하여 음식과 상으로 군사들을 위로하고, 번오기를 직접 참수하여 화풀이를 할 작정으로 번오기를 생포할 것을 지시했다. 왕전은 신승에게 군사 작전에 대한 협조를 부탁했다. 왕전은 ①환의와 왕분은 좌우에 매복하고 ②신승은 군사 5천 명을 거느리고 둔류성으로 출전하여 번오기를 유인하고 ③그 사이 왕전은 둔류성을 포위하는 계책을 마련했다.

장안군은 두 성의 함몰 소식에 두려움을 느끼고 번오기를 불러 상의했다. 번오기는 군사들을 모두 모아 결전을 벌이고 만약 패할 경우 조나 연으로 망명하여 열국과 연합군을 결성하면 된다고 장안군을 격려했다. 이때 신승이 싸움을 걸어왔다. 번오기는 승낙하고 출전했다. 신승은 일부러 패하고 달아나며 번오기를 유인했다. 번오기는 신승을 추격했는데, 환의와 왕분이 매복 공격을 했다. 기습을 받은 번오기는 패하고 성으로 회군했다. 이때 왕전은 이미 둔류성을 포위하고 있었다. 번오기는 분전하여 겨우 혈로를 뚫고 성안으로 들어갔다. 왕전은 둔류성을 총공격했고, 번오기는 군사들을 지휘하며 성을 굳게 지켰다.

양단화는 성 밖의 공격이 맹렬한 틈을 이용하여 장안군을 몰래 방문했다. 양단화는 장안군에게 진은 천하의 강국으로 6국이 힘을 모아 공격해도 진을 이기지 못한다고 강조하며, 둔류성에 의지하여 진과 상대하는 것은 승산이 없다고 간언했다. 장안군은 거병은 번오기의 뜻이었다고 대답했다. 양단화는 번오기는 승패에 대한 고려 없이 필부의 용기만 있다고 강조하며, 격문에 대한 호응이 없음을 지적했다. 양단화는 둔류성이 함락될 경우 어떻게 할 것인지 물었다. 장안군은 연 또는 조로 망명하여 합종을 호소할 것이라고 대답했다. 양단화는 합종의 실패 사례를 언급하며, 천하가 진을 두려워하므로 조나 연에 망명하더라도 그들은 진의 요구에 굴복하여 장안군을 진으로 송환할 것이라고 간언했다.

충격에 빠진 장안군은 양단화에게 도움을 요청했다. 양단화는 비로소 왕전의 서신을 전달했다. 번오기의 꼬임에 빠져 난을 일으킨 것을 애석하게 생각하고, 번오기의 수급을 바치고 투항하기를 권유하며, 왕에게 선처를 부탁할 것을 약속하는 내용이었다. 장안군은 번오기를 충직한 장군이라고 말하며, 번오기의 수급을 바치라는 왕전의 제안을 거부했다. 장안군은 눈물을 흘리며, 양단화에게 상의를 위해 나중에 다시 방문해 줄 것을 요청했다. 양단화는 승낙하며, 자신의 방문 사실을 발설하지 말 것을 부탁했다. 양단화는 돌아가 친척들을 시켜 항복 깃발을 여러 개 준비했다.

다음 날 번오기는 병거를 대동하고 장안군을 방문하여 형세가 위급하므로 연이나 조로 도주할 것을 제안했다. 장안군이 결정을 못하고 주저하는 사이 진군은 다시 맹공을 개시했다. 번오기는 결단을 간청했으나, 장안군은 여전히 주저하며 결단을 못했다. 번오기는 어쩔 수 없이 출전하여 남문 밖에서 진군과 싸웠다.

양단화는 장안군을 방문하여 성루로 데려가 억지로 전투 구경을 시켰다. 번오기는 사력을 다해 분투했으나, 중과부족으로 밀려 성문으로 후퇴했다. 번오기는 성문을 열라고 외쳤다. 갑자기 장안군의 옆에 있던 양단화가 장안군은 항복을 결심했으므로 성문을 여는 자를 참수할 것이라고 외치며, 미리 준비한 항복 깃발을 내걸었다. 양단화의 친척들도 가세하여 항복 깃발을 내걸었다. 장안군은 당황했지만 대처도 못하고 눈물만 흘렸다.

번오기는 어리고 못난 놈을 도왔다며 자신을 자책하고, 진군의 포위를 뚫고 북쪽으로 달아났다. 진군은 진왕 정의 생포 지시 때문에 차마 활을 쏘지 못하다 그만 번오기를 놓쳤다. 양단화는 성문을 열고 진군을 입성시켰다. 왕전은 장안군을 공관에 감금했다. 번오기는 연으로 도주하여 산속 깊이 숨었다.

진왕秦王 정政의 보복

왕전은 함양에 신승을 보내어 경과를 보고했다. 태후 조희는 입장이 난처했다. 조희는 여불위에게 장안군의 구명을 부탁했으나, 여불위는 대답을 하지 않았다. 태후는 아들 진왕 정을 찾아가 간청했으나, 진왕 정은 냉정하게 거절했다. 이미 진왕 정은 장성하여 총명한 자질을 드러냈고, 냉혹한 성격과 강한 고집이 있었다.

진왕 정은 장안군을 참수하여 효수하고, 부역한 군사와 군리 모두를 처형하고, 둔류 백성들을 서북쪽 국경 끝 황무지인 임조臨洮 땅으로 추방할 것을 지시했다. 진왕 정은 번오기의 일족을 몰살하고, 번오기를 체포하는 자에게 성 다섯 개를 상으로 준다는 방문을 내걸었다.

장안군은 일말의 기대를 가졌다가 왕명을 전달받고는 통곡한 뒤 목을 매고 자살했다. 왕전은 장안군의 수급을 효수했다. 왕전은 부역한 군사 수만 명을 전부 처형하고, 백성들 전부를 추방했다.

제2절 노애嫪毐의 반란

한왕韓王 안安의 즉위(BC 239년)

한환혜왕이 재위 34년에 죽고 세자 안安이 즉위하니(BC 239년), 곧 한의 마지막 왕인 **한왕 안**[1]이다. 장평張平이 계속 재상으로서 국정을 담당했다. 장평의 아들인 **장량張良**은 자字가 자방子房으로 의지가 굳고 지략이 탁월했으나, 아직 관직에는 나가지 않은 상태였다.

한비韓非의 좌절

당시 한에는 공자 비非(=**한비韓非**)가 있었다. 한비는 순자의 제자로 이사와는 동문이었는데, 비록 말을 더듬는 듯 어눌해 보였으나 형명학과 법률학에 통달했다. 한비는 인성에는 이기적인 감정이 있으므로 강력한 법의 시행으로 이를 억제해야 한다고 주장하고, 법을 효과적으로 시행하기 위해서는 상과 벌이 필수적이라고 지적하며, 상벌의 권한을 군주가 가져야 한다고 강조했다. 한비는 군주의 권한을 강화하기 위해 신하들의 권리와 의무에 대한 한계를 분명히 할 것을 주장했다.

한비의 주장은 군주 주위에 포진한 권세가들의 원한을 야기할 수 있는 내용들이었다. 당계공堂谿公이 오기와 상앙의 사례를 언급하며, 위태로운 길을 걷고 있다고 한비를 염려했다. 한비는 자신의 이익을 생각하여 백성들의 이익을 돌보지 않는 것은 탐욕스럽고 천박한 행동이라

---

1) 한왕 한안: 한의 마지막 왕. 재위 BC 238 ~ BC 230

고 답하며, 비록 어리석은 군주의 박해를 받더라도 백성들의 이익을 생각하는 것이 지혜로운 처신이라고 강조했다.

한비는 한의 쇠약을 염려하여 한왕 안에게 거듭 글을 올려 간언을 했으나, 한왕 안은 한비의 간언을 무시했다. 거듭된 간언이 무시되자 한비는 울분을 느끼고, 자신의 사상을 10만여 자에 이르는 글로 정리했다. 이것이 바로 《한비자韓非子》 20권이다. 《한비자》는 논리와 우화를 적절히 조화시켜 서술하면서 법가 사상을 넘어 인간사의 모든 부분을 관통하는 지혜를 담고 있다. 《한비자》에 실려 있는 모순矛盾, 수주대토守株待兎 등의 우화는 특히 유명하며 한비의 높은 통찰력이 잘 나타나 있다.

진秦과 연燕의 우호 체결

진왕 정은 몽오의 원수를 갚겠다며 조를 공격할 것을 천명했다. 채택이 연은 조와 원수지간이어서 누구보다 조를 미워하지만 현재 힘이 부족하여 조와 협력하고 있다고 아뢰며, 연왕을 설득하여 합동으로 조를 공격하면 쉽게 승리할 것이라고 건의했다. 채택은 연에 사신으로 갈 것을 자청했고, 진왕 정은 만족했다.

채택은 연왕 희를 알현하며, 율복과 극신의 죽음을 언급했다. 채택은 조에 사대하고 연합하여 진과 싸워 ①승리를 거두어도 이익은 조가 차지하고 ②패배하면 불행은 연이 부담한다고 강조하며, 연왕 희를 충동했다. 연왕 희는 힘이 약해 어쩔 수 없다며 탄식했다. 채택은 진왕 정이 5국 연합에 대하여 분노가 대단하지만 어쩔 수 없이 가담한 연의 입장을 이해하고 있다고 말하며, 진에 세자를 볼모로 보내고 진의 대신을 받아 재상에 임명할 것을 제안했다. 채택은 그렇게 하면 서로 볼모를 교환한 것과 같다고 강조하며, 진과 연합하여 조를 공격하고 원수를 갚으라고 충동했다. 결국 연왕 희는 승낙했다.

연왕 희는 채택이 귀국할 때 **세자 단**丹을 볼모로 진에 보내면서 재상 적임자를 파견해 줄 것을 요청했다. 귀국한 채택으로부터 보고를 받은 여불위는 장당을 보내기로 결심했다.

12세 소년 감나甘羅의 재주

장당은 예전에 조를 여러 번 공격한 사실이 있어 조를 경유하여 연에 가는 도중 조에서 보복할 것을 염려했다. 장당은 병을 핑계로 연에 가는 것을 거절했다. 여불위가 장당을 방문하여 설득했으나, 장당은 계속 사양했다. 여불위는 부중으로 돌아가 당堂 위에서 고민했다.

감나甘羅는 감무의 손자로 이때 12세의 소년이었고 여불위의 문하에 있었다. 감나는 여불위의 고민하는 모습을 보고, 문하의 선비는 주인과 근심 걱정을 함께 해야 한다면서 여불위에게 고민하는 이유를 물었다. 여불위는 어린 감나의 말이 기특하여 장당의 거부 때문에 심정이 불쾌하다고 대답했다. 감나는 웃으며, 자신이 장당을 설득하겠다고 자신 있게 말했다. 여불위는 자신이 직접 부탁해도 거절했음을 지적하며, 어린 것이 함부로 입을 놀린다며 호통을 쳤다. 감나는 성과 없을 때 꾸짖어도 늦지 않다고 항변하며, 선비를 멸시하면 안 된다고 대답했다. 여불위는 감나의 말을 기특하게 여기고 바로 사과했다.

감나는 장당을 방문했는데, 조상弔喪하러 방문한 것이라고 말하며 장당을 자극했다. 감나는 백기의 공적이 장당보다 훨씬 크고 여불위의 권세가 범저보다 훨씬 큰 사실을 지적하고, 범저의 지시를 거부한 백기의 사례를 언급하며, 여불위의 지시를 거부한 장당의 미래를 예상했다. 장당은 큰 충격을 받고 식은땀을 흘리며 감나에게 도움을 요청했다. 감나는 여불위를 방문하여 사죄하고 즉시 연으로 출발할 것을 조언했다.

감나는 돌아가 여불위에게 장당이 승낙했지만 조를 경유하는 것을 두려워한다고 보고했다. 감나는 여불위에게 수레 5승을 요청하며, 자신이 조에 가서 만반의 조치를 하겠다고 말했다. 여불위는 어린 감나의 재주에 감탄하며, 요청을 승낙했다.

여불위는 진왕 정을 알현하고, 감나를 칭찬하면서 감나가 장당을 설득한 사실을 보고했다. 여불위는 감나가 장당을 위해 조왕을 설득하겠다고 자청한 사실을 보고하며, 감나를 조에 사신으로 보낼 것을 건의했다. 진왕 정은 감나를 궁으로 불러들였다. 진왕 정은 감나의 청수한 외모에 감탄하며, 어떻게 조왕을 설득할지 물었다. 감나는 파도가 일어나면 바람을 일으켜 유리한 쪽으로 유도하겠다고 비유하며, 미리 정한 것은 없고 조왕의 태도를 보고 결정할 것이라고 대답했다. 진왕 정은 감탄하며 허락하고, 수레 10승을 교부했다.

말로써 성 다섯 개를 획득하는 감나甘羅[진秦과 조趙의 우호 체결]

조도양왕은 진과 연의 우호 소식에 걱정을 하고 있었다. 이때 진의 사신이 조를 방문하자 기뻐하며 영접했는데, 사신이 어린 소년이어서 기이하게 생각했다. 감나는 진왕은 각자의 소임을 감당할 만한 사람을 뽑아서 쓰므로 어린 사람에게는 작은 일을 맡긴다고 아뢰며, 자신이 가장 나이가 어려 조에 사신으로 오게 되었다고 대답했다. 조도양왕은 감탄했다.

감나는 진과 연이 연합하면 조가 위태로워진다고 지적하며, 진이 연과 친교한 목적은 조의 하간(河間)[1] 땅을 점령하기 위한 것이라고 말했다. 감나는 조가 진에 하간 땅의 성 다섯 개를 바치면 장당을 연에 보내지 않고 연과 우호를 단절한 뒤 조와 우호를 체결할 것이라고 설득했다. 감나는 이후 조가 연을 공격할 때 진이 방해하지 않을 것이고 그러면 조는 진에 양도한 이상의 땅을 점령할 수 있을 것이라고 유혹했다. 조도양왕은 매우 기뻐하며, 감나에게 황금 100일과 백옥 두 쌍을 하사하고 하간 땅 성 다섯 개의 지도를 교부했다.

감나는 귀국하여 경과를 보고했다. 진왕 정은 대만족하며, 그대의 지혜는 그대의 몸보다 크다고 칭찬했다. 진왕 정은 장당을 연으로 파견하는 것을 취소했다. 장당은 감나에게 깊이 감사했다.

노애嫪毐의 반란(BC 238년)

진은 옹주로 천도한 이후부터 하늘에 교사郊祀를 지내고 있었는데, 함양 천도 이후에도 계속 유지되고 있었다. 진왕 정도 친히 옹주로 행차하여 기년궁祈年宮에 거처하며 교사를 거행하고, 몇 년 째 태후를 문안하고 있었다.

진왕 정 재위 9년째 해에 교사를 지낼 시기가 임박했을 때 하늘에 혜성이 나타났다(BC 238년). 태사는 점을 친 후 군변軍變의 징조라고 아뢰었다. 진왕 정은 장수 환의에게 군사 3만 명을 내어주며 만약을

---

[1] 황하에서 장하 사이의 지역

대비하여 기산에 주둔할 것을 지시하고, 창평군 등을 대동하고 옹주성으로 행차했다.

당시 진왕 정은 나이 22세였지만 아직 관례冠禮를 올리지 않은 상태였다. 태후는 진덕공의 사당에서 관례를 거행할 것을 지시했다. 진왕 정은 관례를 치르고, 태후가 거처하는 대정궁에서 5일 동안 잔치를 열었다.

잔치 4일째, 노애는 술과 도박에 열중하며 만취 상태가 되었다. 노애는 중대부 안설顏洩과 만취 상태로 도박을 했는데, 도박에서 지자 억지를 부렸다. 안설도 만취한 상태여서 노애와 다툼을 벌였다. 노애는 격노하여 안설의 따귀를 때렸고, 안설도 격분하여 노애의 관끈을 끊어버렸다. 노애는 대노하여 자신을 진왕의 아버지뻘 되는 사람이라고 강조하며, 안설을 위협했다.

안설은 겁이 나서 도망치다 기년궁으로 돌아가던 진왕 정과 마주쳤다. 안설은 꿇어 엎드리고, 진왕 정에게 죄를 청했다. 진왕 정은 안설을 기년궁으로 데려가 추궁했다. 안설은 태후와 노애에 관련된 모든 사실을 발설하고, 노애의 역모 계획을 고발했다. 진왕 정은 분기충천하여 기산에 주둔한 환의에게 비밀리에 사람을 보내 소환했다.

내사 사와 좌익 갈은 노애에게 비밀이 누설된 사실을 알렸다. 노애는 대경실색하여 태후에게 대정궁의 위병들을 동원하여 환의가 도착하기 전에 기년궁의 진왕 정을 공격할 것을 제안했다. 태후는 군사들의 불복종을 우려하며 주저했다. 노애는 ①태후의 인장을 사용하여 ②기년궁에서 도적이 난을 일으켰으니 군사들은 왕을 도우라는 취지로 진왕 명의의 가짜 조서를 만들어 ③군사들을 동원하는 계책을 아뢰었다. 태후는 정신이 혼미하여 노애에게 인장을 교부했다.

노애는 조서를 위조하여 대정궁의 병사들을 동원하고, 추가로 부중의 빈객들과 가솔들을 총동원하여 기년궁을 포위했다. 진왕 정은 기년궁의 대 위로 올라가 노애가 반역했다고 선포했다. 대정궁의 병사들 절반은 달아났고, 절반은 오히려 노애의 빈객들 및 가솔들과 싸움을 벌였다. 진왕 정은 노애를 체포하는 자에게 100만 전을 하사하고, 노애의 수급을 바치는 자에게는 50만 전을 하사하고, 역도의 수급 하나당 1계급 승진을 시키겠다고 선포했다. 창평군은 군사들을 이끌고 노애를 공격했는데, 백성들까지 노애 공격에 가세했다.

  노애는 견디지 못하고 동문 밖으로 달아나다 마침 당도한 환의에게 체포되었다. 노애에 대한 국문이 시작되었고, 노애는 모든 사실을 자백했다. 진왕 정은 대정궁을 수색했고, 노애의 두 아들을 찾아내 포대에 넣어 몽둥이로 쳐 죽였다. 진왕 정은 태후를 만나지도 않고 기년궁으로 돌아갔다.

  진왕 정은 노애를 동문 밖에서 거열형에 처하고(BC 238년), 노애의 일족을 몰살하고, 노애의 심복 20여 명을 참수하여 효수했다. 또한 진왕 정은 끝까지 싸운 노애의 빈객 전원을 처형하고, 항복한 자들과 그 가족들을 촉 땅으로 추방했다. 진왕 정은 태후를 가장 작은 이궁인 역양궁棫陽宮에 감금하고, 군사 300명을 배치하여 감시했다.

  진왕 정은 함양으로 환궁했다. 여불위는 두려움을 느껴 병을 핑계대고 영접하러 나가지 못했다. 진왕 정은 노애를 태후에게 천거한 여불위를 처형할 결심을 했다. 대신들 중에는 여불위의 일당이 많았다. 대신들은 여불위가 사직에 큰 공로를 세운 것을 아뢰며, 처형에 반대했다. 진왕 정은 여불위를 승상에서 해임하고, 창평군을 승상으로 임명했다. 진왕 정은 군변을 예상한 태사에게 상금 10만 전을 하사하고, 노애를 체포한 장수 환의를 진급시켰다.

제3장

진왕秦王 정政의 3진三晉 공략

제1절 초楚의 국력 약화

초고열왕楚考烈王과 춘신군春申君의 사망(BC 238년)

　재위 25년 어느 날, 초고열왕이 중병에 걸렸다. 이원은 출산의 비밀을 지키고 권력을 독점하기 위해 춘신군을 제거하기로 결심한다. 이원은 각처에서 장사들을 영입하였고, 궁전 시위 병사들을 매수했다.
　주영은 이원을 경계하여 춘신군에게 뜻밖의 복과 뜻밖의 화, 뜻밖의 사람에 대하여 간언했다. ①뜻밖의 복은 춘신군이 영윤 20여 년 동안 왕에 버금가는 권세를 누렸으며, 어린 세자가 즉위한 뒤 잘 보살피고 천심과 민심을 얻으면 왕위에 오를 수 있는 것을 의미하고 ②뜻밖의 화는 이원이 딴 뜻을 품고 권세를 누리기 위해 춘신군을 제거하려는 것을 의미하고 ③이원은 여동생을 연줄로 궁중의 정보를 장악하고 있으므로 유사시 이원에게 선수를 뺏길 염려가 있다고 강조하며, 자신을 낭중령에 임명시켜 주면 유사시 선수를 쳐서 이원을 제거할 것이니 뜻밖의 사람은 자신을 의미한다고 설명했다.

춘신군은 주영에게 이원은 성격이 유약하고 오랫동안 자신을 섬겨왔으므로 지나친 염려를 하지 말라고 말하며, 주영의 제안을 거부했다. 춘신군은 필요하면 주영을 부르겠다고 말했으나, 사흘이 지나도 부르지 않았다. 주영은 탄식하며, 큰 불행을 피하기 위해 하직인사도 없이 춘신군을 떠났다. 주영은 오호五湖로 가서 은거했다.

주영이 춘신군을 떠난 후 17일 만에 초고열왕이 사망했다(BC 238년). 이원은 매수한 궁전 시위를 통해 가장 먼저 그 사실을 보고받았다. 이원은 급히 입궁했으나, 왕의 죽음을 발상하지 않았다. 이원은 궁문 안에 장사들을 배치한 후 비로소 춘신군에게 초고열왕의 사망 사실을 알렸다. 춘신군은 당황하여 급히 입궁했다. 춘신군이 궁문으로 들어섰을 때 이원의 수하 장사들이 춘신군을 칼로 쳐 죽였다.

춘신군이 죽자 순자는 난릉령의 직위를 사임했다. 이후 순자는 난릉에 정착하여 저술활동에 전념하다 난릉에서 사망한다.

초유왕楚幽王의 즉위(BC 238년)

춘신군을 제거한 후 이원이 나이 6세인 세자 한을 옹립하니(BC 238년), 곧 **초유왕楚幽王**[1]이다. 이원은 스스로 영윤이 되어 초의 정권을 장악하고, 여동생 이언을 태후로 책봉했다.

이원은 권세를 강화하기 위해 춘신군의 일족을 처단하고, 식읍 전부를 몰수했다. 춘신군 문하의 빈객들은 모두 달아났다. 이원은 어린 왕을 내세워 전횡을 저질렀고, 이로써 초의 왕통은 단절되었으며 국력은 급격히 약화되었다.

---

1) 초유왕 웅한: 재위 BC 237 ~ BC 228

제2절 진秦의 안정

모후와 화해하는 진왕秦王 정政(BC 237년)

진에 이례적으로 음력 4월에 한파가 발생하여 다수의 동사자가 발생했다(BC 237년). 대부 진충陳忠이 태후를 모셔와 효도를 해야 하늘이 변괴를 거둘 것이라고 간언을 올렸다. 진왕 정은 격노하며, 진충을 몽둥이로 때려 죽였다. 진왕 정은 진충의 핏덩이 시체를 궁궐 밖에 전시하게 하고, 태후에 관한 일로 간언할 경우 이와 같이 될 것이라는 내용의 방문을 붙였다. 방문에도 불구하고 신하들은 간언을 계속하여 결국 27명이 몽둥이에 맞아 죽었고, 그 시체가 무더기로 쌓였다.

모초茅焦는 제의 창주滄州 땅 출신으로 천하를 유람하며 유세를 하는 중이었다. 당시 모초는 함양에 머무르고 있었는데, 진왕 정에게 태후에 관하여 간언을 하기로 결심했다. 주변 사람들이 비웃으며 만류했으나, 모초는 궁궐로 찾아갔다.

내시로부터 보고를 받은 진왕 정은 모초를 만나주지 않고, 대신 쌓여 있는 시체들을 보라고 전달하도록 했다. 모초는 내시를 통해 진왕 정에게 답변을 전달했다. 28개의 별이 지상에 내려오면 정인군자正人君子가 되는데, 한 명이 더 죽어야 28이 채워짐을 강조하고, 자신은 죽음을 두려워하지 않는다는 내용이었다. 진왕 정은 대노하며, 온전한 시체로 숫자를 더할 수 없게 할 작정으로 가마솥에 모초를 삶아 죽이라고 지시했다.

내시들이 모초를 잡아들였다. 모초는 총명한 왕은 생사존망의 이치에 통달해야 한다고 아뢰며, 진왕 정을 자극했다. 모초는 충신은 아부를 하지 않고 왕은 인륜에 반하는 난폭한 행동을 하지 않아야 함을 강조하고, 진왕 정은 하늘의 이치에 거역하는 행동을 하고 있으며 충언을 듣지 아니하므로 진의 장래가 염려된다고 설득했다.

진왕 정은 국가의 장래에 대한 언급이 나오자 비로소 관심을 드러내며, 분노를 누그러뜨리고 충언을 요청했다. 모초는 천하가 진을 두려워하는 이유는 진왕의 위력을 두려워해서가 아니라 진왕이 천하의 영웅이고 진에 충신열사가 많아서라고 강조하고, 진왕이 불효한 행동을 하여 천하의 존경을 잃게 되면 결국 모든 나라가 진에 대항할 것이라고 설득했다. 모초는 사악한 계모를 극진히 섬긴 순과 충신을 죽인 걸·주의 사례를 비교하며, 불효한 행동으로 인한 제업의 실패를 거듭 우려했다.

말을 마친 모초는 가마솥을 향해 걸어가는 시늉을 했다. 진왕 정은 모초를 극진히 대우하고 사과하며, 가마솥을 치우고 방문을 떼버리게 조치했다. 진왕 정은 다른 신하들이 자신의 잘못만 비난하고, 국가의 존망지계에 관하여는 설명을 하지 않았다고 변명했다. 모초는 태후를 모셔오고 시체 27구를 장례 치러 줄 것을 건의했다. 진왕 정은 시체들을 용수산龍首山에 장례 치러주고, 그 무덤을 회충묘會忠墓라고 불렀다.

진왕 정은 옹주 땅으로 행차하여 태후를 방문하고, 사과하며 통곡했다. 태후도 통곡했다. 진왕 정은 태후를 함양에 다시 모셔왔는데(BC 237년), 천승만기가 호위하며 뒤를 따랐다. 진의 백성들은 진왕 정의 효심을 칭송했다. 진왕 정은 모초를 상경에 임명하고 태부로 삼았다.

제왕齊王 건建과 조도양왕趙悼襄王의 함양咸陽 방문(BC 237년)

진은 범저의 원교근공 정책 건의 이후 제와 친선관계를 계속 유지했다. 제는 합종을 하여 진에 대항하자는 다른 나라들의 제안을 전부 거부하면서 진의 편을 들었다. 진이 다른 나라를 공격해도 제는 관심을 두지 않았다.

제왕 건은 여러 나라를 거쳐 직접 진으로 가서 진왕 정을 방문했다(BC 237년). 진왕 정은 제왕 건을 극진히 대접했고, 양국은 형제의 관계를 맺었다. 이후 진은 제에 수시로 사신을 보내 친선관계를 유지했고, 제의 대신들에게도 많은 뇌물을 뿌렸다.

한편 비슷한 시기에 조도양왕도 진왕 정의 환심을 사려고 함양을 방문했다. 조도양왕은 진왕 정과 우호를 맺었다.

축객령逐客令(BC 237년)

당시 진의 치수공사를 담당하던 책임자는 정국鄭國이었는데, 정국은 한 출신이었다. 정국은 대규모 재정을 투입하여 관개용수 사업을 실시하고 있었다. 그런데 정국은 한이 진의 재정을 파탄 낼 목적으로 파견한 첩자였다. 이 계략은 탄로가 났고, 진의 조정은 발칵 뒤집혔다.

평소 외국 출신 관료들 때문에 자신들이 손해를 보고 있다고 생각하던 진의 대신들은 진왕 정에게 사람은 자기가 태어난 나라의 이익을 위해 일을 한다고 강조하며, 진에 재직 중인 모든 외국 국적의 관리들을 추방할 것을 건의했다. 진왕 정은 이 건의를 수용하여 축객령逐客令

을 내렸다(BC 237년). 외국 국적 관리들을 삭탈관직하여 추방하고, 외국 출신의 유세객 전부를 추방하고, 이들을 숨겨 줄 경우 연대책임을 묻는 내용이었다.

당시 객경이던 이사도 쫓겨났다. 이사는 국외로 추방되던 도중에 억울하여 표장을 작성했고, 역참 관리를 통하여 진왕 정에게 올렸다. ①태산은 조그만 흙 한 줌도 거부하지 않았기 때문에 그 높이를 이루었고(태산불양토양泰山不讓土壤), 바다는 조그만 시냇물도 가리지 않았기 때문에 그 깊이를 이루었음(하해불택세류河海不擇細流)을 지적하고 ②왕은 천하의 모든 사람을 버리지 않아야 그 덕을 이룰 수 있다고 아뢰며 ③진목공(백리해, 건숙), 진효공(상앙), 진혜문왕(장의), 진소양왕(범저)의 사례를 예로 들며 자신의 주장을 증명하고 ④추방된 외국 사람들이 다른 나라에서 벼슬을 할 경우 진에 손해가 될 것이라고 지적하며 ⑤장차 훌륭한 인재를 구하려 해도 구하지 못할 것이라고 간언하는 내용이었다. 이사가 올린 표장을 흔히 '간축객서諫逐客書'라고 부른다.

진왕 정은 이사의 표장에서 큰 깨달음을 얻었다. 진왕 정은 축객령을 철회하고, 이사를 불러 올 것을 지시했다. 이사는 여산 아래에 있다가 다시 함양으로 돌아갔다. 진왕 정은 이사를 다시 객경에 임명했다(BC 237년).

이사는 진왕 정에게 천하를 도모할 좋은 기회라고 지적하며, 6국이 합종을 하기 전에 천하를 도모할 것을 건의했다. 이사는 한이 진과 가장 가깝고 가장 약하므로 먼저 한을 함몰할 것을 건의했다.

제3절 조趙의 마지막 저항(이목李牧의 활약)

조趙의 연燕 공격(BC 236년)

조도양왕은 진이 연에 대한 약속을 이행하지 않은 것을 파악했다. 조도양왕은 이목을 대장으로 삼아 연에 대한 공격을 개시했다. 이목은 연의 상곡上谷과 어양漁陽 땅으로 진출하여 성 30개를 점령했다(BC 236년).

조도양왕은 이 중 19개만 차지하고, 11개는 진에 바쳤다. 진왕 정은 매우 기뻐하며, 감나의 공을 인정하여 감나를 상경에 제수하고 감무의 식읍까지 다시 돌려주었다.

진에 볼모로 와있던 연의 세자 단은 진의 배신에 신변의 안전을 걱정했다. 세자 단은 감나와 친교를 맺은 후 그의 지혜를 빌리기로 결심했다. 그러던 어느 날 감나는 잠을 자다가 갑자기 죽었다. 어쩔 수 없이 연의 세자 단은 진에서 볼모 생활을 계속 할 수밖에 없었다.

세자를 바꾸는 조도양왕趙悼襄王(BC 236년)

조도양왕의 적자는 공자 가嘉다. 조도양왕은 가무에 능통한 기녀 출신인 창씨倡氏를 총애했는데, 창씨는 공자 천遷을 낳았다. 창씨는 조도양왕에게 갖은 아양을 떨며 공자 천을 세자로 삼으려고 노력했다.

조도양왕은 창씨를 총애하여 부인으로 삼고 세자를 공자 천으로 바꾸려고 했다. 이목이 간언했으나, 조도양왕은 무시했다. 결국 조도양왕은 원래의 부인을 추방한 뒤 창씨를 왕후로 삼고, 적자인 공자 가 대신

서자인 공자 천을 세자로 정했다(BC 236년).

 조도양왕은 간신 중의 간신인 곽개를 세자 천의 태부로 임명했다. 세자 천은 여자를 좋아하고 술과 잡기에 열중했다. 간신 곽개는 세자 천을 더 부추겼고, 둘은 지극히 친한 사이가 되었다.

진왕秦王 정政의 위요尉繚 등용

 위요尉繚[1]는 위의 대량 출신으로 병법에 능통했고 스스로 자부심이 대단했다. 이사는 진왕 정에게 위요를 천거했는데, 위요의 자부심을 감안하여 신례臣禮가 아닌 빈례賓禮를 사용할 것을 건의했다.

 진왕 정은 위요를 초빙했다. 위요는 진왕 정에게 절하지 않고 읍揖[2]만 했다. 위요는 진왕 정에게 모든 나라가 각기 다른 마음을 먹을 때는 통일이 쉬우나 한 마음으로 단결할 경우에는 통일이 어렵다고 지적했다. 계속해서 위요는 천하의 왕들은 명색뿐이고 세력 있는 대신들이 국정을 좌지우지하며 사리사욕에 골몰하고 있는 현실을 강조하고, 각국의 세력 있는 대신들에게 뇌물을 뿌릴 것을 계책으로 아뢰었다. 진왕 정은 매우 기뻐하며, 위요를 객경에 임명하고 극진히 대우했다.

 위요는 진왕 정을 잔인하고 각박하며 은혜를 베풀지 못하는 천성을 가졌다고 생각했다. 위요는 진왕 정을 존경하지 않았으므로 야간에 공관을 떠났다. 진왕 정은 사방에 사람을 풀어 위요를 수색해 다시 모셔왔다. 진왕 정은 위요를 태위太尉에 임명하고 병권을 맡겼다. 진왕 정은

---

1) 울요로 읽기도 하는데, '태위 요'라는 의미이므로 위요로 읽는 것이 더 정확함. 실제의 인물이 아닌 가공의 인물이라는 주장도 있음
2) 두 손을 맞잡아 얼굴 앞으로 들어 올리고 허리를 구부리며 인사하는 예법

위요의 제자들도 대부에 임명했다.

  진왕 정은 각국에 빈객들을 파견하여 각국의 유력 대신들에 대한 매수를 시도하고, 국정을 염탐하기 시작했다.

  위요는 3진 중 가장 강한 조를 공격하여 격파하면 자연스럽게 위와 한도 평정될 것이라고 아뢰며, 3진을 평정한 후 대군을 동원하여 초를 평정할 것을 건의했다. 진왕 정은 조도양왕이 함양을 방문하여 우호를 맺었음을 지적하고, 공격할 명분이 없는 것을 염려했다. 위요는 ①위를 공격하고 ②조의 대신 곽개를 매수한 다음 ③자신의 제자인 **왕오王敖**를 위로 보내 위가 조에 구원을 요청하게 하고 ④곽개를 사주하여 조가 위에 구원군을 파견하게 하면 ⑤조의 위에 대한 구원을 이유로 조를 공격할 명분을 만들 수 있을 것이라고 건의했다.

  진왕 정은 매우 기뻐하며, 환의에게 위를 공격할 것을 지시했다. 환의는 군사 10만 명을 이끌고 위에 대한 공격을 개시했다(BC 236년).

진秦의 조趙 공격(BC 236년)

  위요는 제자 왕오에게 계책을 지시하고, 황금 5만 근을 주며 위로 파견했다. 왕오는 위경민왕을 알현하며 위의 국가적 위기를 강조하고, 업군鄴郡 일부를 조에 뇌물로 바치면 조가 구원군을 보낼 것이라고 아뢰었다. 왕오는 자신이 조의 실권자인 곽개와 친밀한 사이라고 강조하며, 조와의 협상을 자청했다. 위경민왕은 업군 소속 성 세 개의 지도와 구원을 요청하는 국서를 왕오에게 주며, 왕오를 조에 파견했다.

  왕오는 조의 대신 곽개를 찾아가 뇌물로 황금 3,000근을 제공하고 친교를 맺었다. 왕오는 곽개에게 조가 위를 구원해 줄 것을 요청했다.

곽개는 위경민왕이 업군의 성 세 개를 바치고 원조를 요청한 사실을 조도양왕에게 보고했다. 곽개는 위가 멸망할 경우 조도 위험에 빠질 것이라고 강조하며, 위에 대한 구원을 주장했다. 조도양왕은 장수 호첩에게 군사 5만 명을 내어주며, 업군의 성 세 개를 넘겨받고 방비할 것을 지시했다. 호첩은 업군으로 출발했다.

진왕 정은 위를 공격하고 있는 환의에게 급히 사자를 파견하여 조의 원군 파견을 이유로 업군의 조군을 공격할 것을 지시했다. 진왕 정은 왕전과 양단화 등을 추가로 파견했다. 진군은 업군 동고산東崓山에서 조군과 싸움을 벌였다. 진군은 조군을 크게 무찔렀고, 호첩은 달아났다. 환의는 조군을 추격하여 업, 알여, 요양橑陽, 안양 등 성 아홉 개를 함락했다(BC 236년).

염파廉頗의 객사

조의 장수 호첩은 의안宜安 땅에서 겨우 패잔병을 수습한 후 조도양왕에게 보고했다. 조의 대신들은 염파만이 진군을 방어할 수 있을 것이라고 아뢰며, 위에 망명 중인 염파를 소환할 것을 주장했다. 염파를 증오하던 곽개는 당황했다. 곽개는 염파가 나이 70이 넘어 너무 노쇠하다고 지적하며, 소환 이후 등용하지 않으면 더 원망할 것이므로 먼저 위에 사람을 보내 염파의 쇠약 여부를 조사한 이후에 소환 여부를 결정할 것을 주장했다.

조도양왕은 내시 당구唐玖에게 철제 갑옷 한 벌과 말 네 필을 내어주며, 염파에게 하사하고 위로하면서 염파를 관찰할 것을 지시했다. 곽개는 비밀리에 당구를 집으로 초대하여 황금 20일을 뇌물로 주며, 염파는 너무 늙어서 일을 맡길 수 없다는 취지로 보고해 달라고 회유했다. 당구는 승낙했다.

당구는 위로 가서 염파를 방문하고, 조도양왕의 위로를 전달했다. 염파는 몇 년 동안 연락이 없다가 갑자기 선물을 보내는 것은 자신이 필요해서라고 생각하고, 진이 조를 공격한 것으로 짐작했다. 염파는 왕을 원망하지 않는다고 분명히 말하고, 충성을 강조하며 조를 위해 일하고 싶다는 뜻을 밝혔다. 당구는 염파의 행동을 관찰했다. 염파는 식사 때마다 밥 한 말과 고기 열 근을 먹었고, 조도양왕이 선물한 갑옷과 말을 타고 무예시범을 보이는 등 근력을 과시했다. 염파는 당구에게 '염파는 전장에 출전이 가능하며 조를 위해 여생을 바치고 싶어 한다.'라고 왕에게 보고해 줄 것을 부탁했다.

당구는 염파의 초인적인 힘과 정신력을 확인했으나, 귀국 후 염파는 비장에 병이 있어 잠깐 동안 세 번이나 소변을 누었다는 취지로 허위의 보고를 했다. 조도양왕은 탄식하며, 염파를 소환하지 않았다. 조도양왕은 의안 땅에 증원군을 파견했다(BC 236년).

초유왕은 사람을 보내 염파를 초빙했다. 염파는 위에서 허송세월을 보내는 것에 지쳐 초의 초빙을 승낙했다. 염파는 초의 장수가 되었으나, 풍속과 인정이 달라 고생하며 우울증이 생겼다. 얼마 후 염파는 병이 들어 초에서 죽는다.

진秦에 매수되는 간신 곽개郭開

왕오는 조에 계속 머무르고 있었다. 왕오는 곽개에게 조가 멸망하는 것을 걱정하여 염파를 소환해야 하는 것 아닌지 물었다. 곽개는 조의 존망은 한갓 나랏일에 불과하지만 염파는 자신의 원수라고 대답했다. 왕오는 조가 멸망할 경우 대책이 있는지 물어보며, 곽개의 마음을 떠보았다. 곽개는 제나 초로 망명할 것이라고 대답했다.

왕오는 제와 초도 조와 비슷한 신세가 될 것이라고 예상하며, 진왕 정의 도량을 극찬하면서 진에 의탁할 것을 권유했다. 왕오는 곽개에게 자신은 진의 대부인데 진왕 정의 지시에 의해 교류를 한 것이라고 고백하며, 진왕 정의 선물로 황금 7천 근을 제공했다. 왕오는 진에 귀의할 경우 진왕 정이 상경을 제수할 것이라고 유혹하며, 상부상조를 제안했다. 곽개는 대만족하며 승낙했다.

왕오는 진으로 돌아가 경과를 보고했다. 진왕 정은 조도양왕이 염파를 소환하지 않는 것에 안심했다.

조왕趙王 천遷의 즉위(BC 236년)

조도양왕은 진군의 공격에 대하여 너무 근심하여 병이 났다. 얼마 후 조도양왕이 재위 9년 만에 사망하고 세자 천이 즉위하니(BC 236년), 곧 조의 마지막 왕인 **조왕 천遷**[1]이다.

조왕 천과 친밀한 사이인 곽개는 조의 재상이 되어 국정을 농단했다. 곽개는 조왕 천에게 건의하여 공자 가에게 300호의 식읍을 주고 그곳에 가서 살게 했다.

---

1) 조왕 조천: 조의 마지막 왕. 재위 BC 235 ~ BC 228

여불위呂不韋의 자살(BC 235년)

　진왕 정은 태후와 여불위가 다시 간음할 것을 우려하여 여불위에게 함양을 떠나 봉읍인 하남 땅에서 근신할 것을 지시했다. 여불위는 하남 땅으로 내려가 살기 시작했다(BC 236년). 모든 나라에서 하남으로 사신을 보내 여불위에게 재상 벼슬을 제안했다. 진왕 정은 여불위가 다른 나라에서 재상이 될 경우 진에 불리할 것을 염려했다.
　결국 진왕 정은 여불위에게 서신을 보냈다. ①진에 무슨 공적이 있어 10만 호의 봉읍을 차지하는 것인지 ②진과 무슨 관계가 있어 상보를 칭하는 것인지 ③후하게 대우했지만 어찌하여 노애의 반란을 초래한 것인지를 묻고, 처형 대신 하남 땅에 가서 살게 해 주었음을 강조하며, 근신하지 않고 모든 나라와 연락을 취하는 것을 비난하고, 촉군의 비郫 땅에 성 하나를 줄 테니 은거하라는 내용이었다.
　여불위는 자신의 공적에 자부심을 가지고 있었으므로 진왕 정의 서신을 읽고 분노했다. 그러다 여불위는 음모·간음·독살 등 자신이 저지른 악행들을 되돌아보았는데, 하늘이 자신을 용납하지 않을 것으로 생각하며 탄식했다. 결국 여불위는 회한과 두려움으로 인하여 독주를 마시고 자살했다(BC 235년).
　여불위의 빈객들은 여불위가 왕명을 거역하고 자살을 선택한 것에 대하여 진왕 정이 보복할 것을 염려했다. 여불위의 빈객들은 여불위를 비밀리에 암장하고 흩어졌다. 여불위의 일족들은 촉 땅으로 강제 이주되었다.

진군秦軍을 물리치는 이목李牧(BC 233년)

진의 장수 환의는 조의 의안宜安 땅에 대한 공격을 개시했다. 조군은 10만 명이 죽는 참패를 당했고, 조의 장수 호첩도 전사했다(BC 234년). 환의는 조의 평양平陽과 무성武城을 점령했다. 진군은 승세를 몰아 계속 전진하여 조의 도읍인 한단 근처까지 당도했다.

나라가 존망의 위기에 이르자 조왕 천은 대代 땅 태수 이목을 대장으로 임명하고 소환했다. 이목은 대 땅에 군사 1만 명을 남겨두고, 나머지 4만 명과 기마 1만 기를 이끌고 한단에 당도했다. 이목은 조왕 천을 알현하고, 자신에게 전권을 부여해 줄 것을 요청했다. 조왕 천은 승낙했다. 조왕 천은 장수 조총趙悤에게 군사 5만 명, 장수 안취顔聚에게 군사 5만 명을 각각 내어주며 이목을 지원할 것을 지시했다.

이목은 비루肥纍 땅으로 이동하여 영채를 구축하고 굳게 방어하며 진군과 교전을 피했다. 진의 대장 환의는 조군이 장기 방어전을 펼 것을 우려하여 유인작전을 쓰기로 결심했다. 환의는 한단성 북동쪽 250리 거리에 있는 감천시甘川市를 공격했다. 당시 조총은 감천시에 주둔하고 있었는데, 진군이 몰려오자 이목에게 즉시 구원 요청을 했다.

이목은 환의의 계책을 간파하고, 감천시를 구원하러 가는 대신 진군의 본영을 습격하기로 결정했다. 조군은 심야에 진군 본영에 대한 총공격을 시작했다. 진군은 중과부족으로 크게 패해 달아났고, 환의에게 급보를 전달했다. 환의는 격분하여 이목을 목표로 급히 회군했다.

이목은 환의의 회군을 예상하여 학익진을 펴고 진군을 기다렸다. 이목은 급히 회군하느라 지친 진군을 포위하고 공격했다. 진군은 참패했고, 환의는 겨우 달아났다(BC 233년).

조왕 천은 개선한 이목에게 식읍 1만 호를 분봉하고 무안군武安君으로 책봉했다. 진왕 정은 격노하여 환의를 삭탈관직하고 서민으로 강등했다. 진왕 정은 왕전을 대장으로 임명하고, 양단화를 장수로 임명했다.

제4절 한韓의 멸망

한비韓非의 죽음(BC 233년)

진왕 정은 군사 10만 명으로 한에 대한 공격을 지시했다(BC 233년). 한왕 안은 두려움에 떨었다. 한비는 화친 협상을 위해 진에 사신으로 가는 것을 자청했다.

한비는 진왕 정을 알현하고, 진의 동쪽 속국이 될 뜻을 밝히며 화친 교섭을 했다. 한비는 강국인 진에서 자신의 능력을 발휘할 포부를 밝히며, 진왕 정에게 《한비자》 20권을 바쳤다. 진왕 정은 큰 깨달음을 얻고, 한비를 객경에 등용할 결심을 했다. 이와 달리 진왕 정이 《한비자》 20권을 읽은 후 한비를 등용하고 싶어 일부러 한을 공격하여 한비가 사신으로 오게 했다는 주장이 있으나, 사실 여부를 정확히 알기는 어렵다.

이사는 예전부터 한비의 재주를 시기하고 있었다. 이사는 외국 출신의 공자는 외국 출신의 선비와는 달리 자기 나라의 이익을 위해 힘쓸 수밖에 없다고 강조하며, 한왕이 다급하여 한비를 보내 진과 6국을 이간할 목적이라고 참소했다. 진왕 정은 이사의 말에 설득을 당해 한비를 추방할 결심을 했다. 이사는 한비의 재주가 진에 후환이 될 우려가 있으므로 죽여서 한의 힘을 꺾어 버릴 것을 건의했다. 진왕 정은 한비를 죽일 결심을 하고, 일단 한비를 운양雲陽 땅에 감금하라고 지시했다.

감금된 한비는 옥리에게 자신의 죄목이 무엇인지 물었다. 옥리는 요즘 세상은 재주 있는 사람을 등용하거나 그렇지 않으면 차라리 죽여버린다고 강조하며, 죄의 유무는 묻지 않는다고 대답했다. 한비는 탄식하며 목을 매고 자살했다(BC 233년). 이사가 한비를 독살하고 자살로 위장했다는 주장도 있다. 훗날 사마천은 《사기》에 한비가 쓴 《한비자》 〈세난說難〉 편의 전문을 기록한 뒤, 한비가 세난(유세의 어려움)을 썼으면서도 자신의 화를 피하지 못한 것을 슬퍼하였다.

연燕 세자 단丹의 진秦 탈출(BC 232년)

진은 다시 조에 대한 공격을 시작했는데, 이번에는 군사를 2대로 나누어 양면작전을 폈다. 1군은 업 땅으로 진격했고, 2군은 태원을 지나 번오番吾 땅으로 진격했다. 이번에도 이목은 지연과 기습 작전을 적절히 구사하여 진군을 크게 무찔렀다(BC 232년).

연의 세자 단은 함양에서 계속 볼모 생활을 하고 있었다. 세자 단은 진이 계속 조를 공격하는 것을 우려하며, 연왕 희에게 밀서를 보냈다. 조의 불행이 연에도 미칠 것이므로 준비가 필요하다고 강조하며, 진에 사신을 파견하여 중병을 핑계로 세자의 반환을 요청해 줄 것을 부탁하는 내용이었다.

연왕 희는 진에 사신을 파견하여 자신의 병환이 위중하므로 세자를 귀국시켜 줄 것을 요청했다. 진왕 정은 까마귀 머리가 희어지고 말 머리에 뿔이 돋으면 놓아주겠다고 말하며[1], 연왕이 죽기 전에는 귀국할 수 없다고 단언했다.

세자 단은 탄식하며, 진왕 정에게 깊은 원한을 품었다. 결국 세자 단은 노비의 복장을 하고 얼굴에 숯을 칠한 채 깊은 밤을 이용해 탈출했다. 세자 단은 걸어서 연으로 달아났다(BC 232년). 진왕 정은 조에 대한 공격에 신경을 쓰느라 세자 단의 탈출에 별다른 조치를 취하지 않았다.

귀국한 세자 단은 진왕 정에 대한 복수를 결심했다. 세자 단은 모든 재산을 출연하여 빈객들을 모집했다. 용사 하부夏扶와 송의宋意가 세자 단의 부하가 되었다.

이때 진개秦開의 손자인 진무양秦舞陽이라는 13세 소년이 백주대로에서 집안의 원수를 칼로 찔러 죽이는 일이 발생했다. 세자 단은 관청에서 진무양을 빼내 자신의 부하로 삼았다.

연의 산속에 은거 중이던 번오기는 세자 단에 관한 소문을 들었다. 번오기는 세자 단을 방문했다. 세자 단은 매우 기뻐하며, 번오기를 상빈의 예로 대접했다. 세자 단은 역수 동쪽에 성을 만들어 번관樊館이라 명명하고, 번오기의 거처로 제공했다.

한韓의 멸망(BC 230년)

한왕 안은 한비의 사망 소식 이후 진에 대하여 더 두려움을 느꼈다.

---

[1] 여기서 **오두백마생각**烏頭白馬生角(까마귀 머리가 희어지고 말 머리에 뿔이 돋는다는 뜻. 절대 일어날 수 없는 일을 비유함)의 고사성어가 나옴. **오백마각**烏白馬角으로 줄여서 말하기도 함

결국 한왕 안은 진에 사신을 보내 남양南陽 땅을 바치며(BC 231년)[1], 속국이 될 것을 제안했다. 진왕 정은 승낙하고, 군사를 물렸다. 진왕 정은 내사 등騰에게 남양 땅을 지키게 했다.

얼마 후 진왕 정은 마음이 바뀌어 아예 한을 멸망시키고 그 땅을 병합할 결심을 했다. 진왕 정은 내사 등에게 군사 10만 명을 내어주며, 한으로 진격하여 '나라를 바치고 항복하라.'라는 지시를 한왕 안에게 전달하도록 했다. 내사 등은 한으로 진입했다.

한왕 안은 진군의 진입에 공포를 느꼈다. 한왕 안은 내사 등을 영접하며, 결국 나라를 바치고 항복했다(BC 230년). 이로써 한은 전국7웅 중 최초로 멸망했다. 한왕 안은 함양으로 들어가 진왕 정에게 두 번 절하며 칭신했다. 진왕 정은 한을 병합하고, 그 땅에 영천군潁川郡을 설치했다.

한편 나라의 멸망으로 가문이 몰락하자 장량은 진秦에 대한 복수를 결심하고, 모든 재산을 정리하여 자금을 마련한 후 동지를 찾아 동쪽으로 떠난다.

훗날 한의 도읍이었던 신정에서 한의 유민들이 반란을 일으키는데(BC 226년), 진왕 정은 이를 진압한 뒤 후환을 제거하기 위해 한왕 안을 죽인다.

---

1) 남양 땅은 BC 263년에 진이 점령한 것으로 나와 있는데, BC 231년에 한이 진에 바치는 것으로 나옴. 결국 그 사이에 진이 한에 남양 땅을 다시 빼앗겼다는 의미인데, 언제 진이 남양 땅을 상실했는지는 명확하지 않음(BC 247년 신릉군과 연합군이 함곡관까지 진격했을 때 회복한 듯 보임). 중국 역사서는 승자가 자신들의 패전 등 치부를 감추고 업적 위주로 과장하여 기술한 것이 많으므로 이를 감안하여 해석할 필요가 있음

제5절 조趙의 멸망

이목李牧의 죽음(BC 229년)

　조에 천재지변이 발생했다(BC 231년). 대 땅에서 큰 지진이 발생했고, 한단에는 가뭄이 들었다. 조의 민심이 흉흉해졌고, 한단성 교외의 백성들은 다른 지역으로 이주했다. 간신 곽개는 이 사실을 조왕 천에게 보고조차 하지 않았다.

　진왕 정은 다시 조에 대한 공격을 지시했다(BC 229년). 왕전은 태원으로 출발했고, 양단화는 상산으로 출발했다. 내사 등은 상당에 주둔하며, 적절히 지원하기로 했다.

　조의 대장 이목은 조총과 안취 등을 거느리고 회천산灰泉山에 주둔했다. 이목은 군사들을 수십 리 사이에 일렬로 나열시켰다. 진군은 이목의 지연작전 때문에 전진하지 못하고 고전했다.

　진왕 정은 왕오를 파견했다. 왕오는 왕전에게 이목을 격파하기는 어려우므로 계책을 마련할 것이라고 아뢰며, 화평을 제의하되 조약 체결은 미루고 시간을 끌라고 요청했다. 왕전은 이목에게 화평을 제의했다. 이목은 승낙의 답변을 했고, 양측은 서로 왕래하며 교섭에 들어갔다.

　왕오는 왕전이 이목과 교섭하는 동안 계책을 마련할 목적으로 조의 도읍인 한단으로 갔다. 왕오는 조의 재상인 간신 곽개를 방문하여 이목이 왕전과 비밀리에 화의를 맺고, 왕전이 조군을 격파하면 이목은 대에서 왕으로 즉위하기로 밀약을 체결했다고 모함했다. 왕오는 조왕 천에게 고하여 이목을 교체해 줄 것을 부탁하며, 진왕 정에게 곽개의 공로를 상신하겠다고 약속했다.

곽개는 조왕 천에게 이목이 진군과 내통하고 있다고 모함했다. 조왕 천은 사람을 보내 이목을 조사하도록 지시했다. 얼마 후 조왕 천에게 이목이 왕전과 상호왕래하며 화평 교섭을 진행 중이라는 보고가 올라왔다. 조왕 천은 대경실색했다.

곽개는 조총을 대장으로 임명할 것을 건의하고, 이목에게 사람을 보내 재상에 임명한다고 속여 한단으로 불러들이는 계책을 아뢰었다. 조왕 천은 만족했다.

사마상司馬尙이 조왕 천의 문서를 소지하고 이목을 방문하여 왕의 말을 전달했다. 이목은 진군과 사생대결 중이고 나라의 존망이 시급하므로 전장을 떠날 수 없다고 말하며, 재상 임명을 사양했다. 사마상은 이목의 충성심과 장군으로서의 자질에 감탄했다. 결국 사마상은 이목에게 곽개가 참소한 사실과 재상 임명을 미끼로 소환하려는 음모를 실토했다. 이목은 곽개에게 격노했고, 회군하여 간신을 처단할 결심을 했다. 사마상은 회군할 경우 간신들에게 모반의 증거를 주는 구실이 된다고 지적하며, 외국으로 망명하여 공명을 이룰 것을 건의했다. 이목은 악의와 염파의 처지를 떠올리며 탄식했다.

결국 이목은 대장의 자질이 없는 조총에게 직접 대장인을 넘겨줄 수는 없다고 말하며, 장막 안에 대장인을 걸어 놓고 미복으로 갈아입은 후 위魏를 향해 달아났다. 사마상은 조를 탈출하여 어디론가 사라졌다.

조총은 대장인을 직접 양도하지 않은 이목에게 원한을 품었다. 조총은 안취를 부장에 임명했다. 조총은 곽개를 방문하여 감사를 표한 뒤 역사力士들에게 이목을 추격하여 처단할 것을 지시했다.

역사들은 나그네로 변장하여 국경 일대를 수색했다. 역사들은 위魏의 국경 근처 여관에서 이목을 발견했다. 역사들은 이목에게 접근하여 술을 먹여 만취시킨 후 그 자리에서 이목을 칼로 베어 죽였다[1](BC 229년). 대 땅 출신의 군사들은 분노하여 소복으로 갈아입고 통곡했다. 얼마 후 대 땅 출신 군사들은 집단으로 탈영했다.

조군趙軍의 참패

진군은 이목의 사망 소식에 환호했다. 왕전과 양단화는 각자 진격을 시작했다. 조군 대장 조총은 태원과 상산으로 군사를 나누어 방어할 결심을 했다. 안취는 군사들이 아직 안정되지 않았다고 아뢰며, 군사를 나누면 모두 약해질 것이라고 반대했다.

왕전은 낭맹狼孟 땅을 맹렬히 공격했고, 성은 함락 직전이었다. 왕전은 조군이 원군을 급하게 보낼 것으로 예상하고, 도처에 군사들을 매복시켰다. 낭맹성에서 조총에게 구원을 요청했다. 조총은 안취의 의견을 무시한 채 낭맹성을 구원하기 위해 급히 출발했다.

왕전은 조군의 절반이 지나간 후 매복군을 출전시켜 조군을 분리시켰다. 조군은 당황했고, 왕전은 총공격을 개시했다. 결국 조군은 참패했고, 조총도 전사했다. 조군 부장 안취는 패잔병을 수습하여 한단으로 달아났다.

왕전은 낭맹 땅, 정형井陘 땅, 하읍下邑을 잇달아 점령한 후 한단에 접근했다. 양단화는 상산 일대를 함몰한 후 한단에 접근했다. 진군은

---

1) 이목의 죽음에 대하여는 여러 다른 주장들이 있음(조왕 천에게 체포되어 처형되었다는 주장, 위로 망명하여 쓸쓸하게 죽었다는 주장 등). 이 책에서는 소설 《동주 열국지》의 내용에 따라 기술하였음. 이목의 최후에 대하여는 정확히 알기 어려움

양쪽에서 한산성을 포위했다.

조趙의 멸망(BC 228년)

안취는 겨우 한단성을 방어하고 있었다. 조왕 천은 각국에 사신을 파견하여 구원을 요청할 계획을 세웠다. 곽개는 다른 나라들이 자국의 방어에도 어려움을 겪고 있다고 아뢰며, 구원을 기대할 수 없다고 주장했다. 곽개는 진군에 대하여 중과부족이므로 항복이 불가피하다고 아뢰며, 제후의 지위를 유지할 수 있을 것이라고 주장했다. 결국 조왕 천은 항복을 결심했다.

공자 가는 통곡하며, 죽음을 각오하고 결전을 벌일 것을 주장했다. 공자 가는 한단이 함락될 경우 대 땅으로 이동하여 기회 도모가 가능하다고 주장했다. 곽개는 성이 함락되면 포로가 되어 대 땅으로 이동하는 것이 불가능하다고 반박했다. 공자 가는 칼을 뽑아 곽개를 겨누며, 나라를 망치려는 간신이라고 비난했다. 조왕 천은 다툼을 말리고, 모두 물러가게 했다. 조왕 천은 고민하며, 술로 세월을 보냈다.

공자 가와 장수 안취는 한단성을 철저히 방비했다. 이 때문에 곽개는 진군과 연락을 취하지 못하여 초조했다. 진군은 한단 부근의 가뭄 때문에 식량을 약탈하지 못하여 군량이 부족해졌다. 진군은 초조하여 한단성을 급하게 공격하다 여러 번 실패했다.

진군 대장 왕전은 후방에서 군량을 조달할 목적으로 성의 포위를 해제하고, 군사를 50리 물렸다. 조군은 휴식을 취하고, 하루에 한 번씩 성문을 개방했다. 곽개는 그 기회를 이용해 진군에 서신을 보냈는데, 항복 권유가 여의치 않지만 조왕 천이 공황상태이므로 진왕이 직접 왕림할 경우 항복이 가능할 것이라는 내용이었다. 왕전은 곽개의 서신을 함양으로 보냈다.

진왕 정은 정병 3만 명을 이끌고 한단성을 향해 출발했다. 이신이 어가를 호위했다. 진왕 정은 한단성 서쪽에 대영을 건립했다. 진군은 진왕의 깃발을 게시하고, 성을 맹렬히 공격했다.

조왕 천은 진왕 정이 직접 출전하자 큰 두려움을 느꼈다. 곽개는 늦으면 후회할 것이라고 아뢰며, 시간이 없으므로 지금 결단할 것을 주장했다. 조왕 천은 처형당할지 여부를 걱정하며 주저했다. 곽개는 한왕 안이 처형되지 않은 사실을 강조하며, 화씨의 옥과 한단의 지도를 바치면 기뻐할 것이라고 설득했다. 결국 조왕 천은 항복 문서를 작성할 것을 지시했다.

곽개는 항복 문서를 작성했으나, 공자 가의 방해를 염려했다. 곽개는 순시를 핑계로 서문에 행차했다가 직접 진왕을 방문하여 항복할 것을 건의했다. 조왕 천은 성을 순시한다며 서문으로 행차한 후 성 밖으로 나가 진왕 정의 대영으로 가서 항복했다(BC 228년). 한단성의 동·남·서문에 항복 깃발이 내걸렸다.

안취는 한단성 북문에 주둔하고 있다가 왕의 항복 사실을 보고받았다. 공자 가는 진군이 입성할 것을 우려했다. 안취는 공자 가에게 대 땅으로 도주할 것을 건의했다. 공자 가는 공족과 빈객 수백 명을 대동하고 장수 안취와 함께 북문을 통해 성을 빠져나가 대 땅으로 달아났다.

진왕 정은 한단성에 입성했다. 조왕 천은 궁전에서 꿇어 엎드리고 두 번 절하며 진왕 정에게 신하의 예를 올렸다. 진왕 정은 화씨의 옥에 만족하며, 조를 병합하고 거록군鉅鹿郡을 설치했다. 진왕 정은 조왕 천을 방릉房陵 땅에 안치할 것을 지시하고, 곽개를 상경에 임명했다. 조왕 천은 비로소 곽개가 매국노임을 알게 되었고, 이목을 그리워하며 탄식했다.

진왕 정은 함양으로 복귀하고, 군사들에게 휴식을 부여했다. 진왕 정은 조의 왕궁에 있던 호희胡姬를 데려갔는데, 호희는 거문고 솜씨가 대단했다. 진왕 정은 호희를 총애했다.

대왕代王 가嘉의 즉위(BC 228년)

공자 가 일행은 대代 땅에 당도했다. 장수 안취는 공자 가에게 왕위에 오를 것을 거듭 청했다. 결국 공자 가는 스스로 왕을 칭하니(BC 228년), 곧 **대왕代王 가嘉**[1]다. 대왕 가는 이목의 공적을 표창하고 제사를 지냈다. 대 땅의 민심은 안정을 되찾았다.

대왕 가는 연에 사신을 파견하여 친선을 맺었다. 대왕 가는 현재는 수백 리 남짓한 소국이지만, 나라를 되찾겠다는 의지를 보였다. 연과 대는 연합하여 상곡 일대에 주둔하며, 진에 대한 공동의 방어진을 구축했다.

조왕趙王 천遷과 간신 곽개郭開의 사망

조왕 천은 오지인 방릉으로 압송되었다. 조왕 천은 석실에 거주했는데, 사실상 감금된 것과 같았다. 조왕 천은 저수沮水의 물소리를 듣고 탄식하며, 산수지구山水之謳라는 노래를 지어 불렀다. 조왕 천은 무료한 생활을 하다 얼마 후 병이 들었고 곧 사망했다. 대왕 가는 조왕 천의

---

[1] 대왕 조가: 재위 BC 227 ~ BC 222

사망 소식을 듣고 조왕 천에게 유류왕幽謬王이라는 시호를 내렸다.

한편 곽개는 진왕 정을 따라 진으로 이주했다. 곽개는 황금이 너무 많아 다 가져갈 수가 없어서 한단성에 있는 집의 땅속에 묻어두었다. 곽개는 두고 온 황금 생각이 간절했다.

어느 날 곽개는 진왕 정에게 한단에 가서 집안 살림을 운반하겠다며 휴가를 요청했다. 진왕 정은 허락했다. 곽개는 한단성의 집에서 황금을 꺼내 여러 수레에 싣고서 진으로 출발했다. 그런데 곽개는 도중에 도적들의 습격을 받아 칼에 맞아 죽었고, 황금을 전부 약탈당했다. 세상 사람들은 도적떼가 아니라 이목의 빈객들이 복수한 것이라고 믿었다.

제4장

진秦의 통일

제1절 형가荊軻의 진왕秦王 정政 암살 실패

위왕魏王 가假의 즉위(BC 228년)

위경민왕이 재위 15년에 사망하고 세자 가假가 즉위하니(BC 228년), 곧 위의 마지막 왕인 **위왕 가假**[1]다. 위왕 가는 진에 대비하여 대량성을 증축하고, 성 주변의 참호 등을 정비했다. 위왕 가는 제에 사신을 파견하여 상호 군사 동맹의 필요성을 강조하며 우호를 요청했다.

제의 재상인 후승后勝은 제의 국정을 계속 전단하고 있었는데, 오래 전부터 진에 매수된 상태였다. 후승은 제왕 건에게 진은 제를 저버리지 않을 것이라고 강조하며, 위와 동맹을 맺을 경우 진이 분노할 것이라고 주장했다. 결국 제왕 건은 위의 동맹 요청을 거절했다.

---

[1] 위왕 위가: 위의 마지막 왕. 재위 BC 227 ~ BC 225

초왕楚王 부추負芻의 즉위(BC 228년)

초의 전권을 행사하던 이원이 사망했다. 그 후 초유왕도 재위 10년 만에 사망했는데, 초유왕은 아들이 없었다. 대신들은 초유왕의 쌍둥이 동생인 공자 유猶를 추대했다. 대신들의 추대로 공자 유가 즉위하니(BC 228년), 곧 **초애왕楚哀王**이다.

초애왕이 즉위한 지 겨우 두 달 후 초고열왕의 서자인 부추負芻가 초애왕이 초고열왕의 자식이 아니고 춘신군의 자식이라는 이유를 내세워 초애왕을 살해했다. 이후 부추는 스스로 왕위에 오르니(BC 228년), 곧 초의 마지막 왕인 **초왕 부추負芻**[1]다.

세자 단丹에게 형가荊軻를 천거하는 전광田光

당시 연에 **형가荊軻**라는 검객이 살고 있었다. 형가는 제의 대부 경봉의 후손으로 복양 땅에 거주하다 진의 공격을 피해 연으로 이주했는데, 본래의 경씨를 형씨로 고치고 살았다. 형가는 시정에서 술을 마시고 친구인 **고점리高漸離**의 축 연주에 맞추어 노래 부르기를 즐겼는데, 축의 대가인 고점리가 축을 타면 형가는 남의 시선을 의식하지 않고 마치 아무도 없는 듯 옆에서 노래를 부르고 흥겹고 호탕하게 즐겼다[2]. 형가는 신분과 계급을 따지지 않고 여러 사람들과 교류를 맺었다. 형가는 침착하고 지략이 대단했지만 기회를 얻지 못했고, 자신을 알아주는 사

---

1) 초왕 웅부추: 초의 마지막 왕. 재위 BC 227 ~ BC 223
2) 여기서 **방약무인傍若無人**(곁에 아무도 없는 것처럼 여긴다는 뜻. 주위의 다른 사람들을 의식하지 않은 채 제멋대로 행동하는 것을 의미함)의 고사성어가 나옴

람이 없는 것을 탄식하며 지냈다.

한편 연의 태부인 국무鞠武는 세자 단에게 번오기를 보호할 경우 진왕 정의 분노를 야기하고 진에 침공할 구실을 줄 우려가 있다고 아뢰며, 번오기를 추방할 것을 건의했다. 국무는 삼진과 우호를 체결하고 동호와 친선을 맺은 후 천천히 진을 도모할 것을 간언했다. 세자 단은 갈 곳이 없어서 찾아온 번오기를 추방할 수는 없다며 거절하고, 진의 위협이 급박하므로 장구한 세월이 필요하지 않은 다른 계책이 있는지 물었다. 국무는 측량할 수 없는 지혜를 가지고 있다며 전광田光을 천거했다. 세자 단은 국무에게 전광을 초빙해 줄 것을 부탁했다.

국무는 전광을 방문하여 세자 단이 상의하기를 희망한다고 전했다. 전광은 세자 단을 알현했는데, 너무 늙어 허리가 굽어 있었다. 세자 단은 전광을 영접하고, 진과 공존이 불가능함을 강조하며 연을 구해줄 것을 공손히 요청했다. 전광은 천리마도 늙으면 당나귀보다 느리다고 아뢰며, 자신은 너무 늙었다며 사양했다.

세자 단은 전광에게 인재를 천거해 줄 것을 부탁했다. 전광은 인재를 구하는 일의 어려움을 강조하며, 우선 세자 단 문하의 인재들을 살펴보겠다고 대답했다. 세자 단은 하부, 송의, 진무양을 보여주었다. 전광은 이들을 자세히 살펴본 후 얼굴에 감정이 드러난다고 지적하며, 쓸모없는 자들이라고 대답했다. 대신 전광은 용기가 있지만 얼굴에 감정을 드러내지 않는다면서 형가를 추천했다. 세자 단은 전광에게 형가를 초빙해 줄 것을 부탁했다. 세자 단은 전광에게 수레를 내어주고 전송하면서 오늘 일은 국가의 대사이므로 절대 누설하지 말 것을 부탁했다. 전광은 웃으며, 어찌 모르겠냐고 답했다.

전광은 시정으로 가서 고점리와 함께 있던 형가를 자신의 집으로 데려갔다. 전광은 세자 단에게 천거한 사실을 형가에게 알리고, 세자 단을 방문할 것을 권유했다. 형가는 수락했다. 전광은 비밀 누설 금지 부탁을 받은 사실을 형가에게 말했는데, 전광은 자신이 의심을 받은 것이라고 생각했다. 전광은 비밀 유지 약속을 지키기 위해 죽음으로써 자신의 진심을 증명하겠다고 말하고, 순식간에 칼로 목을 찔러 자살했다. 형가는 통곡했다.

세자 단丹의 형가荊軻 등용

형가는 세자 단을 방문했고, 세자 단은 공손히 영접했다. 형가는 전광이 죽음으로써 비밀 유지 부탁을 지킨다는 말을 남기고 자살한 사실을 알려주었다. 세자 단은 자책하며 통곡했다.

세자 단은 현재의 상황을 설명하며 연이 존망의 갈림길에 있음을 강조하고, 형가에게 공손히 도움을 요청했다. 세자 단은 ①천하의 용사를 구한 다음 ②욕심 많은 진왕 정을 이익으로 유혹하여 교섭과 거래를 만들고 ③진왕 정과 거래와 교섭을 시도할 때 천하의 용사를 보내 ④진왕을 협박하여 한과 조를 복국시키거나 또는 진왕을 처단하여 진의 내부 혼란을 발생시키고 초·위와 협력하여 한과 조를 복국시킨 다음 ⑤모든 나라가 연합하여 진을 공격하는 계획을 밝혔다.

형가는 오랫동안 침묵하다 세자 단의 도움 요청을 거절했다. 세자 단은 애걸하며 거듭 부탁했고, 결국 형가는 승낙했다. 세자 단은 형가를 상경에 임명했다.

세자 단은 번관 오른쪽에 성을 만들어 형관荊館이라 명명하고, 형가의 거처로 제공했다. 세자 단은 형가에게 많은 예물과 미녀들을 제공하며 극진히 대우했다. 형가가 기왓장 조각을 연못의 거북에게 던지는 장난을 치자 세자 단은 황금 탄환을 제조하여 공급해 주었고, 형가가 세자 단과 함께 승마를 한 후 말의 간이 맛있다는 이야기를 하자 세자 단은 자신의 천리마를 죽여 그 간을 요리해 주었다.

어느 날 세자 단이 번오기에 대하여 언급했는데, 형가는 번오기를 만나게 주선해 줄 것을 부탁했다. 세자 단은 주연을 열고 형가와 번오기를 초청했다. 형가는 주연에서 거문고를 탄주하는 여인을 보고 손이 참 아름답다며 칭찬했다. 잔치 후 세자 단은 그 여인의 손을 잘라 형가에게 보냈다. 결국 형가는 세자 단의 지극한 정성에 감동했고, 죽음으로써 보답할 결심을 했다.

자신의 목을 미끼로 제공하는 번오기樊於期

형가는 검술에 관하여 자주 말했는데, 오직 친구 개섭蓋聶의 검술만 인정하고 다른 사람들의 검술은 인정하지 않았다. 개섭은 유차楡次 땅 출신으로 일정한 거처 없이 떠돌아다녔다.

형가는 진왕 정을 협박할 계책을 마련했다. 계책을 실현하기 위해서는 개섭의 협조가 필수적이어서 형가는 사방으로 사람들을 풀어 개섭의 행방을 수색했으나 찾지 못했다. 세자 단은 형가를 극진히 대접하면서도 일을 재촉하지 않았다.

이때 진의 대장 왕전이 연의 경계를 침공했다. 연은 대왕 가의 원군과 연합하여 상곡 땅에서 진군과 대치하고 있었다. 사태가 급박해졌다.

급보를 보고받은 세자 단은 진군의 접근으로 계책을 실현할 기회를 놓칠 것을 염려했다. 형가는 미끼를 가져가야 진왕 정에게 접근이 가능하다고 아뢰며, 미끼로 번오기의 수급과 비옥한 독항督亢 땅의 지도가 필요하다고 말했다. 세자 단은 인정상 번오기를 죽일 수는 없다며 주저했다.

형가는 번오기를 찾아갔다. 형가는 번오기에게 자신의 계책을 말해주고, 진왕 정에게 접근하기 위해 장군의 수급이 필요하다고 설득했다. 형가는 원수를 갚고 멸망 직전의 연을 구할 유일한 방법이라고 강조했다. 번오기는 이것이야말로 자신이 밤낮으로 이를 갈고 속을 썩이며[1] 찾던 방안이라고 말하며, 형가의 계책에 만족했다. 번오기는 뒷일을 부탁하며 칼로 자기 목을 찔렀다. 형가는 번오기의 수급을 취한 후 세자 단에게 사실을 알렸다. 세자 단은 통곡하고, 목 없는 번오기의 시신을 후하게 장례 치러 주었다.

세자 단은 목함에 넣은 번오기의 수급과 백금을 주고 구한 '서부인徐夫人의 비수'를 형가에게 주었다. 형가는 검객인 개섭을 찾는 중임을 알리고, 개섭이 나타나면 즉시 출발하겠다고 통지했다.

세자 단은 개섭이 천하를 떠돌아다니므로 언제 나타날지 몰라 초조했다. 결국 세자 단은 진무양을 부사副使로 데려갈 것을 제안했다. 형가는 한번 가면 돌아올 수 없는 길이므로 개섭을 기다려 만전지책을 도모한 것이었다고 탄식하며, 더 이상 기다릴 수 없다면 즉시 진으로 출발하겠다고 대답했다.

---

1) 여기서 **절치부심**切齒腐心(이를 갈고 속을 썩인다는 뜻. 몸과 마음이 다 상할 정도로 분해 있는 상태를 비유함)의 고사성어가 나옴

역수易水에서의 전송연

세자 단은 진에 보내는 국서와 독항 땅 지도, 번오기의 수급이 든 목함, 노자 천금을 형가에게 주었다. 형가는 진으로 가는 사신단의 정사가 되었고, 진무양은 부사가 되었다.

세자 단은 역수에서 형가에 대한 전송연을 열었다. 참석자 모두 상복을 입었고, 고점리도 참석했다. 고점리는 축을 연주했고, 형가는 노래를 불렀다. 형가가 '바람은 쓸쓸하고 역수는 차구나!'라는 노래를 불렀고, 참석자 모두 애달프고 참담한 노랫소리에 눈물을 흘렸다. 형가가 계속하여 '이무기의 궁으로 들어가는구나!'라는 노래를 불렀고, 참석자 모두 격렬하고 웅장한 노랫소리에 격분했다.

형가는 세자 단이 주는 술을 단숨에 마신 후 진무양과 함께 수레를 타고 쏜살같이 출발했는데, 끝내 뒤를 돌아보지 않았다. 세자 단은 언덕 위에서 형가를 전송하며 눈물을 흘렸다.

형가荊軻의 진왕秦王 정政 암살 실패(BC 227년)

형가는 함양에 도착했다(BC 227년 5월). 형가는 몽오의 친척인 몽가蒙嘉를 찾아가 천금을 뇌물로 제공하며, 진왕 정에 대한 알현을 부탁했다.

몽가는 진왕 정을 알현하고, 연왕이 내신이 되어 진을 섬기기를 희망하면서 상경 형가를 사신으로 보내 번오기의 수급과 독항 땅의 지도를 바치려 한다고 보고했다. 진왕 정은 크게 기뻐하며, 귀빈을 영접하는 예식을 마련한 후 형가를 불러들였다.

형가는 가슴에 비수를 품은 채 번오기의 수급이 든 목함을 들었고, 진무양은 독항 땅 지도를 들고 형가의 뒤를 따랐다. 진무양은 정전 계단을 오르면서 얼굴이 하얗게 변하며 다리가 떨리기 시작했다. 진의 신하들이 의아하게 생각하고 이유를 물었다. 형가는 무릎을 꿇고 대신 사죄하며, 북방의 오랑캐가 처음으로 천자를 알현하니 송구하고 황송하여 그런 것이라고 둘러댔다.

진왕 정은 정사만 정전에 오를 것을 지시했다. 부사 진무양은 정전 밖 계단 아래로 보내졌다. 진왕 정은 시신侍臣을 시켜 목함을 건네받았다. 진왕 정은 번오기의 수급을 확인한 후 수급을 늦게 가져온 이유를 추궁했다. 형가는 번오기가 북쪽 오랑캐 땅에 은거했지만 연왕이 천금의 상금을 걸어 겨우 붙잡았다고 강조하며, 도망칠 염려가 있어 수급만 바치게 되었다고 대답했다. 진왕 정은 만족하며, 의심하지 않았다.

진무양은 계단 아래에서 포복한 상태로 지도를 쳐들었다. 진왕 정은 형가에게 지도를 가지고 와서 설명할 것을 지시했다. 형가는 진왕 정 앞에서 지도를 펼쳤는데, 허리를 굽힐 때 비수 자루가 조금 삐져나왔다. 진왕 정은 이를 눈치 채고 도망치려 했다.

형가는 왼손으로 진왕 정의 옷소매를 잡고 오른손으로 비수를 뽑아 진왕 정을 향해 찔렀다. 진왕 정은 빠르게 뒤로 물러서며 피했다. 형가는 진왕 정을 앞으로 끌어당기기 위해 옷소매를 잡아당겼다. 마침 여름이어서 진왕 정은 얇은 비단옷을 입고 있었으므로 진왕 정의 옷소매만 찢어졌고, 진왕 정은 병풍을 넘어서 도망쳤다.

형가는 진왕 정을 추격했다. 시의侍醫 하무차夏無且가 약주머니를 휘둘러 형가를 공격하며 처음으로 나섰다. 진의 국법은 정전 내부에 무기의 반입이 금지되어 있었으므로 정전 안의 시신侍臣들은 무장하지 않앉고, 모두 맨주먹으로 형가에게 달려들었다. 형가는 덤벼드는 시신들을 제압하느라 진왕 정과 거리가 벌어졌다.

진무양은 정전으로 뛰어 올라가다 무장한 병사들에게 처참히 살해되었다. 정전 밖에 있던 무장 병사들은 진왕 정의 명령이 없어 정전 안으로 들어가지 못하고 있었다. 진왕 정은 달아나느라 정신이 없어서 무장 병사들을 불러들이지 못했다. 대신 진왕 정은 항상 허리에 차고 다니는 보검 녹로鹿盧를 뽑으려고 했다. 녹로는 길이가 8척이나 되었고, 너무 길어 칼집에서 빠지지 않았다. 내시 조고趙高가 칼집을 등 뒤로 돌리고 칼을 후려쳐 뽑으시라고 외쳤다. 드디어 진왕 정은 칼을 뽑는 데 성공했다.

진왕 정은 분노하여 형가를 공격했다. 형가는 1척 비수로 8척 장검을 상대할 수 없었고, 진왕 정의 공격에 왼쪽 허벅지에 치명상을 입고 구리 기둥 옆에 쓰러졌다. 형가는 마지막 수단으로 달려오는 진왕 정을 향해 비수를 던졌는데, 살짝 빗나가 구리 기둥에 박혔다. 진왕 정은 형가를 마구 공격했다. 형가는 구리 기둥에 기댄 채 크게 웃고 나서 진왕 정에게 운 좋은 놈이지만 덕이 없고 간악하여 오래지 않아 망할 것이라고 일갈했다.

진왕 정은 비로소 정신을 차리고 무장 병사들을 불렀고, 병사들은 형가를 끌고 가 무참히 죽였다. 진왕 정은 형가를 따라온 연의 수행인들을 모두 참형에 처하고, 형가·진무양·번오기의 시체를 절단하여 전시한 후 불태우게 했다. 내궁의 후궁들이 진왕 정을 문안했는데, 호희는 진왕 정의 지시에 따라 거문고를 탄주했다. 그날 밤 진왕 정은 호희를 품었고, 호희는 호해胡亥[1]를 잉태했다.

---

1) 진왕 정의 열여덟 번째 아들(막내아들). 훗날 진의 2세황제가 됨. 호해의 출생에 관한 내용은 소설《동주 열국지》의 픽션으로 실제로는 호해의 정확한 나이는 불명임(《사기》내에서도 서로 기록이 일치하지 아니함)

다음 날 진왕 정은 논공행상을 실시했다. 하무차에게 황금 200일, 조고에게 황금 100일을 하사하고, 시신들에게도 부상의 경중에 따라 상금을 주었다. 진왕 정은 형가와의 알현을 주선한 몽가를 능지처참하고, 몽씨 일족을 몰살했다. 당시 몽오의 아들인 **몽무蒙武**는 변방에서 장수로 근무하고 있어서 유일하게 처벌을 피했다.

연燕의 도성 함락과 세자 단丹의 죽음(BC 226년)

진왕 정은 분이 풀리지 않아 연을 공격 중이던 대장 왕전에게 추가로 증원군을 보냈다. 세자 단은 형가의 죽음을 비통해하며, 역수 서쪽에서 진군과 대결했다. 연군은 중과부족으로 참패했고(BC 227년), 하부와 송의도 전사했다. 세자 단은 도성인 계성薊城으로 도주했다. 태부 국무는 도주하던 중 체포되어 참수되었다.

왕전은 계성을 포위하고 맹공을 퍼부었다. 견디지 못하고 결국 계성은 함락되었다(BC 226년). 연왕 희는 세자 단을 원망했다. 세자 단은 아직 정병 2만 명이 있다고 아뢰며, 요동遼東[1]으로 도주하여 강을 앞에 두고 산을 등지면 나라를 일으킬 수 있다고 주장했다. 연왕 희는 동문을 통해 도주했고, 세자 단은 후위에서 진군을 방어하면서 동쪽으로 달아났다. 결국 연왕 희는 동쪽으로 가서 요동을 빼앗고 그곳에서 왕이 되었다(燕王東收遼東而王之).

왕전은 계성을 함락한 후 함양에 승전 보고를 했다. 얼마 후 왕전은

---

1) 요동은 '요수遼水의 동쪽'을 지칭하는 지명임. 전국시대 때의 요수는 만주 지역에 위치한 현재의 요하遼河와는 달리 북경의 동쪽 지역에 위치하였음. 정확한 위치에 대하여는 학설의 대립이 심하지만, 이곳의 요수는 현재의 난하灤河(또는 그 지류)로 보는 것이 정확할 것임

과로로 인해 병이 났고, 노쇠를 이유로 사임을 청하는 표장을 함양으로 보냈다. 진왕 정은 이신을 대장에 임명하고 연왕 부자를 추격할 것을 지시하며, 왕전을 소환했다. 왕전은 진에 복귀했고, 진왕 정은 많은 상금을 하사하며 빈양頻陽 땅에서 휴양할 것을 지시했다.

연왕 희는 대왕 가에게 구원을 요청했다. 대왕 가는 세자 단을 죽여 진에 사과할 것을 권유하며, 진왕 정의 분노를 풀어야 종묘를 유지할 수 있을 것이라고 답장을 보내왔다. 연왕 희는 고민했다. 세자 단은 낌새를 눈치 채고, 연수衍水의 도화도桃花島로 도주하여 은거했다.

진군 대장 이신은 수산首山 땅에 당도한 후 연왕 희에게 세자 단을 비난하는 서신을 보냈다. 연왕 희는 공포에 빠졌고, 도화도에 사신을 보내 진군과 사생결단을 벌이겠다고 속여 세자 단을 유인했다. 세자 단은 요동으로 복귀했다. 연왕 희는 주연을 열어 세자 단을 만취시킨 뒤 목을 졸라 죽였다(BC 226년). 연왕 희는 통곡하며, 세자 단의 수급과 사죄의 편지를 진군에 보냈다.

5월임에도 눈이 내리고 한파가 발생했다. 사람들은 세자의 원한 때문이라고 수군거렸다. 이신은 함양에 세자 단의 수급과 연왕 희의 사죄 서신을 보내며, 한파로 인하여 군사들이 고통을 당하고 있음을 이유로 소환을 요청했다. 진왕 정은 위요와 상의했다. 위요는 연은 요동으로 도주했고 조는 대 땅으로 달아나 사실상 혼이 빠진 상태라고 아뢰며, 위와 초를 정복하는 것이 더 시급하다고 건의했다. 진왕 정은 이신에게 회군을 지시했다.

진왕 정은 왕전의 아들인 왕분을 시켜 초를 공격했고, 왕분은 초의 성 10여 개를 함몰했다(BC 226년).

제2절 진秦의 열국列國 병합과 통일

위魏의 멸망(BC 225년)

진왕 정은 왕분에게 군사 10만 명을 내어주며, 위에 대한 공격을 지시했다(BC 225년). 왕분은 위군을 연이어 격파하고, 위의 도읍 대량을 포위했다. 때가 장마철이어서 연일 큰비가 내렸다. 왕분은 물줄기를 조사했는데, 대량성 서북쪽에 황하가 있었고 변하卞河가 대량성 서쪽을 끼고 흐르고 있었다.

왕분은 수공을 결심했다. 왕분은 대량성 서북쪽에 큰 저수지를 건립하여 물을 저장했다. 10여 일 후 물이 가득 차자 왕분은 둑을 무너뜨렸다. 대량성은 홍수가 났고, 사흘이 지나자 성벽 여러 곳이 붕괴되었다. 진군은 총공격을 개시했다. 위왕 가는 신하들과 항복을 논의하고 있다가 진군에 체포되었다. 왕분은 위왕 가를 수거에 태워 함양으로 호송했다.

위왕 가는 함양으로 가던 도중 5일 만에 화병이 나서 사망했다. 진왕 정은 위의 영토를 몰수하고 삼천군에 편입시켰다(BC 225년). 진왕 정은 위의 왕족들을 서인으로 강등시켰다.

진秦의 초楚 공격 실패(BC 225년)

진왕 정은 모든 나라를 멸망시키고 천하를 통일하고 싶었다. 그러기 위해서는 초를 멸망시키는 것이 반드시 필요했다. 그러나 승상인 창평군은 고국인 초의 멸망을 원하지 않았다. 창평군이 초를 공격하는 것을 주저하자 진왕 정은 창평군을 승상에서 해임하고 진陳 땅으로 좌천시켰다(BC 226년).

　진왕 정은 드디어 초를 멸망시키기로 결심하고, 대장 이신을 불러 군사가 얼마나 필요한지 물었다. 젊고 자신감이 넘쳤던 이신은 20만 명이면 충분하다고 답했다. 진왕 정은 휴양 중이던 노장 왕전을 불러 같은 질문을 했다. 왕전은 60만 명이 필요하다고 답하며, 이신이 20만 명으로 초를 공격하면 패할 것이라고 예상했다. 진왕 정은 왕전이 늙어서 겁이 많아진 것이라고 생각하며, 젊고 씩씩한 이신에게 초에 대한 공격을 맡기기로 결심했다.

　진왕 정은 이신을 대장으로 몽무를 부장으로 각 임명하고 군사 20만 명을 내어주며, 초에 대한 공격을 지시했다(BC 225년). 이신은 군사를 2대로 나누었다. 이신은 평여平輿 땅을 공격했고, 몽무는 침구寢邱 땅을 공격했다. 이신은 평여성을 함몰하고, 서쪽 신성申城으로 진격하여 신성도 함몰했다. 이신은 몽무에게 주성郑城 땅을 공격하기 위해 성부城父 땅에서 군사를 합칠 것을 지시했다.

　초왕 부추는 **항연項燕**을 대장으로 임명하고 군사 20만 명을 내어주며, 방어를 지시했다. 항연은 이신과 교전하기 위해 서릉西陵 땅으로 행군했다. 항연은 부장 굴정屈定을 시켜 노대산魯臺山 일곱 곳에 군사들을 매복시켰다.

　이신은 자신만만하게 노대산 쪽으로 진출했다. 이신은 항연의 군사와 교전을 시작했고, 양측은 접전을 펼쳤다. 이때 초의 매복군이 진군을 일제히 급습했고, 당황한 진군은 크게 패하여 도주했다. 항연은 진군을 추격했다. 이신은 패잔병을 수습하여 명액성冥阨城에 주둔했는데, 항연은 명액성을 맹렬히 공격하여 함몰시켰다. 이신은 다시 달아났다.

항연은 계속 추격하여 평여 땅까지 되찾았다.

한편 진陳 땅으로 좌천된 창평군도 진秦에 대항하여 군사를 일으켰다. 창평군은 이신의 군대를 후방에서 공격하여 항연이 대승을 거두는 데 큰 기여를 하였다.

진군 부장 몽무는 성부 땅에 당도했을 때 이신이 대패한 사실을 보고받았다. 몽무는 예전 조의 경계까지 군사들을 물린 후 함양에 사실을 보고했다. 진왕 정은 격노하여 이신을 서인으로 강등하고 식읍을 몰수했다.

노장 왕전王翦의 의도된 욕심

진왕 정은 빈양 땅으로 가서 노장 왕전에게 초에 대한 공격을 부탁했다. 왕전은 심신이 쇠약하다며 사양했다. 진왕 정은 거듭 간청했는데, 왕전은 군사 60만 명을 요청했다. 진왕 정은 춘추오패의 경우 병거 1,000승과 군사 10만 명을 동원했다고 강조하며, 군사 60만 명은 고금에 없었던 일이라고 난색을 표했다. 왕전은 춘추시대와는 전쟁의 양상이 달라졌음을 설명했다. 왕전은 많은 수의 군사로 적은 수의 적을 찍어 눌러 땅을 빼앗고, 어린애까지 병적에 올려 총동원하고, 예의로 싸우지 않고 힘으로 무찌르는 시대라고 강조했다.

결국 진왕 정은 왕전의 요청을 승낙하고 함양에 복귀했다. 진왕 정은 왕전을 대장으로 몽무를 부장으로 각 임명하고 군사 60만 명을 내어 주었다. 진왕 정은 패상灞上 땅에서 전송연을 열었는데, 왕전은 함양 성 내 최고의 저택들과 전답들을 하사해 줄 것을 요청했다. 진왕 정은 성공하고 돌아올 경우 부귀를 누릴 것이니 염려하지 말라고 대답했다. 왕전은 자신은 늙어서 높은 벼슬의 영화를 길게 누리지 못하므로 후손들에게 전답과 저택을 남겨주어 자손대대로 왕의 은혜를 받고 싶다고 강조하며, 거듭 요청했다. 진왕 정은 만족하며, 저택들과 전답들을 하사했다.

왕전은 출전하여 함곡관을 통과할 때 부하 장수를 보내 진왕 정에게 더 좋은 저택을 더 많이 하사해 줄 것을 요청했다. 몽무는 노장군께서 너무 많은 것을 요청한다고 말하며, 왕전에게 불만을 드러냈다. 왕전은 진왕 정이 사납고 의심이 많음을 지적하며, 전군을 모두 내어주어 반역을 의심하고 걱정하는 진왕 정을 안심시키기 위해 자손을 위한 재산이나 욕심내는 야심 없는 모습을 보이는 것이라고 설명했다. 몽무는 왕전의 식견을 찬탄했다.

초楚의 멸망(BC 223년)

왕전은 초의 경계를 넘어 들어갔다(BC 225년). 항연은 동강東岡 땅으로 이동하여 진군을 정탐했다. 항연은 60만 명이라는 진군의 규모에 충격을 받고, 초왕 부추에게 증원군을 요청했다. 초왕 부추는 장수 경기景騏에게 군사 20만 명을 내어주며 지원군으로 보냈다.

진군 대장 왕전은 천중산天中山에 주둔하고 10여 리 사이에 진영을 건립했다. 왕전은 승리로 인해 초군의 사기가 올라간 것을 고려하여 굳게 방비하면서 출전하지 않았다. 항연이 거듭 교전을 요청했으나, 왕전은 응하지 않았다. 왕전은 군사들과 침식을 같이하며, 투석投石놀이[1]와

---

1) 무게 12근의 돌덩이를 멀리 던지는 시합

초거超距놀이[1]를 통해 군사들의 능력을 파악했다.

왕전은 1년 이상 출전하지 않았다. 초군은 점점 긴장이 풀리고 방비가 소홀해졌다. 초군이 느슨해지자 드디어 왕전은 출전을 지시했다. 왕전은 정병 2만 명을 선발하여 선봉으로 삼고, 군사들을 여러 길로 나누어 일제히 출격시켰다. 진군 60만 명은 일제히 진격했다. 항연은 진군에 맞서 출전했으나, 진군의 정병 선봉대와 60만 대군에 중과부족으로 밀려 참패했다(BC 224년). 초군 부장 굴정은 전사하고, 항연과 경기는 동쪽으로 달아났다. 진군은 초군을 추격했다. 항연은 영안성永安城에서 패잔병을 정비하고 진군과 다시 싸웠으나, 초군은 다시 참패하고 달아났다.

진군은 서릉 땅으로 진출했고, 형양 일대는 대혼란에 빠졌다. 왕전은 몽무에게 악저鄂渚 땅에 주둔하여 호남湖南 일대를 안정시키고 진왕 정의 위덕을 선양하도록 지시했다. 계속하여 왕전은 대군을 이끌고 직접 진격하여 파죽지세로 회남淮南 땅을 함몰한 후 도읍인 수춘을 공격했다. 이때 항연은 회북 땅에서 진군에 대항할 군사들을 모집하고 있었다.

왕전은 항연이 돌아오기 전에 수춘성을 함락시키기 위해 총공격을 퍼부었다. 진군의 맹렬한 공격에 결국 수춘성은 함락되었다(BC 223년). 초왕 부추는 포로가 되었고, 경기는 자살했다.

진왕 정은 승전 보고를 받고 초에 행차했다. 진왕 정은 번구樊口 땅에서 왕을 죽인 죄를 들며 초왕 부추를 책망하고, 서민으로 강등시켰다. 왕전은 몽무를 소환한 후 대군을 동원하여 형양 땅을 함몰했다. 동정호와 상강 일대의 군현들이 항복했다.

---

[1] 7척 높이에 막대기를 걸어 놓고 뛰어넘는 시합

항연은 군사 2만 5천 명을 모집하여 수춘으로 돌아오다 서성徐城 땅에 이르러 후퇴하던 창평군과 우연히 만났다. 항연은 비로소 수춘성이 함몰된 사실과 초왕 부추가 체포된 사실을 알게 되었다.

창평군은 초고열왕의 서자이기 때문에 초왕 부추와는 이복형제 사이다. 항연은 창평군에게 오와 월의 옛 영토는 사방 천 리라고 강조하며, 그곳으로 이동하면 나라를 세울 수 있다고 건의했다. 항연과 창평군은 군사들과 백성들을 이끌고 장강長江을 건너 난릉蘭陵 땅으로 이동했다. 항연은 난릉 땅에서 창평군을 왕으로 추대했다(BC 223년).

왕전은 초의 회북과 회남 땅을 모두 평정한 후 악저 땅으로 이동하여 진왕 정을 알현했다. 진왕 정은 왕전의 공로를 치하하며, 강남江南 땅에 새로이 즉위한 초왕을 어떻게 처리할지 물었다. 왕전은 초군은 지치고 약한 상태이므로 일망타진이 가능하다고 아뢰었다. 진왕 정은 왕전을 격려한 후 함양으로 돌아갔다.

왕전은 몽무에게 배를 만들 것을 지시했다. 몽무는 앵무주鸚鵡州에 가서 여러 달 동안 배를 만들었다. 배들이 완성되자 진군은 무수한 배를 이용해 강을 따라 이동했다. 초군은 진군의 무수한 배들을 저지할 수 없었고, 진군은 강을 건너 상륙했다. 왕전은 황산黃山에 군사 10만 명을 주둔시켜 장강 어귀를 차단했다. 이후 왕전은 나머지 군사들로 난릉성을 포위하고, 강남의 주요 지대인 부초산夫椒山과 형남산荊南山 등에 주둔했다.

항연은 난릉성을 나가 전력을 다해 진군을 공격했다. 진군이 약간 주춤했다. 왕전은 정예병 2만 명을 투입시켜 단병접전을 벌였고, 전세는 진군이 우세해졌다. 결국 항연은 중과부족으로 대패하고 성으로 후퇴했다.

진군은 사다리차와 망루 등 공성 무기를 총동원하여 성에 대한 맹공을 퍼부었다. 마침 창평군이 성을 순시하며 군사들을 격려하다 화살에 맞아 사망했다. 항연은 대성통곡하고, 칼로 목을 찔러 자살했다[1]. 초군은 대혼란에 빠졌고, 결국 난릉성은 함락되었다.

왕전은 계속해서 고소 땅으로 이동했고, 고소 태수는 즉시 항복했다. 왕전은 멈추지 않고 절강을 건넜고, 월 땅의 군장들은 즉시 항복했다. 이후 왕전은 예장豫章 땅마저 접수하고, 초를 완전히 평정했다(BC 223년).

진왕 정은 개선한 왕전을 치하하며 황금 1,000일을 하사했다. 왕전은 빈양 땅으로 가서 노후를 편히 지냈다. 일반적으로 전국시대 후기의 4대 명장으로 백기, 염파, 이목, 왕전을 들고 있는데, 이 중 왕전만이 지혜로운 처신으로 행복한 노후를 맞이했다.

연燕의 멸망(BC 222년)

진왕 정은 왕분을 대장에 임명하며, 요동 땅의 연왕 희를 공격하고 평정한 후 귀국하면서 대 땅까지 평정할 것을 지시했다. 왕분은 요동으로 진격하여 연군을 격파하고, 연왕 희를 체포하여 함양으로 보냈다. 진왕 정은 연왕 희를 서민으로 강등시켰다. 이로써 연은 멸망했다(BC 222년).

---

1) 항연의 손자가 그 유명한 항적項籍(=항우項羽)임. 당시 항우는 9세의 소년이었는데, 훗날 진秦을 멸망시키고 조부의 원수를 갚음

대代의 멸망(BC 222년)

왕분은 귀국하면서 대 땅을 공격했다. 대왕 가는 중과부족으로 참패했고, 흉노 땅으로 달아났다. 왕분은 추격하여 묘아장猫兒莊에서 대왕 가를 체포했다. 왕분은 함양으로 압송하기 위해 대왕 가를 군영에 감금했다. 그날 밤 대왕 가는 허리띠를 풀어 목을 매고 자살했다. 이로써 대는 완전히 망하고(BC 222년) 진은 안문雁門과 운중雲中 일대를 점령했다.

제齊의 멸망(BC 221년)

제왕 건은 재상 후승의 건의에 따라 한과 위를 원조하지 않았고, 오히려 진에 사신을 파견하여 정복을 축하했었다. 진은 제의 사신을 후하게 대우했고, 제왕 건은 진의 호의에 감격했다. 제왕 건은 방심하며 국방에 소홀했다.

5국이 모두 멸망하자 제왕 건은 비로소 불안을 느꼈다. 제왕 건은 후승과 상의하여 서쪽 경계에 군사들을 배치했다. 제는 제왕 건의 재위 44년 내내 전쟁을 거의 치르지 않았고, 그 결과 군사들은 훈련이 부족했고 기강이 없었다. 제군은 진군에 대한 공포심을 가지고 있었다.

진군 대장 왕분은 대를 평정한 후 함양에 승전을 보고했다. 진왕 정은 답장을 보내 연과 대를 함몰한 공로를 치하하고, 돌아오는 길에 제를 평정할 것을 지시했다.

왕분은 제에 대한 공격을 개시했다. 오합지졸인 제군은 겁을 먹고 싸울 생각도 없이 추풍낙엽처럼 흩어지고 달아났다. 진군은 거의 무인지

경으로 제의 도읍 임치성에 육박했다. 임치성은 대혼란에 빠졌다. 백성들은 도주하여 성을 지킬 병력이 부족했다.

제의 재상 후승은 제왕 건에게 항복을 권유했다. 재위 44년 어느 날, 제왕 건은 진군을 영접하고 항복했다(BC 221년). 이로써 동쪽의 강국인 제는 제대로 저항 한번 못 해 보고 너무나 허망하게 멸망했다. 왕분은 임치성에 무혈입성 한 후 함양에 승전을 보고했다. 진왕 정은 사람을 보내 왕분에게 제왕 건을 공성共城으로 이주시켜 은거시키도록 하고, 오랫동안 진으로부터 뇌물을 받아왔던 후승을 참수할 것을 지시했다. 왕분은 후승을 참수하고, 제왕 건을 공성으로 압송했다.

제왕 건은 공성으로 압송된 후 태행산 깊은 산속 인적 없는 작은 초가집에서 생활했는데, 진이 제공하는 식량이 너무 부족했다. 제왕 건은 후회하며 눈물만 흘리다가 병이 들어 한 달 만에 죽었다. 수행원들은 모두 흩어졌다.

진왕秦王 정政(=시황제始皇帝)의 통일(BC 221년)

제를 멸망시키고 드디어 진왕 정은 재위 26년에 중원과 강남을 통일했다(BC 221년). 진왕 정은 스스로의 업적과 지위에 자부심을 느껴 왕이나 제왕의 칭호를 사용하는 것에 불만을 가졌고, 삼황오제三皇五帝에서 따온 황제皇帝라는 칭호를 사용하기로 결정했다. 진왕 정은 자신이 죽은 후 신하들이 자신을 평가할 것을 못마땅하게 생각하여 시법諡法을 폐지하고, 자신을 **시황제始皇帝**로 칭했다. 자신 이후의 황제들에 대해서는 2세, 3세의 순으로 칭할 것을 지시했다.

진시황제는 화씨의 옥으로 국새를 제작하고, '수명어천受命於天(하늘로부터 명을 받았으니) 기수영창旣壽永昌(영원무궁하도록 번영하리라)'의 여덟 글자를 새겼다. 한편 진시황제는 진秦은 수水의 기운으로 일어났다고 강조하며, 의복이나 깃발을 물을 상징하는 색인 검은색으로 사용할 것을 지시하고, 모든 기물과 도량기는 물을 상징하는 숫자인 6을 표준 단위로 할 것을 지시했다. 또한 진시황제는 10월[1]을 정월正月로 고치고 하례를 올리되, 자신의 이름인 정正 자를 피휘하여 정월正月 대신 정월征月로 고칠 것을 지시했다[2]. 신하들은 어리둥절했으나, 아무도 간언을 하지 못했다.

위요는 진시황제의 기고만장과 교만을 탄식하며, 제자 왕오와 함께 어디론가 떠나버렸다. 진시황제는 신하들에게 위요가 떠난 이유를 물었다. 신하들은 위요의 공로가 막대했음을 강조하며, 강태공의 예처럼 봉토를 하사받을 것으로 기대했다가 논공행상이 없어 실망하고 떠난 것이라고 추측했다.

진시황제는 주周처럼 봉건제를 실시할지 고민했다. 신하들은 함양에서 너무 먼 지역에 왕을 책봉할 필요성을 강조했다. 그러나 이사는 주周의 분열과 혼란을 거론하며, 봉건제의 폐단을 주장했다. 이사는 나라를 군·현으로 나누고 강력한 중앙집권을 실시할 것을 주장하며, 신하들의 공로는 녹봉으로 보상하되 진의 영원한 평화와 번영을 위해 신하들에게 땅이나 특권을 인정하면 안 된다고 강조했다. 진시황제는 이사의 주장에 매우 만족했다.

---

1) 수水는 계절로는 겨울을 상징하며, 겨울은 10월부터 12월까지임. 봄은 1월부터 3월까지인데 목木으로 상징됨. 진시황제는 수水를 앞세우기 위해 10월을 년年의 처음으로 지정한 것임
2) 일반적으로 진시황제의 이름은 政으로 알려져 있음. 이와 관련하여 진시황제의 이름이 政이 아닌 正이라는 주장, 당시에 政과 正은 하나의 글자로 혼용되었다는 주장, 정식 이름은 政이고 아명이 正이라는 주장 등이 있음

진시황제는 전국에 36군郡을 설치하고, 군수郡守(민정)·군위郡尉(군사)·군감郡監(감찰)을 파견하여 통치했다(BC 220년). 군郡을 설치할 때 북쪽은 이민족의 침입에 대비하여 땅을 가장 작게 나누고 관리를 임명하여 방어시설을 갖추게 하고, 남쪽은 안정된 곳이어서 땅을 매우 크게 나누었다. 군郡 아래에는 현縣을 설치했다.

진시황제는 이사를 승상에 임명하고(BC 217년경), 조고를 낭중령에 임명했다. 이후 진시황제는 강력한 독재와 혹독한 정치를 실시하며, 백성들을 철저히 통제했다.

한편 진시황제는 지방의 반란을 미리 차단하기 위해 각처의 무기들을 수거하여 궁전 뜰에 1,000근의 철상 12개를 건립하였고, 천하의 모든 인재들을 함양으로 이주시켰다. 이 때문에 함양은 20만 호의 집들이 들어차게 되었다. 진시황제는 함양성 북쪽에 6국의 궁실을 모방하여 여섯 개의 이궁을 건립했다. 얼마 후 진시황제는 이에 만족하지 못하고 역사상 최대 규모의 궁실을 짓기 시작하는데(BC 215년), 아방궁阿房宮으로 명명했다. 아방궁은 진시황제가 급사하여 완공하지는 못하였다.

당시 진에서는 진을 망하게 할 것은 호胡라는 예언이 유행했는데, 호는 흉노를 지칭하는 말이었다. 그래서 진시황제는 몽오의 손자(=몽무의 아들)인 몽염蒙恬을 대장에 임명하고 30만 대군을 내어주며, 흉노의 거점인 오르도스 지역을 공격하게 했다(BC 215년). 몽염은 흉노에 대승을 거두고 북쪽 변경을 안정시켰다. 진시황제는 북쪽 지역을 안정시키기 위하여 기존의 진秦이 쌓은 장성長城에 조趙·대代·연燕이 쌓은 장성들을 연결하는 대규모 사업(=만리장성)을 완성하고, 북쪽 변경에서 함양까지 군대가 쉽게 이동할 수 있도록 직도直道를 건설할 것을 몽염에게 지시하였다. 몽염은 백성들을 대규모로 동원하여 산을 깎고 골짜기를 메워서 만리장성과 직도를 완성하였다.

진시황제는 자신의 정책에 반대하는 여론을 억누르기 위하여 분서갱유焚書坑儒를 일으켰다(BC 213년)[1]. 또한 만리장성, 여산릉(시황제릉), 전국을 연결하는 여러 도로들, 아방궁 등을 건설하기 위해 백성들을 마구 동원하는 등 가혹한 정치를 계속했다. 백성들의 원한은 점점 쌓여갔다.

진시황제秦始皇帝에 대한 암살 시도

형가의 친구였던 고점리는 연이 망할 때 송자宋子 땅으로 도망가 이름을 바꾸고 남의 집 머슴이 되어 살았다. 어느 날 고점리의 주인집에 온 손님이 축을 연주했는데, 고점리가 자신의 재주를 감추지 못하고 축을 훌륭하게 연주하면서 마침내 그의 신분이 드러나게 되었다.

소문은 결국 진시황제에게까지 알려졌고, 진시황제는 고점리를 불러다 축을 연주하게 했다. 진시황제는 고점리의 축 솜씨를 높이 평가하여 처형하는 대신 눈을 멀게 하고 가까이 두어 축을 연주하게 했다.

진시황제의 신임을 얻게 되자 고점리는 형가의 복수를 계획했다. 이 때부터 고점리는 몰래 납덩어리를 모아 축 속에 감추어 두었는데, 어느 날 궁중연회에서 축을 연주하면서 진시황제의 목소리가 나는 방향을 향해 축을 던졌다. 그런데 공교롭게도 징 때문에 소리가 울려 장님이던

---

1) 갱유(유학자를 생매장한 사건)에 대하여 최근에는 위조설이 유력하게 제기되고 있음. 즉 후한의 유학자들이 유교의 권위를 높이기 위해 조작하였다는 취지임

고점리는 진시황제의 위치를 잘못 파악했고, 납덩어리가 든 축을 던져 진시황제를 죽이려던 고점리의 계획은 실패했다[1]. 고점리는 처참하게 살해당했고, 이후 진시황제는 망국 유민들을 절대로 근처에 두지 않았다.

한韓의 멸망 이후 동쪽으로 떠났던 장량은 창해군倉海君과 의기투합하여 진시황제를 암살하려는 계획을 세웠다. 장량은 지방 순시 중인 진시황제를 목표로 철퇴를 던지기로 계책을 마련했는데, 창해군은 창해역사倉海力士를 천거했다. 장량은 창해역사를 시켜 박랑사博浪沙 부근을 지나던 진시황제의 수레에 무게 120근의 철퇴를 던졌으나, 암살은 실패했다(BC 218년). 장량은 체포를 피해 하비下邳로 몸을 숨겼다. 그곳에서 장량은 황석공黃石公을 만나 병법을 전수받게 되고, 훗날 유방劉邦의 책사가 되어 한漢의 개국공신이 된다.

진秦의 멸망(BC 206년)과 한漢의 통일(BC 202년)

영원히 살기를 갈망하며 불로초를 구하던 진시황제는 지방을 순시하던 중 50세의 나이로 갑자기 사망하니(BC 210년), 재위 37년이었고 통일 11년 만이었다.

간신 조고는 승상 이사를 설득하여 진시황제의 유서를 날조해 적장자인 부소扶蘇를 폐하고 서자 출신으로 시황제의 18번째(=막내) 아들인 호해를 2세황제로 옹립했다. 황제를 옹립하고 실권을 잡게 된 조고

---

1) 《사기》에는 고점리가 진시황제에게 접근하여 납덩어리를 감춘 축을 휘둘렀으나 맞지 않은 것으로 기록되어 있음

는 호해를 향락에 빠뜨리며 온갖 전횡을 저질렀고, 결국 승상 이사마저 허리를 잘라 처형했다(BC 208년). 2세황제 즉위 후 불과 2년 만에 진은 극도의 혼란에 빠졌고, 도처에서 농민들과 멸망한 나라의 귀족들이 군사 봉기를 일으켰다. 진은 사실상 내란 상태에 빠졌고, 2세황제는 조고에 의해 피살된다(BC 207년).

영원할 것 같았던 진秦은 진시황제가 사망하고 2세황제 호해가 즉위한 지 불과 4년 만에 항우項羽에게 멸망했다(BC 206년). 천하를 통일할 것처럼 보였던 항우도 과도한 자부심과 방심이 원인이 되어 미천한 가문 출신인 한왕漢王 유방劉邦에게 멸망했다(BC 202년). 결국 유방이 다시 대륙을 통일하고 새로운 황제가 되니 곧 **한고조漢高祖**[1]다.

---

1) 한고조 유방: 재위 BC 206 ~ BC 202(왕). BC 202 ~ BC 195(황제)